KB068163

THE BOOK OF ENGLISH

영어책

THE 2ND REVISED EDITION

AUREO BAE

낳아
길러주신
아버지 어머니께

ALSO TO MARGARET & MARTIN
WHO RESCUED A YOUNG MAN
TO SPREAD LOVE AND LIGHT

PREFACE

TEXT

POSTFACE

Power of Language

The language you speak becomes your reality, defines who you are, creates your life.

Our words become our world.

언어의 힘

내가 하는 말이 곧 나의
현실이 되고 나를
정의하며 나의
인생을 창조
한다.

내가 쓰는 언어는 내가 된다.

열두 살의 나이에 죽어가는 어머니를 옆에서 바라본 가브리엘 샤넬은 그때까지도 친척들에게 번갈아 떠넘겨지며 자랐다. 어머니가 돌아가시고 며칠 뒤, 책임지기를 싫어하는 뜨내기 노동자였던 아버지는 가브리엘과 두 자매를 수녀원에 데려다주며 곧 돌아오겠다고 약속한다. 아버지는 결국 돌아오지 않았고, 가브리엘은 극도로 절제된 생활을 하는 수녀원에서 고아가 된다. 어느 날 수녀원에 있어서는 안 될 것 같은 소설책들을 가브리엘이 발견했고, 그 책들은 하나같이 가난 속에 자란 어린 여자아이가 갑자기 부의 사회에 진입하는 신데렐라 같은 이야기였다. 열아홉 살이 된 가브리엘은 수녀원을 떠나 기숙학교에 진학하게 되었고, 이곳에서 재봉사로 훈련을 받게 된다. 그리고 연극의 세계에 빠지게 된다. 연극 속에서 가브리엘은 누구든 무엇이든 될 수 있었다. 배우가 되고 싶은 꿈에 빠진 가브리엘은 그를 위해 노래도 하고, 춤도 추고, 연기도 하며 "코코"라는 예명을 짓는다. 그리고는 또 다른 상상에 빠지는데, 그것은 부자의 연인이 되어 가난한 생활에서 벗어나는 것이었다. 코코의 공연을 재밌게 보던 발산이라는 남자는 코코에게 그의 저택에서 지내길 제안했고, 그렇게 우리가 아는 코코 샤넬이 탄생하게 된다.

간절한 상상은 현실이 된다.

한국에서 학창 시절을 보내던 한 소년의 동네에는 종종 백인 선교사가 둘씩 짝을 지어 다녔다. 소년은 친구들 앞에서 선교사와 유창하게 영어로 이야기하는 모습을 상상했다. 무슨 말을 해야 할지 막막했지만, 그 상상만으로도 달콤했다. 연예인처럼 춤을 추는 것보다, 권력을 쥐는 회장이 되는 것보다, 영어로 말하는 게 훨씬 멋있게 보였다. '사실'을 암기해 같은 날 같은 공간에서 시험을 치르고 그 점수로 인생이 결정된다는 끔찍한 현실과 대비되게, 영국과 미국 방송을 정주행하는 일은 눈을 뜨고 꿈을 꾸는 일이었다. 아무래도 고등학교 3년을 생각 없이 주입만 하여 수능을 치르면 바보가 될 게 뻔한 모습이 소년의 눈앞을 까맣게 가렸고, 소년은 부모님을 절실히 설득해 홀로 호주로 날아갔다. 머지않아 현지인과 영어로 소통하는 자신을 보게 된다. 호주 칼리지는 수능 대신 무도회를 열었고, 지나친 경쟁이 없어 최상위 대학교에 진학하는 일은 쉬웠으며, 세계적인 대학교에 갔더니 생각하는 법을 가르쳐주었다. 한국이라는 우물을 벗어나 세계 각국의 친구들을 사귀니 세상을 보는 눈이 넓어지고 깊어졌다. 무엇보다도 인생을 어떻게 살아야 행복할 수 있는지 깨달았다. 이게 모두 영어를 배웠기에 가능해진 일이다.

언어를 배우면 그만큼 나의 인식이 확장된다.

PROLOGUE : LOVE OF WORDS

호 주 멜번, 우리 동네엔 아주 근사한 도서관이 세 곳이나 있다. 주립 도서관, RMIT 대학교 도서관, 그리고 멜번 대학교 도서관. 이 도서관들은 항상 많은 사람들이 멋지게 사용하여 더 아름답다. 나는 이곳에서 호기심이 이끄는 대로 거의 모든 분야의 책들에 파묻혀 사는 게 내 젊음의 시간을 살아가는 가장 커다란 행복이었다.

글에는 묘한 기운이 있다. 알파벳은 정해져 있는데, 한 사람의 마음을 거치면 그 사람의 영혼의 색깔로 물들어 나온다. 어떤 사람의 글을 읽으면 그 사람의 목소리가 들린다. 그 사람의 글을 열 문장쯤 읽으면 그 사람이 어떤 사람인지 알 수 있다. 그 사람의 인식과 생각과 지혜는 '나'라는 나무를 강하고 울창하게 키워낼 양분이 된다. 강한 나무는 곧 스스로 행복할 힘이 있는 나무다. 책은 영혼을 치유하는 물건이다.

좋은 말 한마디면 내가 좋아하는 사람이 나를 좋아하게 만들 수 있고, 내 인생을 더 나은 방향으로 바꿀 수 있으며, 사람들을 움직여 세상을 바꿀 수도 있다. 스티브 잡스의 생전 활약을 지켜본 나는 언어의 힘을 눈으로 보았다고 할 수 있다. 본질을 꿰뚫어보는 그의 집요한 몰입과 군중의 마음을 움직이는 언어는 정말로 세상을 바꾸어 놓았다. 우리가 이뤄내는 현실은 우리의 생각의 결과이기 때문이다.

이야기가 이렇게 우리 마음을 움직이는 근원은 우리가 아는 것보다 깊다. 언어라는 것이 이렇게 체계화되기 전부터 이미 인류는 이야기로 의미를 전달했다. 이야기의 뿌리는 놀랍도록 깊어서 **말의 힘**은 나약한 필멸의 존재에 불과한 인간이 부릴 수 있는 **마법**에 가깝다. 간략한 진리의 말 한마디는 인생이 어둠 속에 파묻혀 나아갈 길이 보이지 않을 때에도 내 마음속으로부터 내 주변을 밝히는 촛불이 되고는 한다. 죽음으로부터 나를 살리는 마법사의 돌philosopher's stone처럼.

세종대왕이 홀로 창제한 한글은 독보적으로 뛰어나고 아름다운 언어다. 아쉬운 점은 우리의 인구가 전 세계 인구의 0.66%밖에 안 되는 점이다. 호주 빅토리아주에선 극소수 민족으로 0.1%도 안 된다. 반면 국제언어로 사용되는 영어는 우리보다 152배 더 많은 사람들을 이어주는 매개체다. 그런데 영어를 깊이 알수록, 영문화에 길이 살수록,

영어도 한글처럼 재미있고 아름다운 언어이고 영문화의 사람들도 우리나라 사람들과 **본질적으로 같다**는 사실을 깨닫는다. 그리고 이렇게 뛰어난 한글을 모국어로 타고났으면서 영어도 할 수 있게 되면 세상이 내 손안에 들어오는 느낌이다. 영어를 잘하면 생각의 스케일이 달라진다. 영어는 단순히 언어가 아니라 생각하는 방식이기 때문이다.

조선시대에 우리나라 사람은 영어를 잘했다고 한다. 원어민이 회화 위주로 가르쳐서 그렇다고 전해진다. 그런데 일제강점기에 국내의 원어민이 추방되고, 일본인 교사들이 우리에게 영어를 문법 번역식grammar-translation method으로 가르치던 게 100년이 지난 지금까지 이어져오고 있다. 이는 미대입시를 위해 소묘 시험을 치르는 것과 같다. 미술은 세상에 없던 것을 만들어 내는 창의성creativity인데, 천재를 바보로 만드는 주입식 훈련으로 머리로 창작해야 할 미술을 손재주에 불과한 것으로 타락시켰다. **A man paints with his brains and not with his hands.** [Michelangelo] 내 일본인 친구들은 좋은 사람들이지만 영어는 못한다. 잘못된 교육방식은 바꿔야 한다.

영어는 그들의 언어를 그냥 따라 말하면 배울 수 있다. **쓰는 말**을 알면 말이 들린다. 『영어책』은 지금 영문화에서 쓰이는 모든 기본 동사와 영어다운 표현들(phrasal verbs, idioms & collocations)을 한 권에 총정리한 책이다. 지금 쓸 수 있는 세련된 언어를 담았고, 계속 읽어나가고 싶어 자연히 영어를 배울 수 있도록 구성했다. 글에 대한 순수한 사랑으로, 어느 기본 동사를 펼쳐도 이에 대해 읽어나가며 그 단어로 할 수 있는 말들을 모두 배울 수 있게 했다. 이에 더해, 우리의 유한한 시간을 더 가치 있고 행복한 시간들로 채울 수 있게 하는 지혜로운 금언을 곳곳에 새겨 넣었다. 이 책의 교수법과 재료를 기반으로 우리나라 사람이 **영어로 소통**할 수 있게 되는 게 내 사명이다.

지금까지 우리나라는 영어 소통이 부재해도 직관적으로 소통되는 것들, 김연아와 이상화의 실력, 전자제품과 손톱깎이, 싸이의 강남스타일, 봉준호 감독의 기생충 등으로 세계에 South Korea의 존재를 알렸다. 그러나 우리의 가치를 통역사, 심지어는 아예 외국인, 혹은 더 안타깝게도 번역기에 의존하는 데는 한계가 있다. 언어는 문화와 감정이 함께 소통되기 때문에 완벽한 만국 번역기는 우리 생에 있을 수 없다. 그런데 K-Pop의 새로운 세대, 블랙핑크에 의해 한류는 세계에 더 널리 더 깊숙이 전해지고 있다. 이들은 영어답지 않은 콩글리시를 쓰지 않고, 로컬 영어를 쓰고 또 우리말도 능숙한

bilingual(두 언어를 자유로이 구사하는 사람)이다. 놀라운 물질적 성장을 이룬 한국이 그다음 단계인 문화적 성숙으로 나아가려면, 국제적인 영어능력이 그래서 필요하다.

그런데 지금 한국에서 가장 많이 읽히는 영어회화책은 무려 50년 전 미국에 치우쳐 쓰여진 책이다. '영어'는 단어 그대로 원래 **영국 말**이고, **67개국의 공식 언어**이며, **항상 변화**한다. 지금 우리나라 영한사전의 해석과 정리는 유효기간이 지나 틀린 번역이 많으며, 지금 한국에서 가장 널리 쓰이는 시험 영어책들은 영어를 현지인처럼 쓰는 사람이 쓴 책들이 아니다. 나도 학창 시절에 그것으로 공부했지만, 영문화에서 현지인으로 살다가 다시 보니 엉터리다. 수능 영어를 1등급 받고 토익 만점을 받는 사람들의 대다수가 사실 콩글리시를 하는 이유다. 시험 영어는 영어가 아니기 때문이다. 『영어책』은 영어의 기본기가 없는 제자에게 추천할 책이 없어서 쓰게 되었다.

우리가 영어를 못하는 이유는 영어를 배우는 자료와 교수법에 문제가 있어서다. 영문화에 제대로 살아보지도 않고서 영어를 잘하는 줄 착각하는 통번역사와, 혹은 본인의 무지를 숨기기 위해 복잡한 문법을 한자어로 설명하는 영어강사조차 너무 많다. 나도 유학 전에는 이미 영화 자막을 번역했고 내가 영어를 잘하는 줄 알았다. 영문화에서 고등교육을 받고 그 문화에 정착해 일하고 생활하며 깨달았다. 나도 그저 무지하고 그래서 오만하고 피상적인 우물 안 개구리에 불과했다. 그러나 2년 안에 현지 명문 칼리지를 수석 졸업하고 수많은 훌륭한 친구들을 사귀며 행복하게 현지에 적응했다.

그 비결은 언어 습득의 법칙이다. 인간은 언어를 **흉내 내며** 익힌다. 문법을 논리적으로 분석하고, 단어를 따로 외워 퍼즐처럼 문법에 끼워 맞추는 이성의 접근이 아니라, 영어를 근사하게 구사하는 현지인들을 모델 삼아 그들의 말과 태도를 흉내 내는 직관적인 방법으로 익혔더니 마법같이 영어가 빠르게 자연스러워졌다. 주위를 둘러보면 영어를 현지인처럼 잘하는 한국인 교포들은 이렇게 영어를 익힌 사람들이다. 영어를 현지인처럼 잘하는 한국인들은 한국에서 공부를 잘했던 사람들이 아닌 경우가 많은 점은 주목할 점이다. 언어 습득은 논리logic가 아니라 직관intuition이기 때문이다.

원숭이는 바나나를 까는 방법을 옆 원숭이가 바나나를 까는 방식을 보고 따라 하며 배운다. 새 언어를 배우려면 그 언어를 능숙하게 하는 사람을 흉내내면 된다. 우린 따라 하며 습득하는 능력mirror neuron을 타고났다. 우린 부모 말을 따라 하며 우리말을 배웠다. 말을 흉내 내면 이 말을 이루는 문법과 표현방식이 체화되고, 다음에 그런 말을 하고 싶을 때 자연히 나온다. 우리 모두에게 내재된 직관이라는 놀라운 능력이 알아서 해준다. 따라서 영어에 대한 올바른 이해는 다음과 같다.

첫 번째로, 언어는 따라 말하며 배우는 것이다. 영어를 한 번도 제대로 배운 적 없는 11 살 소년이 있다. 어느 날 소년의 아버지께서 이민을 결정하시고 유럽 학교 영어 인터뷰 를 준비하기 위해 나에게 수업을 맡기셨다. OREX에서 하루에 한 시간씩 한 주에 세 번 영어 수업을 했다. 교재는 바로 이 『영어책』만 사용했고, 이 책의 문장들을 그대 로 따라 말하며 수업했다. 네 달 뒤, 소년은 스스로 유럽 학교에 전화를 걸어 인터뷰 일 정을 잡고, 인터뷰를 매우 성공적으로 해냈다. 출국 두 달 뒤, 소년은 나에게 『영어책』 덕분에 학교생활을 아주 잘하고 있다고 문자를 보내왔다. 이 소년뿐만 아니라 다른 OREX 멤버들도 '미국 어디에서 살다 왔느냐'는 말을 자주 들을 정도로 영어를 잘한 다. **따라 말하는 게 언어 습득의 본질**이다. 말은 물려받는 것이다. 천박하게 말하는 사 람의 말을 배우면 당신의 말도 천박해지고, 세련되고 우아한 사람의 말을 배우면 당신 의 말도 세련되고 우아해진다. 사람의 말은 곧 그 사람의 생각이고, 사람의 생각은 곧 그 사람의 현실이다. **Our words become our world.**

두 번째로, 문법은 쓸데없다. 언어학적 분석은 불필요하다. 문장을 끊어서 해석하거나, 문법 용어를 써서 각 단어를 분석하는 행동이 영어를 못하게 만든다. 언어의 본질은 이 성이 아니라 직관이기 때문이다. 우리가 영어를 배우는 목적은 **세계인과 소통**하기 위 해서다. 문법을 굳이 다 알 필요가 없다. 당신은 한국어 문법을 언어학적으로 암기한 다음에 말하는 법을 배웠는가? 문법을 공부할수록 논리를 켜고 직관을 끄게 되므로 영 어를 못하게 된다. 한국인이라면 영문법은 하나만 인지하면 된다: 한 문장에 주어 하 나, 동사 하나, 목적어 하나, 그리고 하나의 시제. 그 밖의 문법은 문장을 배우면서 직관 으로 익숙해지면 된다. 반복하면 그냥 된다. **Learning a language is intuitional.**

세 번째로, 언어는 첨삭과 제안을 통해 비로소 도약한다. 사람마다 한 언어에 대해 모 르는 부분이 다르다. 내가 틀리는 부분과 모르는 부분을 알아보는 그 언어를 세련되게 하는 사람의 지적과 수정 그리고 제안이 필요하다. 효과적인 영어선생님의 역할은 바 로 이것이다. **Without labour nothing prospers. [Sophocles]**

나는 인류의 전체를 이해하고 싶어 영어로 출간된 모든 카테고리의 책을 읽었고, 구글을 통해 인터넷 속의 영어 정보를 흡수했으며, 다큐와 영화를 꽤 봤다. 독학이 어려운 주제만 그 분야 최고의 대학교에서 배웠다. 영어를 배우면 세상 전체를 볼 수 있다. 한국어만 해서는 평생 무지할 것이다. **Ignorance is the root and stem of all evil.** [Plato] 그런 내가 언어 교육을 업으로 선택한 이유는 인류의 생존을 위해서다. 특히, 나의 민족 한국인의 궁극적 생존을 위해서 나는 영어를 교육한다. 동시대 국제영어로 15년에 걸쳐 집필 · 수록 · 정제한 이 책의 문장을 따라 말하다 보면 한국이나 미국보다 성숙한 문화에서 쌓아 온 지성을 전수받을 것이다. 이 책의 대부분의 문장들은 내가 썼다. 객관성을 높여 영어를 모두 아우르는 책으로 만들기 위해 인용문quotes을 더했다. 이 책의 형식 또한 영문 책의 형식을 따랐다. 『영어책』은 영문 책을 읽기 위한 다리다. **The Book of English is the bridge between Korea and the world.**

영어 발음 음원을 제공하지 않는 이유는 영어의 발음이 다양하기 때문이다. 13억 명의 사람들이 영어로 말한다. 영어권에 제대로 살아보면 '발음'이 중요한 게 아니라는 걸 깨닫게 된다. **표현**이 중요하고 **강세**가 중요하고 **태도**가 중요하다. 한국 모든 세대가 알 수 있도록 일일이 위대한 한글로 발음과 강세를 표기했다. 이는 책을 읽는 집중과 효율을 높여주며, 재난상황에서도 『영어책』을 읽고 영어를 습득할 수 있게 한다.

영어를 배우면 가장 좋은 점은, 영어 매체를 스스로self-reliantly 볼 수 있는 점이다. 합리적인 최신 정보가 영어 매체로 가장 먼저 나오고, 가치 있는 정보는 영어로 모두 정리되어 있다. 생명이 걸린 자연재해에 대한 정보도 편협한 한국 뉴스보다는 영국, 호주, 미국의 독립신문independent news에서 얻는 게 빠르고 정확하다. 또, 영어로 출간된 책들에 위대한 책들이 많으며, 원서에 번역의 오류가 없다. 해외에 가시면 영혼을 치유하는 도서관에 가시길 추천드린다. 책만큼 인생을 바꿀 수 있는 숭고한 힘은 사랑밖에 더 있을까? **Once you learn to read, you will be forever free.** [F. Douglass]

현지 지성인의 언어와 생각을 담은 이 책을 떼면 영어를 습득할 수 있다. 나아가 더 행복하고 풍요로운 삶을 영위할 힘을 얻을 수 있다. **The happiness of your life depends upon the quality of your thoughts.** [Marco Aurelio]

AUREO BAE

영어책 사용법
HOW TO USE THIS BOOK

1. 낭독한다.

말을 해봐야 말을 할 수 있다. 사람은 익숙한 행동을 계속한다. 영어를 문법으로 분석하고 공부하면, 말할 때도 틀릴까 봐 조마하며 말을 못 한다. 그렇게 해서는 영어로 말할 수 없다. 말을 하자. 이 책의 모든 영어 문장을 소리 내어 읽자. 낭독은 말하는 연습이다. 영어로 말하고 싶다면, 생각하지 말라. 분석하지 말라. 생각하지 말고 이 책의 영어 문장들을 따라 말하자. 한글로 표기한 발음은 특정인의 소리를 듣고 따라 하는 것보다 더 보편적이고 정확하다. 중요한 건 굵은 글자다. **굵은 글자**를 강하게 소리 내 말하면 외국인이 한 번에 알아들을 수 있는 분명한 발음이 된다. '발음'이 중요한 게 아니다. **강세**가 중요하다. 혀를 굴리는 건 미국 영어만 그렇다. 영국, 호주를 비롯한 수십 개의 나라에선 혀를 굴리지 않고 영어를 발음한다. 느끼하게 발음할 필요 없다. 담백한 게 한국인이 발음하기 편하고, 그게 우리에게 어울린다. 한국인으로서 자부심을 가지라. 영어를 틀리면 좀 어떤가, 우리 언어도 아닌데! 말하자. 틀려야 는다.

2. 반복한다.

언어는 운동이다. 근육을 만들려면 동작을 반복한다. 영어도 그렇다. 반복해서 따라 말한다. 머리로 외우려 하지 말라. 반복해 말해서 발음 근육이 기억하게 하자. 여러 번 말해 본 말은 그 말을 써야 할 상황에 나도 모르게 나올 것이다. 근력 운동을 하듯 이 책의 영어 문장들을 5번씩 반복해 말하자. 언어는 공부가 아니라 배움이다. 공부를 못하는 사람이 영어로 말을 더 잘한다. 생각하지 말고 반복해 말하자. 운동을 멈추면 근 손실이 온다. 이 책을 항상 곁에 두자.

3. 필사한다.

손으로 영어 문장을 쓰는 행동은 당신의 머릿속에서 그 언어에 대해 생각하게 한다. 손으로 쓰면 영어가 뇌 근육에 더 확실히 남는다. 독서는 배운 사람을 만들고, 글쓰기는 정확한 사람을 만든다. 영어를 잘하는 사람의 영어를 따라 써 보면, 그 언어가 당신의 언어가 된다.

I've failed

over

and over

and over again

in my life

and that is

why I succeed.

Michael Jordan

내 삶에서

난 실패하고

실패하고

또 실패했다

그리고 또 실패했다

그게 바로

내가 성공하는 이유다.

마이클 조던

언어 습득의 법칙 : 직관의 마법
THE LAW OF LANGUAGE ACQUISITION : INTUITION

여자의 몸 한가운데가 알처럼 부풀어 오른다. 보름달이 아홉 번, 이윽고 양수가 터져 나온다. 아직 사람이라기엔 너무나 연약한 아기가 첫 숨을 들이내쉰다. 물속에서 처음 나와 주변의 소리에 민감하다. 항상 자기 주변을 맴도는 부모의 말을 우물우물 따라 한다. 보름달이 열 번, 드디어 말 같은 소리를 낸다. 엄-마! Mama! 압-빠! Dada!

아이들은 밤마다 부모님이 낭독해 주는 동화를 들으며 잠에 든다. 논리적 설명 없이, 그냥 말을 들으면서 언어를 본능으로 배운다. 배우고 나서 그게 '언어'라는 걸 후에 인지한다. 바로 우리가 말을 할 수 있게 된 과정이다. 이 법칙은 보편적으로 적용된다.

그런데 우리는 어떻게 영어를 배우고 있는가? 문법 번역식 영어교육법은 자연을 거스른다. 틀렸다. 그래서 우리가 영어를 못한다. 우리 교육과정에서 배우는 영문법은, 영어가 모국어인 사람도 대학교에서 영어를 전공해야 참고할 법한, 지나치게 언어학적인 분석이다. 쓸데없다. 게다가 문화적 이해가 배제된 영어 공부는 영문화에서 사고를 자처하는 일까지 초래한다. 해외에 살며 이상한 행동과 말을 하는 사람을 돌아보면 한국인이다. 언어는 표현방식을 넘어 생각하는 방식이다. 문화다. 문화를 배우는 방법은 그 문화 사람들을 **따라 하여 익숙해지는 것**이다. 커피를 배우듯 말이다.

남들이 다 양떼처럼 생각 없이 서로를 따라 할 때 멀찍이 떨어져 진리를 직시해 보면, 인간은 언어를 습득할 때 문법을 '공부'하지 않는다. 외국어는 공부를 잘하는 사람들보다 겁 없는 사람들이 잘한다. 틀릴까 두려워하지 않고 그냥 하는, 용기 있는 사람들이 신기하게도 영어를 잘한다. 우리에게서 용기를 앗아가는 교육법은 잘못됐다. 우리에게 **자신감을 주는 교육이 효과적인 교육**이다. 우리가 잘하고 싶게 **영감을 주는 교육이 위대한 교육**이다. 결국 인생은 스스로 살아가야 하는 길이기 때문이다.

우리가 필요한 영문법은 맞춤법이다. 말을 직관적으로 습득한 후에, 더 세련되게 더 일관되게 가다듬기 위해 맞춤법을 참고한다. 말도 못 하는 데 맞춤법부터라니? 영어권 아이들보다도 영어를 못 하는데 영문법부터 공부하라니? 정말이지, **문법은 공부할 필요 없다**. 기본만 알면 된다. '원어민'도 문법을 틀리면서 말한다. 이건 알고 보면 우리도 마찬가지다. 얼마나 많은 사람들이 '돼'를 '되'라고 쓰나? 틀리는 건 신경 끄라. 우리 말이 아닌데 어쩌겠는가? 외국인은 그들의 언어를 배우려는 우리를 너그러이 본다.

우리 모두에겐 **직관**이라는 놀라운 선천적 재능이 있다. **언어는 본능으로 습득하는 능력이다.** 우리 모두는 이 본능을 타고났고, 따라서 이 본능을 켜면 어떤 언어든지 빨리 습득할 수 있다. 직관은 내 안의 초능력이다.

직관intuition과 이성intellect은 달과 해 같다. 하나가 밝아오면 다른 하나는 어두워진다. 무의식과 의식이다. 따라서 직관을 켜려면 이성을 꺼야 한다. 사랑을 어떻게 나누는가? 키스할 때 우린 서로 눈을 부릅뜨고 하는가? 이성과 직관을 조화롭게 사용하는 일은 정말 어려운데, 마스터하면 굉장한 일이 벌어진다. 스티브 잡스는 그렇게 세상을 바꾸지 않았는가. 그렇게 우리가 아는 스마트폰이 태어났다.

순수하게 직관만이 우리를 통제했던 아기 시절에는 그렇게 자동으로 우리의 모국어를 습득했다. 아기일 때 두 가지 언어를 동시에 접하면 두 언어를 신기하게도 동시에 습득한다. 그런데 이미 이 책을 읽을 정도로 이성이 발달한 우리는 지금 밝게 켜져 있는 이성을 끄고 직관을 켜는 방법을 찾아야 한다. 무의식에 입력하는 방법, 바로 꿈과 상상 그리고 반복이다.

꿈 – 잠들기 직전과 깨어난 직후에 일정 시간 영어를 읽거나 듣거나 쓰거나 말하기
상상 – 구체적인 상황에서 영어를 능숙하게 구사하는 내 모습을 자주 상상하기
반복 – 김연아가 트리플 러츠를 연습하던 것처럼 생각하지 말고 그냥 반복하기

계속 반복하다 보면 어느 순간 애쓰지 않아도 그냥 되는 시점이 온다. 우리말처럼 말이다. 익숙하지 않은 일을 처음 할 때의 저항을 계속 의식적으로 밀어내다 보면 어느새 관성이 생겨 습관이 되고 무한 성장의 궤도에 오르게 된다. 우주의 법칙은 그 우주 안의 모든 것에 적용된다. **언어 습득의 핵심은 이성을 끄고 직관을 켜기다.**

영어는 영어를 앞서 써 온 사람들의 말을 흉내 내면 된다. 효율적이고 효과적인 말이면 더 좋다. 언어에는 양이 있다. 그 양을 소화해야 익숙해진다. 일본 출신인 강남이 한국어를 배우는 걸 보라. 직관적으로 흉내 내며 배운 다음, 맞춤법을 가다듬는다.

언어 습득의 법칙은 **직관**이고, 방법method은 **흉내 내기**mimicking다.

기본에 집중하기
FOCUS ON THE FUNDAMENTALS

*

좋아
하는 사람이
있다고 생각해보자.
당신은 그 사람을 얻기 위해
무엇을 할 것인가? 예쁘고 멋있게
외모를 가꾸는 것? 멋진 스펙을 갖추는 것?
나와는 다른 사람인 그 사람이 나를 좋아하게 만드는
불변의 법칙은 무엇일까? 이는 나 자신이 어떤 객관적 기준을
갖추는 것이 아니다. 그 법칙은 바로, 내가 좋아하는 그 사람에 대해
아는 것이다. 그 사람이 무엇을 좋아하고 무엇을 싫어하는지, 그 사람이 지금
필요한 것이 무엇인지, 그리하여 내가 어떻게 하면 그 사람이 행복할 수 있는지를
아는 것이다. 어떤 법칙은 보편적이어 우리 우주 안의 달라보이는 것들에도
같게 적용된다. 영어단어를 많이 알수록 영어를 잘할까? 영어시험을
잘 볼수록 영어를 잘할까? 내가 안다고 생각하는 영어단어가
과연 정확하게 '아는' 것일까? 영어는 살아있는 생명이다.
자신의 성격이 있고, 스타일이 있고, 변화한다.
말은 쓰는 게 말이다. 각각의 상황마다
쓰는 말로 의미를 주고 받는다.
이렇게 쓰는 문장을 알면
영어를 자연스레
할 수 있게
된다
.

알렉산더 맥퀸은 세상이 놀란 독창적인 디자인 이전에, Savile Row의 영국 정통 양복점에서 충분한 기본기를 다졌다. 이 기본기 덕분에 차원이 다른 디자인을 창조해 낼 수 있었다. 운동과 음악도 그러하다. 재능과 기교에 의지하는 운동선수나 음악가는 머잖아 한계에 봉착한다. 그러나 기본기를 정확하게 다진 사람은 그 튼튼한 기초공사 위에 세상 빼어난 예술을 탄생시킬 수 있다.

Great foundation leads to a great building.
튼튼한 기초공사가 수려한 건축물을 만든다.

영어는 운동이다. 문장이라는 동작을 반복을 통해 근육으로 익히는 것이다— **익숙해지기**. 외우려 하지 말고, 발음 근육에 입력하자. 다양한 근육으로 입력하면 더 효과적이다. 손으로도 써보고, 휴대전화로 타자도 쳐보자. 소셜미디어에 올리는 효과적인 충격요법도 있다. 뇌도 근육이라 하면, 영어를 많이 읽고 쓰고 생각할수록 당신의 영어가 더 좋아진다. 이것이 영어의 기본기를 다지는 방법이다.

영어는 음악이다. **소리**의 강약과 음의 높낮이로 알아듣는다. 우리말처럼, 사람들이 자주 쓰는 말이 신조어가 되고, 더 이상 쓰지 않는 말은 퇴화된다. 그래서 영어도 계속 갱신되어야 한다. 우리가 교과서로 배운 영어는 지금 영어가 아니다. 영어도 한글처럼 지역마다 쓰이는 말과 억양이 다르지만, 표준말 같은 국제영어가 있다. 지금 일상에 쓰이는 가요 같은 말들과 우리를 더 지혜롭게 할 클래식이 된 말들을 소리 내어 말하다 보면, 영어를 할 줄 아는 상태에 다다른 나를 만날 수 있다. (374쪽에서 자세히)

Reversal: Wrong materials bring about failure.
반전: 잘못된 자료는 실패를 야기한다.

연습할 때 무슨 생각을 하느냐는 질문에 김연아가 대답했다:
"무슨 생각을 해, 그냥 하는 거지."
『영어책』의 영어 문장을 그냥 여러 번 낭독하자. 실제 상황에 그냥 나올 것이다.

Don't think, just do. [Horace]

기억할 영문법 전부
ALL THE GRAMMAR YOU NEED

$$S + V + O$$

한 문장 = 하나의 주어 + 하나의 동사 + 하나의 목적어

하나의 문장에는 하나의 시제

I	love	you.
주어	동사	목적어

모든 법칙에는 예외가 있지만, **한국인이 가장 많이 틀리는 영문법이 한 문장에 동사를 두 번 말한다던가 목적어를 빼고 말하는 일**이다. 우리말로 말할 때 그러기 때문이다. 그래서 문법은 이것만 의식적으로 인지하면 된다. 다른 문법은 직관(무의식)이 알아서 습득하도록 마음을 열고 이 책의 문장들을 여러 번 말하고 쓰면 된다. **Practice is the best of all instructors.** 연습이 최고의 선생이다. [Publilius Syrus]
불필요한 문법을 공부하는 데 인생을 낭비하지 말자. 영어를 더 못하게 된다.

지금 우리의
마음은 인류 역사상 그 어느
때 보다도 바쁜 시대를 살고 있다. 휴대
전화에는 도구가 많은 만큼 유혹 또한 너무 많고,
우릴 더 편리하게 해줘야 할 테크놀로지에 둘러싸여
우린 자연과 햇빛과 달빛에 맞춰 살던 단순했던 라이프
스타일보다 너무나 바쁘고 복잡하다. 집중을 한다는 것은
마음을 온전히 한 곳에 쏟는 일 보다는, 마음을 고스란히
하나에만 둘 수 있도록 불필요한 것들을 정리하는 일
이다. 그래서 미디어는 제공하지 않는다. 책을 보다
기계도 만져야하기 때문이다. 시각적 집중을
흐트리는 색깔도 배제했다. 영어책에는
오로지 시대에 맞는 좋은 문장과
아름다운 타이포그래피
만 있을 뿐.

기억하라.
수만 년에 걸쳐 형성된 인간의 천성은 쉬이 변하지 않는다.

Concentrating is
getting rid of inessentials.

Truth, like gold, is obtained not by its growth, but by washing away from it all that is not gold. 진리는 키워서 얻는 게 아니라 금처럼 금이 아닌 것을 씻어냄으로 얻는 것이다.

[Leo Tolstoy]

25

단어를 배우는 방법

영단어를 외우는 건 쓸데없는 짓이다. 그림을 그리기 위해 모든 색깔의 물감을 다 모으는 것과 같다. 사실 세 개(3원색: 빨강, 노랑, 파랑) 혹은 다섯 개(3원색, 흰색, 갈색)의 색깔만 있으면 세상의 모든 색을 만들 수 있다. 모르면 바가지다. 영어도 기본 단어만 제대로 알면 무한한 말을 할 수 있다. 인간은 글이 발달하기 전부터 말로 의미를 전달하고 이해했다. 이야기는 우리 DNA에 아주 깊숙이 박혀있는 본능과도 같은 소통법이다. 그래서 스토리텔링이 이제 와 한국에서 중요하게 여겨진다. 단어를 억지로 외우는 건 벼락치기와 같다. 벼락치기로 공부한 내용은 흩어진 퍼즐 조각에 불과하다. 제대로 언어를 배우려면 이야기로 배워야 한다. 꼼수보다는 **책을 읽자**. 자연스런 방법이다.

영어권 사람들은 책, 특히 소설을 정말 많이 읽는다. 차를 마시는 것처럼 삶의 일부다. 암체어도 책을 읽기 위해 만들어진 의자다. 이야기가 생활의 뿌리와 줄기다. 반면 우리나라에선 독서가 선택사항이다. 아이가 소설책을 읽으려 하면 학교 공부나 하라 한다. 문학작품을 읽으며 스스로 생각하기도 전에 '답'을 준다. 책을 읽는 게 취향으로 여겨진다. 이 결과로 우리는 베끼는 건 잘하고 새로운 것을 만들어내는original thinking 건 못한다. 빛과 어둠이 공존하듯, 우리 세상의 모든 것엔 장단점이 공존한다. 영문화도 항상 우리 문화보다 뛰어나진 않다. 무조건 선망하고 베끼며 우리 것은 버리면 멍청한 껍데기가 되고 만다. 그러나 영문화에는 배울 점이 하나 있는데, 이는 **모두가 책을 읽고 스스로 생각하는 문화**다. TED만 봐도 이야기로 소통하는 문화를 알 수 있다. 한 사람이 하나의 주제로 자신의 이야기를 사람들 앞에서 한다. 방청객이 그 이야기를 듣고 그 주제에 대해 이해한다. 바로 인류의 기록된 역사보다 뿌리가 깊은 구전이다.

한국에서 단어를 외운다 하면, 문맥과 영어다운 표현은 무시한 채 한글 단어가 영어 단어로 바로 바꾸어 쓸 수 있는 것처럼 외운다. 그런데 영어는 한글과는 뿌리부터 다르다. 하나의 단어로 그 의미를 전달하지 않을 때가 많다. 여러 개의 단어가 하나의 표현으로 사용된다. 또, 이야기 속에서 우리가 처음 어떤 단어를 접한다면, 우린 그 문맥과 어감을 통해 대략적으로 그 의미를 추측할 수 있다. 그리고 그 단어가 그런 상황에 쓰이는 단어라는 사실을 직관적으로 파악하고, 우리 머릿속의 분류category 중 한곳에 정리한다. 우리의 뇌는 연결 짓기/연상하기association를 통해 배운다.

따라서 **단어를 배우는 정석은 이야기를 통해서, 문맥을 통해서 배우는 방법이다.** 우리나라 국어시간은 문학 시간이다. 영문화도 영어시간은 문학 시간이다. 허나 한글과 영어는 씨앗부터 다르다. 한글은 세종대왕의 창의성이고, 영어는 400년대부터 다양한 언어가 융합하며 진화해 온 서양어. 그러므로 둘이 대칭되는 것처럼 공부해선 안 된다. 각각 본연의 모습 그대로wholeness를 받아들이며 배워야 한다. 문맥 없이 암기한 단어는 그 의미를 담은 말을 하려 할 때 버퍼링이 생긴다. 부자연스럽게 말을 하게 되고, 영어 같지 않은 영어가 된다. 그래서 아무리 공부해도 영어를 못하는 결과가 일어난다.

그러므로 단어를 많이 앎보다 효과적인 것은 **문장을 앎**이다. 그 단어를 쓰는 표현과 상황을 아는 것이다. 문장이 단어보다 더 중요하다. 그 단어를 쓰는 말을 알면, 그 말을 써야 할 상황에 자연스럽게 나온다. 반면, 단어는 알고 그 단어가 쓰이는 말을 모르면, 어떤 말을 하기 위해 알고 있는 단어를 끼워 맞춰 나만의 말을 만들어 내게 된다. 현지인local은 그 말을 듣고 갸우뚱한다. 그들의 말을 흉내 내는 게 올바른 방법이다.

영어를 배우려면, 현지인이 쓰는 말phrasal verbs & idioms을 알면 된다. 다들 '쓰는 말'을 쓴다. 두 개 이상의 낱말이 합해 하나의 뜻을 이루는 말이라는 '숙어'는 우리말에도 있다. 우리는 '마음이 강하게 이끌려 사랑을 느끼게 되다'는 의미를 '사랑에 빠지다, 반하다'라고 말하고 영어로는 'get a crush on 누구'라고 말한다. 또, '없애다'를 'get rid of 무엇'이라 말한다. 우리나라에 나와있는 영단어 책들은 '예문'이 어설프다. 특히 수능 영어 단어책들이 그렇다. 우리나라 사람들이 영어를 못하는 원인이 여기에 있다. 분석을 지나치게 많이 해 부차적인 것을 위해 진짜 중요한 것을 간과하기 때문이다. ⟨Law of Parsimony⟩ **말을 할 수 있어야 하지 않을까?** 『영어책』의 문장들은 바로 사용 가능한 실제로 쓰이는 말들과, 우리가 삶을 행복하게 살아가는데 도움이 될 지혜로운 말들을 담았다. 이 말을 따라하면 단어도 배우고 문법도 익숙해지며 영어도 할 수 있게 된다. 강조하건대, 단어와 문법을 따로 공부할 게 아니라, **말이면 다 된다.**

영어의 기본을 정립할 수 있는 체계적으로 정리된 자료 없이 외국의 연설과 영화 등을 영어 자막으로 보곤 하는데, 이는 잘못된 방법이다. **자막 없이 봐야 한다.** (371쪽 참조) 『영어책』의 영어 문장들을 **소리 내어** 읽다 보면, 영어가 체득되는 느낌이 올 것이다. **Do not build without foundation.** 기초 없이 아무것도 짓지 말라.
[Leonardo da Vinci]

영어를 잘하는 방법

라면을 끓일 때 물과 면 그리고 스프가 필요하다. 이에 더해 냄비와 열 그리고 시간이 필요하다. 여기서 물, 면, 스프는 '요소'라 하고, 냄비, 열, 시간은 '구조'라 하자. 라면을 맛있게 끓이려면 이 요소와 구조를 적절하게 배합하면 된다. 라면을 내 취향에 맞게 끓이려면 요소와 구조에 변화를 주거나 다른 재료를 추가하면 된다. 달걀을 넣는다던가, 서로 다른 라면을 섞어서 또 다른 재료를 얹는다던가. 라면 끓이기의 기본에 능숙해지면 다른 사람들은 생각지도 못한 예술을 부릴 수 있다. 말에도 요소가 있고, 구조가 있다. 이 요소와 구조라는 기본기에 능숙해지면 영어를 잘할 수 있다.

가장 기본이 되는 요소로 가장 단순한 구조부터 시작하자. 영어의 기본은 〈주어, 동사, (목적어)〉다. 이 3 단어면 말이 된다. 사람의 머리는 3 개를 가장 잘 받아들일 수 있다. 이 3 의 법칙을 이용하자. 주어와 동사는 물과 면이다.

I enjoy ramyun. 난 라면을 즐겨 먹어.

Ramyun needs kimchi. 라면엔 김치가 필요해.

Kimchi has probiotics. 김치엔 유산균이 들어있어.

이 3 단어가 익숙해졌으면, 또 다른 3 단어, 〈주어, 동사, 형용사〉를 시도해보자. 형용사는 스프다.

My face is puffy. 내 얼굴 부었어.

Is it good/yummy? 그거 맛있어?

It is salty. 이거 짜.

여기에 하나의 요소를 추가해 보자: 〈부사〉. 부사는 변화를 주는 말로, 형용사가 없으면 말이 안 되는 반면, 부사는 없어도 말이 되는 요소다. 그렇지만 부사가 들어가며 말이 맛깔스러워진다. 부사는 달걀이다.

28

He does ramyun <u>quite well</u>.   그는 라면을 좀 끓일 줄 알아.

I <u>normally</u> go for coffee <u>without milk</u>.   나 평소엔 우유 넣지 않은 커피를 골라.

It is good <u>enough</u>.   이정도면 됐어.

이 정도 익숙해졌으면 이제 〈절clause〉에 도전해 보자. 절은 문장 안의 문장으로, 주어와 술어/동사로 이루어져 있다. 처음엔 복잡해 보여도 익숙해지면 편리하다. 하나의 문장은 **하나의 시제**인 점만 주의하자.

It is great <u>that you've picked up a copy of</u> 『The Book of English』.
『영어책』을 집다니, 훌륭한 선택입니다. (책을 셀 때는 "a copy of")

**Hangul <u>which is written solely by Sejong the Great</u> is a remarkable set
letters.**   세종대왕이 홀로 집필한 한글은 굉장히 뛰어난 글자다.

**I would like to have something with soup <u>because I drank a lot
yesterday</u>.**   뭔가 국물있는 거 먹고 싶어 왜냐면 어제 술을 엄청 마셨거든.

The one way to happiness is to do things <u>which give you a sense of reward</u>.
행복해지는 단 하나의 방법은 당신에게 보람을 주는 일을 하는 것이다.

영어는 단순하다. 말이 길면 절이 긴 말이다. 화려한 말은 주로 부사가 들어간 말이다. 한자어 문법 용어로 영어를 가르치는 선생님은 영어로 말도 할 줄 모르는 사람이다. 진정한 지성인은 기본 단어로 말한다. 어려운 단어는 주로 프랑스어고, 이런 단어는 몇 번 보다 보면 익숙해진다. 그 밖의 단어와 문법은 굳이 따로 공부할 필요 없고, 영어 글을 자주 읽고 영어를 많이 들으면 된다. 책을 소리 내 읽으며 근육이 익숙해지면 된다.

──────────── 낯선 체계에 **익숙해지**는 게 중심이다. ────────────

기본에 집중해 배우고, 영어로 대화를 나눌 수 있는 상황에서 용기를 내어 말을 하기, 그리고 더 나아가고 싶다면 세련된 영어를 사용하는 사람에게 내 영어 말과 글을 첨삭받기, 이 세 가지가 영어를 확실하게 잘하게 되는 방법이다. 『영어책』은 그 기본을 바르게 배울 수 있는 자료다. 이 책의 영어 문장을 세 번씩 **소리 내어 읽고**, 세 달 내에 이 책을 다 읽으면 영어에 감이 생길 것이다. 세 번 읽으면 더. (#1일3장챌린지)

BE BRAVE.

문법을 아는 것보다 중요한 것은

영어를 하는

용기

When I was 12, I scored zero points.

That's when the idea of long term view became important. Because I wasn't going to catch these kids in a week; wasn't going to catch them in a year. That's when I settled down, 'okay, it's going to take some falling. What would I want to work on first? All right, shooting, let's knock this out. Let's focus on this for half a year, six months, do nothing but shooting.' After that, it's creating your own shot. You start creating a menu of things.

When I came back next summer, I was little bit better. Next summer came back I was better. Next summer came back little better. It wasn't much, but I scored. It's when I'm 12-13. And 14 came around, and then I was just killing everyone. It happened in two years.

I wasn't expecting it to happen in two years but it did because what I had to do is to work on the **basics** and the **fundamentals**, while they relied on their athleticism and their natural ability. Because I sticked to the fundamentals, it just caught up to them.

At 14, I was the best of all ages.

Kobe Bryant

13살 때 난 경기에서 0점을 기록했다.

이 때가 바로 장기적 관점이 중요하단걸 깨달을 때다. 다른 녀석들을 1주일 안에, 혹은 1년 안에 따라잡을 수는 없었다. 그래서 생각했다, '그래, 이거 시간이 좀 걸리겠어. 뭐부터 먼저 할까? 그래, 슛부터 잡자. 이것만 집중해서 반 년, 6개월동안 이것만 하자.' 그리고 나선 뭘할지 또 정하면 된다. 그렇게 해야할 일 목록을 만들기 시작한다.

다음 시즌이 왔을 때, 난 조금 더 나았다. 그 다음 시즌이 왔을 때, 더 나았다. 그리고 그 다음 시즌이 왔을 때, 조금 더 나았다. 별건 아니었지만, 점수를 냈다. 열 셋, 열 네살 때다. 그리고 열 다섯살이 되었을 때, 그 누구도 나를 따라잡지 못했다. 이게 2년 안에 일어났다.

나도 이게 2년 만에 일어날 거라곤 예상치 못했는데 그렇게 됐다. 왜냐면 나는 **기본기**와 **원칙**만 파고 들었고, 다른 녀석들은 기량과 재능에 의존했기 때문이다. 내가 기본에만 충실했기 때문에, 그들을 따라잡을 수 있었다.

15살에 나는 모든 연령대에서 최고였다.

코비 브라이언트

기본동사

있다	일어나다	이다
exist	occur	have the quality, state, et cetera

	1인칭	2인칭	3인칭
주어	I	you, we, they, these, those	it, he, she, this, that
현재형	am	are	is
과거형	was	were	was
과거분사형	been	been	been

Hi. I am Aureo. (It's) nice meeting you.   /하이. 아임 오-레오. 나이쓰 미링유/

안녕하세요. 전 아우레오라고 해요. 만나서 반가워요.   = **It's nice to meet you.**

영어의 기본은 "Hi"다. 사람을 만났을 때 "Hi"로 말을 시작하고, "Bye"로 끝내는게 예의다. 이 법칙은 전화, 편지, 이메일도 마찬가지다. 인사로 시작해 인사로 끝맺는다. 알고 보면 예의는 영문화가 더 깍듯하다. (이메일 영어는 마지막 장의 부록 참조)

Hi. How are you? = How's it going?   /하이. 하왈유?/ /하우짓 고잉?/

안녕. 지금 기분 어때? 어떻게, 뭐하고 지내?

34

좁은 땅에 사람이 너무나 많은 곳에 살면 사람 많은 곳이 지긋지긋하겠지만, 땅은 넓고 사람은 없다면 사람을 마주칠 때 반갑기까지하다. 그런 환경에서 태어난 문화에서 **인사**는 정말 중요하다. 같은 종족으로서 인간을 존중하는 기본 예의etiquette다. Personal space라는 개념도 이런 환경에서 태어난 삶의 양식이다. 항상 내 주위공간이 넉넉한데, 낯선 사람이나 별로 가깝지 않은 사람이 나에게 너무 가까이 다가오면 불편하고 불안하다. 그래서 다른 사람 가까이를 지나가야할 때 "Excuse me"라고 말하고, 더 가까이 가도 되냐고 물어볼 때 "May I?"라고 양해를 먼저 구한다. 사람과 눈이 마주쳤을 때 작은 미소와 "Hi" 한마디는 하는게 기본 예의다. 한국에선 오해받지만, 영문화에선 안 하면 실례일 때가 많다. 모든 법칙이 그러하듯 예외는 있다.

처음보는, 혹은 별로 친하지 않은 사람들끼린 Hi까지 인사하는 편이나, care[1]하는, 가까운 사람들과는 How are you? 하며 어떻게 지내는지를 묻는다.

It's <u>been</u> a while! How have you <u>been</u>?   /잇츠빈어 와일! 하우 해뷰 빈-?/
우리 오랜만에 본다! 그동안 어떻게 지냈어?

"Long time no see"는 중국식 영어다. 배운 영문화 지성인은 이 말을 하지 않는다.

I <u>am</u> good / great / okay / not very good. Thanks for asking. (And) you?
/암 굳 / 그뤠잇 / 옥케이 / 낫 베리 굳. 땡스 포 아스킹. 앤 쥬?/
괜찮아 / 최고야 / 그냥 그래 / 별로 안 좋아. 물어봐 줘서 고마워. 넌 어때?

"So-so"라는 말은 이 상황에 안 쓴다. 이렇게 대답하는 사람은 한국인밖에 없는 것 같다. '그저 그래'는 그저 그런 <u>억양</u>으로 "I'm okay", "I'm alright"이다. 이는 문화적 태도의 차이다. 평범할 때는 "I'm good", "I'm well", "I'm fine", 그리고 정말 좋을 때엔 "I'm great", "Can't be better", "Can't complain"등으로 말한다.

/ (slash)   =   or (또는)

It's <u>been</u> eventful.   /잇츠빈 이벤ㅌ풀/   많은 일들이 있었어.

Say thank you when someone offers you kindness. English culture is kind culture. 누군가 친절을 베푼다면 'Thank you'라고 말해. 영문화는 친절한 문화야.
"Thanx"라고 쓰지 말자. 영어를 못 하는 사람이 아는 척 보이려고 이런 스펠링을 쓴다. 어느 나라나 교육수준이 낮을수록 불필요하게 말을 줄여 쓰고, 높을수록 정확하게 쓴다.

---

[1] Care /케얼/ : 생각보다 깊은 말이다. 진심으로 누군가를 생각하고 위할 때 care라 한다.
"I care about you." "넌 내게 중요한 사람이야." Care는 love에 가깝다. (Care에서 자세히)

I'm rooting for you! /암 루팅 포 유/   네가 잘 되길 난 응원해!

> Good luck on your upcoming interview! Remember that I'm rooting for you.
> 다가올 인터뷰를 응원해! 널 항상 응원하고 있다는 거 기억해. (root for = 응원하다)

I'm psyched to meet you in person.   /암 싸익투 밑츄 인 펼쓴/
난 널 실제로 만나는데 들떠있어.

> be psyched   =   무엇을 하는 데 들떠있다/심적으로 준비되어 있다
> in person   =   in the flesh, physically, actually   =   실제로, 직접

I don't want to be a grumpy old man, as I really don't want people walking on eggshells around me.   /아돈워너비어 그럼피 올드 맨 애즈아륄리 돈
원트 피플 워킹온 엑쉘스 어롸운미/   난 정말이지 심술쟁이 할배가 되고 싶지 않아, 왜냐하면
사람들이 내 기분에 맞춰주려고 눈치 보는 게 싫거든.

> be/walk/tread(UK) on eggshells   =   눈치보다
> I was on eggshells when she was in a bad mood.   개 기분 나쁠 때 엄청 눈치 봄.
> You have to read the room before you speak a word.   말하기 전에 <u>분위기 파악</u>
> 을 해야 돼.

Stop being nosy.   /스탑 빙 노-지/   오지랖 좀 그만 떨어. (참견하지 마.)

You are annoying.   /유알 어노-잉/   너 짜증나.

What do you want to eat? I'm easy.   /왓두유워너 잍? 암 이-지/
뭐 먹고 싶어? 난 다 좋아.

> I'm easy   =   I'm not fussy/picky   =   무얼 고르든 난 괜찮아

What's up with Kate?   /왓츠업 위드 케잍?/   케이트에게 뭐 문제있어?

> What's up?   =   1. 문제가 뭐냐고 물어보는 말, 2. 어떻게 지내는지, 뉴스가 있는
> 지 물어보는 주로 미국에서 쓰이는 인사말 (그 밖의 문화에선 How are you?)

Only she knows what's what.   /온리 쉬 노-즈 왓츠 왓/   무슨 일인지는 그녀만 알지.

> what's what   =   the facts of a situation   =   그 상황의 사실

Katie, you look worried. What's the matter? /케이티 유룩 워리드. 왓츠더 매럴?/
케이트 너 무슨 일 있어보여. 무슨 일 있어? (Kate, Katie, Katy, Cate 모두 Catherine의 줄임)

> What's the matter?   =   무슨 일이 있는지 다정하게 물어보는 말 (고음으로 발음)

A: My back hurts. <u>Are</u> you up for massage? /마이 백 헐츠. 알유 업폴 마싸-쥐?/
나 허리 아파. 마사지 받으러 갈래?

B: Same here. I <u>am</u> down to it. /쎄임히얼. 암다운투잇/ 나도. 그래 좋아. = **Me too.**

It<u>'s</u> laggy. /잇츠 래-기/ (컴퓨터가) 렉 걸렸어. 버벅거려.

I<u>'m</u> not big on playing games. It<u>'s</u> pathetic. /암낫 빅 온 플레잉 게임스. 잇츠
퍼쎄틱/ 난 게임에 관심 없어. 찌질해.

    be big on 무엇 = 무엇에 관심이 많다

It<u>'s</u> a bit of faff. /잇처 빗오브 퐵프/ 그다지 쓸데없는 일이긴 해.

    faff = 별다른 득없는 일에 시간을 쓰다 (UK)
    We can't faff around forever. 우리 마냥 놀고만 있을 순 없어.

**I<u>'m</u> not the biggest fan of beef intestines. Imagine someone opening up
your belly and taking out your intestines to eat. Eww!** /암낫더 비거스트 팬
오브 비-프 인테스틴쓰. 이매쥔 썸원 오프닝업 유얼 **벨**리 앤 테이킹아웃 유얼 인테스틴쓰 투 잍.
이우-!/ 난 곱창을 안 좋아해. 누가 너의 배를 갈라서 창자를 꺼내 먹는다고 상상해 봐. 징그러!

    be not the biggest fan of 무엇 = do not like 무엇 = 무엇을 안 좋아하다

That <u>is</u> not my cup of tea. /댓이즈 낫 마이 컵포브 티-/ 그건 내 취향이 아냐.
= **That is not my thing.** /댓이즈 낫마이 띵/

My bike <u>is</u> in bad shape. It needs some repairs. /마이 바잌 이즈인 배드 쉐잎.
잇 니-즈 썸 뤼패얼쓰/ 내 자전거 잘 작동이 안 돼. 손좀 봐야해. (= bad condition)

That <u>is</u> over the top. /댓이즈 오벌더 탑/ 그건 투머치야.

I <u>was</u> just daydreaming. /아워즈 져슷트 데이드뤼-밍/ 그냥 멍때리고 있었어.

    daydream/zone out(US)/watch the world go by/stare into space
    = 멍때리다

Aureo <u>is</u> a savvy educator who knows all the tricks. /오-레오 이져 싸-비
에듀케이터 후노우즈 올더 트뤽쓰/ 아우레오는 교육에 빠삭해.

    savvy = 빠삭한/잘 아는/상식적이고 판단력이 좋은(형용사), 통찰력(명사), 알다(동사)

I'm on my way!   /암 온 마이 웨이!/   가고 있어! (출발했어/곧 도착해)

That's bizarre.   /댓츠 비자-ㄹ/   희한하네.

There might be typos.   /데얼 마잇비 타이포즈/   귀여운 오타가 있을 수도 있어.

I admit I've been hard on her.   /아이 어드밋 아이브빈- 할드 온 헐/
그동안 내가 그 애한테 너무 심했다는 거 인정. (be hard on = 심하게 비판하다, 힘들게 하다)

He's too much of a softie to cut ties with anyone.   /히즈 투-머취오버 쏘프티
투컷 타이즈윗 애니원/ 그는 마음이 여려서 누구랑도 손절을 못해. (cut ties with = 손절하다)

That could happen.   /댓 쿧 해픈/   그럴 수 있지.

I'd love to be in touch with you.   /아이드 러-브투비 인 터취 위듀/
당신과 연락하며 지내고 싶어요. (be/stay/keep in touch with = 연락하고 지내다)

Your skin is glowing.   /유얼 스킨이즈 글로윙/   너 꿀피부다.

My face is breaking out.   /마이 페이스이즈 브레이킹아웃/   내 피부 뒤집어졌어.

What's your type?   /왓츠 유얼 타입?/   네 이상형이 뭐야? 어떤 사람 좋아해?

> type   =   공통의 특징을 가진 사람/사물의 분류/종류, 형, 형태, 전형
> I don't have a type. I like a kind person.   딱히 없어. 난 그냥 친절한 사람이 좋아.
>
> style   =   무엇을 처리하는 방식/양식, 우아하고 세련됨, 대담하고 능숙함
> He has a style.   그 남자는 그만의 센스가 있어. (우아하고 세련됨)
> James Bond does it with style.   제임스 본드는 멋지게 일해. (대담하고 능숙함)

I'm a bit on edge today.   /암어빗 온에-쥐 트데이/   나 오늘 좀 예민해.

It's bananas.   /잇츠 버나나스/   미친 거 아냐? (너무 멋진데?)

> be bananas / be nutty as a fruitcake / be nuts
> =   매우 이상하거나 미친 듯하다(= insane, idiotic), 미친 듯이 뛰어나다

There are 39 different kinds of English. If you only think American English is English, you are narrow-minded.   /데얼알 써티나인 디퍼런트 카인즈
오브 잉글리시. 이퓨온리띵ㅋ어메뤼칸 잉글리시이즈 잉글리시 유알 내로우 마인디드/   세계엔
39가지의 다양한 영어가 있다. 미국 영어만 '영어'라고 생각한다면, 그건 편협한 시야다.

That is true to an extent.　　/댓츠트루 투언 익쓰텐트/　　어느 정도까지는 사실이지.

My intention is to make half the Koreans be able to communicate in simple English. It's doable. I just don't argue with fools.　　/마이인텐션이즈투 메익 하프더 커뤼안쓰 비에이블투 커뮤니케잇인 씸플 잉글리시. 잇츠 두어블. 아져스트 돈ㅌ알 규월 풀-스/　　내 의도는 한국인의 절반이 기본적 영어로 소통할 수 있게 하는 거야. 할 만해. 난 바보들과 싸우지 않거든.

　　"싸우다"는 영어로 argue 또는 quarrel. Fight은 폭력적으로 싸울 때 말한다.

Delivering your intention is all there is to speaking skills.　　/딜리버링 유얼 인텐션이즈 올데얼이즈투 스픽킹 스킬스/　　이해시키는 것이 말하기 기술의 전부다.

Just go for it. What's the holdup? Give it a try. It's worth a shot. What do you have to lose?　　/져스트 고폴잇. 왓츠더홀덥? 기빗어트롸이. 잇츠월쓰어샷. 왓두 유해브투 루-즈?/　　그냥 질러. 뭘 망설여? 시도해 봐. 해볼 만해. 잃을 게 뭐가 있니?

It's okay to fail. You grow from making mistakes. English is not our mother-tongue. They don't speak Korean either.　　/잇츠 옥케이투 페일. 유그로 우프롬 메이킹 미스 테잌쓰. 잉글리시이즈 낫 아월 마덜텅-. 데이돈ㅌ 스 픽- 커 뤼안 이더/　　깨져도 괜찮아. 우린 실수로 배우는걸. 영어는 우리 모국어가 아니야. 쟤네도 한국어 못하잖아.

Pretty girls are like a dime a dozen. But wise and classy ones are rare. This is why I can't go without you.　　/프리티걸스 알라잌어 다임어 더즌. 벋 와이즈 앤 클라씨 원즈알 레어. 디쓰이즈와이 아캔ㅌ고 위다웃츄/　　예쁜 여자는 흔해. 그런데 지혜롭고 세련된 여자는 흔치 않지. 이게 바로 내가 너없이는 살 수 없는 이유야.

　　be a dime a dozen (US)　＝　be two/ten a penny (UK)　＝　흔하다, 아주 싸다

You are what you repeatedly say.　　/유얼 왓츄 리피티들리 쎄이/
습관적으로 하는 말이 당신을 만든다. [Aureo Bae 이 책의 출처 없는 모든 문장은 저자의 글]

Beauty is being comfortable and confident in your own skin.
/뷰티이즈 빙 캄포터블 앤 칸피던트 인 유얼 오-운 스킨/
진정한 아름다움은 너 자신으로서 편안하고 자신 있는 거야. [Iman]

The most beautiful thing you can wear is confidence.　　/더 모슷트 뷰-티풀 띵 유 캔 웨어 이즈 칸피던쓰/　　가장 아름다운 옷은 자신감이야. [Blake Lively]

Beauty is in the eye of the beholder.　　/뷰리이즈 인디 아이 오브더 비홀더/
아름다움이란 주관적이다. 아름다움은 그 아름다움을 볼 줄 아는 사람의 마음 속에 있다.

> Behold! My new ride! 이 아름다운 것좀 봐! 내 새 차야!

> I took the phone case out and, lo and behold, I dropped my phone on the ground.　폰 케이스를 뺐더니, 아니나 다를까, 바닥에 폰을 떨어트려버렸어.

> Everything that is made beautiful, fair and lovely is made for the eye of one who sees it.　아름답고 좋고 훌륭하게 만들어진 모든 것은 그 아름답고 좋고 훌륭함을 알아보는 사람을 위해 만들어졌다.　[Rumi]　(lovely = very beautiful, delightful)

You are a human being. You are made imperfect and flawed. There is beauty in your imperfections.　/유알어 휴먼 빙-. 유알 메이드 임펄펙트 앤 플로-드. 데얼이즈 뷰티 인유얼 임펄펙션스/　당신은 인간이에요. 불완전하고 흠이 있는 존재죠. 불완전함은 아름다운 거예요.

Be yourself.　/비 유얼쎌프/　네 자신이 돼. 네 자신을 사랑해. 너답게 해.　(432쪽에 참고)

Everybody wants to be somebody; nobody wants to grow.　/에브리바디 원츠투 비- 썸바디 노바디 원츠투 그로우-/　모두들 누군가가 되고 싶기만 하고, 성장하려고는 하지 않는다.　[Johann Wolfgang von Goethe]

Why are you so hung up on becoming famous? Anonymity is a freedom that cannot be regained once lost.　/와이 알유 쏘 헝 업 온 비커밍 페이머쓰? 어노니머티 이져 프리덤 댓 캔낫비 리게인드 원쓰 로스트/
왜 그렇게 유명해지는 것에 목을 매니? 익명성은 한번 잃으면 되찾을 수 없는 자유야.

> be hung up on 무엇　　=　　무엇에 지나치게 매달려있다

What makes our country liveable is due regard.　/왓 메익쓰 아월 컨츄리 리버블이즈 듀-뤼갈드/　우리나라를 살만한 곳으로 만드는 것은 서로 간의 존중이다.

Tteokbokki is like catnip to her.　/떡볶이 이즈라일 캣닙 투 헐/
그녀는 떡볶이는 못 참아.

> be (like) catnip to 누구/무엇　　=　　누구/무엇의 흥미를 끌게 분명하다
> 어감은 천박하지만 비슷한 의미의 말로, 'I'm a sucker for 무엇'이 있다.

I'm about to eat. Can I phone you back?　/암 어바웃투 잍. 캔아이 폰유 백?/
이제 막 먹을 참인데, 내가 다시 전화줘도 돼? (be about to = 곧 할거다)

He does whatever his girlfriend wants. He's putty in her hands. /히 더즈
왓에버 히즈 걸프렌드 원츠. 히즈 퍼티 인헐 핸즈/   그는 여자친구가 하라는 건 뭐든지 다 해.

> be (like) putty in 누구의 hands = 누굴 좋아해서 누가 원하는 대로 하다

I think we are stuck in a groove.   /아띵크 위알 스턱 인어 그루-브/
우리 권태기인 거 같아.

> be (stuck) in a groove   =   홈에 끼이다   =   무얼 너무 오랫동안해서 지겹다

Love is loving not just the good, but also embracing the shortcomings.
/러브 이즈 러빙 낫 져슷트 더 굳, 벋 올쏘 임브레이씽 더 쑐ㅌ커밍스/
사랑이란 좋은 점만 사랑하는게 아니라, 아쉬운 점까지도 사랑하는 게 사랑이야.

A relationship is not a one-way street.   /어 륄레이션쉽 이즈낫어 원웨이 스트릿/
연애는 한 쪽만 이기는 게 아니야.

**What's the drill for the meeting between the brides and grooms
families?**   /왓츠더 드륄 포더 미팅 빗트윈더 브롸이즈 앤 그룸스 패밀리즈?/
상견례의 정석이 뭐야?

> What's the drill for 무엇?   =   무엇을 하는 올바른/일반적인 방법이 뭐야?
> meeting   =   목적을 갖고 만나는 격식을 차린 만남

**You were a big hit with my mum—she hasn't stopped talking about
you.**   /유월어 빅 힛 윗마이맘 쉬 해즌트 스탑드 턱킹어바우츄/
엄마에게 너에 대한 첫인상이 아주 좋았나봐. 계속 네 얘기를 하시네.

> be a hit with 누구   =   make a hit with 누구 (UK)   =   첫인상이 아주 좋다

**I believe that laughing is the best calorie burner. I believe in kissing,
kissing a lot. I believe in being strong when everything seems to be
going wrong.**   /아이 빌리브 댓 라-핑 이즈더 베슷트 캘로리 버-너. 아빌리브 인 키씽
키씽 어랏. 아빌리브인 빙- 스트롱 웬 에브리띵 씸즈투비 고잉 뤙/   저는 웃음이 최고의 다이
어트라고 믿어요. 저는 키스의 힘을, 자주하는 키스의 힘을 믿어요. 모든 게 잘못 흘러가는 것처
럼 보일 때 강인해지는 일이 정말 중요하다고 저는 믿어요. [Audrey Hepburn]

> believe in 누구/무엇   =   have faith in 누구/무엇   =   누구/무엇이 존재한다고
> 믿다, 누구/무엇이 옳다고 믿다 ('believe'보다 더 진중한 말)

Miserable <u>being</u> alone <u>is</u> loneliness. Enjoying <u>being</u> alone <u>is</u> solitude.
/미져러블 빙 얼론 이즈 론리니스. 인죠잉 빙 얼론 이즈 쏠리튜드/
혼자여서 비참하면 외로움이고, 혼자임을 즐기면 당당한 독신이다.

한국어엔 없지만 영어엔 있는 단어들이 몇 있는데 그중 하나가 이것이다: solitude. 혼자임에 만족하는 상태다. 라틴어 solus(=alone)와 tude(명사화)가 만나 만들어진 말이다. Attitude(태도)와 비슷하다. 감정이입 없이 그냥 혼자인 상태를 뜻하는 말은 alone이고, 혼자 있길 좋아하는 사람은 a loner라 한다(He is a loner). 작가들은 작업에 오로지 집중하기 위하여 혼자 사는 것을 선택하곤 하는데, 이럴 때의 혼자를 solitary라고 한다. Solitary living을 하며 누군가 옆에 있길 바란다면 그 상태는 외로움이다. 고독과 우울증은 암보다 훨씬 빠르게 사람을 죽이는 병으로, 외로움은 위험한 마음 상태다.

The body cannot live without the mind. 영혼없이 육신은 살 수 없어. [The Matrix]
Loneliness and the feeling of unwanted is the most terrible poverty.
외로움과 거부당하는 느낌은 최악의 가난이다. [Mother Teresa]

<u>Be</u> with someone who <u>is</u> proud to have you. /비 윋 썸원 후즈 프롸우드 투해뷰/
당신을 자랑스러이 여기는 사람과 함께 하라.

Looks go so far. That'<u>s</u> for the birds. It'<u>s</u> substance over style.
/룩쓰 고 쏘 팔. 댓츠 포더 버-즈. 잇츠 썹쓰턴쓰 오벌 스타일/
겉모습은 오래 못 가. 그건 중요하지 않아. 껍데기보다 내용물이 중요하지.

be (strictly) for the birds = not worthy of consideration = 중요치 않다

She <u>is</u> bougie and wants everyone to think she has money by showing off her LV bag. /쉬즈 부쥐 앤 원츠 에브리원투 띵크 쉬해즈 머니 바이 쑈잉오프 헐 엘븨 백/ 그 여자는 LV 가방을 들고 다니며 허세부려.

bougie = bourgeois(부르주아)의 줄임말로, '허세ostentatious'와 '사치luxury'를 뜻하는 속어. 부티나는 스타일도 bougie라고 부른다. (= posh, plush, upmarket)
He has leased a BMW because he is just bougie.
그는 허영심이 강해서 BMW를 리스해서 타고 다녀.

When someone <u>is</u> properly grounded in life, they shouldn't look outside themselves for approval. /웬썸원이즈 프롸퍼리 그롸운디드인라잎 데이슈든트 룩 아웃싸이드 뎀쎌브즈 폴 어프루벌/ 속이 꽉 찬 사람이면 다른 사람들의 인정을 구할 필요가 없다. [Marcus Aurelius]

<u>Be</u> content.   /비 컨텐트/   (삶의 전반에 만족하여) 차분하게 행복하라.

content 누구 (영적)   =   satisfy 누구 (세속적)   =   누구를 만족시키다 (동사)
I content myself with what I have.   난 내가 가진 것으로 만족해.

content   =   in a state of peaceful happiness   =   평안하게 행복한 (형용사)
contentment   =   행복하고 만족한 상태 (명사)
It has brought me contentment.   이건 내 마음에 만족과 행복을 들여줬어.

영문화에 살면 매일같이 듣고 하는 말인 "How are you?"는 "안녕하세요?"의 영혼있는 말쯤 된다. 이 말은 지금의 상태를 묻는 말로, 영문화에서 사람을 판단하는 기준은 그 사람의 **태도**다. 사람의 마음 상태는 눈빛으로 주로 드러나고, 그래서 서양에선 eye contact를 한다. 흔들리는 눈에선 불안이 드러나고, 당당하고 분명한 눈에선 자존감과 밝은 지성, content가 드러난다. 사람의 현재 상태 중 가장 좋은 상태가 content. 일/사회에서 얻는 만족감과 가정/자아에서 느끼는 행복감이 다 갖추어져 안정되고 당당하고 행복한 상태다. 불안anxiety과 불행unhappy의 정반대. Maslow's Hierarchy of Needs(마슬로우의 5단계 욕구)의 꼭대기층에 입성한 상태라고 할 수 있다. 영화 〈Catch Me If You Can〉의 실제인물 Frank Abagnale, 영화배우 Cate Blanchett, 맥라렌 F1과 T.50를 디자인한 Gorden Murray의 태도 참조. 태도는 불가능을 가능하게 한다.

Contents <u>are</u> what counts.   /칸텐츠알 왓 카운츠/   알맹이가 중요하지.

위의 content와 같은 스펠링이지만, 2음절에 강세를 주면 '영적으로 만족한'이라는 형용사, 1음절에 강세를 주어 발음하면 '내용물'이라는 명사다.

I'm a content creator.   난 콘텐트 창작자야. ("컨텐츠"는 콩글리시. 단수로 말한다.)

You will <u>be</u> happy if you simplify your life, such as putting your phone aside for a bit and appreciating the moment.   /유월비 해피 이퓨 씸플리파이
유얼 라이프 써취애즈 풋팅유얼 폰 어싸이드 폴어빗 앤 어프리쉬에이링 더 모먼트/
생활을 단순화하면 행복해질거야, 예를 들면 잠시 휴대전화를 내려놓고 지금 이 순간을 깊이 들이마셔보는 것처럼.

such as   =   for example, for instance   =   예를 들면
put 무엇 aside   =   무엇을 내려놓다, 멀리하다
for a bit   =   잠깐동안 (= for a short while, for a short time, for a second, ..)
appreciate   =   무엇의 가치를 온전히 느끼고 인지하고 이해하려 하다
16세기 라틴어에서 유래한 영단어로, ap(=to) + preciate(=price), '값을 매기다'는 의미다. 값을 매기려면 그 대상의 가치를 이해해야 하므로, 지금 이 단어가 이렇게 쓰인다.

43

Nothing is worth more than this day.   /낫띵이즈 월쓰 모얼댄 디쓰 데이/
(우리가 가진 것 중) 오늘이 가장 가치있다. [Johann Wolfgang von Goethe]

More is not the way to happiness: less is.   /모얼 이즈 낫더 웨이루 해피니쓰 레쓰 이즈/   더 많이 갖는 것이 행복으로 가는 길은 아니야. 더 적게 갖는 것이지.

> Having a lot is having a lot to care for and to lose.
> 많이 가지면 많이 신경써야 하고 잃을 게 많아지는거야.

Some people think luxury is the opposite of poverty. It is not. It is the opposite of vulgarity.   /썸피플 띵크 럭셔리 이즈디 아포짓오브 파벌티. 잇츠 낫. 잇츠 디 아포짓오브 벌개리티/   몇몇 사람들은 럭셔리가 가난의 반대라고 생각하는데, 그렇지 않다. 럭셔리는 천박함의 반대다. [Coco Chanel]

The instalments on my phone are like a millstone round my neck. Jay-Z said if you can't buy two, you can't afford it. I'll never buy things on instalments.   /디 인스톨먼츠 온마이 폰 알라잌어 밀스톤 롸운마이넥. 제이지 쎄드 이퓨 칸ㅌ 바이 투- 유 칸ㅌ 어폴딧. 아일 네버 바이 띵스 온 인스톨먼츠/   내 폰 할부의 노예가 된 것 같아. 뭐든 두 개를 살 수 없으면 그걸 살 능력이 없는 거라고 Jay-Z가 그러던데. 이제 절대로 할부로 뭔가를 사지 않을거야.

> be (like) a millstone round 누구의 neck   =   (책임에 대한) 부담이 크다
>
> 영국영어와 미국영어는 스펠링이 약간 다르다. 영국은 instalment와 round라고 쓰고, 미국은 installment와 around라고 쓴다. 영국은 's'로 끝나는 단어를 미국은 'z'으로 끝낸다: realise (UK) / realize (US). 'Z'의 발음도 영국영어는 /제트/,미국영어는 /지-/.

Life should be valued by actions, not by time.
/라이프 슏비 밸류드 바이 액션스 낫 바이 타임/
인생은 얼마나 오래 살았느냐가 아니라, 그 사람의 행동으로 가치 매겨져야 한다. [Seneca]

Time is of the essence.   /타임이즈 오브디 엣쓴스/   시간은 세상 무엇보다도 소중하다.

> essence   =   본질, 정수 (껍데기와 불순물이 다 걷혀진 순수한 결정체)
> of the essence   =   of (~의) + the (중요한, 하나뿐인 바로 그것) + essence (본질)
> 고로, 시간은 우리에게 생명과도 같은 그 무엇보다도 중요한 본질이라는 말.

The big money is not in the buying or selling, but in the waiting.   /더빅 머니이즈 낫인더 바잉올쎌링 벋인더 웨이팅/   큰돈은 사고파는 데 있지 않고, 기다리는 데 있다.
[Charlie Munger]

The only thing more expensive than education is ignorance.
/디온리띵 모얼 익스펜씨브 댄 에듀케이션 이즈 이그노런쓰/
교육에 투자하지 않으면 더 비싼 대가를 치른다. [Benjamin Franklin]

**It's a matter of time before you can advance into the bigger world with
English.**   /잇쳐 매럴오브 타임 비포얼 유캔 어드뱅쓰 인투더 비걸월드 위드 잉글리쉬/
네가 영어로 더 넓은 세상으로 진출하는 건 시간문제야.

> It's a matter/question of time   =   언제일진 모르지만 앞으로 반드시 일어날 거다

It's just a question of reading this book as much as you can.   /잇츠 져스터
퀘스쳔오브 뤼딩 디쓰 북 애즈머취애즈 유 캔/   별거 없어, 그냥 이 책을 가능한 많이 읽으면 돼.

> it's a question/matter of 무엇   =   (이제 해야 하는) 무엇을 하는 건 어렵지 않다

Success is dependent on effort.   /썩쎄쓰 이즈 디펜던트 온 에폴트/
성공은 노력에 달렸다. [Sophocles]

> Speed is accuracy, vice versa.   속도는 정확성이고, 정확성은 곧 속도다.
> (vice versa = 앞 말의 반대도 참)

Be brave. Take the risk. Nothing can substitute for experience.
/비 브뤠이브. 테익더 뤼쓰크. 낫띵 캔 썹쓰티튯 포 익쓰피어리언쓰/
용감하라. 위험을 무릅써라. 경험을 대체할 것은 없다.

The cure for pain is in the pain.   /더 큐어 포 페인 이즈 인더 페인/
아픔의 약은 아픔 안에 있다. [Rumi]

Luck is when preparation meets opportunity.   /럭 이즈 웬 프뤱퍼레이션 밋츠
아폴튜니티/   행운이란 준비가 기회를 만났을 때다. [Seneca]

**No matter how advanced your vocabulary is, the dictionary is your
companion. You learn or you perish.**   /노매럴 하우어드뱅쓰드 유얼 보캐불러리
이즈 더 딕쎠너리 이즈유얼 컴패니언. 유 런- 오얼유 페리쉬/
영어를 아무리 잘해도 사전은 항상 함께 살아가는 친구같은 존재다. 배움은 평생이다.

What is not started today is never finished tomorrow.   /왓이즈 낫 스탈티
드 트데이 이즈 네버 피니쉬드 투모로-]   오늘 시작하지 않은 일은 결코 내일 끝나지 않는다.
[Johann Wolfgang von Goethe]

Imagination will often carry us to worlds that never <u>were</u>. But without it we go nowhere. /이매쥐네이션 윌 오픈 캐리어쓰 투 월-즈댓 네벌 월. 번 위다웃잇 위 고 노 웨어/ 상상은 현실에 존재하지 않는 곳으로 우릴 데려가곤 한다. 그렇지만 상상하지 않는다면 우린 무슨 일도 해낼 수 없다. [Carl Sagan]

Some books <u>are</u> to <u>be</u> tasted, others to <u>be</u> swallowed, and some few to <u>be</u> chewed and digested. /썸 북쓰알투비 테이스티드 아덜쓰 투비 스왈로우드 앤썸퓨 투 비 츄-드 앤 다이제스티드/ 어떤 책들은 맛만 볼 책이고, 다른 책들은 삼킬 책이며, 소수의 몇 책들은 씹어서 소화할 책이다. [Francis Bacon]

If you think studying grammar leads to speaking the language, you <u>are</u> living in a dream world. Grammar <u>is</u> precisely what makes you speak no English. /이퓨 띵크 스터딩 그뤱마 리-즈 투 스픽킹 더 랭귀지 유알 리빙 인 어 드륌 월드. 그램마이즈 프리싸이슬리 왓 메익쓔 스픽 노 잉글리쉬/ 문법을 공부하는 게 그 언어를 할 줄 아는 거라 믿는다면, 넌 망상에 빠진 거야. 문법이 네가 영어를 못하는 이유야.

　　　be (living) in a dream world　　=　　비현실적이고 불가능한 꿈을 꾸다

They tend to <u>be</u> sheep. /데이 텐투비 쉽-/ 그 사람들은 집단의식이 강한 편이야.

　　　be (like) sheep　　=　　남들과 똑같이 행동하다, 독립적으로 못 하고 하라는 대로 하다

Only two things <u>are</u> infinite; the universe and human stupidity. And <u>I'm</u> not sure about the former. /온리 투 띵스 알 인피닛 더 유니벌쓰 앤 휴먼 스튜 피디티. 앤 암 낫 슈얼어바웃 더 포머/ 단 두 가지만 무한해; 우주와 인간의 무식함. 그리고 난 전자에 대해선 잘 모르겠어. [Albert Einstein]
(former /포-머/ = 전자, 앞의 것. latter /래터/ = 후자, 뒤의 것)

This book <u>is</u> actually not suitable to read at libraries. It best suits on the bed. /디쓰 북 이즈 액츄얼리 낫 수터블 투 뤼-드 앳 라이브러리즈. 잇 베스트 숫츠 온 더 베드/ 이 책은 사실 도서관에서 읽는 건 맞지 않아. 가장 좋은 곳은 침대 위지.

　　　침대에서 잠을 자거나 누워있을 때는 in bed, 침대 위에 앉아있을 때는 on the bed.

<u>Being</u> ignorant <u>is</u> not as so much a shame, as <u>being</u> unwilling to learn. /빙 이그노런트 이즈낫애즈 쏘머취어 쉐임 애즈빙 언 윌링투 런-/ 모르는 건 부끄러운 게 아니다. 배우려 하지 않는 게 부끄러운거지. [Benjamin Franklin]

There is more to language than meets the eye. Language is a thread that is woven into the fabric of culture. /데얼이즈 모얼투 랭귀지 댄 밋츠디 아이. 랭귀지이저 쓰뤠드댓이즈 우븐인투더 패브릭오브 컬처/ 언어라는 건 생각보다 더 깊은 것이다. 언어는 문화라는 천을 꿰는 실이다. [Aureo Bae]

> be more to __ than meets the eye   =   생각보다 더 복잡하다/어렵다

Just remember, once you're over the hill you begin to pick up speed. /져스트 뤼멤버 원쓰유알 오버더힐 유비긴-투 픽업 스피-드/ 기억해, 일단 고비만 넘기면 속도가 붙을거야. [Arthur Schopenhauer]

The language is beyond a tool for communication; It determines your life. /더랭귀지이즈 비욘더 툴 포 커뮤니케이션 잇 디털민즈 유얼 라이프/ 언어는 의사소통을 위한 수단 그 이상이다. 당신의 언어가 당신의 인생을 결정한다. [Aureo Bae]

I thought your mention of her mistake was a bit much. /아 쏱트 유얼 멘션오브헐 미스테익 워즈 어빗 머취/ 걔 실수를 언급한 건 좀 과했어. (be a bit much = 좀 과해, 상식 밖이야, 오바야)

It's been a good one so far. You should be able to speak English if you familiarise yourself with it. /잇츠빈어 굳원 쏘팔. 유슏비 에이블투 스픽 잉글리쉬 이퓨 퍼밀리어롸이즈 유얼쎌프 위딧/ 지금까지 좋았어. 영어에 익숙해지면 영어를 할 수 있게 될거야. (so far = 지금까지) (one = 무엇이든 될 수 있는 목적어)

> be able to   =   can   =   할 수 있다 (Can과는 다른 상황에 쓴다)
> Were you able to follow through (with it)?   계속할 수 있었어?
> If you ride loud motorbikes at night, the neighbours won't be able to sleep.
> 밤에 시끄러운 오토바이를 타면 이웃들이 잠을 잘 수 없잖아.
> I was able to get what he meant (by that).   그의 의도를 알아챌 수 있었어.

The measure of who we are is what we do with what we have. /더메졀오브 후위알이즈 왓위 두 위드 왓위 해브/ 가진 것으로 무얼 하느냐가 그 사람의 그릇을 보여준다.

It's smoggy today. Wear a certified mask properly. /잇츠 스모긔 트데이. 웨얼어 썰티파이드 마슥크 프롸퍼리/ 오늘 미세먼지 심해. 인증받은 마스크를 제대로 써.

> 날씨를 말할 땐 "It's": It's a great day out(side). It's cold out. It's freezing cold. It's boiling hot. It's snowing! It's likely to rain tomorrow (내일 비가 올 것 같아).

"미세먼지"는 한국에서만 쓰는 말이고, 영어로 smog라 한다. "아나운서"도 영어로는 다르다. News presenter/newsreader(UK)/newscaster/anchor라 한다. **Presenter**가 가장 일반적이다.항공사 승무원flight attendant과 함께, 한국 외의 문화에선 그렇게 각광받는 직업이 아니다.

What's the world coming to when we can't breathe clean air?
/왓츠더 월드 커밍투 웬유캔ㅌ 브리-드 클린 에어?/
우리가 맑은 공기를 마실 수 없다면, 인생이 무슨 의미가 있겠어?

> What's the world coming to = 인생이 이전만큼 즐겁거나 안전하지 않다는 말

Coal plants are under fire. /콜 플란츠알 언더파이어/ 석탄 발전소가 비판받고 있다.
(under fire = criticise)

I'm supposed to indulge in some movie tonight. /암 썹포즈투 인덜쥐인썸 무비 트나잇/ 난 오늘밤 영화 한 편 보려했는데. (be supposed to = plan)

We are meant to be together. /위알 멘투비 트게더/ 우린 함께 할 운명이었나봐.
(be meant to = fate)

Are you due to hand in homework tomorrow? /알유 듀투 핸드인 홈월크 투모로?/
내일 숙제 내야돼?

> be due to 언제 = 언제까지 해야 하다, 언제 일어날 예정이다
> The subway is due to arrive at 1.17. 지하철이 1시 17분에 도착할 예정이야.

That is a lot of Christmas presents! That's awesome!   /댓 이즈 어 랏 오브 크릿쓰마스 프레젠츠! 댓츠 어ㅏ썸!/   엄청나게 많은 크리스마스 선물이네. 정말 좋다!

> 많은 = many (셀 수 있는 명사) = much (셀 수 없는) = a lot of (셀 수 있든 없든)
> = lots of = plenty of = heaps of = a pile of = piles of = a plethora of

> 영국 문화에선 크리스마스가 한국의 설날에 버금가는 중요하고 성대한 holiday('성스러운 날')이다. 가족이 다 함께 모여 선물을 주고받는게 일반적이다.

> 선물이 기대되는 날의 선물은 present — It's a Birthday present.
> 그냥 주는 선물은 gift — This is a gift for you.

Patience is the companion of wisdom.   /페이션쓰 이즈 더컴패니언 오브 위즈덤/
인내는 지혜의 동반자다. [Saint Augustine]

Knowledge is power. /날리쥐 이즈 파워/　아는 게 힘이다. [Francis Bacon]

Information is not knowledge. /인폴메이션 이즈 낫 날리쥐/
정보는 지식이 아니다. [Albert Einstein]

There are no facts, only interpretations. /데얼알 노 팩츠, 온리 인터-프리테
이션스/　사실 따위 없다. 해석만이 있을 뿐이다. [Friedrich Nietzsche]

**Everything we hear is an opinion, not a fact. Everything we see is a
perspective, not the truth.** /에브리띵 위 히얼 이즈언 오피니언 낫어 팩트. 에브리띵
위 씨- 이즈어 펄스펙티브 낫 더 트루쓰/　우리가 듣는 모든 것은 의견이지 사실이 아니다.
우리가 보는 모든 것 또한 관점이지 진실이 아니다. [Marcus Aurelius]

The only real valuable thing is intuition. /디온리 뤼얼 밸류어블 띵 이즈 인튜
이션/　진정 가치있는 단 한 가지는 직관이야. [Albert Einstein]

What intuition can do is anybody's guess. /왓 인튜이션 캔 두 이즈 애니바디즈
계쓰/　직관의 가능성은 누구도 알 수 없지.

　　　be anybody's/anyone's guess　=　be one of life's mysteries　=　알 수 없다

Simplicity is the ultimate sophistication. /씸플리시티 이즈디 얼티밋 쏘피스
티케이션/　간결함은 세련의 극치다. [Leonardo da Vinci]

**The greatest enemy of knowledge is not ignorance, but the illusion of
knowledge.** /더그뤠이티스트 에너미오브 날리쥐 이즈낫 이그노런쓰 벋디 일루젼 오브
날리쥐/　지식의 가장 큰 적은 무지가 아니라 안다는 착각이다. [Stephen Hawking]

That's dodgy. /댓츠 도쥐/　그건 싸구려야. (물건이, = of low quality) (속어)

　　　dodgy　=　(상황이) 의심스럽다, (사람이) 거짓말하여 속이다, (무엇이) 불법이다.
　　　There're loads of dodgy people on second-hand markets.
　　　중고시장엔 야비한 인간들이 너무 많아.

**Spend each day trying to be a little wiser than you were when you
wake up.** /스펜 이취데이 트롸잉투비어리를 와이저 댄유월 웬유웨잌업/　아침에 눈을 떴을
때보다 조금 더 지혜로운 사람으로 거듭나는 데 하루를 쓰라. [Charlie Munger]

To do two things at once is to do neither. /투두 투- 띵스 앳 원쓰 이즈투두 나이
더/　두 가지를 한 번에 하려고 하는 건 둘 다 하지 않으려고 하는 거야. [Publilius Syrus]

As a billionaire, most people <u>are</u> interested in what types of cars I drive, instead of asking me what types of books gave me the drive to <u>be</u> successful.　/애즈어 빌리언에어 모숫트 피플 알 인터레스티드인 왓 타잎스 오브 칼스 아이 드라이브 인스테드오브 아스킹미 왓 타잎스오브 북스 게이브미 더 드라이브 투비 썩쎄쓰풀/ 억만장자가 된 후로, 대부분의 사람들은 내가 어떤 차를 타는지를 궁금해한다. (그런데 좋은 질문인) 어떤 책이 내게 성공할 의욕을 주었는지는 잘 묻지 않는다. [Warren Buffett]

위대한 성공을 이룬 사람들의 단 하나의 공통점은 어려서부터 방대한 양의 책을 읽어온 점이다. 영문화에 직접 살아보면/워렌 버핏같은 사람들이 신문 배달을 하며 번 돈으로 그 책들을 다 사서 읽은 것이 아니고 어느 지역에나 있는 많은 책을 보유한 도서관에서 자유롭게 읽었음을 알 수 있다. 반면 한국의 도서관에는 읽을 책이 많지 않고 도서관 이용객들은 자기 시험공부를 하기 바쁜걸 볼 수 있다. 한국의 서점에서도 가장 많이 유통되는 책들은 시험에 관련한 문제집들이다. 생각하는 법을 깨우치는 문화가 아니라 남들, 주로 외국인들이 정의한 '사실'들을 생각없이 주입하는 교육문화가 지금의 한국이다. 그래서 우리나라는 지금까지 서양에서 생겨나는 제품과 시스템들을 빠르게 베끼는 fast follower였다. 이런 방법으로 지금까지 극적인 성장을 이룬 한국이 이 다음 단계로 도약하려면, '생각하는 법'을 훈련하는 교육방식과 책을 읽는 문화가 다져져야 한다. 그 지혜로운 문화는 바로 우리가 책을 읽고 우리 스스로 생각을 함으로써 만들어진다. 영어는 좋은 책을 읽고 생각하는 법을 배우는 매개체다. 어찌보면 인간적인 초능력이다.

The most fascinating person <u>is</u> always the one with the best manners, not the one with the best physical beauty.　/더 모숫트 패써네이팅 펼쓴 이즈 올웨이즈 디 원 위더 베스트 매널쓰 낫 디원 위더 베스트 피지컬 뷰티/　가장 매혹적인 사람은 가장 뛰어난 외모를 지닌 사람이 아니라, 가장 훌륭한 매너를 지닌 사람이다, 언제나 그렇다.

Attractive는 육체적인 끌림을, fascinating은 정신적인 끌림을 의미하고, gorgeous는 성적인sexual 의미가 내포된 육체적 매력을 말한다.

It <u>is</u> not what happens to you, but how you react to it that matters.
/잇이즈 낫 왓 해픈쓰 투유 벋 하우 유 리액투잇 댓 매럴스/　네게 일어난 일이 문제가 아니라, 무슨 일이 일어나건 그에 어떻게 대응하느냐가 문제다. [Epictetus]

English <u>is</u> a way of thinking, much more than it <u>is</u> a body of knowledge.
/잉글리쉬 이즈어 웨이오브 띵킹 머취 모얼댄 잇이즈어 바디오브 날리쥐/
영어는 단순히 지식의 집합체가 아니라 하나의 생각하는 방식이다.

The essence of all beautiful art, all great art, <u>is</u> gratitude.   /디 엣쓴쓰 오브 올 뷰티풀 알트 올 그뤠잇 알트 이즈 그래티튜드/   모든 아름다운 예술의 핵심은, 모든 위대한 예술의 본질은, 바로 감사하는 마음이다. [Friedrich Nietzsche]

> gratitude   =   친절이나 성의 혹은 아름다움을 인지(appreciate)하고, 이에 대해 보답을 하는 태도, 고마워하는(thankful) 마음   ↔   ingratitude

That'<u>s</u> all there <u>is</u> to it.   /댓츠 올데얼이즈 투잇/   이게 전부야.

Your existence <u>is</u> a favour to the world: so be.   /유얼 이그지스턴쓰 이즈어 페이보 투더 월-드 쏘 비-/   너의 존재만으로도 세상에 좋은 일을 하는 거야. 그러니 살아.

> : (colon)은 앞서 말한 문장에 연장이 되는 말을 잇거나, 부가설명, 인용문, 그리고 앞서 말한 문장에 관계된 것들을 열거할 때 쓴다.
> ; (semi-colon)은 두 개의 연관있는 절을 하나의 문장으로 이을 때 쓴다.

I heard your grandpa passed away. I <u>am</u> sorry for your loss.
/아헐드유얼 그랜파 **파쓰드** 어웨이. 아이엠 쏘리 폴유얼 로-쓰/
할아버지가 돌아가셨다고 들었어. 정말 유감이야.

> "Sorry"는 무거운 말이다. 누가 돌아가셨을 때 유감을 표현하는 말이다. 영어를 잘 못하는 사람들이 이 말을 오남용한다. 대부분의 경우에는 "Excuse me"가 맞다.

All men who have achieved great things have <u>been</u> great dreamers.
/올 멘 후 해브 어취브드 그뤠잇 띵스 해브빈 그뤠잇 드뤼멀스/
위대한 일을 해낸 모든 사람들은 위대한 몽상가였다. [Orison Swett Marden]

It'<u>s</u> now or never.   /잇츠 나우 오얼 네버/   지금 하지 않으면 다음은 없다. [속담]

> The best or nothing.   최고가 아니면 아무것도 하지 않겠다. [Gottlieb Daimler]

It'<u>s</u> a hassle.   /잇쳐 해쓸/   귀찮아. (= I'm not bothered. I can't be bothered.)

I should've taken it back to the shop for a refund, but just didn't think it <u>was</u> worth the hassle.   /아슈드브 테이큰잇 백투더 샵 폴어 뤼-펀드 벋 져스트 디든트 띵ㅋ 잇워즈 월쓰더 해쓸/   반품하려 했는데 그냥 귀찮아서 안 했어.

How long have you had this car for? It'<u>s</u> good as new.   /하우 롱 해뷰 해드 디쓰 칼 포? 잇츠 굳 애즈 뉴/   이 차 얼마나 오래 탔어? 새 차같이 깨끗하네.

They took my temperature, and I had a fever. But with a good night's sleep, I'm right as rain. /데이 툭 마이 **템**퍼러쳐 앤다이 해더 **피**버. 벋 위더 굳 나잇츠 **쓸**립 암 **롸**잇애즈 **뤠**인/
(병원에서) 내 열을 재주셨는데, 열이 좀 있었어. 그런데 하룻밤 푹 자고 나니 다시 쌩쌩해.

> a good night's sleep = 꿀잠
> be (as) right as rain = 다시 건강해지다 (압운rhyme을 활용한 표현은 아주 많다)

This house is a far cry from the one we had before. /디쓰 하우쓰 이즈어 **팔** 크롸이 프롬디원 위해드 비**포**어/ 이번 집은 저번 집과는 완전 달라.

> be a far cry from 무엇 / be a different kettle of fish = 무엇과 완전히 다르다

I spent all day looking for my keys, and it was right under my nose.
/아스**펜**트 올-데이 **룩**킹포마이 **키**-즈 앤 잇워즈 **롸**잇 언덜마이 노-즈/
하루종일 열쇠 찾았는데 코앞에 있더라.

> be under 누구의 nose = 누가 뻔히 볼 수 있는 곳에 있다
> He played mobile game right under his boss's nose.
> 걔는 상사 바로 앞에서 게임하더라. (분명히 상사가 그걸 봤을걸?)

That column is in the way. /댓 **칼**럼 이즈 인더**웨**이/ 저 기둥 거슬려.

> be in the way (of 무엇) = get in the way (of 무엇) = 무엇에 방해되다

Being not good at English would be a drag on your promotion. /빙 낫 굳 앳 **잉**글리쉬 운비어 드**랙** 온유얼 프로**모**션/ 영어를 못하는 건 너의 승진에 도움이 안 되겠는데.

> be a drag on 누구/무엇 = 누구/무엇을 질질 끌다, 성장을 느리게 하다

It's a fair bet that your colleague gets promoted. /잇쳐 **페**얼벳 댓 유얼 **칼**리그 **겟**츠 프로모티드/ 네 동료가 승진할 것 같아.

> be a fair bet = 아마 일어날거다

Steve was very good on stage — it'll be a hard act to follow.
/스티브 워즈 **붸**리 굳 온 스**테**이지 잇일비어 **할**드 **액**투 **팔**로-/
스티브는 무대 위에서 날아다녔어. 그를 따라가긴 힘들거야.

> be a hard/tough act to follow = 너무 잘해서 다음 사람이 그만큼 잘하기 어렵다

52

Apple used to be ahead of the curve. But now it's Samsung, although they lack philosophy. /애플 유즈투비 어헤드오브더컬브. 벋나우 잇츠 쌤썽 올도우 데이 랙 필로쏘피/ 애플이 남들보다 앞서나가곤 했었지. 그런데 지금은 삼성이 그래, 철학은 떨어지지만. ('철학'은 '생각'을 어렵게 부르는 말이다: philosophy = love of wisdom)

> be ahead of the curve = 현재 추세보다 앞서나가다 (특히 기업이나 정치)

Rudeness is the weak man's imitation of strength.
/루-드니쓰 이즈더 윅 맨스 이미테이션오브 스트렝-쓰/
무례함은 찐따의 쎈 척이다. [Edmund Burke]

It's not decent to ask indelicate questions.
/잇츠낫 디-쓴투 아스크 인델리킷 퀘스천쓰/
무례한 질문을 하는 건 예의가 아니야.

Trust in dreams, for in them is the hidden gate to eternity. /트러스트 인 드림-스 폴인뎀 이즈더 히든 게이투 이터-니티/ 네 꿈에 신념을 가져봐, 그게 바로 영원으로 가는 미지의 문이니까. [Kahlil Gibran]

You are as beautiful as the stardust in the universe. /유알 애즈 뷰-티풀 애즈더 스탈더스트 인디 유니벌쓰/ 넌 이 우주의 별조각만큼 아름다운 존재란다.

You're all heart. /유알 올 할트/ 넌 참 친절하구나. (친절하기도 하네.)

> be all heart = 아주 친절하다 (비꼬는sarcastic 문화가 있는 영국에선 이 반대의 의미로 사용하곤 한다—'참 친절하기도 하네')

He's all over it. /히즈 올오벌잇/ 그는 그 일에 빠삭해. 그는 엄청 열심이야.

> be all over it = 1. 어떤 일을 낱낱이 잘 알고 있어 그 일에 환하다 2. 굉장한 노력을 들여 무엇을 하다
>
> be all over 누구 = 누구를 여기저기 만지다
> She was all over him, kissing and hugging. 걘 그 남자를 물고 끌어안고 난리였어.

I tend to be friendly with anyone. But he's insensitive. /아이텐투비 프렌들리 윌 애니원. 벋히즈 인쎈서티브/ 난 적을 만드는 걸 싫어해. 그런데 그는 눈치가 없어.

At OREX, I see the best in my members and give them compliments which make them be all smiles. /앳 오렉쓰 아씨-더 베슷트 인마이 멤벌쓰 앤깁 뎀 캄플리먼츠 위취 메잌뎀 비올- 스마일스/ 오렉스에서 난 우리 멤버 개개인의 가장 멋진 모습을 알아보고 그걸 칭찬해, 그러면 멤버들의 얼굴도 마음도 밝게 빛나지.

> be all smiles = 싱글벙글하다 (그렇지 않았었는데)

I'll be there for you. /아일비 데얼 폴유/ 난 항상 네 옆에 있을거야.

> be there for 누구 / be right behind 누구 = 누가 도움이 필요할 때 그 도움이 되다

Aussies are laid-back, but they do great things when they find a right cause: see Aesop and Ron Mueck. /오지스알 레이드백 벋데이 두 그뤠잇 띵쓰 웬 데이 파인더 롸잇 커-즈 씨- 이솝 앤 뢴 뮤익/ 호주인들은 캐주얼하고 젠체하지 않지만, 제대로 된 대의를 찾으면 비범한 일을 해내. 화장품브랜드 이솝이랑 미술작가 론 뮤익을 봐봐.

The word tomorrow is not in my dictionary. Never put off what you can do today until tomorrow. /더월드 투모로 이즈 낫 인 마이 딕셔너리. 네버 풋오프 왓츄 캔 두 트데이 언틸 투모로-/ 내 인생에 내일이란 없다. 오늘 할 일을 내일로 미루지 말자. [이상화]

> The word impossible is not in my dictionary. 내 사전에 불가능이란 없다.
> [Napoleon Bonaparte]

Our greatest glory is not in never failing, but in rising every time we fall. /아월 그레이티스트 글로뤼 이즈낫인 네버 페일링 벋인 롸이징 에브리 타임 위 폴/ 가장 멋진 영예는 절대로 실패하지 않는게 아니라, 넘어질 때마다 항상 다시 일어나는 것이다. [Confucius]

Mankind is basically the same for all races. /맨카인드 이즈 베이시컬리 더 쎄임 폴 올 레이쓰스/ 겉은 달라보여도 사람은 어느 인종이나 근본적으로 같다.

English isn't a language; it's an art form. You master the fundamentals so you can forget them, so you can improvise and just concentrate on what really matters: nourishing life. /잉글리쉬이즌ㅌ어 랭귀지 잇천 알트 폼. 유 마스터 더편더멘털쓰 쏘유캔 폴겟뎀 쏘유캔 임프로바이즈 앤 져스트 칸쎈트레이트온 왓뤼리 매럴스 노뤼싱 라이프/ 영어는 언어가 아니다. 예술이다. 기본기를 마스터하면 그걸 잊어버릴 수 있고 자유자재로 갖고 놀 수 있다. 그러고는 가장 중요한 일에 집중할 수 있다—바로, 삶을 더 풍요롭게 하는 일이다. [altered from Kyrie Irving's words]

Be civil.   /비 씨블/   시민의식을 가져.

Citizen(시민)과 같은 뿌리를 가진 이 말, 'civil'은 다양한 사람들이 함께 살아가는 사회의 구성원으로서 지켜야 할 매너courteous와 예절polite을 말하는 형용사다. 함께 같은 시공간을 살아가는 다른 사람을 존중하여 상식적으로 행동하는 걸 말한다. (Civilisation)

He was uncivil to the patient, blocking an ambulance. How insensitive.
앰뷸런스를 막다니, 그 남자는 환자에게 못할 짓을 했어. 정말 진상이군.
Throwing cigarette butts on the ground is uncivil, as it's not biodegradable. It goes into our water system, and we eat it. 담배꽁초를 땅에 버리는 건 개념없는 짓이야, 왜냐면 담배꽁초는 생분해가 되지 않으니까. 이는 우리가 마시는 물로 흘러 들어가.
If a person be gracious and courteous to strangers, it shows he or she is a citizen of the world.   모르는 사람에게 친절하고 정중한 사람은 세계의 시민이다.
[Francis Bacon]

I can't be doing with all this disrespect and bitching.
/아캔ㅌ비두잉 위드올디쓰 디쓰뤼스펙트 앤 빗칭/
존중하지 않고 뒤에서 남 얘기나 하는 문화에선 무엇도 제대로 할 수가 없어.

can't be doing with 무엇   =   무엇을 견딜 수가 없다 (UK)

남에 대해 험담하는 일을 속어로는 bitching, 일반적인 명사로는 gossip, 법률용어로는 defamation (de 떼다 + fame 인기 + tion 명사화) 라고 하고, 이는 우리말로 명예 훼손이다. 명예 훼손은 허위사실 뿐만 아니라 사실을 전파해도 형법에서 죄로 성립된다. 성숙한 문화일수록 나 외의 사람들을 나만큼 존중하며, 남에 대해 뒤에서 이야기하지 않는다. 좋은 교육을 받았다는 건 전문지식 이전에 상식이 바르게 잡혀있는 상태를 말한다. 법은 곧 상식이고, 상식은 곧 법이다.

She is in a tight corner since she couldn't stop talking behind others' back.
/쉬즈인어 타잇 코너 씬스 쉬쿠든ㅌ스탑 톡킹 비하인드 아덜쓰 백/
뒤에서 남 욕하더니 걔 곤경에 처했어.

be in a tight corner   =   어려운/곤란한 상황에 처하다

The best remedy for anger is to delay.   /더베스트 레머디포 앵거 이즈투 딜레이/
화를 다스리는 가장 좋은 방법은 시간이다.

Integrity is the essence of everything successful.   /인테그리티 이즈디 엣쓴쓰오브 에브리띵 썩쎄스풀/   성공적인 모든 것들의 근본적인 성질은 정직함이다.
[Richard Buckminster Fuller]

> Integrity의 반대말은 hypocrisy(위선).
> Integrity는 하나의 '완전함wholeness'의 의미다.

The simplest explanation is most likely the right one.
/더썸플리스트 익스플러네이션이즈 모숫트 라이클리 더 롸잇원/
가장 단순한 설명이 대체로 가장 옳은 설명이다. **[William of Ockham]**

> Entities must not be multiplied beyond necessity.
> 개체수는 불필요하게 많아지지 않아야 한다.
> Never increase, beyond what is necessary, the number of entities required to explain anything.   무엇을 설명하기 위해 필요 이상으로 구성을 늘리지 말라.
> Simpler explanations are, other things being equal, generally better than more complex ones.   다른 조건들이 같을 때, 더 단순한 설명이 복잡한 설명보다 대체로 더 낫다.
> It is vain to do with more what can be done with less.   적은 양으로 할 수 있는 것을 많은 양으로 하는 일은 쓸데없는 일이다. [William of Ockham]

Education is not the filling of a pail, but the lighting of a fire.
/에듀케이션이즈 낫더 필링오버 페일 벋더 라이팅오버 파이어/
교육은 양동이를 채우는 게 아니라 불을 지피는 것이다. **[William Butler Yeats]**

If you're not busy being born, you're busy dying.   /이퓨알 낫 비지 빙 본 유알 비지 다잉/   살아있는 동안 계속 발전하고 계속 움직여야 한다, 그러지 않으면 죽음에 가까워지니까. **[Bob Dylan]**

> To be is to do. 산다는 건 한다는 거다. [Immanuel Kant]

The first virtue in a solider is endurance of fatigue; courage is only the second virtue.   /더 펄스트 별츄 인어 쏠져 이즈 인듀어런쓰 오브 파티-그 커리쥐 이즈온리더 쎄컨드 별츄/   전사의 첫 번째 덕목은 피로를 견디는 것이다. 용기는 두 번째 덕목에 불과하다. **[Napoleon Bonaparte]**

> Victory belongs to the most persevering.
> 승리는 버티는 자의 것이다. (인내는 승리한다.) [Napoleon]

Climate change could <u>be</u> just as deadly as COVID-19 by 2060. By 2100, it could <u>be</u> five times as deadly. /클라이밋췌인지 쿤비 져스트애즈 대들리 애즈 코빗 나인틴 바이 트워니씩스티. 바이 트워니원헌드렐 잇쿤비 파이브타임즈 애즈 대들리/ 기후변화는 2060년까지 코로나바이러스만큼 치사율이 높을 것이다. 2100년에는 이의 다섯 배 더 많은 사람을 죽일 수 있다. [Bill Gates]

will/would be = 거의 확실한 가능성 : It would be wise to prepare. 대비해야해.
can/could be = 높은 확률의 가능성 : It could be worse. 더 나빠질지도.
may/might be = 약한 가능성 : It might be. 아마 그럴거야.

You should <u>be</u> ashamed to live on a reclaimed land: think of the fish and other creatures who lived underwater, lost home, and (<u>were</u>) buried alive. This <u>is</u> the worst sin men do. People <u>are</u> so arrogant that they call our planet Earth, whereas it really <u>is</u> ocean. /유슈비 어쉐임투 리브온어 뤼클레임드 랜드 띵크오브더 피쉬 앤 아더크뤼-쳘쓰 후 리브드 언더워터 로스트 홈 앤 베리드 얼라이브. 디쓰이즈더 월스트 씬 멘 두. 피플알 쏘 애로간트 댓 데이콜 아월 플래닛 얼쓰 웨얼애즈 잇 뤼리 이즈 오션/ 매립지에 사는 걸 부끄러워해야 한다. 그 아래 바닷속에 살았던 바다생물들이 집을 잃고 생매장당한 걸 생각해보라. 이는 인간이 저지르는 최악의 죄악이다. 인간은 어찌나 오만한지 우리 행성을 'Earth(땅,흙)'라고 부르는데, 사실 지구는 바다다.

The absence of sympathy <u>is</u> the root of evil acts. /디 앱쎈쓰 오브 씸퍼씨 이즈더 룻-오브 이블 액츠/ 공감 능력의 부재가 악한 행동의 원인이다.

Vegetarianism <u>is</u> a link to perfection and peace. /베지태리아니즘 이즈어 링크투 펄펙션 앤 피-쓰/ 채식이야말로 완벽과 평온으로 가는 길이다. [River Phoenix]

A crisis <u>is</u> an opportunity. /어크라이씨스 이젼 아폴튜니티/ 위기는 기회다. [김동요]

Thread <u>was</u> spun. <u>Be</u> sober without effort. /쓰레드워즈 스펀. 비 쏘버 위다웃 에폴트/ 운명은 정해졌다. 너무 잘하려 애쓰지 말고 침착하라. [Marcus Aurelius]

If you'<u>re</u> full, you'<u>re</u> a fool. /이퓨알 풀- 유알어 풀-/ 배부르면 바보가 된다.

Life well employed <u>is</u> long. /라이프 웰 임플로이드 이즈 롱-/ 잘 산 인생은 길다. [Leonardo da Vinci]

I <u>am</u> still learning. /아이엠 스틸 러-닝/ 난 여전히 배운다. [Michelangelo]

Bye. /바이-/ 안녕. (헤어질 때, 전화를 끊기 전에 하는 인사말)

Let there be light.

이곳에 빛이 있으리라.

[Bible]

빛은 앎, 곧 지성과도 같은 말이다.
빛이 있어야 볼 수 있는 인간으로서의 조건과 같다.
Seeing은 곧 knowing이다.

Three things cannot be long hidden: the sun, the moon, and the truth.

진실은 반드시 밝혀진다.

[Buddha]

Language is the vehicle for your ideas.
언어는 생각을 전달하는 수단이다.

become

become - became - become

되다   어울리다

come to be   suit

We became friends.   /위 비케임 프렌즈/   우리 친구됐어.

I became friends with him.   /아비케임 프렌즈 위드힘/   나 걔랑 친구됐어.

I became a vegetarian.   /아비케임 어 베쥐태리안/   나는 채식주의자가 됐어.

We become what we think.   /위 비컴 왓 위 띵크/   우린 우리 생각대로 돼.

     We are a product of our culture.   우린 문화의 산물이야.

Other people's opinion of you does not have to become your reality.
/아더 피플쓰 오피니언 오브유 더즈낫 해브투 비컴 유얼 뤼앨리티/
너에 대한 다른 사람들의 의견은 너의 현실이 되지 않아도 돼.

I became interested in learning English, after noticing (that) English is a great medium of intelligence.   /아비케임 인터레스티드 인 러-닝 잉글리쉬 아프터 노티씽 잉글리쉬 이즈어 그뤠잇 미디엄 오브 인텔리젼쓰/   영어가 지성을 얻을 수 있는 굉장한 매개체임을 알게 된 후로 영어를 배우는 데 관심이 생겼어.

The footprints you leave today become a milestone for the posterity.
/더 풋프린츠 유리-브 트데이 비컴어 마일스톤 포더 포스테러티/
오늘 내가 남긴 발자취는 후세의 사람들에게 이정표가 된다. [김구]

The privilege of a lifetime is to become who you truly are.
/더 프리빌리쥐 오버 라이프타임 이즈투 비컴 후 유 트룰리 알/
삶의 특권은 진정한 내 자신이 될 수 있는 것이다. [Carl Jung]

A guy became sick after eating raw fish and eventually died of blood poisoning.   /어 가이 비케임 씩 아프터 이-팅 로- 피쉬 앤 이벤츄얼리 다이드 오브 블러드
포이즈닝/   누가 회를 먹고 패혈증으로 사망했어.

I will become a father soon.   /아윌 비컴어 파-더 쑨-/   나 곧 아빠가 돼.

I don't know what will become of us if we break up.   /아돈노우 왓윌 비컴
오브 어쓰 이퓌 브뤠익업/   우리가 헤어지면 뭐가 되는지 모르겠어.

Whatever became of the parcel?   /왓에버 비케임 오브더 팔쓸?/
소포는 어떻게 됐어? = **What happened to the parcel?**

Everyone has the potential to become an encourager. You don't have to be rich. You don't have to be a genius. You don't have to have it all together. All you have to do is to care about people and initiate.   /에브
리원 해즈더 포텐셜 투 비컴언 인커뤼져. 유 돈ㅌ 해브투비 뤼-취. 유 돈ㅌ 해브투비어 쥐니어
쓰. 유 돈ㅌ 해브투 해브잇 올 투게더. 올 유 해브투 두 이즈투 케얼어바웃 피플 앤 이니쉬에이
트/   우리 모두는 긍정적인 영향이 될 가능성을 품고 있다. 부자이지 않아도 되고, 천재이지
않아도 되며, 모든 걸 다 갖지 않아도 된다. 그저 사람들을 진정으로 생각하고 격려하면 된다.
[John C. Maxwell]

An arrogant person considers himself perfect. This is the chief harm of arrogance. It interferes with a person's main task in life—becoming a better person.   /언애로간트펄쓴 컨씨덜스힘쎌프 펄펙트. 디쓰이즈더 쉬프핢 오브 애
로건쓰. 잇인터피얼즈 위더펄쓴스 메인타스크 인라이프 비커밍어 베럴펄쓴/   거만한 사람은
자기가 완벽한 줄 안다. 이게 오만함의 가장 나쁜 점이다. 사람이 살아가며 해야 할 가장 주된 일
을 이 착각이 방해하기 때문이다. 그 일은 바로, 더 나은 사람으로 거듭나는 일이다.
[Leo Tolstoy]

A great mind becomes a great fortune. 지성이 행운이다. [Lucius Annaeus Seneca]

That hat really becomes you. /댓 햇 륄리 비컴즈 유/ 그 모자 너랑 잘 어울린다.

Hat은 머리에 쓰는 모든 종류의 모자 외에도 '역할, 직업, 직책'이란 의미를 갖고 있다.
I wear many hats—a director, a husband and a father.
난 역할이 많아—사장, 남편, 아빠야.

Imagine — and you become.

상상하라—그러면 될 것이다.

Dream,
and believe in the dream.
Then it becomes a reality.

꿈을 꾸고, 그 꿈을 강하게 믿으면
그 꿈이 현실이 된다.

Mentality means the capacity for intelligent thought.
마음은 사람이 어떤 일을 생각하는 힘이다.

begin - began - begun

시작하다

Shall we begin?   /쉘위 비긴?/   그럼 시작해볼까?

I have so much to tell you. I don't know where to begin.   /아해브 쏘머취 투 텔유. 아돈노- 웨얼투 비긴/   해줄 얘기가 정말 많아. 어디서부터 시작해야할지 모르겠어.

I have begun reading this book.   /아해브 비건 뤼-딩 디쓰북/
이 책을 읽기 시작했어.

> The reading of all good books is like conversation with the finest men of past centuries. 좋은 책을 읽는 건 과거의 훌륭한 사람들과의 대화 같다. [Descartes]

After this book, I began to make decent conversations with English speakers.   /아프터디쓰북 아비갠투 메일 디쓴트 칸벌쎄이션쓰 위드 잉글리쉬 스피컬쓰/
이 책을 읽은 뒤로 나는 영어로 말하는 사람들과 꽤 괜찮은 대화를 하기 시작했어.

The film we want to watch begins at 7.30.   /더핌- 위워너 와취 비긴즈앳 쎄븐 써티/   우리가 보고 싶은 영화 7시 30분에 시작해. (시간과 분을 콜론: 또는 점.으로 구분)

Don't put the noodle in until water begins to boil. Or you will have udon instead of ramyun.   /돈트 풋더 누들인 언틸 워터비긴즈투 보일. 오얼 유윌해브 우동 인스테도브 라면/   물이 끓기 시작할 때까지는 면을 넣지마. 안 그러면 라면이 아니라 우동을 먹게 될거야.

It was beginning to rain. So I turned up some Norah Jones.   /잇워즈비
기닝투뤠인. 쏘아턴드업썸 노라죤스/   비가 내리기 시작했어. 그래서 노라 존스를 틀고 음악
에 취했지. (Turn up에는 성적인 행위를 동반하는 숨은 의미가 있다. 자세한 내용은 Turn에서.)

**Apple was named as such so that it begins with an 'a', therefore it
appeared on the first page of the phonebooks at that time.**   /애플워즈네
임드애즈써취 쏘댓 잇비긴즈위던 에이 데얼포얼 잇어피얼드 온더 펄스트페이쥐 오브더폰북쓰
앳앳타임/   애플이 왜 애플로 이름지어졌냐면 이 이름이 'A'로 시작해서 그 당시의 전화번호
부의 첫 페이지에 나올 수 있었기 때문이야.

There were only two of them to begin with.   /데얼월 온리 투오브뎀 투 비긴
위드/   초창기엔 그 두 명이서 시작했어.

> to begin with   =   처음에는, 무엇의 시작으로
> You are a decent guy. To begin with, you speak kind words.
> 넌 괜찮은 사람이야. 무엇보다도 먼저, 넌 말을 예쁘게 해.

**Success is like a snow ball. The beginning takes a man of determined
thinker; a philosopher.**   /썩쎄쓰 이즈라이억 스노우볼. 더 비기닝 테잌쓰 어맨오브 디털
민드 띵커 어 필로쏘퍼/   성공은 눈 굴리기와 같다. 처음 눈뭉치를 만들 때에는 집념의 인간
이 되어야 한다, 철학자가.

**I can't even begin to imagine living in a city where you can't see the
blue sky during the day and stars at night, not to mention you have to
wear masks all the time.**   /아캔트이븐 비긴투 이매-진 리빙인어 씨티 웨어 유캔트
씨-더 블루 스카이 듀링더데이 앤 스탈스 앳나잇 낫투멘션 유해브투 웨얼 마스쓰 올더타임/
낮에는 파란 하늘을 볼 수 없고 밤에는 별을 볼 수 없는 도시에 산다는 건 나로썬 상상조차 할 수
없는 일이야, 항상 마스크를 써야 되는건 두말할 것도 없고.

> can't (even) begin   =   무얼 하기도 어렵다

**Love begins with a metaphor. Which is to say, love begins at the point
when a woman enters her first word into our poetic memory.**   /러-브
비긴즈위더 메타포얼. 위치이즈투쎄이 러-브 비긴즈 앳더포인트 웨어 우먼 엔털즈 헐 펄스트월
드 인투아월 포에틱 메모리/   사랑은 하나의 비유로 시작된다. 말하자면, 한 여인이 우리의
시적 감성 속에 그녀의 첫 단어를 흘려 넣는 그 시점에 사랑이 시작된다. [Milan Kundera]

I began by giving her flowers, because love is poetry.   /아비갠 바이 기빙헐
플라월쓰 비코-즈 러브이즈 포에트리/   난 그녀에게 꽃을 주며 시작했지, 사랑은 시니까.

> 'Because' 만으로는 문장이 될 수 없다. 항상 주절과 함께 말해야 하는 'and' 같은 말.

65

Love begins as you
open up your heart.

너의 마음을 열면
사랑이 시작돼.

Start small, think big.

Don't worry about too many things at once.

Take a handful of simple things to begin with,

and then progress to more complex ones.

Think about not just tomorrow, but the future.

작게 시작하고, 크게 생각해.

한번에 너무 많은 문제를 고민하지 마.

단순한 과제 몇 가지로만 시작해서

더 복잡한 과제로 나아가면 돼.

내일 뿐만 아니라 미래를 생각해.

[Steve Jobs]

like - liked - liked

좋아하다   **원하다**

Like는 동사이기도 하지만 전치사, 접속사, 명사, 형용사, 부사로도 쓰인다.

좋아하다

I like your top.   /아이 라잌 유얼 탑/   네 윗옷 예쁘다. (누가 입은 걸 칭찬하는 말)

I like sleeping. Sleep is the best cure. /아이라잌 쓸립핑. 쓸립 이즈더 베슷트 큐어/
난 잠을 좋아해. 잠이 최고의 보약이야.

She likes a kind of guy who puts a smile on her face.
/쉬 라잌쓰 어 카인도브가이 후 풋츠 어 스마일 온헐 페이쓰/
걔는 자기를 웃게 해주는 남자를 좋아해.

How do you like your coffee?   /하우 두유 라잌 유얼 커픠?/   어떤 커피를 드릴까요?

How do you like this music?   /하우 두유 라잌 디쓰 뮤직?/   이 음악 어때?

> how do you like 무엇?   =   1. 무엇에 대한 의견을 물어보는 말: "너 그거 좋아해?"
> 2. 놀라움과 실망을 표현하는 말 3. 다른 사람을 압도했을 때 당당히 하는 말: "어떠냐?"

How would you like it if this happened to you?   /하우 우쥬 라잌잇 이프 디
쓰 해픈드 투유?/   너한테 이 일이 일어났다면 어떨 것 같아?

Aureo makes you speak English and feel better about yourself—what's not to like? /오레오 메익쓔 스픽- 잉글리쉬 앤 필- 베터 어바웃츄얼쎌프 왓츠 낫투 라익?/ 아우레오는 너의 영어도 깨우쳐주고 기분도 좋게 해줘—말해 뭐해?

    What's not to like? = 당연한 걸 더 말할 필요가 있냐는 수사적인rhetorical 표현

I don't like working for free. Experience as payment is rubbish. /아돈라익 월킹 폴 프리. 익스피어리언스 애즈 페이먼트 이즈 러뷔쉬/ 난 무보수로 일하는 거 안 좋아해. 열정페이 그거 헛소리야.

I don't like the sound of it. /아돈라익더 싸운도빗/ 나 그거 좀 걱정돼.

    I don't like the sound of it / I don't like the look of it = 그게 걱정/염려돼

You are doing this, like it or not. /유알 두잉 디쓰 라익잇 오얼 낫/ 네가 좋든 싫든 이거 하는거야.

    like it or not / like it or lump it = 좋아하든 말든 받아들여야 한다

I don't like micromanagements. I prefer being empowered. /아돈라익 마이크로매니지먼츠. 아이 프리퍼 빙 임파월드/ 난 사사건건 지시받는 거 안 좋아해. 난 내가 알아서 할 수 있도록 권한을 부여받는 걸 선호해.

    prefer = 더 좋아하다, 선호하다

I like coffee, books, flora and fauna, and the like. I'm not so much a nightlife kind of person. /아이라익 커퓌, 북쓰, 플로라 앤 포-나, 앤 더 라익크. 암 낫 쏘머취 어 나잇라이프 카인도브 펄쓴/ 나는 커피, 책, 동식물, 뭐 그런 걸 좋아해. 그닥 밤 문화를 좋아하는 스타일은 아니야. = **I'm not into nightlife.**

    the like / stuff like that = 앞서 말한 것과 비슷한 것들
    flora and fauna = 특정 지역의 동식물 (flora = 식물, fauna = 동물)

원하다

Would you like a drink? /우쥬라익어 드링크?/ 마실거 줄까?

    would you like 무엇? = 무엇을 권하거나 초대하는 말

We can have coffee if you like. /위캔해브 커퓌 이퓨라익/ 우리 커피할까? (담백한 말)

I would like to get a princess-like dress for my niece. She is really into it at the moment. /아우드 라일투겟어 프린쎄스라일 드뤠쓰 폴마이 니-쓰. 쉬이즈 륄리 인투잇 앳더모먼트/ 조카에게 줄 공주풍의 드레스를 사고 싶은데요. 애가 요즘 공주 스타일에 심취해있거든요. (남자 조카는 **nephew**, 여자 조카는 **niece**)

> I would like to 동사 = 동사하고 싶다는 공손한 말
> "I want to do it"은 적극적인 표현이고, "I'd like to do it"은 부드러운 표현이다.
> I want one of these. 이거 갖고 싶다.
> I'd like to have ricotta salad, please. 리코타 샐러드로 주세요. (주문할 때)
>
> 무엇-like = similar to 무엇 = 무엇 같은

I'd like to apologise for your inconvenience. /아드라익투 어폴로좌이즈 폴유얼 인컨비니언쓰/ 불편을 끼쳐드려 정말 죄송합니다. (apologise = 공손하게 미안하다는 말)

I'd like to take this opportunity to thank all of you for coming here tonight. /아드라익투 테익디스 아폴튜니티 투 땡크 올오브유 폴 커밍히얼 트나잇/ 이 자리를 빌어 오늘 밤 이곳에 오신 여러분 모두에게 감사를 전하고 싶습니다. (우아한 말)

Although he ate the banana, he didn't eat the artwork. To actually eat the artwork, he will have to eat the certificate of authenticity, which is what I'd like to see. /올도우 히 에잇더 바나나 히 디든트 잍- 더 알트월크. 투 액츄얼리 잍- 더 알트월크 히 윌 해브투 잍- 더 썰티피킷 오브 오쎈티씨리 윗취즈 왓 아드라익투 씨-/ 그가 바나나를 먹기는 했지만, 미술작품을 먹지는 않았어요. 진짜로 미술작품을 먹으려면 그 작품의 진품보증서를 먹어야 했을텐데, 그가 그 종이를 먹을 것 같지는 않아요. [S. U. Green]

> I'd like to see 누구 does 무엇 = I don't believe 누구 can do 무엇
> = 누가 무엇을 할거라 생각치 않다

This is an efficient and effective way of getting English, the Apple of English education if you like. /디쓰 이즈언 이피션트 앤 이펙티브 웨이오브 게링 잉글리쉬, 디 애플 오브 잉글리쉬 에듀케이션 이퓨라익/ 이건 영어를 습득하는 효율적이고 효과적인 방법이야, 이를테면 영어교육계의 애플이라고 할 수 있지.

> if you like = 무언가를 새로운 방식으로 비유할 때 말의 끄트머리에 붙이는 말
>
> 성공적이다successful라는 말보다 더 좋은 말은 효과적이다effective는 말이다. '성공'은 모호한 개념인 반면, '효과'는 내가 한 행동에 대해 의도한 결과가 있다는 의미이기 때문이다. '성공'이란 단어엔 그다지 좋지 않은 인식 등의 불필요한clutter 의미들도 담겨있다.

그 밖의 표현들

I was working like crazy.   /아워즈 월킹라일크 크레이지/   미치도록 일했어.

> like crazy / mad / hell / stink (UK)   =   very much, very hard

I feel like going to sauna tonight. I'm worn out.   /아필라일크 고잉투 쏘-나 트나잇. 암 원 아웃/   오늘 밤 사우나 가야할 것 같아. 너무 피곤해.

> I feel like 무엇 / I want to do 무엇 / I am in the mood to do 무엇
> =   무엇을 하고 싶다
> be tired / exhausted / worn out / knackered (속어)   =   피곤하다

I feel like a million bucks in this dress!   /아필라일어 밀리언벅쓰 인디쓰 드뤠쓰!/   옷이 날개네! (이 드레스 입으니 나 예뻐 보여!)

> feel like a million bucks   =   아주 매력적이게 보이다, 아주 건강하다고 느끼다

The minute I get paid, I spend it like there's no tomorrow.   /더미닛 아켓 페이드 아이 스펜딧 라일 데얼즈 노 투모로-/   월급 들어오자마자 난 그냥 펑펑 써버려.

> like there is no tomorrow / like it's going out of style/fashion
> =   내일이 없는 것처럼, 계획이나 생각없이, 굉장히 빠르게 많이

So you've met him, haven't you? What's he like?   /쏘유브 멧힘 해븐츄? 왓츠 히 라일?/   너 그 남자 만났지? 그 사람 어때?

> what is 누구/무엇 like?   =   누구/무엇이 어때?

He's likeable.   /히즈 라일커블/   그는 호감형이야.
(lovable / loveable = 사랑스러운) (lovely = beautiful = 아름다운, 즐거운, 매력적인)

He doesn't like the likes of me.   /히 더즌라일더 라일쓰 오브미/   그는 나같은 사람을 안 좋아해.

> the likes of 누구/무엇   =   누구같은 사람, 무엇 같은 것

After meeting a series of dull men, I find his caring and creative nature to be like a breath of fresh air.   /아프터 미-팅어 씨리즈오브 덜 멘 아 파인드히즈 케어링 앤 크리에이티브 네이쳐투비 라일어 브뤠쓰오브 프레쒜어/   맨날 그놈이 그놈인것 같은 지루한 남자들을 만나다 이 남자를 만나니까, 잘 챙겨주고 뭔가 자꾸 새로운 걸 만들어 내는 이 남자가 신선하고 재미있어.

> like a breath of fresh air   =   기분좋게 새롭고 신선한

Learning a new language is more like mimicking than studying.
/러-닝 어 뉴 랭귀지 이즈 모얼라일 미밀킹 댄 스터딩/
새로운 언어를 배우는 건 공부한다기보다는 흉내 내기야. (like = 비슷한)

There's nobody like you. /데얼즈 노바디 라일유/ 너같은 사람은 이 세상에 둘도 없어.

Like father, like son. /라일 파더 라일 썬/ 부전자전.

They are like two peas in a pod. /데알라일 투- 피-즈 인어 팟/ 쟤네 닮았다.

Yoona eats like a bird. /윤아 잍츠라일어 벌드/ 윤아는 입이 짧아.

So Yihyun drinks like fish. /소이현 드링쓰라일 피쉬/ 소이현은 술고래야.

Taeyeon sings like a boss. /태연 씽스 라일어 보쓰/
태연은 노래를 진짜 잘해. (대장처럼 잘하다.)

There's nothing like great music. /데얼즈 낫띵라일 그뤠잇 뮤직/
좋은 음악만 한 게 없지. (이게 최고야.)

I've a bag just like that. /아햅어 백 져스트 라일댓/ 나 그 가방이랑 똑같은 거 있어.

It spread like wildfire. /잇 스프레드 라일 와일드파이어/ 걷잡을 수 없이 퍼졌어.

You open a wine bottle like so. /유 오픈어 와인바틀 라일 쏘/
와인병은 이렇게 여는 거야. (like so = in this manner = 이런 식으로)

We all like to hang out with the like-minded. /위올 라일투 행아웃 위더 라
일마인디드/ 우리 모두는 결이 맞는 사람들과 어울리길 좋아해.

      hang out with 누구 = 누구랑 놀다
      the like-minded = 결이 같은, 비슷한 생각을 지닌 사람들

My mum loves her children like anything. /마이 맘 러브스 헐 췰드런 라일
애니띵/ 우리 엄만 자식들을 그 무엇보다도 사랑하셔.

The picture I drew of him doesn't look anything like him. /더픽쳐 아이
드루-오브힘 더즌ㅌ룩 애니띵 라일힘/ 내가 그린 그의 그림은 그랑 하나도 안 닮았어.

When I paint a person, his enemies always find the portrait a good likeness.
/웬아이 페인트 어 펄쓴 히즈 에너미즈 올웨이즈 파인더 폴트뤠잇 어 굿 라익니쓰/   내가 누굴
그리면, 항상 그 사람의 적들이 그 인물화를 꼭 닮았다고 생각하더라. [Edvard Munch]

likeness   =   닮음, 초상, 겉보기, 유사성
draw a likeness of a person   =   어떤 사람과 닮게 그리다, 그 사람을 그리다
There is a likeness between them. 둘이 닮은 점이 있어.
It has a likeness of the tulip.   이건 얼핏보기에 튤립같아.

I love these pants—they fit like a glove.   /알러브 디즈팬츠 데이 핏라이어 글
러-브/   이 바지는 딱 맞아서 완전 좋아.

fit like a glove   =   내 몸에 딱 맞다

Don't touch his things. Or he'll come down on you like a ton of bricks.
/돈ㅌ 터취 히즈 띵스. 오얼 히일 컴 다운온유 라일어 톤오브 브릭쓰/
그의 물건들을 만지지 마. 안 그러면 너 엄청 혼난다.

come down on   =   tell off, punish, criticise   =   혼내다
like a ton of bricks   =   벽돌 한 톤처럼 강력하게

She sat in my chair like she owned the place.   /쉬 샛인마이췌어 라익쉬 오운
더플레이스/   걔는 세낸 것 처럼 내 의자에 앉더라.

like (US) / as if 누가 owned the place (UK)   =   마치 자기 집인 것처럼 당당하게

She got married as soon as we broke up, just like that.   /쉬갓 매뤼드 애
즈쑨애즈 위브록업 져스트 라일댓/   우리가 헤어지자마자 그녀는 결혼했어.

just like that   =   예상치 못하게, 갑작스럽게 (불만을 표현)

**Indifference and neglect often do much more damage than outright
dislike.**   /인디퍼런쓰 앤 니글렉트 오픈 두 머취 모어 대미쥐 댄 아웃롸잇 디쓰라익/
무관심과 무시는 대놓고 표현하는 비호감보다 훨씬 더 위험하다. [J. K. Rowling]

**I don't love studying. I hate studying. I like learning. Learning is
beautiful.**   /아돈ㅌ러-브 스터딩. 아헤잇 스터딩. 아이라익 러-닝. 러-닝이즈 뷰-티플./
난 공부하는 걸 좋아하지 않아. 공부는 싫어. 난 배우는 걸 좋아해. 배움은 아름다워.
[Natalie Portman]

love - loved - loved

사랑하다
사랑

If you wish to be loved, love, and be lovable.   /이퓨 위쉬투비 러브드 러-브 앤
비 러버블/   사랑받고 싶다면, 사랑하라, 그리고 사랑받을 만한 사람이 되어라.

You can't blame gravity for falling in love.   /유 캔트 블레임 그래비티 폴 폴
링 인 러브/   사랑에 빠지는 데 중력을 탓할 수는 없지. [Albert Einstein]

      blame 누구 for 무엇   =   무엇에 대해 누구를 탓하다
      fall in love   =   사랑에 빠지다

I'm in love with him/her.   /암 인 럽 윗힘/헐/   나 그 사람 사랑하고 있어.

      in love with 무엇/누구   =   무엇/누구를 사랑한다

There is no remedy for love, but to love more.   /데얼이즈 노 레머디 포 러-브
벋투 러-브 모얼/   사랑엔 약이 없다, 더 사랑할 수밖에. [Henry David Thoreau]

Love is blind.   /러브 이즈 블라인드/   사랑은 상대의 좋은 점만 보게 해. [속담]

Aureo loves doing good for the world.   /오레오 러-브스 두잉 굿포더 월-드/
아우레오는 세상을 위해 좋은 일을 하는 걸 좋아해.

How's your love life these days? /하우즈 유얼 러브라이프 디-즈데이즈?/
요즘 너의 연애생활은 어때?

Can't you see this love bite? /캔츄 씨- 디쓰 러브바잍?/ 이 키스마크 안보여?

Are you heading to Seoul Tower to put a love lock? /알유헤딩투 서울타워
투풋어 러브락?/ 사랑의 자물쇠 채우러 서울타워로 가니?

If that's on the list of requirements for a true love. /이프 댓츠 온더 리스
트오브 뤼콰이얼먼츠 폴어 트루- 러-브/ 그게 진정한 사랑을 위한 필수요건이라면?

His presence makes me behave like a love-struck teenager.
/히즈 프레젠쓰 메일쓰미 비헤이브 라일어 러브스트럭 틴-에이져/
그 앞에서 난 사랑에 빠진 십대처럼 어쩔 줄을 모르겠어.

We get along well as we share a love of art. /위 겟얼롱 웰 애즈 위 쉐얼 어
러보브 알트/ 우린 서로 잘 맞아, 우린 미술을 좋아하는 취향이 같거든.

       get along   =   사이좋게 지내다

She is the love of my life. /쉬 이즈 더 러보브 마이 라이프/
그녀는 나의 운명이야. (내 일생에 한 명뿐일 바로 그 사람이야.)

On a rainy night by the beach we made great love. /온어 레이니 나잇 바
이더 비-취 위 메이드 그뤠잇 러-브/ 비내리는 밤 바다 옆에서 우린 진한 사랑을 나눴지.

       make love   =   육체적 사랑을 나누다 (성교하다는 말의 아름다운 영어표현)

We are born of love; Love is our mother. /위알 본- 오브 러브 러브 이즈 아워
마더/ 우리는 사랑으로 태어났다. 사랑은 우리의 어머니다. [Rumi]

**He is the one, I thought, when I first met him. And we are happily
together thereafter.** /히 이즈 디 원 아쏱 웬아 펄스트 멧힘. 앤 위알 해필리 투게더 데
얼아프터/ 이 사람이 내가 찾던 바로 그 사람이구나 하고 그를 처음 만났을 때 생각했어. 그
후로 우린 쭉 서로를 사랑하고 있어.

We love things we love what they are. /위 러브 핑스 위 러브 왓 데이알/
본연의 모습 그대로를 우리가 사랑하는 것을 우리는 사랑한다. [Robert Frost]

Love does not dominate; it cultivates.   /러브 더즈낫 도미네잍 잇 컬티베이츠/
사랑은 지배하거나 우위에 서는 것이 아니다. 사랑은 돌보는 것이다. **[Goethe]**

Life without love is like a tree without blossoms or fruits.
/라이프 위다웃 러-브 이즈 라이어 트-뤼 위다웃 블라썸스 오얼 프룻츠/
사랑이 부재한 삶은 꽃이나 열매를 맺지 않은 나무와 같아.

Love is composed of one soul inhabiting two bodies.   /러-브 이즈 컴포즈드
오브 원 쏘울 인해비팅 투- 바디스/   사랑은 두 몸에 사는 하나의 영혼이다. **[Aristotle]**

**You, yourself, as much as anybody in the entire universe, deserve your
love and affection.**   /유 유얼셸프 애즈머취애즈 애니바디 인디 인타이얼 유너벌쓰 드졀
브 유얼 러브 앤 어펙션/   당신과 당신 자신, 그리고 온 우주의 그 누구라도 당신의 사랑과
애정을 받을 자격이 있다. **[Buddha]**

My two great loves are books and stars. They connect me with eternity.
/마이 투 그뤠잇 러브스알 북쓰 앤 스탈쓰. 데이 커넥미 윋 이터-니티/
내 인생의 열정 두 가지는 책과 별이야. 이 둘은 나를 영원으로 이어주지.

My love for good story has made me endure.   /마이 러브 폴 굳 숫토뤼 해즈
메이드 미 인듀어/   좋은 글(이야기)에 대한 내 열정이 날 참고 견디게 했지.

        love for 무엇   =   무엇에 대한 열정

Love of anything is the offspring of knowledge. /러브오브 애니띵 이즈더 옾
스프링옵 날리쥐/   무얼 사랑하는 마음은 앎의 결과다. **[Leonardo da Vinci]**

This book is a labour of love, my friend.   /디쓰 북 이즈어 레이볼 오브 러브
마이프렌드/   이 책은 정말 힘들었지만 그저 내가 좋아서 한 일이야.

        labour of love   =   힘든 일이지만 대가나 필요에 의한 게 아닌 그저 좋아서 하는 일

I won't make ugly things for love or money.   /아 원트 메잌 어글리띵스 폴 러
브 올 머니/   무슨 일이 있어도 나는 못 생긴(추한) 건 안 만들거야.

        not for love or money   =   not in any circumstances
        =   어떠한 경우에도 하지 않다

Love me, love my dog. /러브미 러브마이독/ 날 사랑한다면 내 모든 면을 사랑해야지.

I just love going an extra mile for quality. It makes the world a better place. /아져슷트 러브 고잉언 엑스트롸 마일 포 퀄러티. 잇메일스 더월드 어베러 플레이쓰/ 난 그지 더 나은 품질를 위해 좀더 신경쓰는 게 좋아. 이게 세상을 더 나은 곳으로 만들지.

It is easy to hate; and it is difficult to love. Good things are difficult to achieve; and bad (things are) easy to get. /잇이즈 이-지투 헤잇 앤 잇이즈 디피컬투 러-브. 굳띵스알 디피컬투 어취-브 앤 배-드 이지투겟/ 싫어하기는 쉽고, 사랑하기는 어렵다. 좋은 일은 해내기 어렵고, 나쁜 것은 얻기 쉽다. [Confucius]

I've a love-hate relationship with sheath. /아이버 러브해잇 륄레이션쉽 위드 쉬-쓰/ 나는 콘돔이랑 애증의 관계에 있어. (Sheath = 칼집, 영국에서 콘돔의 속어)

Misery loves company. /미져리 러브스 컴퍼니/ 동병상련. 기분이 안 좋은 사람은 자신의 문제를 다른 사람들과 나누고 싶어 한다. [속담]

I love making people happy so much that nothing else matters. /알러-브 메이킹 피플 해피 쏘머취댓 낫띵엘쓰 매럴쓰/ 난 사람들을 행복하게 하는 일만 하고 살고 싶어.

We're born alone, we live alone, we die alone. Only through our love and friendship can we create the illusion for the moment that we're not alone. /위알 본 얼론 위 리브 얼론 위 다이 얼론. 온리 쓰루 아월 러브 앤 프렌쉽 캔 위 크리에잇 디 일루젼 폴더 모먼트 댓 위알 낫 얼론/ 우린 혼자 태어났고, 혼자 살아가고, 혼자 죽어. 오직 사랑과 우정만이 살아있는 이 잠시나마 우리가 혼자가 아니라는 환상을 만들어낼 수 있지. [Orson Welles]

To love oneself is the beginning of a lifelong romance. /투러-브 원쎌프 이즈더 비기닝오버 라이프롱 로-맨쓰/ 자신을 사랑하는 일은 일생에 걸친 로맨스의 서막이다. [Oscar Wilde]

You are to love yourself internally in order to grow externally. /유 알투 러브 유얼쎌프 인터-널리 인오더투 그로우 익쓰터-널리/ 안으로 네 자신을 사랑해야 바깥으로 네가 성장할 수 있어.

Love does not consist in gazing at each other, but in looking outward together in the same direction. /러브 더즈낫 컨씨스트 인 게이징 앳 이취아더 벋 인 룩킹 아웃월드 트게더 인더 쎄임 디렉션/ 사랑은 서로를 바라보는게 아니라, 함께 같은 방향을 내다보는거야. [Antoine de Saint-Exupery]

If nothing saves us from death, at least love should save us from life.
/이프 낫띵 쎄이브즈어쓰 프롬 데-쓰 앳리-스트 러-브슏 쎄이브어쓰 프롬 라잎ㅍ/ 그 무엇도
우릴 죽음으로부터 구할 수 없다면, 적어도 사랑만은 우릴 인생으로부터 구할 것이다.
[Pablo Neruda]

**I believe forgiveness is the best form of love in any relationship. It takes
a strong person to say they're sorry and an even stronger person to
forgive.** /아 빌리-브 폴기브니스 이즈더 베스트 퓸 오브 러브 인 애니 릴레이션쉽. 잇 테
익스 어 스트롱 펄슨 투쎄이 데알 쏘뤼 앤 언 이븐 스트롱거 펄슨 투 폴기브-/
어느 관계에서든 용서야말로 최고의 사랑이라고 나는 믿어. 큰 사람이어야 미안하다고 말할 수
있고, 그보다도 더 큰 사람이어야 용서를 할 수 있거든.

> 내 생각을 말할 때 'I believe'로 말하면 내 생각이 하나의 인식에 불과하고 다른 사람들
> 의 의견과 다를 수도, 틀릴 수도 있는 여지를 보여줌으로써, 지적이게 말할 수 있다.

> The best revenge is to not be like your enemy.
> 최고의 복수는 적과 같아지지 않는 것이다. [Marcus Aurelius]

**A good teacher can inspire hope, ignite the imagination, and instil a
love of learning.** /어 굳 티-쳐 캔 인스파이어 호-프 이그나잇 디 이매지네이션 앤 인스틸
어 러브 오브 러-닝/ 좋은 선생님은 희망의 영감을 불어넣어주고, 상상에 불을 지펴주며,
배움의 즐거움을 가르쳐 줄 수 있는 사람이다. [Brad Henry]

**I am good, but not an angel. I do sin, but I am not the devil. I am just a
small girl in a big world trying to find someone to love.** /아엠 굳 벋 낫
언 에인젤. 아두 씬 벋 아엠 낫더 데블. 아엠 져스터 쓰몰 걸 인어 빅 월-드 트롸잉투 파인드 썸
원 투 러-브/ 난 착해요, 그치만 천사는 아녜요. 난 나쁜 짓을 해요, 그렇지만 악마는 아니에
요. 난 단지 이 커다란 세상에서 사랑할 누군가를 찾는 작은 소녀에요. [Marilyn Monroe]

**For small creatures such as we, the vastness is bearable only through
love.** /폴 쓰몰 크리쳘쓰 써취애즈 위 더 바스트니쓰이즈 베어러블 온리쓰루 러-브/ 우리
처럼 작은 생명체에게 우주처럼 거대함은 사랑을 통해서만 견딜 수 있다. [Carl Sagan]

It is impossible to love and to be wise. /잇츠 임파써블투 러브 앤 투비 와이즈/
사랑하며 동시에 현명하기란 불가능하다. [Francis Bacon]

To get what you love, you must first be patient with what you hate.
/투 겟 왓츄 러-브 유 머숫트 펄쓰트 비 페이션트 윋 왓츄 헤일/

진정 원하는 것을 얻으려면, 우선 싫어하는 것을 견딜 줄 알아야 한다. [Al-Ghazali]

Love and compassion are necessities, not luxuries. Without them humanity cannot survive.   /러브 앤 컴패션 알 네쎄씨티즈 낫 럭셔리즈. 위다웃덤 휴매니티 캔낫 썰바이브/   사랑과 동정은 필요지 사치가 아니다. 이들이 없다면 인류는 살아남지 못할 것이다. [Dalai Lama]

> Sympathy는 그리스어 sumpatheia에서 온 말로 sym (= with) + pathy (= feeling), '함께 느낌' 고로 '연민'이다. 공감하는 일은 sympathy.
> Compassion은 다른 사람의 감정을 느낌에서 더 나아가 직접 무언가 도움의 손길을 준다는 말로 '동정'이다. 남을 돕는 일은 compassion.

Love is a heaven with a right person; a hell with a wrong one.
/러브이즈어 헤이븐 윋어 롸잇 펄쓴 어 헬 윋어 뤙 원/
옳은 사람과의 사랑은 천국이고, 잘못된 사람과의 사랑은 지옥이다.

The art of happy love life is embracing the pitfalls.   /디 알트오브 해피 러브 라이프이즈 임브레이씽더 핏폴스/   행복한 연애와 결혼생활의 비법은 숨은 어려움을 끌어안는 것이다. (the art of = the skill of = 기술—예술처럼 대단히 뛰어난)

Love knows no reason, no boundaries, no distance. It has a sole intention of bringing people together to a time called forever.   /러브 노우즈 노 뤼즌 노 바운더리즈 노 디스턴쓰. 잇해겨 쏠 인텐션오브 브링잉 피플투게더 투어타임 콜드 포레버/   사랑에는 이유도, 경계도, 거리도 없다. 사랑은 단 하나의 의도가 있는데 이는 사람들을 영원이라는 하나의 시간으로 끌어모으는 것이다.

Love is in the air.   /러브 이즈 인디 에어/   모두의 마음 속에 사랑이 있네.

> in the air   =   기운이 돌다, 분위기가 감돌다, 무엇이 일어나고 있는게 느껴지다
> ('air'로 하는 말은 기분mood, 감각sense, 혹은 느낌feeling을 담는 말이다.)

> up in the air   =   uncertain   =   불확실하다, 붕떴다

Love conquers everything.   /러브 컹퀄즈 에브리띵/   사랑은 모든 걸 이겨낸다.
[Leonardo da Vinci]

All you need is love.   /올 유 니드이즈 러브/   네게 필요한 모든 것은 사랑이야.
[John Lennon]

Unable to perceive the shape of you,
I find you all around me.
Your presence filled my eyes with your love,
it humbles my heart
for you are everywhere.

너의 모습을 가늠할 수가 없는데,
내 주위엔 온통 너뿐이네.
너의 존재가 사랑으로 내 눈을 채우고,
내 가슴을 겸허하게 해
세상에 온통 너뿐이니까.

[The Shape of Water]

Love all, trust a few,
do wrong to none.

모두를 사랑하되, 모두를 믿지는 말고,
누구에게도 잘못은 하지 말라.

[William Shakespeare]

Love is a better teacher than duty.

사랑은 의무보다 더 좋은 선생이다.

[Albert Einstein]

We love life,
not because we are used to living,
but because we are used to loving.

우린 삶을 사랑한다.
사는데 익숙해서가 아니라,
사랑하는데 익숙하기 때문이다.

[Friedrich Nietzsche]

care - cared - cared

동사

신경쓰다 / 보살피다	사랑하다	원하다
worry	love	want

명사

보호	주의	처리	걱정
protection	attention	deal with	worry

신경쓰다 / 보살피다

Who cares?   /후 케얼즈?/   알게 뭐야?

I couldn't care less. 내가 알게 뭐야. (무례한 말)

He cares about all the details.   /히 케얼즈어바웃 올더 디테일즈/
그는 작은 부분까지 신경 써.

She cares a lot about her appearance. /쉬 케얼즈 어랏어바웃 헐 어피어런쓰/
걔는 외모 관리에 굉장히 신경 써.

She cares about the future of humanity. /쉬 케얼즈어바웃 더퓨쳐 오브 휴매니티/
그녀는 인류의 미래에 신경 써.

Beef eaters don't care about global warming. Methane and nitrous oxide from livestock farming trap the heat in the atmosphere. If you don't eat beef, and not drink milk, you're doing your part to prevent natural disasters from happening. /비프이-털쓰 돈트케얼어바웃 글로벌월밍. 멧떼인 앤 나이트러쓰 악싸이드 프롬 라이브스탁 팔밍 트랩더힙 인디 앳모스피어. 이퓨 돈트 잍 비-프 앤낫 드링크 밀크 유알 두잉 유얼 팔트 투 프리벤트 내츄럴 드쟈스털쓰 프롬 해프닝/ 소고기를 먹는 사람들은 지구온난화에 무관심한 사람들이야. 축산업에서 발생하는 메탄과 아산화질소가 열을 대기 중에 가둬. 소고기를 먹지 않고, 우유를 마시지 않으면, 자연재해를 막기 위해 네가 할 수 있는 일을 하는 거야. (이산화탄소보다 메탄은 25배, 아산화질소는 298배 더 큰 온실효과)

> It's cause and effect: We damage the natural balance, and nature strikes back, which means she throws viruses and disasters at us to reduce humans.
> 이건 인과관계야. 우리가 자연의 균형을 무너뜨리면, 자연은 그 균형을 바로잡으려 할 거야. 우리에게 바이러스와 재앙을 보내 인간의 개체 수와 오만함이 줄어들게.

If you care about the climate you will be living in when you are no spring chicken, you better avoid beef. There are many alternatives to that simple pleasure. If we don't act now, climate change is expected to cause more deaths than infectious disease by 2099. /이퓨케얼어바웃 더클라이밋 유윌비 리빙인 웬유알 노 스프링취킨 유베럴 어보이드 비-프. 데일알 매니 얼터너티브스 투댓 씸플플레져. 위퓌 돈트 액트나우 클라이밋췌인지이즈 익쓰펙티투 코-즈 모얼데쓰 댄 인펙쎠스 디지-즈 바이 트웬티나인티나인/ 더 나이들어서 네가 살 세상에 대해 조금이라도 신경쓴다면, 소고기는 피하는 게 좋아. 그런 단순한 만족을 대체할 수 있는 것들이 얼마나 많은데. 우리가 지금 행동하지 않으면, 2099년까지 기후변화는 전염병보다 더 많은 사람을 죽일 거라고 전망돼. [National Bureau of Economics Working Paper No. 27599]

> no spring chicken   =   더이상 젊지 않은 나이

> Superheroes now are vegetarians.   지금 시대의 슈퍼히어로는 채식주의자다.

There will be nobody left to care for you if you leave behind a wasted planet. /데얼 월비 노바디레프트 투케얼폴유 이퓨 리-브 비하인더 웨이스티드 플래닛/
지구를 망가뜨리면 널 돌봐줄 사람이 아무도 남아있지 않을거야.

> care for 누구   =   누구를 보살피다, 돌보다

When I was sick in bed, she cared for me day and night.   /웬아워즈씩인
벤 쉬케얼드포미 데이앤나잇/   내가 아팠을 때 그녀가 밤낮으로 날 간호해줬지.

You can go to the movies with her, for all I care.   /유캔고 투더 무비즈 위드
헐 폴 올아케얼/   네가 그 여자랑 영화를 보러가든 내가 알게 뭐야.

> for all I care / as if I care   =   다른 사람이 무얼 하든 관심없다는 말

I don't care whoever you hang out with.   /아돈ㅌ케어 후에버 유 행아웃 윗/
네가 누구랑 놀든 난 상관안해.

사랑하다

I care about you.   /아이 케얼어바웃츄/   넌 나에게 소중한 사람이야.

원하다

Would you care for coffee?   /우쥬 케얼포 커퓌?/   커피 한잔 어떠세요?

> Care는 want보다 부드러운 말.

We would be delighted if you care to join us for dinner.   /위우드비 딜라
이티드 이퓨케얼투 조인어쓰 포 디너/   저희 저녁식사에 함께해 주신다면 정말 기쁠거에요.

명사로서의 의미

Don't worry. I'll take care of the bill.   /돈ㅌ워리. 아일테잌 케얼오브더 빌/
걱정 넣어둬. 내가 계산할께.

> take care of 무엇   =   무엇을 처리하다
>
> 내가 살께   =   It's on me / It's my treat / I got this.

I take good care of my health.   /아이 테잌 굳 케얼오브 마이 헬쓰/
난 내 건강을 잘 챙겨.

> take care of 누구   =   누구를 돌보다

Electric cars are so fast. Drive with care, particularly at corners.
/일렉트릭칼스알 쏘 파슷트. 드롸이브 위드 케어 퍼팃큘럴리 앳코-널쓰/
전기차는 엄청 빨라. 조심히 운전해, 특히 코너에서.

with care　　　＝　　　조심해서　(Handle with care = 취급주의)

The aftermath has been taken care of.　　　/디아프터매쓰 해즈빈 테이큰 케얼오브/
그 일의 여파는 잘 처리되었어.

aftermath　　　＝　　　after-effects　　　＝　　　크게 나쁜 일(재앙) 뒤의 여파, 후유증

You may write me care of my parents.　　　/유메이 롸잇미 케얼오브 마이패런츠/
부모님댁에 있을 건데, 이쪽으로 편지 보내도 괜찮아.

care of / in care of (US)　　　＝　　　집이 아닌 다른 곳에서 지내는데 그곳의 주소를 알
려줄 때 (c/o)

He led a care-free life until he became an adult.　　　/히 렏어 케얼프-리 라이프
언틸히 비케임언 어덜트/　　　그는 어른이 되기 전까지 자유분방하게 자랐어.

I miss my childhood, living without a care in the world.　　　/아미쓰마이 촤
일드후드 리빙 위다웃어 케얼인더월드/　　　세상 걱정 없던 어린 시절이 그립다.

without/not a care in the world　　　＝　　　아무런 근심 걱정 없이

**Life as a father is not so simple, having all the cares of the world on
my shoulders.**　　　/라이프 애즈어 파더 이즈 낫쏘씸플 해빙올더 케얼쓰 오브더월드 온마이
숄덜쓰/　　　가장으로서의 삶은 어려워, 신경 쓸 게 너무도 많지.

have all the cares of the world on 누구의 shoulders　＝　누가 많은 일을 걱정하다

**Dog owners have a duty of care to ensure that their animal is kept
under control. If the dog causes an injury to a person or another dog,
the owner can be sued for negligence.**　　　/독 오널스 해버 듀티오브케어 투인슈
얼댓 데얼 애니멀이즈 켑트언딜 컨트롤. 이프더 독 코즈스 언 인져리 투어펄쓴 오얼 어나더독 디
오너캔비 쑤-드 포 네글리젼쓰/　　　강아지 주인은 강아지를 안전히 통제할 주의 의무가 있다.
개가 사람이나 다른 개에 상해를 입히면 그 개의 주인은 과실로 고소될 수 있다.

duty of care　　　＝　　　객관적 주의 의무 (법)

Take good care of yourself.　　　/테익 굳 케얼오브 유얼쎌프/　　　건강히 지내.

Take care.　　　/테익케어/　　　안녕.

If everyone cares about others' feelings,
not just people but also other species,
our world will be in perfect harmony.

우리 모두가 다른 이들의 감정에 신경쓴다면,
사람 뿐만이 아니라 다른 종까지 신경쓴다면,
우리의 세상은 완벽히 조화로울 것이다.

Not stupidity, but thoughtlessness results in evil acts.
멍청함이 아니라, 생각이 없음이 악한 행동을 저지르게 한다.

It is that range of biodiversity that
we must care for—the whole thing—
rather than just one or two stars.

눈에 띄는 한두 종이 아니라,
생물 다양성, 그 전체를 지켜야 한다.

[David Attenborough]

There is a reason for everything to exist in nature.
자연에 존재하는 모든 것엔 존재하는 이유가 있다.

have

have / has - had - had

갖다 (주어진) (수동적)	겪다	해야 한다	하다 먹다	일어나게 하다 허락하다 받아들이다	받다
possess	experience	have to	do	make happen	receive
own	undergo	should	arrange	allow	get
have got	go through	must	organise	accept	be given
	come across	ought to	throw		be sent
	run into	be required to	host		obtain
	suffer	be under an obligation to	eat/drink		acquire

have + 과거분사

Have는 또한 다른 동사의 과거분사(**past participle**)와 함께 쓰여
현재완료(**present perfect**) 또는 과거완료(**past perfect**)의 의미를 만든다.

Have you been to Switzerland?   /해뷰 빈-투 스윗쯜랜드?/   스위스 가봤니?

90

갖다

I have you.　　/아이 해브 유/　　내겐 너가 있잖아.

I have something for you.　　/아이 해브 썸띵 폴유/　　너에게 줄 게 있어.

I have a gut feeling about it.　　/아해버 것 필링 어바우릿/　　직감(촉)으로 알아.

Jennie has a thing about insects—she gets frightened.　　/제니 해져 띵어바웃 인쎅츠 쉬 겟츠 프라이튼드/　　제니는 벌레에 뭐가 있어—소스라치게 놀라.

　　have a thing about 누구/무엇　　＝　　누구/무엇을 아주 좋아하거나 아주 싫어하다

　　Roseanne has a thing about cucumbers—she eats it like a rabbit.
　　로제안은 오이를 정말 좋아해—토끼처럼 오이를 먹어.

Have you got the key?　　/해뷰 갓더 키-?/　　열쇠 챙겼지? 열쇠 있어?

　　Have 를 구어체로 have got 이라고도 말한다. 발음이 더 차지다.

He's got deep pockets.　　/히즈갓 딥- 폭켓츠/　　그 남자 돈 많아.

　　have deep pockets　　＝　　돈이 많다

I don't have a clue.　　/아 돈트 해버 클루-/　　뭘 어떻게 해야 할지 전혀 모르겠어.

　　have a clue/idea　　＝　　아이디어가 있다

Again? Have a heart!　　/어게인? 해버 할트!/　　또야? 나한테 좀더 인간적일 수 없냐?

　　have a heart　　＝　　좀 더 잘 대해달라고 하는 말

She has a heart of gold.　　/쉬해져 할트 오브 골드/
그 친구는 착해.

　　have a heart of gold　　＝　　마음씨가 따뜻하고 남에게 잘 베풀다
　　have a heart of stone　　＝　　(위의 정반대) 못되고 인정머리 없다

This trolley has a mind of its own.　　/디쓰 트롤리 해져 마인드 오브 잇츠 오운/
이 쇼핑카트 제멋대로 움직이네.

　　have a mind of its own　　＝　　어떤 물건이 제멋대로 움직일 때 하는 말

How many siblings have you got? /하우매니 씨블링스 해뷰갓?/ 남매가 몇이야?

I've got a brother and a sister. /아브갓어 브라더 앤어 씨스터/
난 남동생/오빠/형이랑 여동생/언니/누나있어.

이 표현만 보더라도 영문화에선 나이보다는 사람의 인격체를 더 존중하는 걸 알 수 있다. 사회에서도 나이로 서열을 정리하기보다는, 사람의 능력, 취향, 그리고 무엇보다도 태도에 따라 존중함을 느낄 수 있다. 나이가 어려도 태도가 신사적이면 "Sir"이라 한다.

Margaret has green fingers. /마가렛 해즈 그륀 핑걸스/ 마가렛은 식물을 잘 키워.

have green fingers (UK) / have a green thumb (US) = 식물을 잘 키우다
have a brown thumb = 식물을 잘 못 키우다

He has a heavy foot. /히 해져 헤비 풋/ 그는 운전할 때 너무 밟아.

have a heavy foot (US) = drive too fast = 운전을 너무 빠르게 하다

We have the makings of a great company. /위해브더 메이킹쓰 오버 그뤠잇 컴퍼니/ 우리는 위대한 회사가 될 가능성을 품었어.

have (all) the makings of 무엇 = 무엇이 될 것 같다

You have a good head for aesthetics. /유해버 굳 헤드 폴 에스떼틱쓰/
넌 타고난 미적 감각이 있어.

have a (good) head for 무엇 = 무엇에 타고난 재능이 있다

You have an eye for beauty. /유해번 아이 포 뷰-티/
너는 예쁜 걸 알아보는 눈이 있어.

have a (good) eye for 무엇 = 무엇을 알아보는 눈이 있다
have a discerning eye/taste = 진짜 좋은 것을 분별하는 안목이 있다

I'm fortunate to have an ear for music. /암 폴츄넛투 해번 이얼 포 뮤직/
난 음악에 재능이 있음에 감사해.

have an ear for 음악/언어 = 음악/언어를 알아듣고 이해하는 재능이 있다

He has a sharp tongue. /히 해져 샬프 텅-/ 그는 말을 좀 심하게 해.

I have a quick temper. /아 해버 퀵 템퍼/ 난 좀 욱할 때가 많아. (화를 잘 내.)

A woman has the age she deserves.　　/어우먼 해즈디 에이쥐 쉬 디졀브즈/
여자는 자기가 지닐 만한 나이를 지닌다. [Coco Chanel]

　　　deserve 무엇　　＝　　어떻게 했기 때문에 무엇이 일어나다, 무엇을 받을만 하다

She has a strong stomach. And I envy that.　　/쉬 해져 스트롱 스토막. 앤 아
엔비 댓/　　그녀는 비위가 세. 난 그게 참 부럽더라.

　　　have a strong stomach　　＝　　불쾌할 수 있는 것을 보거나 냄새맡거나 맛보더라
도 아무렇지 않다, 비위가 강하다　　↔　　have a weak stomach

Pei has a good nose for gourmet restaurants.　　/페이 해져 굳 노-즈 폴 골메
이- 뤠스토랑츠/　　페이는 맛집을 찾아내는 남다른 능력이 있지.

　　　have a (good) nose for 무엇　　＝　　무엇을 잘 찾는 재주가 있다

　　Gourmet는 'wine taster'를 뜻하는 19세기 프랑스어에서 영어로 차용된 말로, 미식가
　　를 의미한다. 다른말로 a connoisseur of good food, a person with a discerning
　　palate라고도 한다. Connoisseur 또한 프랑스어의 '알다'는 단어가 영어로 쓰이는 말로,
　　어떤 특정한 분야의 전문가를 뜻한다. 취향과 미학의 세계에서 자주 쓰이는 화려한 단어
　　다. 무엇이 정말 좋아서 그것에 대해 자연스럽게 전문가가 되는 일은 인간이 언어를 구사
　　할 수 있는 일처럼 참 아름다운 일이다. 참고로, 한국에서 서양것을 더 고급으로 인식하는
　　것처럼, 영문화에선 프랑스어를 쓰면 더 세련되다고 생각하는 경향이 있다.

　　영어의 29%가 프랑스어, 29%는 라틴어, 그리고 그 밖에 게르만어 등이 지금의 영어를
　　이룬다. 우리말이 만든 영어도 있다 - kkondae(꼰대)와 nunchi(눈치). 게르만족 앵글스
　　인과 색슨인이 400년대부터 영국지역에 살며 진화한 언어가 영어고, 지금도 변화중이다.

**I've got a bone to pick with you. You went to Momos without telling me,
didn't you? I miss their pour-over coffee with cranberry cream cheese!**
/아이브갓어 본 투 픽위쥬. 유 웬투 모모쓰 위다웃 텔링미 디든츄? 아미쓰 데열 푸얼오버 커퓌
윌 크랜베뤼 크림취-즈!/　　나 너랑 할 얘기 있어. 너 나한테 말도 안 하고 모모스 갔지? 나
거기 핸드드립 커피랑 크랜베리 크림치즈 먹고 싶단 말이야!

　　　have (got) a bone to pick with 누구
　　　＝　　누가 한 짜증나는 행동에 대해 그 누구랑 얘기하고 싶다

　　　핸드드립 커피　　＝　　pour-over coffee

It comes handy when you have a memory like an elephant.
/잇 컴즈 핸디 웬 유 해버 메모리 라익언 엘레펀트/   기억력이 좋으면 쓸모있어.

> have a memory like an elephant   =   기억력이 좋다
> ↔   have a short memory

It's not attractive to have a lot to say for yourself.
/잇츠 낫 어트뤡티브 투해브 어랏투 쎄이 폴유얼쎌프/
너 자신에 대해 너무 말을 많이 하는 건 그다지 매력적인 행동이 아니야.

> have a lot to say for yourself   =   말을 지나치게 많이 하고 자존심이 세다

I would like to have this please.   /아 우드 라익투 해브 디쓰 플리즈/
이걸 사고 싶군요. 이걸로 주시겠어요? (정중하고 부드러운 말)

> 잘못쓰면 상스러울 수도 있는 구어체의 말: How much is this? 얼마면 돼?

Mum had kittens when I said I wanted to study overseas.   /맘 해드 킽튼
쓰 웬아쎄드 아이 원티투 스터디 오벌씨-즈/   내가 유학가고싶다고 했을 때 엄마는 걱정하셨어.

> have kittens (UK)   =   have a cow (US)   =   굉장히 화나고 걱정하다

**She had a face like thunder when I said I had a surgery without
telling her.**   /쉬 해더 페이쓰 라일 썬더 웬아쎄드 아이 해더 썰져리 위다웃 텔링 허-/
내가 말하지 않고 나 혼자 수술받았었다고 하니 그녀는 엄청나게 화냈어.

> have a face like thunder   =   look like thunder, have a fit, throw a fit
> =   엄청 화내다
> **She had a fit when she knew it.**   그걸 알았을 때 그녀는 엄청 화냈어.

She has a big mouth. Be careful of what you say around her.
/쉬 해겨 빅 마우쓰. 비 케얼풀 오브 왓츄 쎄이 어롸운드 힐/
그 친구는 입이 가벼워. 걔 근처에선 말을 조심해야해.

> have a big mouth   =   입이 가볍다

I have only a nodding acquaintance with her.   /아해브 온리어 나딩 얼퀘인
턴쓰 위드헐/   그분이랑은 인사만 하는 관계야.

> have a nodding acquaintance with 누구/무엇   =   누구/무엇을 잘은 모르다

He's got a chip on his shoulder about not being the tallest guy in the world.
/히즈갓어 칩 온히즈 숄더 어바웃 낫 빙 더 톨리스트 가이 인더 월드/   그는 키에 예민해.

> have a chip on 누구의 shoulder   =   누가 자격지심이 있다, 어떤 부분에 대해
> 지나치게 예민하고 그래서 화난 것처럼 이상하게 행동한다
> 'Not being the richest guy in the world', 'not the prettiest girl in the world' 등
> 의 말은 뭔가 아쉬운 게 있는데 그를 대수롭게 여기지 않는 영어다운 말이다. 기분이 나빠
> 도 나쁘다고 말하기 보단 좋다는 말에 'not'을 더해 말한다: I'm not in my best mood.
> 그럴 수도 있다는 <u>태도</u>가 말에 담겨 있다. 이는 영어 뿐만 아니라 한글도 그렇고, 다른 언
> 어들도 그렇다. 말은 생각을 담기 때문이다.
> We didn't have much when I was young. 어릴 땐 우리집 형편이 어려웠어.
> This isn't too bad/shabby! 너무 좋은데?

At least he had the decency to admit.   /앳 리-스트 히 해더 디썬씨 투 어드밋/
그래도 인정할 줄은 아네.

> have the decency/good sense to 동사   =   다른 것은 별로라도 동사는 잘한다

I've got my heart set on the thing. I might go get it.   /아이브갓 마이 할트
쎗온더 띵. 아이마잇 고 겟잇/   나 그 물건에 꽂혔어. 가서 살 것 같아.

> have 누구의 heart set on 무엇   =   누가 무엇을 원해서 갖지 못하면 실망할 것 같다

She had on a Chanel bag.   /쉬 해드온어 샤넬 백/   그 여자 샤넬백 들었더라.

> have on 무엇   =   wear 무엇   =   무엇을 입다, 몸에 걸치다

**I have my eye on an independent craftsperson's bag. Too obviously
branded bags are vulgar. I think true luxury is subtle.**   /아이 해브 마이
아이 온언 인디펜던트 크라프츠펄쓴스 백. 투- 아비어쓸리 브랜디드 백스 알 벌가. 아띵크 트루
럭셔리 이즈 써틀/   난 한 인디 공예가의 가방에 꽂혔어. 너무 뻔하게 브랜드가 드러나는 가
방들은 없어 보여. 진정한 럭셔리는 너무 드러나지 않는 것에 있다고 난 생각해.

> have 누구의 eye on 무엇   =   누가 무엇에 눈독들이다, 갖고 싶어 하다

I can't be less interested. I have bigger fish to fry.   /아 캔트 비 레쓰 인터
레스티드. 아이 해브 비걸 피쉬 투 프라이/   관심없어. 더 중요한 일이 있거든.

> have bigger/other fish to fry   =   더 중요한 할일이 있다

I've got my hands full at the moment with year-end tax settlements.
/아브갓 마이핸즈 풀 앳더모먼트 윗 이얼엔드 택스 쎄틀먼츠/   지금 연말정산 때문에 바빠요.

> have my hands full   =   두 손 가득 무얼 쥐고 있다   =   아주 바쁘다
>
> at the moment   =   right now   =   지금

But I have a lot of time for Kiley.   /벋 아이해브 어랏오브 타임 포 카일리/
그치만 난 카일리를 위해서라면 얼마든 시간을 낼 수 있어.

> have a lot of time for 누구   =   누구를 좋아하고 관심이 많다

The right measure of success is not the money and power you have amassed, rather it's whether you have good friends by your side.   /더
롸잇 메졀 오브 썩쎄쓰 이즈 낫더 머니앤파월 유해브 어매-쓰드, 롸더 잇츠 웨더 유해브 굿 프렌
즈 바이 유얼 싸이드/   성공의 올바른 척도는 얼마나 많은 돈과 권력을 끌어 모았느냐가 아니
라, 내 옆에 좋은 친구들이 있느냐다.

We have two lives, and the second begins when we realise we only have one.   /위해브 투- 라이브즈 앤 더 쎄컨드 비긴즈 웬위 뤼얼라이즈 위 온리 해브 원/
우리에겐 두 개의 목숨이 있다. 두 번째는 인생이 한 번뿐이라는 걸 깨달을 때 시작된다.

He is multi-disciplined. It's a trend to have many strings to your bow. Did you know Sejong the Great was a polymath?   /히이즈 멀티 디쎄플린드.
잇쳐 트렌드 투해브 매니 스트링쓰 투 유얼 보우. 디쥬노-세종 더 그뤠잇 워즈어 폴리매쓰?/
그분은 다양한 분야를 공부했어. 하나 이상의 기술을 갖는게 요즘 트렌드잖아. 세종대왕이 다양
한 분야를 공부한 르네상스맨이라는거 알았니? (polymath = Renaissance man/woman)

> have another/more than one string to your bow   =   관심사나 기술이 여러개다
>
> polymath   =   poly (= many) + math (= study)   =   다양한 분야를 공부한 사람

If we do this right, we can have a corner on the market.   /이퓌 두 디쓰
롸잇 위캔 해버 코너 온더 말켓/   우리가 이걸 해내면 시장에서 우위를 점령할 수 있어.

> have a corner on a market   =   어떤 회사가 특정 제품에 대해 다른 어느 회사
> 보다도 성공적이다 (사무실 코너자리를 가장 직급이 높은 사람이 차지하는데서 온 말)

He looks like he has an axe to grind.   /히 룩쓰 라익 히해견 액쓰투 그라인드/
저 사람 낌새가 심상치 않네.

> have an axe to grind   =   강한 주장을 펼치기 위해 무얼 하다 (정치적 목적)

Reading good books absolutely makes you (to) have an edge over others in career. /뤼딩 굳 북쓰 앱쏠루틀리 메익쓰유 해번 에쥐 오벌 아덜쓰 인 커뤼아/
좋은 책을 읽으면 일에서 남들을 앞설 수 있는 데엔 이견이 없어. (근데 모든 책이 좋진 않아.)

> have an edge on/over 누구/무엇　　=　　누구/무엇에 비해 경쟁력이 있다
> cutting-edge　=　가장 뛰어난, 최첨단의
> They have a cutting-edge technology in displays.
> 저들은 디스플레이에 최첨단 기술을 갖고 있어.

I don't remember exactly, but that has a familiar ring to it. /아돈트 뤼멤버 이그재클리 벋 댙 해져 퍼밀리아 륑 투잇/　정확히 기억은 안 나는데, 어디서 들은 것 같아.

> have a familiar ring (to it)　=　어디서 보거나 들은 것 같다

Nature has her mysterious ability to restore balance, even in our minds.
/네이쳐 해즈헐 미스티어리어쓰 어빌리티 투 리스토얼 밸런쓰 이븐 인아월 마인즈/
자연은 균형을 바로 잡는 신비로운 능력을 지녔지, 심지어 우리 마음 속까지 말이야.

They have definitely been on the weaker side, but I think they have still got one or two cards up their sleeve. /데이 해브 데퍼너틀리 빈 온더 위컬 싸이드 벋 아띵크 데이브 스틸갓 원오얼투 칼즈 업 데얼 쓸리-브/　재네들이 지고 있는 상황인 건 분명한데, 내 생각엔 개네들에겐 아직 히든카드가 있는 것 같아.

> have a card up 누구의 sleeve　=　have an advantage that others don't
> know about　=　누가 다른 사람들은 모르는 이점을 갖고 있다

I am grateful for what I am and what I have. My thanksgiving is perpetual.
/아엠 그레잇풀 폴 왓아이엠 앤 왓아이해브. 마이 **땡**스기빙 이즈 펄**페**츄얼/　나는 내가 이런 사람인 것과 내가 가진 것에 감사하다. 나의 감사절은 영원하다. [**Henry David Thoreau**]

Dream no small dreams for they have no power to move the hearts of men.
/드륌 노 쓰몰 드륌스 포 데이 해브 노 파월 투 무브 더 할츠 오브 멘/　작은 꿈을 꾸지 말라, 그런 꿈은 사람을 감동시키지 못한다. [**Johann Wolfgang von Goethe**]

A lasting architecture has to have roots. /어 라스팅 알키텍쳐 해즈투해브 룻츠/
길이 남는 건축물은 뿌리가 있어야 한다. [**I. M. Pei**]

Everything that has a beginning has an end. /에브리띵 댙 해져 비기닝 해즈언 엔드/　시작이 있는 것엔 끝이 있기 마련이다.

겪다

I had a cold. /아 해더 콜드/ 나 감기 걸렸었어.

He's got a stomachache. /히즈갓어 스토마케잌/ 걔 배 아프대.

지금 증상이 있을 때 have/have got으로 말한다.
He's having a stomachache라고는 말하지 않는다.

I had terrible butterflies. /아해드 테러블 버터플라이즈/ 배가 부글부글 끓더라.

have butterflies (in the stomach) = 너무 긴장되다 (신경쓰면 배가 아프듯)

(Do) you have a frog in your throat? /유해버 프록 인유얼 쓰롵?/ 기침하고파?

have a frog in your throat = 목에 무언가 있는 것처럼 답답하다

You have me at your mercy! /유해브미 앳유얼 멀씨!/ 나 좀 살려줘!

have 누구 at 누구2의 mercy = 누가 누구2에게 달렸다

They had an accident, and were having a thin time. /데이 해던 액씨던
트 앤월 해빙어 띤 타임/ 걔네 사고가 있었어, 그러곤 힘든 시간을 보냈지.

have a thin time (of it) = 힘든 시간을 겪다 (UK)

Have a good one! /해버 굳 원!/ 좋은 하루 돼! 좋은 시간되세요!

Have a blast! /해버 블라스트!/ 좋은 시간 돼! 즐겨! (친구에게 하는 말)

have a blast/laugh = have a good time = 좋은 시간을 보내다

**I like his kind and gentle demeanour. That is how I have had a crush
on him.** /알라잌 히즈 카인드 앤 젠틀 디미노얼. 댓이즈 하우 아이브 햍어 크러쉬 온힘/
난 그 사람의 친절하고 신사적인 모습이 좋아. 내가 그 사람만 보면 설레는 이유랄까.

demeanour = manner, attitude, air, behaviour, conduct = 행동, 태도
have/get a crush on 누구 = 누구에게 반하다

We are having a good time. Don't bother us. /위알 해빙 어 굳 타임. 돈ㅌ 바덜
어쓰/ 우리 오붓한 시간 보내고 있어. 방해하지마.

bother = 귀찮게하다 (= Stop bugging me. 나 귀찮게 하지마.)

I'm having a bumpy ride lately.   /암 해빙어 범피 롸이드 레이틀리/
나 요즘 힘든 일이 좀 있어.

      have a bumpy ride   =   have a difficult time   =   힘든 시간을 갖다

That gentleman has been around the ridges.   /댓 젠틀맨 해즈빈 어롸운더 릳
쥐스/   저분은 경험이 많으셔.

      have been around the ridges   =   경험이 풍부하다 (AU)

We've been through the mill.   /위브빈 쓰루더 밀/   우리 고생 많이 했어.

      have been through the mill   =   힘든 일을 많이 겪다

**She has ups and downs in her moods. But I don't have a problem with
that.**   /쉬 해즈 업쓰 앤 다운스 인 헐 무-즈. 벋 아돈해버 프롸블럼 윋댓/
그 친구는 기분이 좀 오락가락 하긴 해. 그치만 난 그게 괜찮아.

      have a problem with 누구/무엇   =   누구/무엇이 짜증나고 불쾌하다

**My grandpa had married three times and was one of the wealthiest men
in town. I suppose he'd had a good innings.**   /마이 그랜파 해드 메리드 쓰리
타임스 앤 워즈 원오브더 웰씨스트 멘 인 타운. 아쎠포즈 히드 해더 굳 이닝쓰/
우리 할아버지는 결혼을 세 번 하셨고 동네에서 가장 부자 중 하나 셨어. 잘 살다 가신 거 같아.

      have had a good innings   =   길고 만족스러운 삶/커리어를 가졌다 (UK)

**My English has come a long way. I was just a kid memorising English words
for school exams. And now I feel I'm part of the global community with
this international language, on a par with great minds who shape the world
we live in. I can do anything, as I know how to.**   /마이잉글리쉬 해즈컴어 롱-
웨이. 아워즈 져슷어킫 메모라이징 잉글리쉬월즈포 스쿨 이그잼쓰. 앤나우 아필 아엠 팔토브더
글로벌 커뮤니티 윋쓰 인터내셔널 랭귀지 온어팔 윋 그뤠잇 마인즈 후쉐잎더 월드 위 리브인.
아캔두 애니띵 애즈아노우 하우투/   내 영어실력은 크게 발전했어. 난 그냥 학교 시험을 위해
영어 단어를 외우는 아이에 불과했거든. 그런데 지금은 이 국제언어를 할 줄 앎으로써 국제적 공
동체의 한 일원이 된 것 같아, 우리가 사는 세상을 만들어내는 대단한 지성인들과 어깨를 나란히
하고 말이야. 난 뭐든 할 수 있어, 어떻게 하는 줄을 아니까.

      have come a long way   =   크게 발전하다
      on a par with   =   equal in importance/quality to   =   동등하다

This old pair of runners has had it. (It's) time to replace. /디쓰 올드 패열
오브 러널스 해즈 해딧. 타임투 뤼플레이쓰/ 오래된 러닝화가 명을 다했네. 새 걸 살 때가 왔군.

> have had it　　=　　더이상 작동하지 않다
>
> shoes (구두, 주로 가죽으로 만들어진 신발), sneakers (일반 운동화), runners (러닝화)

We've played in the water for hours, and I've just about had it.
/위브 플레이드 인더 워-터 폴 아-월스 앤 아이브 져슷트 어바웃 해딧/
우리 몇 시간째 물에서 놀아서 마침 질릴 참이야.

> have (just about) had it　　=　　더이상 하고 싶지 않다, 더이상 할 수 없다

I've got it bad for him. /아이브 갓잇 배-드 폴힘/ 나 그 남자에 푹 빠졌어.

> have (got) it bad (for)　　=　　madly in love (with), be hopelessly in love
> (with), fall for, be obsessed with　　=　　미치도록 사랑에 빠지다

She's got the hots for him. /쉬즈갓 더 핫츠 폴힘/
그 여자는 그 남자에게 달아오르고 있어.

> have (got) the hots for 누구　　=　　누구에게 성적으로 끌리다

He has been having a fling with her. Didn't you notice? /히즈빈 해빙어
플링 위드 헐. 디든츄 노티쓰?/ 그 사람 그 여자랑 놀아났잖아. 눈치 못챘어?

> have a fling with 누구　　=　　누구와 짧게 관계를 갖다

I've had more than my share of problems this week. I need a break.
/아이브 해드 모얼댄 마이 쉐얼오브 프라블럼스 디쓰 웍-. 아닏어 브뤠이크/
이번 주에 너무 많은 일을 했어. 휴식이 필요해.

> have (more than) 누구의 share of 무엇　　=　　have had too much of 무엇
> =　　누가 무엇을 너무 많이 했다
> We've had our share of crashes with computers.
> 컴퓨터가 갑자기 튕기는 걸 우린 지긋지긋하게 겪었지.

You didn't prepare in advance. You've got only yourself to blame. /유 디
든트 프리페어 인 어드밴쓰. 유브갓 온리 유얼쎌프 투 블레임/ 미리 준비를 안한 네 책임이야.

> have (got) only yourself to blame　　=　　(안 좋은 결과가) 네 책임이다

I am having periods.   /암 해빙 피어리어즈/   나 생리하고 있어.

Period(주기, 생리). 같은 말 = I am menstruating = I am on my periods (사람마다 주기가 다르니까 one's periods). 이 말을 재치있게 말하는 방법은 무한하다: Time of the month is here 매달의 그 시간이 왔어, I'm hanging up the out-of-order sign 고장남 표시를 걸거야, The oven is in cleaning mode 오븐이 청소모드에 들어갔어, My Bloody Buddy is here 피처럼 새빨간 친구가 돌아왔어, My wife has started her monthly job 아내가 달마다 하는 일을 시작했어, I'm experiencing technical difficulties 나 기술적인 문제가 좀 있어, I'm riding the cotton pony 순면 조랑말을 타고 있어, 등. 매 달마다 고생하시는 건강한 여자분들께 경의respect를 표하자. 인류는 남녀가 공존해야 존재할 수 있다. 공존은 서로의 존재를 존중해야 가능하다.

해야 한다

I have to finish it today. Failing to prepare is preparing to fail.
/아해브투 피니쉬 잇 트데이. 페일링 투 프리페어 이즈 프리페어링 투 페일/
오늘 이거 마무리해야 해. 준비하는데 실패하면 실패하는 걸 준비하는 일이야.

You don't have to deserve your mother's love. You have to deserve your father's.   /유돈트 해브투 디졀브 유얼 마덜스 러-브. 유 해브투 디졀브 유얼 파덜스/
당신의 어머니의 사랑을 받을 만한 자격을 갖출 필요는 없다. 당신의 아버지의 사랑은 그러나 받을 만 해야 한다. [Robert Frost]

You have to come home early.   /유 해브 투 컴 홈 얼리/   일찍 집에 와라.

You have to convince me how this is good for you.   /유 해브투 컨빈쓰 미 하우 디쓰이즈 굳 폴유/   이게 어떻게 너에게 좋은지 설득력 있게 말해봐.

Oh, I've got to do the homework! /오 아브갓투 두더 홈월크/   헐 숙제해야 되는데!

In order to make a decent living, you have to do the (necessary) work.
/인 오더 투 메일 어 디썬트 리빙, 유 해브투 두 더 네써러리 월크/
괜찮은 생활을 영위하기 위해선 그에 합당한 일을 해야지.

영어에서 가장 아름다운 말을 꼽는다면 이 말이 아닐까? "Make a living." '직업을 갖다, 돈을 벌다, 생계를 꾸리다, 밥벌이 하다'는 말을 인간적이고 세련된 어감으로 할 수 있다.

I make a living by making people's lives little bit better; I make things that help make people's life easier for a living; I design things for a living. 모두 "나 디자이너야"다. '하는 일이 뭐에요?'를 영어로 'What do you do for a living?'—예민할 수 있는 질문인데 이 말이 얼마나 따뜻한가?

In order to 동사	=	동사를 하기 위해서		
In order for 명사	=	therefore	=	그러므로

If you want something new, you have to stop doing something old.
/이퓨원트 썸띵 뉴 유해브투 스탑 두잉 썸띵 올드/
새로운 걸 원한다면, 오래된 걸 그만둬야 한다. [Peter Drucker]

하다 / 먹다

Have a go.   /해버 고/   해봐. (= try)

Have a shower.   /해버 샤워/   샤워해. (= Take a shower.)

Have you eaten?   /해뷰 이튼?/   밥 먹었어? (영어도 말이 짧을수록 반말)

Have it your own way.   /해브잇 유얼 오운 웨이/   네가 원하는 대로 해.

　　have/get your own way   =   (다른 사람들이 뭐라하든) 네 뜻대로 해

Have a safe trip back home.   /해버 쎄이프 트립 백 홈/
집까지 안전히 돌아가길 바래. (집까지 가는 길이 멀 때)

Have a look. I've made it!   /해버 룩. 아이브 메이딧/   봐봐. 나 해냈어!

Did you have a good night's sleep?   /디쥬 해버 굳 나잇츠 슬립?/   잘 잤니?

How much did I drink? Oh I had a few. /하우 머취 딛아이 드링크? 오 아해더 퓨/
내가 얼마나 마셨냐고? 음 좀 많이 마셨지.

　　have a few   =   have a little too much   =   많이 먹다/마시다/갖고 있다

Can I have a cup of water, please?   /캔아이 해버 컵오브 워-터 플리즈?/
물 한 잔 마실 수 있을까요?

102

What did you have for breakfast? I had some fruits and veggies.
/왓 디쥬 해브 폴 브렉퍼스트? 아이 해드 썸 프룻츠 앤 베쥐스/
아침 뭐 먹었어? 난 과일이랑 야채 먹었어.

We had a wonderful dinner at Vue de Monde on Valentine's.
/위 해더 원더풀 디너 앳 뷰데몽 온 발렌타인즈/
발렌타인데이에 우린 뷰데몽에서 근사한 저녁을 먹었어.

Good on you. We had a little argument about him forgetting such day.
/굳 온 유, 위 해더 리를 알규먼트 어바웃힘 폴게팅 써취 데이/
좋겠다. 우린 그가 그런 날을 잊어먹어서 좀 다퉜는데.

We have had our differences, but we've learned to make it work together.   /위브 해드 아월 디퍼런쓰스 벋 위브 런-투 메익잇 월크 트게더/
우린 의견충돌도 좀 있었지. 그렇지만 함께 나아가는 법을 배웠어.

> have 누구의 differences   =   누구와 다른 점이 있다

They have great coffee, but they don't have good desserts.
/데이 해브 그뤠잇 커퓌 벋 데이 돈ㅌ 해브 굳 디졀츠/
거기 커피는 괜찮은데, 디저트는 별로야. (어느 카페에 대해서)

One of the best baristas has had a hand in it.   /원오브더 베스트 버-리스타즈 해즈해더 핸드 인잇/   최고의 바리스타 중 한 사람이 여기랑 관여했거든.

> have a hand in 무엇   =   be involved in 무엇   =   have influence on 무엇
> =   무엇에 가담하다, 참여하다, 영향을 주다

I happened to have a finger in the pie.   /아 해픈투 해버 핑걸 인더 파이/
(탐탁치는 않지만, 내 의지와는 다르게) 그 일을 하게 됐어.

> have a finger in the pie   =   어떤 일을 하는걸 원치는 않지만 하다

She just has a finger in every pie.   /쉬 져스트 해져 핑걸 인 에브리 파이/
걔는 오만 걸 다 해보려고 해.

> have a finger in every pie   =   너무 다양한 일들에 손을 대다

Do I have a say in this?   /두아 해버 쎄이 인디쓰?/   내 의견을 말할 수 있는 거야?

have a say in 무엇	=	무엇의 의사결정에 관여하다, 목소리가 있다
have no say in 무엇	=	무엇의 의사결정에 영향력이 없다

It's a bit awkward to have a foot in both camps at the moment.
/잇츠 어빗 옥월드 투해버 **풋** 인 보쓰 **캠**프쓰 앳터 **모**먼트/
서로 사이 안 좋은 둘을 같이 상대하려니 좀 불편하네.

have a foot in both camps	=	서로 상반되는 두 집단과 동시에 관계가 있다

Testers have dibs on brand-new products.   /테스털쓰 해브 **딥**스 온 브랜 뉴
프롸덕츠/   테스터들은 새 제품을 가장 먼저 사용해 볼 수 있어.

have dibs on 무엇	=	누구보다도 먼저 무엇을 쓸 기회를 갖다

We need to have a chat about that.   /위 니-투 해버 **챗** 어바웃 댓/
우리 그거에 대해 얘기좀 해야겠어.

You can't have your cake and eat it.   /유 **캔**트 해브유얼 케익 앤 **일**잇/
두 마리 토끼를 동시에 잡을 순 없어.

have your cake and eat it (too)	=	동시에 두 가지를 함께 할 수 없는 일을
		하려하다 (have = eat, '케익을 먹고 있으면서 동시에 케익을 먹을 수 없다')

When I brought my dog to Seoul Botanic Park, she had a field day.
/웬아 브롵마이 독-투 서울 보태닉 팔크 쉬 해더 **필**드 데이/
우리 강아지를 서울식물원에 데려갔더니 좋아서 난리가 났지.

have a field day	=	좋아하는 일을 마음껏 할 수 있는 기회를 즐기다

We are having a housewarming party this Saturday. Would you like to
come/join?   /위알 해빙어 하우스월밍 **파**티 디쓰 **쌔**러데이. 우쥬 라익투 **컴**/조인?/
우리 이번 토요일에 집들이 파티해. 너도 올래?

housewarming	=	막 이사와서 차가운 집을 따뜻하게 하다	=	집들이

My wife is having a baby soon. She is due in 7 weeks.
/마이 **와**잎프 이즈 해빙어 **베**이비 순-. 쉬 이즈 듀 인 **쎄**븐 윅스/
아내가 곧 아이를 출산할 예정이야. 7주 남았어.

have a baby	=	아이를 갖다

104

Don't be vulgar. We don't ask people how many they'd had.

/돈트 비 벌가. 위 돈트 아스크 피플 하우 매니 데이드 해드/

품위를 지켜. 누가 몇 명이랑 잤는지는 물어보는 게 아니야. (have = have sex)

Keep your head in the clouds, and your feet on the ground.

/킵 유얼 헤드 인더 클라우즈 앤 유얼 핏- 온더 그롸운드/   꿈은 크게, 행동은 현실적으로.

have/keep your head in the cloud	=	상황의 사실을 모르다, 비현실적이다	
have/keep your feet on the ground	=	be practical	=	get real
=	실질적으로 임하다, 현실적으로 행동하다		

When you get in a car accident, you've got to have your wits about you and avoid severe damages.

/웬유 겟인어 칼 액씨던트 유브갓투 해브 유얼 윗츠 어바웃츄 앤 어보이드 씨비얼 데미쥐스/

자동차 사고를 당하게 되면, 급박한 상황에서 기지를 발휘해 큰 피해를 피해야해.

have/keep your wits about you	=	위급상황에서 기지를 발휘하다

일어나게 하다 / 허락하다 / 받아들이다

Have it your way.   /해브잇 유얼웨이/   너 맘대로 해. (짜증나서 하는 말. 속어.)

I've got your back.   /아이브갓 유얼 백/   내가 널 지킬게.

have 누구의 back	=	누구를 보호할 준비가 되다 (US)

I will have it fixed by tomorrow.   /아윌 해빗 픽쓰드 바이 투모로우/

내일까지 고쳐놓을게요.

Can I have you (to) fix this for me?   /캔아이 해뷰 픽스 디쓰 폴 미?/

이거 좀 고쳐줄래요?

Let me have the book back next week.   /렛미 해브더 북 백 넥스트 윅/

다음주에 그 책 돌려줘.

He will have it working in no time.   /히윌 해빗 월킹 인 노타임/

걔는 이걸 바로 고쳐버릴걸.

in no time	=	right away	=	즉시, 바로

They often have friends over on a Friday night.   /데이 오픈 해브 프렌즈 오
벌 온어 프라이데이 나잇/   쟤네 금요일 밤이면 친구들 데려와서 놀아.

have 누구 over/round   =   invite 누구 to come   =   집에 누구를 초대하다

We are having the house renovated.   /위알 해빙 더 하우스 레노베이티드/
우리집 리모델링해.

He has his parents down for a week.   /히 해즈 히즈 패런츠 다운 폴어 윅/
걔네 집에 한 주 동안 부모님 오셔.

have 누구 down   =   invite 누구 to stay   =   누가 집에 놀러와 지내게 하다

With her parents being the owner of the business, she's got it made.
/위드 헐 패런츠 빙디 오-너 오브더 비즈니쓰 쉬스 갓잇 메이드/
그애 부모님이 그 회사 오너라서, 걔는 금수저야.

have it made   =   별다른 노력없이 잘 살다, 부유하다

I kept telling mum that I did it but she wouldn't have it.
/아이 켑트 텔링 맘 댓 아 딛잇 벋 쉬 우든ㅌ 해브잇/
엄마한테 이거 내가했다고 계속 얘기했는데 믿질 않으시네.

keep telling 누구   =   누구를 계속 설득하다
have   =   accept   =   받아들이다

I won't have my things (getting) stolen by others.   /아이 원 해브 마이 띵스
스톨른 바이 아덜스/   난 누가 내 물건들을 훔쳐가게 놔두지 않을거야.

I have my bike out for the first time this year.   /아이 해브 마이 바이크 아웃
포더 펄스트 타임 디쓰 이얼/   올해 처음으로 자전거 끌고 나왔어.

have 무엇 out   =   go out in/on 무엇   =   무엇을 타고 나가다

Mark Rothko had many crying in front of his paintings. /마크 로쓰코 해드
매니 크롸잉 인프론트오브 히즈 페인팅스/   마크 로스코의 그림 앞에서 많은 사람들이 울었다.

받다

You can have it.   /유 캔 해브잇/   그거 너 가져도 돼.

우리말로 "싸다"라고 하면 값이 싸다는 말도 되고, 물건을 포장하다는 말도 되고, 질이 나쁘다는 말도 되고, 용변을 본다는 말도 되고 하나의 말로 많은 말을 할 수 있다. Have가 그렇다.

We are having visitors this Thursday.   /위알 해빙 비지털스 디쓰 떨스데이/
이번 주 목요일에 손님 오셔.

Can I have tissues please?   /캔아이 해브 팃슈스 플러-즈?/   휴지 좀 줄래요?

무엇이든 물을 땐 Can I/you 를 애용하자. K 발음이라 명확하게 들린다. 영어가 능숙해질수록 미묘한 차이를 가진 다른 질문방법도 늘려나가자.
Can you pass me the tissue? (보이는 곳에 휴지가 있을 때) 거기 휴지 좀 갖다줄래?
Could you pass me the tissue? (과거형은 공손한 말, 공손한 말은 우아한 말)
Would you get me some tissues? (어딨는지 모르겠지만 좀 갖다 달라고 할 때)
May I have some tissues, please? (May는 가장 정중한 말)

한국인들이 충격적으로 하는 문화적 실수 중 하나가, 화장실에서 쓰는 두루마리 휴지를 식탁에 두고 쓰는 일이다. 두루마리 휴지는 영어로 toilet paper라 하고 화장실에서나 쓰는 것이고 화장실을 연상하는associate 물건이다. 식탁에서 쓰는 휴지는 '손수건'을 대용하는 일회용품인 facial tissues/tissues/tissue paper라 한다. 거리에서 토스트를 파는 사람이 '먼지가 덜 나는' 이유로 화장지를 쓴다고 하던데, 먼지가 많이 나는 건 똑같다. 연상의 문제. 참고로, toilet paper는 나무로 만들고 facial tissue와 물티슈는 석유화학 플라스틱으로 만든다. 물티슈에는 중금속이 함유되기도 하여, 물로 손을 씻는 게 좋다. 물은 지구상 가장 강력한 청소제cleaning agent로, 인류가 멸종한다면 아마도 지구온난화로 빙하가 녹고 땅이 바다에 잠기며 기후가 변해 홍수와 태풍으로, 물로 인해 멸종할 것이다.

HAVE + 과거분사

She has gone.   /쉬스 간-/   그녀는 떠났어.

Have you seen her?   /해뷰 씬- 헐?/   그 애 봤니? (어디 있어?)

I haven't heard anything from her for a while.   /아 해븐트 헐드 애니띵 프롬헐 폴어 와일/   그 애 소식 들은 지 좀 됐어.

They haven't phoned yet.　　/데이 해븐트 폰드 옛/　　거기서 아직 연락 안 왔어.

I've seen that before.　　/아이브 씬- 댓 비포어/　　나 저거 본적있어.

My painting's price has gone up.　　/마이 페인팅쓰 프롸이쓰 해즈 간 업/
내 그림 값 올랐어.

A lot of people have visited that place.　　/어랏오브 피플 해브 비짓티드 댓 플레
이쓰/　　저기 사람들 정말 많이 다녀갔어.

**I have suffered from depression. I have been there before. So I have a
better understanding of people going through it. All you need to do to
help them is to listen; listen to what they have to say, without
judgements. Since childhood, we all craved for our parents' attention.
All we need is really being understood by someone. Then we feel our
value redeemed.**　　/아이 해브 썹펄드 프롬 딥프레션. 아이 해브 빈 데얼 비포어. 쏘 아해
버 베럴 언덜스탠딩 오브 피플 고잉 쓰루잇. 올 유 니-투두 투 헲템 이즈 투 리쓴 리쓴 투 왓 데
이 해브투 쎄이 위다웃 졀쥐먼츠. 씬스 촤일드후드 위 올 크뤠이브드 폴 아월 패런츠 어텐션. 올
위 니-드 이즈 륄리 빙 언덜스투드 바이 썸원. 덴 위 필 아월 뷀류 리딤-드/　　난 우울증을 겪었
어. 나도 그런 적이 있지. 그래서 이를 겪는 사람들을 더 잘 이해할 수 있어. 이들에게 해줄 수 있
는 것은 그저 잘 들어주는 거야. 이들이 하고 싶은 말 무엇이든, 판단의 눈초리로 바라보지 말고.
어릴 때부터 우리는 부모님의 관심에 목말랐어. 우리가 진정 필요한 것은 누군가에게 이해받는
거야. 그러면 우리의 가치를 인정받을 수 있어.

> The deepest principle in human nature is the craving to be appreciated.
> 인간 본성의 가장 깊은 원칙은 인정받고 싶은 욕구다. [William James]

I could not have achieved this without your support. Thank you.
/아 쿠드 낫해브 어취-브드 디쓰 위다웃 유얼 썹폴트. 땡 큐-/
당신의 도움 없이는 이걸 이뤄내지 못했을 거예요. 고마워요.

Years of love have been forgot in the hatred of a minute.
/이얼스 오브 러브 해브빈 폴갓인더 헤이트뤼드 오브어 미닛/
수년간의 사랑이 한순간의 미움으로 잊히네. **[Edgar Allan Poe]**

It is not that we have a short time to live,
but that we waste a lot of it.

우리의 시간이 짧은 게 아니라,

우리가 많은 시간을 낭비한다.

[Seneca]

Time is relative.
시간은 상대적이다.

get

get - got - got(UK)/gotten(US)

갖다 (능동적)	얻다	다다르다	가다	잡다	이해하다
have	obtain	reach	go	catch	understand

갖다

I'll get a job. /아일겟어 좝/ 일을 구할거야.

I have a job. 나에겐 직업/직장/할일이 있어. (Get은 능동적, Have는 수동적)

I can't get enough of this! /아 캔ㅌ 겟 이너프 오브 디쓰!/ 나 이거 너무 좋아!

I need to get one of these. /아 니-투 겟 원오브 디-즈/ 나 이거 사야겠다.

물건을 지칭할 때 'this/that'이라고 말하기 보다는 "one of these"라고 말한다.
'I want this car'라고 하지 않고, "**I want one of these**"라 한다.

It's been a year without travel. And now I'm getting itchy feet.
/잇츠빈 어 이얼 위다웃 트뤠블. 앤 나우 암 게팅 잇취 핏-/
여행을 안 간 지 일 년이나 됐더니 여행이 너무 가고 싶다.

get itchy feet = 여행가고 싶다, 뭔가 새로운 일을 하고 싶다

Just want to get some fresh air. /져스트워너 겟썸 프레쉬에어/ 기분전환 하고 싶다.

Can I get a medium veggie burger meal please?   /캔아이 겟어 미디움 베쥐
버거 밀- 플리-즈?/   미디엄 사이즈 채식 버거 세트 하나 주세요.

"세트"는 콩글리시. 세트메뉴는 영어로 'meal', '한 끼 식사'다. 단품만 달라고 할 때는
"Just a burger please." 더불어, '알바'라는 말도 독일어에서 와 우리말이 된 말이다. 영
어로 part-timer, part-time job이라고 한다. 정규직은 full-time job.

I need to get my hair cut.   /아니-투 겟마이 헤얼 컷/   나 머리 좀 잘라야겠어.

I need to get a bikini body. I'm out of shape.   /아니-투겟어 비키니바디. 암 아
우로브 쉐잎/   나 비키니 입으려면 다이어트 해야 돼. 요즘 너무 살쪘어.

> out of shape   =   not physically fit   =   몸매가 탄탄하지 않다 (사람)

We get our groceries delivered.   /위 겟 아월 그로써뤼스 딜리벌드/
우린 장본 것들을 배달받아.

> groceries   =   슈퍼나 마트에서 살 수 있는 식료품들
> supermarket (UK/AU) / grocery store (US)   =   슈퍼, 마트, 식료품 가게
> (보통 마트 이름을 그대로 말한다)

Get it done by tomorrow.   /겟잇 단 바이 투모로우/   내일까지 이거 끝내.

> by 언제   =   언제까지

I can't get my computer to work.   /아이 캔ㅌ 겟마이 컴퓨터 투 월크/
내 컴퓨터가 고장났는데 내가 어떻게 해도 안돼.

Were you able to get the computer working?   /월유 에이블투 겟더 컴퓨터 월킹?/
컴퓨터 고쳤니?

I have to get ready for the exam.   /아이 해브투 겟 레듸 포디 이그잼/
나 시험준비 해야돼.

> get   =   prepare   =   준비하다

Why did you get rid of it?   /와이 디쥬 겟 리드오빗?/   그거 왜 없앴어? (왜 팔았어?)

> get rid of 무엇   =   무엇을 없애다, 버리다, 팔아치우다
> throw away   =   버리다
> **I threw away old kicks.**   오래된 운동화 버렸어. (kicks = trainers = 운동화—US)

111

Since she got the new job, I don't get to see her very much. /씬스 쉬 갓
더 뉴 좝 아 돈ㅌ 겟투 씨- 헐 베리머취/   그애가 새 직장에 취직한 후론 잘 볼 수가 없어.

get to 동사 = have chance to 동사 = 동사할 기회가 있다

Can you get him to autograph this for me? /캔유겟힘투 오토그라프디쓰 폴미?/
그한테 여기에 서명 좀 해달라고 해줄래? (연예인에게 팬으로서 서명받을 땐 autograph)

get = persuade = 설득하다

They got me to sign on the contract. /데이 갓미투 싸인온더 칸트랙트/
그 회사에서/거기서/그 사람들이 계약서에 서명하게 했어요.

선진국developed countries일수록 법률체계legal system가 잘 잡혀있다. 작은 일도 고
소한다sue는 미국이 예다. 그러나 성숙한mature 사회나 문화일수록 법률체계에 의존하
기보다는 상식common sense에 기반하여 인간적으로 상호소통해서 해결한다. 살기에
좋은 사회는 겉만 좋아 보이는 '선진국가'가 아니라 문화가 성숙한 사회가 아닐까?

Can you get it down for me? I might forget it. /캔유 겟잇 다운 폴미? 아마잇
폴겟잇/   절 위해 좀 적어줄래요? 까먹을지도 모르니까요.

get 무엇 down = 무엇을 적다 (종이에 글로 쓰다)

It's hard to get it down, too bitter. /잇츠 할드 투 겟잇 다운 투- 빗터/
너무 써서 삼기키 어려워.

get 무엇 down = 음식이나 음료를 힘들게 삼키다

Don't get him down. He's trying! /돈ㅌ 겟힘 다운. 히즈 트롸잉!/
애한테 뭐라고 하지마. 잘하려고 노력하고 있잖아!

get 누구 down = 누구의 사기를 꺾다, 누구를 의기소침하게 하다

Price is what you pay. Value is what you get. /프라이쓰이즈 왓츄 페이. 밸류이
즈 왓츄 겟/   값은 지불하는 것이고, 얻는 것은 가치다. [Warren Buffett]

Success is a science: if you have the conditions, you get the result.
/썩쎄쓰 이져 싸이언스 이퓨 해브 더 컨딧션스 유 겟 더 뤼졀트/
성공은 과학이야. 조건을 갖추면 결과가 오지. [Oscar Wilde]

얻다

I'll get you something to drink. /아일겟츄 썸띵투 드링크/ 마실 것좀 갖다 줄게.

You get what you work for. /유 겟 왓츄 월크 포/ 네가 일한 만큼 얻는거야.

Get educated. Education is the key to success. /겟 에듀케이티드. 에듀케이션 이즈 더 키- 투 썩쎄스/ (좋은) 교육을 받아. 교육(의 질)이 성공의 열쇠야.

I think I got ripped off. /아띵크 아갓 립드 오프/ 나 바가지 쓰인 것 같아

> rip off = 무엇의 대가로 더 많은 돈을 내도록 속이다cheat
> get ripped off = 바가지 쓰이다, 합당한 가격보다 더 비싼 값을 내다
> They charged me way more than this! 이것보다 훨씬 비싸게 냈어!
> They gave me a second-hand! 이거 중고잖아?

Come join us to the party. You never know you might get lucky.
/컴조인어쓰 투더 파리 유네벌노- 유마잇 겟 럭키/
우리 파티에 와. 혹시 알아 맘에 드는 사람을 만날지? (윙크)

> get lucky = 좋은 일이 생기다, 마음에 드는 이성을 만나다

If you would like to get in on this opportunity, apply for it now.
/이퓨 우드라잌투 겟인 온디스 아폴튜니티 어플라이 폴잇 나우/
이 기회를 잡고 싶으시다면, 지금 바로 신청하세요.

> get in on 무엇 = 무엇으로부터 이득을 얻다

You can get infected after eating raw meat. /유 캔 겟 인펙티드 아프터 이-팅 로- 밑ㅌ/ 날고기를 먹으면 감염될 수 있어.

What you get by achieving your goals is not as important as what you become by achieving your goals. /왓츄 겟 바이 어취-빙 유얼 골스 이즈 낫애즈 임폴턴트 애즈 왓츄 비컴 바이 어취-빙 유얼 골스/ 너의 목표를 성취함으로써 얻는 것들은 그를 성취함으로써 네가 어떤 사람이 되느냐보다 중요하진 않아. [Zig Ziglar]

> If you are a content person, you don't need anything.
> 삶에 만족하는 사람이 되면, 물건은 그다지 필요가 없어.

다다르다

Get real!   /겟 뤼얼!/   정신차려! (현실로 돌아와. 현실적으로 생각해.)

　　get real　=　현실적으로 행동하다
　　Get real about him.　그 남자에 대해 현실적으로 생각해봐.

I'm getting bored.   /암 게링 보얼드/   심심해지고 있어. 지루해진다.

I'm getting dressed up to go out at night.   /암 게링 드뤠쓰드업 투 고아웃 앳나잇/   밤에 나가 놀려고 차려입고 있어. (get dressed = 옷을 입다) (dress up = 차려입다)

Don't go to parks at night. You can get killed.   /돈 고루 팎쓰 앳 나잇. 유 캔 겟 킬드/   밤에 공원에 가지마. 죽임을 당할 수 있어.

　　외국은 범죄가 일어나는 지역에 99% 집중되어 일어나는 편이다. 빈민지역과 밤의 시티다. 밤에 사람 없는 어두운 공원에 가지 말라. 단일민족인 한국의 치안은 특별한 경우다. 다양한 인종이 모여사는 곳은 사회가 불안정해졌을 때 외국인 혐오xeonophobia로 화가 표출될 수 있다. 이를 인지하고 피하면 된다. 완벽한 나라는 없다. 자신과 다름을 포용하지 못하고 폭력적으로 행동하는 무지한 사람은 세계 어디에나 있다. 한국에도 있다. 호주와 캐나다는 동양인이 살 수 있는 안전한 영문화다. 약간의 상식이면 세상 걱정 없이 행복하고 편안하게 살 수 있다. 한국에서 뉴스를 보듯, 외국에 가면 그곳의 현지 뉴스를 보자. 인터넷 신문을 읽자. 상식적으로 행동하자. "호주는 인종차별이 심하다"라는 믿음은 성급한 일반화의 오류이며 무지한 가정이다. 내가 그 지역의 **문화를 이해**하고 그에 **맞춰 행동**하면 인종차별을 경험하지 않는다. 호주 인구의 절반이 동양인이다.

Let's get down to the nitty-gritty of living safely overseas.
/렛츠 겟 다운투더 니티그리티오브 리빙 쎄이플리 오벌씨-즈/
안전하게 이민 생활을 하는 가장 중요하고 현실적인 부분에 대해 이야기해 보자.

　　nitty-gritty　=　basics, essentials, essence　=　가장 중요한 부분, 현실적 부분

As long as you keep going, you'll keep getting better. And as you get better, you gain more confidence. That alone is success.   /애즈 롱 애즈 유 킵 고잉 유일 킵 게링 베터. 앤 애즈유 겟 베터 유 게인 모얼 칸피던스. 댓 얼론 이즈 썩쩨쓰/
계속 나아간다면, 더 나아질 거야. 나아질수록 자신감을 얻을 것이고. 그것만으로도 성공이야.
[Tamara Taylor]

as long as / so long as   =   1. 하는데까지 2. 그렇게 한다면
Keep 동사ing라 하면 '계속 동사하다'는 말이지만, keep going은 힘들 때 앞으로 나아가다는 말이다.

True love is not just those who you want to make love with tonight, but the one you look forward to getting old together.   /트루 러브 이즈 낫
져스트 도-즈 후 유 워너 메익 러브 위드 트나잇 벋 디 원 유 룩 포월투 겟팅 올드 트게더/
진정한 사랑은 오늘 밤 사랑을 나누고 싶은 사람보다는, 함께 늙어가는 게 기대되는 사람이다.

not 1 but 2   =   1이 아니라 2다
not only/just 1, but (also) 2   =   1뿐만 아니라 2도 그렇다
get old   =   나이들다

Life's tragedy is that we get old too soon and wise too late. 인생의 비극이라면 우린 너무 빨리 나이들고 너무 늦게 철드는 점이다. [Benjamin Franklin]

When you get older, you realise it's a lot less about your place in the world but your place in you. It's not how everyone views you, but how you view yourself. 나이가 들면 세상에서의 내 자리보다는 '내 안의 나'가 더 중요하단 걸 깨달아. 사람들이 어떻게 널 보느냐 보다는, 네가 네 자신을 어떻게 보느냐야. [Natalie Portman]

We are getting married!   /위알 게링 매리드!/   우리 결혼해!

My ex was getting in my hair for a while after we broke up.
/마이 엑쓰 워즈 게링 인마이헤얼 폴어와일 아프터 위 브록 업/
전남친/여친이 헤어진 후로 한동안 날 쫓아다녔어.

get in 누구의 hair   =   (항상 누구의 주변을 멤돌며) 짜증나게 하다

Let's get your head around what makes good English.   /렛츠 겟츄얼 헤
드어롸운드 왓 메익쓰 굳 잉글리쉬/   좋은 영어가 뭔지 이해해보자.

The simple way to learn English is to <u>get used to</u> it. Use English. Don't analyse. The more the better. But having a knowledgable guide helps, as he knows the shortcuts.   /더 씸플 웨이루 런- 잉글리쉬 이즈투 겟 유즈ㄷ 투잇.
유즈 잉글리쉬. 돈ㅌ 애널라이즈. 더 모얼 더 베터. 벋 해빙어 날리져블 가이드 헲스 애즈히 노우스 더 쑐트컷츠/   영어를 배우는 간단한 방법은 영어에 익숙해지는 거야. 영어를 써. 분석하지는 마. (읽고, 듣고, 말하고, 생각하고, 생각을 영어로 하고, 생각을 영어로 적고, 영어로 적은 글을 첨석받고, 영어에 몰입한 나머지 꿈을 영어로 꾸고.) 더 많이 할수록 더 좋아. 그렇지만 이 분야를 잘 아는 가이드가 있으면 도움이 돼, 그런 선생님은 지름길을 알 테니까.

get used to 무엇　　=　　무엇에 익숙해지다

Once you get the hang of it, it's fun.　　/원쓰 유 겟더 행오빗 잇츠 펀/
감을 잡고 나면 정말 재밌어.

get the hang of 무엇　　=　　무엇을 어떻게 작동하는지 익히다

Come on, we are getting there!　　/컴 온- 위알 게링 데얼!/　　힘내 거의 다왔어!

get　　=　　reach. approach　　=　　다다르다, 다 와 가다
getting on for　　=　　approaching, almost　　=　　거의

Some people dream of success, while others get up every morning and make it happen.　　/썸 피플 드륌- 오브 썩쎄스 와일 아덜스 겟 업 에브리 몰닝 앤 메익 잇 해픈/　　어떤 사람들은 성공을 꿈꾸고, 다른 사람들은 매일 아침 일어나 성공이 되게 한다.
[Wayne Huizenga]

make it happen　　=　　실현하다

I used to get up late, but I've gotten out of that habit.
/아이 유즈투 겟업 레잍 벋 아이브 갓튼 아웃오브 댓 해빗/
늦게 일어나곤 했었지만 이젠 그 습관에서 벗어났어.

get up　　=　　잠에서 일어나다
wake up　　=　　잠에서 깨다 (아직 누워있는 상태)
get out of　　=　　stop　　=　　그만하다

Stop it. You are getting on my nerves.　　/스타핏. 유알 게링 온마이 널브스/
그만해. 너 지금 내 신경을 건들고 있어.

get on 누구의 nerves / get in 누구의 face　　=　　누구를 짜증나게 하다
get out of my face　　=　　stop bothering me　　=　　날 그만 괴롭혀

Sometimes in life, we stumble upon hardships and things might get on top of you. Give up, you don't live. Face it and sort it out, you grow and live a fuller life.　　/썸타임스 인 라이프 위 스텀블 업폰 할드쉽쓰 앤 띵스 마잇 겟온 탑오 브유. 기브업 유 돈트 리브. 페이스잇 앤 쏠잇아웃 유 그로우 앤 리브 어 풀러 라이프/　　살다보면, 힘든 상황을 맞게 되고 감당이 어려울 정도가 되기도 해. 포기하면 진짜 인생을 살지 않는 거야. 문제를 직시하고 해결하면, 더 강하고 지혜로운 사람으로 성장하고 더 풍성한 삶을 살 수 있어.

stumble	=	trip, lost balance	=	넘어질 뻔하다, 균형을 잃다
stumble across/on/upon		=		우연히 마주하다
get on top of 누구		=		누가 감당하기 힘들만큼 어려운 상황이 닥치다

No matter what you're going through, there's a light at the end of the tunnel. It may seem hard to get to it, but you can do it. Just keep working towards it and you'll find the positive side of things.
/노 매럴 왓츄알 고잉 쓰루 데얼스 어 라잇 앳디 엔드 오브더 터널. 잇 메이 씸- 할투 겟 투잇 벋 유 캔 두잇. 져스트 킵 월킹 투월즈잇 앤 유월 파인더 파지티브 싸이드 오브 띵스/   네가 무슨 일을 겪고 있던 간에, 그 터널 끝에는 빛이 있다는 걸 기억해. 거기까지 다다르는게 힘들어 보일 수도 있지만, 넌 할 수 있어. 그냥 그 끝을 향해 나아가, 그러면 좋은 일들이 네게 올거야.
[Demi Lovato]

I learned long ago, never to wrestle with a pig. You get dirty, and besides, the pig likes it.   /아이 런-드 롱어고 네벌 투 뤠쓸 위더 픽-. 유 겟 덜티 앤 비싸이즈 더 픽 라익쓰잇/   난 오래전에 배웠지, 절대 돼지랑 씨름하지 말 것을. 내가 더러워지는 데다가 그 돼지가 좋아해. [George Bernard Shaw]
(상식없는 사람과 상대해봐야 나도 똑같아진다는 은유.)

I'll do the cleaning while you are getting the dinner ready.   /아일 두 더 클리-닝 와일 유알 게링 더 디너 뤠디/   네가 저녁 준비하는 동안 내가 청소할게.

Damn, we are getting nowhere fast.   /대엠 위알 게팅 노웨얼 파스트/
젠장, 우리 아무것도 못 했잖아?

get nowhere (fast) / go nowhere (fast)	=	뭔가를 얻지 못하다

You mean I should leave—is that what you're getting at?   /유 민- 아슈드 리-브 이즈댓 왓츄알 게팅 앳?/   나보고 자릴 뜨라는 말이지?

get at	=	suggest, imply	=	넌지시 드러내다, 은연중 나타내다

I can see what you're getting at.   /아 캔 씨 왓츄알 게팅 앳/
네가 뭘 말하는지 알 것 같다.

I put all the fragile and precious stuff in the cabinets where my cat can't get at.   /아이 풋 올더 프레좌일 앤 프레셔스 스터프 인더 캐비닛츠 웨얼 마이캣 캔ㅌ 겟앳/
깨지기 쉽고 중요한 물건들은 다 우리 고양이가 닿지 못하는 찬장 안에 넣어놨어.

get at　　=　　gain access to　　=　　닿다

They've been got at by the interested party. /데이브빈 갓앳 바이디 인터레스
티드 파리/　　쟤네들 이익집단에 로비먹었어.

get at　　=　　bribe　　=　　누군가에게 원하는 것을 주어 어떤 일을 하게 하다

**Enjoy the journey and try to get better every day. And don't lose the
love and passion for what you do.**　　/인죠이 더 졀니 앤 트라이투 겟 베터 에브리
데이. 앤 돈ㅌ 루즈 더 러브앤패션 폴 왓츄 두/　　인생이라는 여정을 즐겨봐. 매일 더 나은 사
람이 되려 노력하고 말야. 그리고 네가 하는 일에 대한 사랑과 열정을 잃지 않도록 해.

Journey엔 깊은 의미가 함축되어 있다. 탄생부터 죽음까지의 '여정', 시작부터 끝까지의 '과
정'이라할까. 영문화에서 'journey'라는 단어를 이런 은유metaphor로 이야기한다.

Logic will get you from A to B. Imagination will take you everywhere.
/롸직 윌 겟츄 프롬 에이 투 비. 이매지네이션 윌 테익유 에브리웨어/　　논리는 A에서 B까지
데려다 주고, 상상력은 그 어느 곳이든 데려갈 것이다. **[Albert Einstein]**

**Perseverance is the hard work you do after you get tired of doing the
hard work you already did.**　　/펄스비어런스 이즈더 할드 월크 유 두 아프터 유겟 타
이열드 오브 두잉더 할드 월크 유 얼뤠디 딛/　　인내란 지금 막 해낸 힘든 일을 하고 나서 지쳤
을 때 하는 힘든 일이다. (절대 포기하지 않는 것이다.) **[Newt Gingrich]**

가다

Get out.　　/겟 아웃/　　나와. (영어도 말이 짧으면 반말)

Get out of my sight!　　/겟 아웃 오브 마이 싸잇!/　　내 눈앞에서 꺼져버려!

**If you don't get out of the box you've been raised in, you won't
understand how much bigger the world is.**　　/이퓨 돈ㅌ 게라웃오브더 박스 유
브빈 레이즈-딘 유 원ㅌ 언덜스탠드 하우머취 비걸 더 월드 이즈/　　네가 자란 상자를 벗어나
지 않으면, 이 세상이 얼마나 넓은지 모를 거야. **[Angelina Jolie]**

Get in there!　　/겟 인 데얼!/　　지금을 즐겨!

get in there　　=　　누군가에게 좋은 일이 생겼을 때 북돋아주는 말

The doors were locked, but I got in.　/더 도얼쓰 월 락드 벋 아이 갓인/
문은 잠겨있었지만 난 들어왔어.

> get in　=　1. 어떤 교묘한 방법trick이나 힘force을 써서 그 공간에 들어가다(enter)
> 2. 기차나 비행기같은 교통수단이 목적지에 도착하다(arrive)　3. 선출되다(be elected)

You might get along with Leo, because he also has O.C.D.
/유 마잇 겟얼롱 윋 리오 비커-즈 히 올쏘 해즈 오 씨 디/
너 아마 레오랑 잘 맞을거야, 걔도 결벽증이 있거든.

> get along / get on　=　(사람과 사람이) 잘 맞다, 친하게 지내다

> O.C.D.는 Obsessive Compulsive Disorder의 약자로, 무엇에 대한 강박증을 말한다.
> 처음 해외에 갔을 땐 내가 결벽증이 있다는걸 한영사전을 찾아보고"I am fastidious"라
> 고 했는데, 틀린 말은 아니지만 내가 의도한 '결벽증'이라는 의미는 영문화에서 장난반 진
> 담반 "O.C.D."라고 한다. 한영사전은 틀리거나 유통기한이 지난 부분이 정말 많다. 둘 다
> 쓰되, 영영사전을 주로 사용하도록 하자. 그렇지만 영영사전도 사람이 한 일이라 완벽하
> 지 않다. 인간은 자연 아래의 미물에 불과하므로, 사람이 하는 일은 모두 끊임없이 수정하
> 고 보완하며 개발하고 진보해야 한다. 사전은 참고하는 것이지 정답이 아니다.

We are actually getting on like wildfire.　/위알 액츄얼리 게팅온 라일 와일드
파이어/　우리 사실 굉장히 빠르게 친해지고 있어. (like wildfire = 걷잡을 수 없이 빠르게)

Just leave me alone. I'll get along without you.　/저슷트 리-브 미 얼론. 아일
겟얼롱 위다웃츄/　나좀 내버려둬. 너 없이도 잘 살 수 있어.

> get along　=　survive　=　manage to live　=　살아남다
> 상대에게 가버리라고 말할 때 , 상대가 못미더울 때, 의심이 들 때, 회의적일 때도 쓴다:
> **Get along with you!**　저리 가버려!

Without further ado, let's get (down) to it.　/위다웃 퍼덜 어두 렛츠 겟 투잇/
서론은 여기까지하고 이제 시작해봅시다.

> get (down) to　=　시작하다, 집중하다

The secret of getting ahead is getting started.　/더 씨-크릿 오브 게팅 어헤드
이즈 게팅 스탈티드/　남들보다 앞서가는 비결은 일단 시작하는 것이다. **[Mark Twain]**

> get ahead　=　앞서 나가다　=　하는 일, 삶에 성공적이다

I take a simple view of life: keep your eyes open and get on with it.
/아테잌어 씸플 뷰 오브 라이프 킵 유얼 아이즈 오픈 앤 겟온 위딧/
난 인생을 단순하게 생각해. 그냥 눈을 크게 뜨고 계속 앞으로 가. [Laurence Olivier]

> get on with 무엇   =   무엇을 계속하다, 무엇을 하는 걸 시작하다

> "Keep your eyes open"을 한 단어로 말하면 'wit'이다. 재빠른 이해와 명석한 두뇌랄
> 까. 정신을 맑게 하고 눈앞의 상황에 최선으로 대처한다는 말쯤 된다.

I'll let you get on with it.   /아일 렛츄 겟 온 위딧/
(멈춰서 미안) 하던 일 계속 하게 해줄게.

A: How are you getting on your new job?   /하왈유 게팅온 유얼 뉴 좝?/
새 일에 잘 적응하고 있어?

B: Yeah I'm getting on pretty well (with the new job).   /예아 암 게팅온
프리디웰/   그럼 물론 잘하고 있지. (정확한 영어는 항상 목적어를 말하는 말이다.)

> get on   =   manage   =   deal with   =   성공적으로 해내다

I'm getting there.   /암 겟팅 데얼/   그 곳(물리적,은유적)에 다와가고 있어.

> I am getting there   =   I am making progress   =   다 해 가

Let's get together. The more the merrier.   /렛츠 겟 투게더. 더 모어 더 메리어/
우리 한번 모여요. 인원이 많을수록 재밌잖아요.

> get together   =   모이다, 힘을 합치다, 협력하다

**And soon after, we got up a larger group of people who share the same
goal with us.**   /앤 쑨- 아프터 위 갓업 어 랄절 그룹오브 피플 후 쉐얼 더 쎄임 골- 윝어
쓰/   그리고 머잖아 우리는 우리와 같은 목적을 가진 사람들로 더 큰 단체를 이루게 되었어.

> get up 무엇   =   get 무엇 up   =   무엇(조직/단체)을 결성하다

I still haven't got around to changing my broken phone display.   /아 스
틸 해븐 갓어롸운투 췌인징 마이 브로큰 폰 디스플레이/   아직 내 깨진 액정을 못 바꿨어.

> get around to   =   무엇의 근처에 가다   =   오랫동안 하려고 했던 일을 하다

Stop looking at the phone and get on with it. /스탑 룩킹 앳더 폰 앤 겟온 위딧/
폰 그만 보고 하던 일 계속 하세요.

    get on with 무엇   =   무엇을 계속하다

This place is so sumptuous. I can't get over it!   /디쓰플레이쓰이즈 쏘 썸서스.
아캔ᴛ 겟 오벌잇!/   여기 너무 고급진 거 아냐? 진정이 안 된다야!

    sumptuous   =   luxurious, splendid, opulent, extravagant, lavish,
    plush(속어)   =   고급지다, 럭셔리하다, 호화롭다

    get over   =   recover, overcome   =   회복하다, 이겨내다, 극복하다

Get over yourself!   /겟 오벌 유얼쎌프!/   잘난체 하지마.

    get over oneself   =   누가 다른 사람들보다 우월하다고 생각할 때 하는 말

I don't know what has got into her. She usually calls back.
/아돈노- 왓 해즈갓 인투 헐 쉬 유쥬얼리 콜즈 백/
그애에게 무슨 일이 생긴건지 모르겠어. 원래는 답신을 주는데..

    get into 누구   =   누가 평소랑 다르게 행동하는데 왜 그러는지 모를 때 하는 말

She is probably saying: get lost!   /쉬즈 프롸버블리 쎄잉 겟 로스트!/
걘 아마도 (내가) 그냥 사라져버리라는 의미일거야.

    get lost   =   사라져버려

A: Can we catch up tonight after work?   /캔 위 캣취업 트나잇 아프터 웕크?/
일 마치고 볼 수 있어?

B: If I can get out of extra work, sure.   /이프 아캔 겟아웃 오브 엑스트라 웕크,
슈얼/   잔업을 피할 수 있으면, 물론이지.

    get out of   =   avoid   =   원치 않는 일을 피하다

Get out of the way!   /겟 아웃 오브더 웨이!/   좀 비켜!

    get out of the way   =   move (away)   =   비켜

I'm keen to get this book out and make the world a better place.
/암 킨- 투 겟디쓰 북 아웃 앤 메일더 월-드 어 베럴 플레이쓰/
난 빨리 이 책을 내서 더 나은 세상을 만들고 싶어. (열성이 넘쳐.)

> get 무엇 out　　=　　무엇을 바깥 세상으로 꺼내다　　=　　무엇을 출간하는데
> 성공하다, 문제를 해결하는데 성공하다
> keen　=　열정적인(enthusiasm—UK), 뛰어난(highly developed), 날카로운(sharp)

We have to get off by seven in the morning.　　/위 해브투 겟오프 바이 쎄븐 인
더 몰닝/　　우리 아침 일곱 시에 출발해야 돼.

> get off　=　출발하다

Hey, can you get off early today?　　/헤이 캔 유 겟오프 얼리 트데이?/
야 오늘 일찍 나올 수 있냐?

> get off　=　일자리에서 빠져나오다 ('허가받은 퇴근'을 친구사이에 하는 말)

(Talking over the phone) Oh, I'm just getting off the airplane.
/터-킹 오벌 더 폰 오 암 져슷트 게링 오-프디 에얼플레인/
(전화기 너머로 말하며) 지금 막 비행기에서 내리고 있어.

> get off　=　(기차, 지하철, 비행기, 버스 등) 탈것에서 내리다

> 영어는 음악이다. 감탄사라는 애드립ad-lib에 익숙해지자.

This scar? I tipped over as I got off the subway.　　/디쓰 스칼? 아이 팁드 오버
애즈아 갓오프 더 썹웨이/　　이 상처? 지하철에서 내리면서 넘어졌어.

**Lawyers don't always get bad people off. There are much bigger
spectrums of righteous work lawyers do.**　　/로-열스 돈트 올웨이즈 겟 배드 피
플 오프. 데일알 머취 비걸 스펙트럼스 오브 롸이셔스 월크 로-열스 두-/　　변호사들은 항상
나쁜 사람들이 사면되도록 돕는 일만 하지는 않아. 그보다 훨씬 다양한 옳은 일들을 하지.

> get off　　=　　처벌을 피하다
> get 누구 off　　=　　누가 처벌을 받지 않도록 돕다

> Righteous는 좋은 단어다. '옳다'는 의미의 'right'에 형용사화하는 'eous'가 함께 만들어
> 진 말이다. 어떤 단어를 아는 일은 그에 대해 생각을 할 수 있게 한다. 우리의 인지세계가

그 단어만큼 확장된다. 생존과 욕심에 눈멀어 righteous를 간과하지 말자. 인간은 공생 symbiosis해야 생존할 수 있는 종족이다.

Jamie gets off on mustard. /제이미 겟츠 오프 온 머스탈드/
제이미는 머스타드(색)만 보면 사족을 못써.

get off on 무엇	=	무엇을 보면 환장한다
keen as mustard	=	아주 열렬하다 (eager) (UK)

It took a while to get off the ground. /잇 툭어 와-일 투 겟 오프더 그롸운드/
일이 본격적으로 추진되기까지 꽤 걸렸어. (take a while = 시간이 오래 걸리다)

get off the ground	=	지면에서 떨어지다	=	(굴러가기) 시작하다

We got off on the right foot. /위 갓오프 온더 롸잇 풋/ 우리 시작 제대로 했어.

get off on the right foot	=	옳은 발로 출발하다	=	성공적으로 개시하다
get off on the wrong foot	=	잘못된 발로 출발하다	=	좋지 않은 시작을 하다

Get off your backside and do some work! /겟오프 유얼 백싸이드 앤 두 썸 월크!/
그만 좀 늘어지고 일 좀 해!

get off 누구의 backside	=	기대고 있는 등을 떼다	=	그만 게으르다

Do you think you can get away with it? /두유 띵크 유캔 게러웨이 위딧?/
너 그렇게 조용히 지나갈 수 있을 거라 생각하니?

get away	=	escape	=	벗어나다
get away with	=	원치 않는 후폭풍으로부터 벗어나다, 달아나다 (처벌, 질타,		

비판, 결과consequences로부터)

I'll get back to you. /아일 겟 백투유/ 제가 다시 연락드릴게요.

get back to	=	나중에 다시 연락하다
follow-up	=	지금까지 나눈 이야기/일에 관한 추가적인 행동/조치

I'll get back at you. /아일 겟 백앳츄/ 복수할테야.

get back at	=	복수하다 (get at = 공격하다)

I am so glad that we have gotten the exams over with! /암 쏘 글래드 댓
위해브 갓은 디 이그잼스 오벌 위드!/ 우리가 시험을 다 끝내서 정말 기쁘다!

> get 무엇 over with = 하기 싫지만 해야하는 일을 하다/끝내다

I need these materials for me to get through my test. /아니-드 디-즈 머
테리얼쓰 폴미 투 겟 쓰루 마이 테슷트/ 나 시험 통과하기 위해 이 자료가 필요해.

> get through = pass = 통과하다

Excuse me, can I get through? /익쓰큐즈미 캔아이 겟 쓰루?/
실례합니다, 지나가도 될까요?

> get through = pass = 통해서 가다 = 지나가다

I tried to call you back, but couldn't get through. /아 트롸이투 콜유 백 번
쿠든 겟 쓰루/ 너에게 다시 전화를 걸었는데 연결되지 않더라.

> get through = 통신 신호가 통과하다 = 전화가 연결되다

I got through a couple of jars of Nutella. It's so addictive. /아 갓 쓰루-
어 커플오브 쟐스 오브 누-텔라. 잇츠 쏘 어딕티브/ 누텔라 두 통 다 먹었어. 넘 중독적이야.

> get through = use up = finish = 다 쓰다, 다 먹다

I just had enough to get by. It was a difficult time. But it was also
liberating, as it stripped away inessentials. /아져숫트 해드 이너프 투겟바이.
잇 워져 디피컬트 타임. 벋 잇워즈 올쏘 리버레이팅 애즈 잇 스트립드 어웨이 인이쎈셜스/
돈이 없어 하루하루를 겨우 살아갔지. 참 힘든 시기였어. 그렇지만 정말 자유로운 시기이기도
했지. 불필요한 것들을 정리하는 경험이었거든.

> get by = 가까스로 연명하다, 겨우겨우 살아가다

Because는 구어체에서 'as'로 대용할 수 있다. As를 접속사로 말할 때 :
1. 무언가가 일어나고 있는 시각과 같은 시각에 다른 일도 일어나고 있을 때
(I am reading the book as I speak. 안 그래도 지금 그 책 읽고 있어.)
2. 비교할 때 (I work hard as you do. 나도 너만큼 열심히 일해.)
3. 왜냐하면 (I want to speak English as it opens up great opportunities.
나 영어 잘하고 싶어 왜냐면 영어를 잘하면 좋은 기회들을 잡을 수 있으니까.)
4. 그럼에도 불구하고 (Decent as she is, she doesn't speak any foreign
languages. 그녀는 괜찮은 사람이지만 할 줄 아는 외국어가 하나도 없어.)

I tend to get in a sweat about my phone battery.   /아이 텐 투 겟인어 스웻 어 바웃 마이 폰 뱃터리/   난 좀 내 폰 배터리에 예민한 편이야.

      get in a sweat   =   worry   =   걱정하다

I get to do what I like.   /아 겟투두 왓아 라익/   내가 하고 싶은 일을 할 수 있어 좋아.

      '어디에서 일하게 되었는데 내가 좋아하는 일을 할 수 있어서 만족해.'

We got to know each other.   /위 갓투 노- 이취아더/   우리가 서로를 알아가게 됐어.

      get to know 누구/무엇   =   누구/무엇을 알아가다

Are you getting on fine?   /알유 게링온 파인?/   잘 하고 있니?

      get on   =   1. 진전을 보이다 2. 좋은, 친한, 잘 어울리는 관계를 맺다
      How are you getting on? 잘 되고 있어?
      They seem to get on pretty well. 쟤네 잘 지내는 것 같아.

Let's get on with it.   /렛츠 겟 온위딧/   자, 계속 진행합시다.

      get on with 무엇   =   무엇을 계속 하다

Get over it. It's not worth it.   /겟 오벌잇. 잇츠 낫 월쓰잇/
잊어버려. 붙잡고 있을 가치도 없어.

      get over it   =   잊다, 극복하다

over / above

on

in

under/underneath/beneath(문체)

below

잡다

Let's get a taxi.   /렛츠 겟어 택씨/   택시 잡자.

Go get him!   /고 게림!/   가서 잡아! (개에게 명령)

> Go and get him에서 and를 생략한 말이다. 한 문장에 동사가 두 개라 문법적으로 이상한 말인데, 영어에서 흔한 말로 그냥 이렇게 말한다. **Go see a doctor.** 의원 가봐. **Come and see us.** 우리집에 들러.

The police got him.   /더 폴리-쓰 갓힘/   경찰이 그를 잡았어.

You got me in the eye.   /유 갓미 인디 아이/   너 내 눈때렸어.

> get   =   hit   =   때리다

I got yelled at by a rude neighbour.   /아갓 옐드 앳 바이어 루-드 네이볼/
무례한 이웃이 나한테 소리쳤어.

The windows got broken.   /더 윈도우즈 갓 브로큰/   창문들이 깨졌어.

A: Did you know the ocean is filled with plastic? They don't disappear.
/디듀노우 디 오션이즈 필드 윋 플라스틱? 데이 돈ㅌ 디써피어/
우리 바다가 플라스틱으로 가득하다는 거 알아? 플라스틱은 분해되지 않고 어딘가에 쌓여.

B: You've got me there.   /유브 갓미 데얼/   몰랐었네.

> You've got me there   =   I don't know

James Dyson has dedicated his life into creating original works, and now everyone wants to get in on the act.   /제임쓰 다이쓴 해즈 데디케이티드 히즈 라이프 인투 크리에이팅 오뤼지널 웕쓰 앤 나우 에브리원 원츠투 겟인 온디 액트/   제임스 다이슨은 자기 일생을 바쳐 독창적인 것을 탄생시켰는데, 이젠 모두가 그를 갈취해 먹으려 해.

> get in on the act   =   다른 사람이 먼저 시작한 일을 따라해서 이익을 취하다

Why don't you get off my back?   /와이 돈츄 겟 오프 마이 백?/   그만 좀 하지?

> get off 누구의 back   =   누구의 등에서 떨어지다   =   그만좀 비판하라고 말할 때

126

I'll get you for this.   /아일 겟츄 폴 디쓰/   내가 너 이 일에 대해 복수할거야.

Hey, someone's at the door. Can you get it, please?
/헤이 썸원스 앳더 도어. 캔유 겟잇 플리즈?/   자기야, 문앞에 누가 왔나봐. 좀 확인해줄래?
(단어보다 중요한 것은 말하는 태도)

        get   =   deal with   =   (사소한 일들을) 처리하다

He really got it together and overcame depression. He has contributed a lot for the world and the world loves him.   /히 륄리 갓잇 트게더 앤 오벌케임 딥프레션. 히 해즈 칸트리뷰티드 어럿포더 월-드 앤더 월드 러브스 힘/   그는 강한 의지로 마음을 추스려 우울증을 이겨냈어. 그는 세상에 많은 기여를 했고, 사람들도 그런 그를 사랑해.

        get it together   =   pull it together   =   흩어져있던 의지를 한데 모으다
        =   결단을 내리다, 인생에 좋은 방향으로 나아가도록 실행하다

이해하다

Do you get it?   /두유 겟잇?/   이해하니?

        get   =   can get 누구의 head around it   =   understand
        You get the idea.   무슨 말인지 알겠지?

A: I can't get my head around it. /아칸ㅌ겟마이헤어롸운딧/ 머리가 안 돌아가.
(이해가 안돼.)

B: Neither can I.   /니-더 캔아이/ /나이더 캔아이/   나도 마찬가지야.

I always get that confused.   /아 올웨이즈 겟 댓 컨퓨즈드/   난 항상 그게 헷갈려.

Could you elaborate? I don't get it.   /쿠쥬 일라보레잇? 아이 돈 겟잇/
좀 더 자세히 얘기해 줄래? 난 이해가 안돼.

I didn't get what he said, the music was too loud.   /아 디든ㅌ겟 왓히 쎄드 더 뮤직 워즈 투- 라우드/   음악소리가 너무 커서 걔가 뭐라 하는지 못 들었어.

        get   =   hear   =   알아듣다

A way to get English ASAP is to get in with those who speak English with you. /어 웨이투 겟 잉글리쉬 에이에스에이피 이즈투 겟 인 위드 도-즈 후 스픽 잉글리쉬 위듀/ 영어를 가능한 한 빠르게 습득하는 하나의 방법은 너와 영어로 대화하는 사람들과 친해지는 거지. (영어를 잘하기 위해 가장 중요한 건 용기!)

> get in with 누구 = 누구와 함께 타다 = 누구와 친해지다, 누구들 사이에서 인기많아지다 (주로 무언가 이득을 얻기 위해서)
> ASAP = as soon as possible = 최대한 빠르게

The story is effective at getting the ins and outs of things across to the people. /더 스또뤼이즈 이펙티브 앳 게링 디 인즈앤아웃츠 오브 띵스 얼크로쓰 투더 피플/ 이야기는 어떤 일의 자초지종을 사람들에게 이해시키는데 효과적이다.

> get 무엇 across = get 무엇 across to 누구 = 누구에게 무엇을 이해시키다
> ins and outs = details, detailed facts = 자세한 사항
> 'The + 명사'는 '특정한 명사'를 말하기도 하고, '일반적인 명사'를 말하기도 한다. (문맥)

My teacher wastes no time in getting his points across. /마이 티-쳘 웨이슷츠 노 타임 인게링히스 포인츠 얼크로쓰/ 우리 선생님은 단도직입적으로 자기 요지를 전달해.

> waste no time = start immediately = 즉각 시작하다

한국과 일본에서는 선생님을 "선생님"이라고 그 사람의 직업으로 부르는 게 예의지만, 영문화에선 선생님을 면전에서 "teacher"라고 부르는 일은 실례다. "넌 가르치는 사람이니까 너의 인격체 따윈 신경 쓰지 않고 널 '가르치는 사람'이라고 부를게"쯤의 느낌이다. 인격체로서 존중하는 이름을 부르는 게 예의다. 초면에는 Sir(남자) 혹은 Miss/Ma'am(여자)이라고 부르는 게 좋은 인상을 줄 수 있다. 좀 더 친근한 사이가 됐다면 문화에 따라 first name(부르는 이름)으로 부른다. 제3자에게 말할 땐 'teacher'라고 말할 수 있다.

I'm just getting into the hang of it. /암 져슷트 게링 인투 더 행오빗/ 이제 좀 알 것 같아. 이제 좀 이해가 되고 있어.

> get into the hang of it / get into the swing of things = 무엇이 자기만의 템포로 움직이고 있는 것에 나도 익숙해지다attune = 이해하기/익숙해지기 시작하다

Phrasal verbs & idioms는 무궁무진하다. 우리말만 보아도 새로운 표현들이 계속 생겨나고 없어진다. 이는 사람의 마음이 쉽게 질리기 때문이다(easily get bored). 새로운 표현을 들으면 물어보거나 검색해보자. **배운 사람은 배울 줄 아는 사람이다.**

We don't grow old;
we ripen.

우리는 나이 들지 않는다.

우리는 익는다.

You get old only when you believe so.
생각이 사람을 만든다. 나이든다고 생각하지 않으면 나이 들지 않는다.

let - let - let

하게 하다
allow

Let's meet up! /렛츠 밑 업!/ 우리 한번 보자! 모이자!

    meet up = 허물없는 만남, 모임 (특별한 목적 없는)

Let's catch up sometime. /렛츠 캣취업 썸타임/ 우리 언제 만나자.

    catch up with 누구 = (그간 서로의 소식을 이야기하게) 누구와 만나다

Let them eat cake. /렛뎀 잍 케잌/ 케잌 좀 먹으라 해. [Marie Antoinette]

Let me do it. /렛미 두잇/ 내가 해볼게.

Let's do this. /렛츠 두 디쓰/ 우리 이거 해보자.

    Let's = 어떤 걸 하자고 제안할 때 하는 말
    Let us = 위 말의 격식체

Let us consider all the possibilities. /렛어쓰 컨씨더 올더 파써빌리티즈/
가능한 대안들을 모두 고려해봅시다.

Let's not pick a quarrel with each other. /렛츠낫 픽어 쿼럴 윝이취아더/ 다투지 말자.

Let's go out to dinner. /렛츠 고아웃 투 디너/ 저녁은 외식하자.

130

Just let the insect out. Everyone exists for a reason in nature.
/져스트 렛디 인쎅트 아웃. 에브리원 이그지스츠 폴어뤼-즌 인 네이쳐/
그냥 벌레가 나가게 해. 자연 속 모든 것은 존재의 이유가 있어.

       let 누구/무엇 out   =   누구/무엇이 밖으로 나가게 하다

We should let sleeping dogs lie.   /위슈드 렛 슬리핑 독스 라이/
이미 사람들에게 잊혀진 그 일을 다시 꺼내 상기시키지 않는 게 좋아.

**It's annoying to have a partner who just doesn't let your past mistakes
rest. Don't be one.**   /잇츠 어노잉 투해버 팔트너 후져스트 더즌ㅌ 렛츄얼 파스트 미스
테잌스 뤠스트. 돈ㅌ 비 원/   뒤끝 있는 연인은 힘들어. 그런 사람이 되지 말자.

       let 무엇 rest   =   무엇에 대해 언급하지 않다, 뒤끝 없다

I let the cars behind me go past.   /아이렛더 칼스 비하인미 고 파스트/
뒤에 따라오는 차들이 먼저 가도록 비켜줬어.

       let 누구/무엇 past, in, through   =   누구/무엇을 지나가게 하다
       Please let me go past.   지나가게 좀 해주세요.

I let her go out with her friends.   /아이 렛헐 고아웃 위드헐 프렌즈/
그녀가 자기 친구들하고 놀러나가게 해줬어.

I let go of her.   /아이 렛 고 오브 헐/   내가 그녀를 놓아줬어.

       let go of   =   놓아주다
       Let it go. (자기 가고 싶은 곳으로 가도록, 쥐고 있는 걸) 놓아줘.
       Let me go. 나 좀 가게 해줘.

Accept without arrogance, let go without attachment.   /익쎕트 위다웃 애
로건쓰 렛 고 위다웃 어태취먼트/   거드름 없이 받아들이고, 집착 없이 놓아주라.
[Marcus Aurelius] (이뤘다고 오만해지지 말고, 떠나보내야하면 미련없이 보내라.)

**Let me get this straight, so you ended the relationship with her
completely?**   /렛미 겟디쓰 스트뤠잇 쏘 유 엔디드 더 뤼레이션쉽 위드헐 컴플리틀리?/
잠깐만 정확히 짚고 가자, 그러니까 너 그녀랑 완전히 인연을 정리했다는 말이야?

       let me get this straight   =   나 이걸 정확하게 이해하고 싶다
       We die as often as we lose a friend. 친구를 잃는 만큼 우린 죽는다.
       [Publilius Syrus]

Let yourself go.   /렛 유얼쎌프 고-/   그냥 즐겨.

> let oneself go   =   1. 마음껏 즐기다 2. 자기관리를 내려놓다
> She let herself go at the party. 걔 파티에서 정신놓고 즐기더라.
> When you self-quarantine, it's easy to let yourself go.
> 자가격리 중엔 자기관리를 놓기 쉽지.

Let it go.   /렛잇고/   잊어버려. 내버려둬.

I'll let you know.   /아일 렛츄 노-/   나중에 알려줄게.

> let 누구 know   =   누구에게 알려주다
> Let me know when you are coming. 올 때 알려줘.
> Let me know if you need any help.   도움이 필요하면 얘기해.

I don't want to let it be known that I broke up with him.   /아돈워너 렛잇
비 노운 댓 아 브록 업 윋힘/   내가 걔랑 헤어진 걸 사람들에게 알리고 싶지 않아.

> let 무엇 be known   =   무엇이 알려지게 하다

He let on to a friend that he had cheated on his girlfriend.
/히 렛 온투 어 프렌드 댓 히해드 취-티드 온 히즈 걸프렌드/
그가 자기 여자친구 몰래 바람폈다는 걸 친구에게 말했어.

> let on   =   비밀을 말하다
> Don't let it go any further.   다른 사람들에게 이 얘기 하지마.
> cheat on   =   바람피다

**We tried to keep the surprise party a secret for him, but our new hand
went and let the cat out of the bag.**   /위 트롸이투 킵-더 써프라이즈 파티 어 씨
크릿 폴힘 벋 아월 뉴- 핸드 웬트 앤 렛더 캣 아웃오브더 백/   그를 위해 서프라이즈 파티를
비밀로 하려고 했는데, 새로 오신 분이 그걸 말해버렸지 뭐야.

> let the cat out of the bag   =   비밀을 말하다 (주로 의도치않게)
> new hand   =   신참, 새로온 사람, 미숙한 사람

She let me in on her plans.   /쉬 렛미 인 온헐 플랜스/   걔가 자기 계획을 알려줬어.

> let 누구 in on 무엇   =   누구에게 비밀(무엇)을 얘기하다, 소수만 아는 무엇에 가담하
> 게 하다

Some people told us that Apple is a big company now and it should let it slide. But I don't agree with that because defamation is wrong. /썸 피플 톨드쓰 댓 애플 이져 빅 컴퍼니 나우 앤잇 슈드 렛잇 쓸라이드. 벋 아돈ㅌ어그뤼 위댓 비코-즈 데퍼메이션 이즈 뤙-/ 누가 그러는데, 애플은 이제 대기업이고, 그러니 이런 일은 그냥 눈 감아 줘야 한다고. 그런데 난 그 말에 동의하지 않아. 왜냐면 명예훼손은 잘못된 행동이니까.

> let 누구/무엇 slide = 누구/무엇의 잘못을 눈감아주다
> = let 무엇 pass = let 무엇 go

You don't want to let them loose in the kitchen. /유 돈ㅌ 워너 렛뎀 루-즈 인더 킷췬/ 걔네가 부엌에서 방방 뛰는걸 너도 원치 않을걸.

> let 누구 loose = 누가 하고 싶은 걸 하게 놔두다

When the smog lets up, let's go out for a stroll. /웬더 쓰목 렛츠업 렛츠 고아웃 폴어 스트롤/ 미세먼지가 걷히면 나가서 산책하자.

> let up = 안 좋은 상황이 나아지다
> let-up = (주로 안좋은) 무엇의 줄어듦/멈춤 (명사)
> As long as China burns coal for their factories and we drive internal-combustion engine cars, we can't expect a let-up in smog. 중국이 공장 가동에 석탄을 쓰고 우리가 내연 자동차를 타는 이상, 미세먼지가 없어질 거라고 예상할 수 없어. We must get electric cars and solar panels. 전기차와 태양광 발전기를 들여야 돼.

Why don't we catch up, (let's) say, this weekend? /와이 돈위 캣취업 쎄이 디쓰 윅켄드?/ 말 나온 김에 우리 한번 볼까? 음, 이번 주말?

> let's say = 뭔가를 제안하며 하는 말

This weekend? Let's see, I might have to do something but we could hang out. /디쓰 윅켄드? 렛츠 씨- 아마잇 해브투 두 썸띵 벋 위 쿠드 행아웃/ 이번 주말? 글쎄, 아마 뭘 좀 해야 할 거 같은데 그래도 같이 놀러 갈 수 있을 거야.

> let's see / let me see / let me think = 좀 더 잘 생각해 볼 때 하는 말

Do you realise what kind of job you are letting yourself in for? /두유 뤼얼라이즈 왓 카인드 오브 좝 유알 레팅 유얼쎌프 인 포?/ 네가 지금 무슨 일에 가담하는지 알고는 있는 거야?

> let yourself in for 무엇 = 의도치 않게 안 좋은 일에 말려들다

She let him off however, knowingly. But she didn't tell him that she knows about it, which is the unnerving part. /쉬 렛힘 오프 하우에버 노윙리. 벗 쉬 디든 텔힘 댓 쉬 노우즈 어바우릿 위치 이즈디 언널빙 팔트/ 그런데 그녀는 알면서도 그를 봐줬어. 그리고 진짜 무서운 건, 그녀가 그걸 안다는 사실을 그에게 티 내지 않았다는 거야.

> let 누구 off = 누구의 잘못을 용서해주다, 봐주다

It's illegal to let fireworks off at the beach in Korea. Once somebody nearly shot my eyes with the stupid fireworks. /잇츠 일리갈 투렛 파이어웍쓰 오프 앳더 비-취 인 커뤼아. 원쓰 썸바디 니얼리 샷 마이 아이즈 위더 스튜핏 파이어웍쓰 앤아 워즈 업쎘 바이디 이디엇/ 한국에선 바닷가에서 불꽃놀이가 불법이야. 언젠가 누가 몹쓸 불꽃놀이로 내 눈을 쏠 뻔했잖아.

> let 무엇 off = 총, 폭탄, 불꽃놀이 등을 터뜨리다

He never lets me down. /히 네버 렛츠미 다운/ 그 사람은 날 절대 실망시키지 않아.

> let 누구 down = 누구를 실망시키다, 누구의 기대를 저버리다
> I was little let down. 난 조금 실망했어.

Don't let a few rejections get you down. /돈트 렛 어퓨 뤼젝션스 겟츄 다운/ 거절 몇 번 가지고 기죽지마.

I let the ground floor of my building to Starbucks. /아이 렛더 그롸운드 플로어 오브마이 빌딩 투 스탈벅쓰/ 내 건물 1층을 스타벅스에 세줬어.

> let = rent out = 부동산을 세주다 (UK)

Schools don't teach you how to think, let alone do things on your own. /스쿨스 돈트 티-취유 하우투 띵크 렛얼론 두 띵스 온유얼 오-운/ 학교는 생각하는 법을 가르쳐주지 않아, 무언가 새로운 것을 네 스스로 하는 것은 더 그렇지.

> let alone = 하기는 커녕, 앞서 말한 것보다 더 일어나지 않을 것 같다
> (less likely)

If your kids need money, let them earn it. Don't let them get used to getting things for granted. /이퓨유얼 킫즈 니드 머니 렛뎀 얼ㄴ 잇. 돈트 렛뎀 겟 유즈-투 게팅 띵스 포 그란티드/ 자녀들이 돈이 필요하면, 그 아이들이 돈을 벌도록 하세요. 모든 걸 거저 갖는데 익숙해지도록 내버려 두지 마세요.

Let it rain—it'll sweeten our walks with the sound of raindrops on our brollies. /렛 잇 뤠인 잇윌 스위튼 아월 웍스위더 싸운드 오브 뤠인드랍스 온아월 브롤리스/ 비? 오라고 해. 우산에 떨어지는 빗방울 소리는 우리의 산책을 더 로맨틱하게 할거야.

그다지 원하던 일은 아니지만 일어날 일을 받아들인다는 의미로도 let.

brolly (UK)　=　umbrella　=　우산

Oh, please let them win the game! /오 플리-즈 렛뎀 윈더 게임!/
제발 저 팀이 경기에 이기게좀 해줘라!

Let me tell you a little piece of truth: English is easy-peasy. You simply spend some time with it, and you get it. /렛미텔유어 리를 피쓰오브 트루쓰 잉글리쉬 이즈 이지피지. 유 씸플리 스펜섬 타임위딧 앤 유 겟잇/　내가 진리를 하나 말해줄까? 영어는 쉬워. 그냥 같이 시간을 보내, 그러면 영어를 할 수 있게 될거야.

Easy의 다른 말들:
쉽다 (쉽게 얻을 수 있다)　=　walk in the park, a breeze, simple task, picnic, child's play, kid stuff, no-brainer, peanuts

쉽다 (확실하다)　=　sure thing, a doddle, sure bet, obvious, unequivocal(격식체)

쉽다 (별로 노력할 필요 없다)　=　straightforward, a breeze, a doddle, as easy as ABC, clear-cut, easy-breezy, easy-peasy, idiot-proof, no muss no fuss

Practice makes perfect.　연습이 완벽을 만든다.

Let's face it, there's nothing you can achieve without work. Winning a lottery doesn't change your life unless you learn how to manage the funds. /렛츠 페이스잇 데얼즈 낫띵 유캔 어취-브 위다웃 월크. 위닝어 라터리 더즌트 췌인지 유얼 라이프 언레쓰 유 런- 하우루 매니쥐 더 펀즈/　사실을 받아들이자, 아무것도 안 하고 얻을 수 있는 건 없어. 복권에 당첨되더라도 그 돈을 다루는 법을 배우지 않으면 인생은 그대로야.

Let the path open to talent. /렛더 파-쓰 오픈 투 탤런트/
재능있는 자에게 길이 열리도록 하라. [Napoleon Bonaparte]

Let us always meet each other with smile, for smile is the beginning of love. /렛어쓰 올웨이즈 밑 이취아더 윋 스마일 포 스마일 이즈더 비기닝 오브 러-브/
우리 언제나 웃는 얼굴로 만납시다. 웃는 얼굴은 사랑의 시작이니까요. [Mother Teresa]

go - went - gone

가다	할거다	어울리다
떠나다	어떤 상태에 이르다	작동하다
	어떻게 되다	기여하다
		일어나다
move	be going to	be suitable
travel	become	operate
leave	turn out to be	contribute to
		happen

공격하다	어떤 내용이다	시간이 흐르다
시작/시도하다	말하다	
attack	have a specific content	time passes
start doing	say	
attempt		

원래 있던 자리에 두다	팔리다	숫자를 나누다
put in a regular place	be sold	divide

136

가다 / 떠나다

I have to go.   /아이 해브투 고-/   나 가야해.

Off you go.   /오퓨고/   이제 가봐. (윗사람이 아랫사람에게)

Can I go to the bathroom?   /캔아이 고투더 배쓰룸?/   화장실 좀 다녀와도 돼?

> Bathroom은 bath(목욕)를 하는 room(방)이지만, 화장실 lavatory(UK)/toilet(US)을 은유적으로 말하여 세련되게 말하는 방법이다. (격식을 갖추는 레스토랑에 가면 꼭 bathroom, ladies' room, men's room 이라고 말하자.)

I went to Tasmania last winter. Have you been there?   /아웬투 타즈매니아 라스트 윈터. 해뷰 빈 데얼?/   나 지난 겨울에 타즈매니아 다녀왔어. 거기 가봤니?

It's an island. You have to go by airplane or boat.   /잇츠 언 아일랜드. 유해 브투 고 바이 에얼플레인 오얼 볼-트/   거긴 섬이야. 비행기나 배로 가야해.

> go by 무엇   =   무엇을 타고 가다

I don't go to the movies these days. There aren't good movies to watch.
/아돈ㅌ 고투더 무비스 디즈데이스. 데얼알ㄴ트 굳 무비스 투왓취/
난 요새 영화관 잘 안가. 볼만한 영화가 없어.

> 목적어/목적지 앞에 'to'를 말한다: go to the movies, go to bed, etc.
> **I'm going to sleep.** 나 자러간다.
> **Chill beats to quarantine to.** 격리 중에 들을 마음 편해지는 음악.

Does this tram go to St. Kilda?   /더즈디쓰트램 고투 쎄인ㅌ킬다?/
이 트램 세인트킬다 가요?

We are going for a home inspection tomorrow.
/위알 고잉 폴어 홈 인스펙션 투모로-/   우리 내일 집 보러 가.

> go for 무엇   =   무얼 하기 위해 가다
> home/house inspection   =   집을 사기 전에 직접 보러가는 혹은 보여주는 일

When I have so much in my mind, I go for a walk, preferably by the trees.
/웬 아이 해브 쏘 머취 인마이 마인드 아 고 폴어 웍-ㅋ 프리퍼러블리 바이더 트뤼스/
난 머릿속이 복잡할 땐 산책을 가. 나무들이 있는 곳으로 가는 걸 좋아해.

She went for a job as an occupational therapist because she liked to help the weak. She finds it rewarding.　/쉬 웬폴어 좝 애즈언 악큐페이셔널 떼라피스트 비코-즈 쉬라잌투 헬프더 윅-. 쉬 파인즈잇 리월딩/　그녀는 직업으로 작업치료사를 선택했어, 왜냐면 약자를 돕고 싶어 하거든. 그 사람은 그 일이 보람차다고 여겨.

go for 누구/무엇　=　무엇을 얻으려하다, 누구를 꼬시려하다, 누구/무엇을 선택하다

If you think he is the one, go for it!　/이퓨 띵크 히 이즈디 원 고폴잇!/
그 남자가 너의 운명이라고 생각한다면 가서 쟁취해!

go for it　=　무언가를 얻기 위해 최선의 노력을 다하다, 무슨 일이든 다 하다

(Do) you remember how you've learned your mother-tongue? The same goes for this. It's by getting used to a new system; familiarising yourself with it.　/유 리멤버 하우 유브 런-드 유얼 마덜텅? 더 쎄임 고즈 폴디쓰. 잇츠 바이 게팅 유즈투 어 뉴 씨스텀 퍼밀리어라이징 유얼쎌프 위딧/　어떻게 네가 지금 쓰는 모국어를 배웠는지 기억하니? 이것도 마찬가지야. 새로운 언어체계에 익숙해지는 거야.

go for　=　apply to　=　적용되다

I will go in for the competition.　/아윌 고 인 포더 캄피티션/　그 대회에 참가해.

go in for　=　enter a competition / sit an examination
=　대회에 참가하다, 시험을 치루다

I don't go in for driving very much. I find it silly.　/아돈ㅌ고인포 드라이빙 붸리 머취. 아 파인딧 씰리/　난 드라이브를 그닥 좋아하지 않아. 뭐랄까 좀 어리석은 거 같아.

go in for　=　좋아하다, 자주 하다
I find it 형용사　=　그것에 대해 나는 형용사하다고 생각해

I decided to go into business as a webcomics artist.　/아이 디싸이디투 고인투 비즈니쓰 애겨 웹 커믹쓰 알티스트/　나 웹툰 작가로 나가기로 마음 먹었어.

go into 무엇　=　start 무엇　=　무엇을 시작하다
Mina is planning to go into culinary business.　민아는 요식업을 준비중이야.
The vaccine will not go into production until it's tested.
그 백신은 테스팅이 끝나기 전까진 양산에 들어가지 않을거야.
As the scandal broke out, the suspects went into hiding.
그 스캔들이 터지고는 용의자들이 숨었어.

Jamie went into labour. 제이미가 분만에 들어갔어. (아이 출산)

I'm glad Amber is going into the sciences to be an ecologist.
앰버가 생태학자가 되기 위해 과학에 진학해서 난 기뻐.

I can't go into details at this stage, because I still have little information about it. /아캔ㅌ고인투 디테일스 앳디쓰 스테이쥐 비코-즈 아스틸해브 리를 인폴메이션 어바우릿/ 지금은 더 자세히 말할 수 없어요. 아직 정보가 부족하거든요.

go into 무엇   =   discuss 무엇   =   무엇에 대해 자세히 설명하다, 의논하다
I don't want to go into that now. Can we discuss it later?
그 일에 대해 지금은 의논하고 싶지 않아. 나중에 얘기해도 될까?

A considerable amount of research has gone into a book like this.
/어 컨씨더러블 어마운트오브 뤼썰취 해즈간인투 어북 라일디쓰/
이런 책에는 굉장히 많은 연구와 조사가 들어갔죠.

go into 무엇   =   무엇에 들어가다, 사용되다

You really went out of your way to make me feel better.   /유 륄리 웬타웃 오브유얼 웨이 투 메일 미 필 베터/   너 정말 내 기분 좋아지게 하려고 엄청 노력했구나.

go out of 누구의 way   =   누가 (다른 사람을 위해서) 굉장히 노력하다

Some people go shopping when they're stressed out.   /썸 피플 고 소ㅑ핑 웬 데알 스트레쓰드 아웃/   어떤 사람들은 스트레스받으면 쇼핑을 해.

go shopping 쇼핑하러 가다, go swimming 수영하러 가다, go skating 스케이트타러 가다

I went to see the doggy I rescued.   /아 웬투 씨 더 도기 아이 레스큐드/
내가 구조한 강아지 보러 갔었어.

go to 동사   =   동사하러 가다

We won't be able to carry all these boxes out at one go.   /위 원ㅌ비 에이블 투 캐뤼 올디-즈 박쓰스 아웃 앳 원 고/   이 상자들을 한 번에 다 갖고 나가는 건 어려울 거야.

That is my go-to place.   /댓이즈 마이 고루 플레이쓰/   저긴 내 단골집이야.

go-to   =   무엇을 해결해주는 장소나 사람, 단골/맛집(피자는 이 집), 해결사

I went to see a doctor.　/아 웬투 씨 어 닥터/　의원에 다녀왔어.

Hospital은 수술을 하는 종합병원을 말한다. 개인 의원에 갈 땐 doctor's office.
I need to go to the doctor's office for my cold.　감기 때문에 병원에 가야 돼.

If you'll excuse me, I need to go to see a man about a dog.
/이퓨일 익쓰큐즈미 아니투 고루 씨어맨 어바웃어 독/
잠시 실례, 어디 좀 다녀올게. (화장실이나 술 한잔 같은 뻔한데 간다는 말)

A: May I take a look at this?　/메아이 테익어 룩 앳 디쓰?/　이거 좀 봐도 돼?

B: Go ahead.　/고 어헤드/　그러엄.

go ahead　＝　proceed　＝　carry out　＝　진행하다

Let's go halves with the bill.　/렛츠 고 하브스 위더 빌/　우리 계산은 반띵하자.

go halves/go shares/split the bills　＝　똑같이 나누다 (더치페이하다)

Let's call it even.　이걸로 통치자. (쌤쌤이야.)

Where do you think you're going? Shouldn't you finish this first?　/웨얼
두유 띵크 유알 고잉? 슈든츄 피니쉬 디쓰 펄스트?　어디 가려고? 이거 먼저 끝내야 하지 않니?

On a hot summer day, a cup of iced water goes down like waterfall.
/온어 핫 썸멀 데이 어컵오브 아이쓰드 워러 고즈다운 라일 워러폴/
더운 여름날엔 얼음 동동 띄운 차가운 물 한 잔이 폭포처럼 시원하게 넘어가.

go down　＝　be swallowed　＝　삼켜지다, 목으로 넘어가다

She went down with infection after eating raw fish.　/쉬 웬다운 위드 인펙
션 아프터 이-팅 로- 피쉬/　그 애는 회를 먹고는 감염되어 앓아누웠어.

go down with　＝　아프기 시작하다, 앓아 눕다

**Ferdinand Porsche will go down in history as an engineer of timeless
design.**　/펄디난드 폴-셔 윌 고 다운 인 히스토리 애즈언 엔지니얼 오브 타임리스 드쟈인/
페르디난트 포르쉐는 시간을 초월하는 디자인의 엔지니어로 기억될 것이다.

go down　＝　기억되다, 기록되다
timeless　＝　time (시간) + less (없다)　＝　시간에 구애받지 않는, 시간이
흘러도 도태되지 않는, 오랜 시간이 지나도 여전히 아름다운　＝　classic

A: How do I get to the State Library?   /하우 두아이 겟투더 스테잇 라이브러리?/
여기서 주립도서관으로 어떻게 가나요?

B: You go down this street, and you will see a classical building with people lying on the front yard.   /유 고 다운디쓰 스트릿 앤 유월 씨 어 클라시컬 빌딩 위드 피플 라잉온더 프론탈드/   이 길을 따라 쭉 가면 고전주의 건물 앞 잔디밭에 사람들이 누워있는 곳을 찾을 수 있을 거예요.

영어는 길마다 말이 다르다 (나라마다 약간의 차이는 있다):

path	=	사람이나 자전거가 다니는 길을 통칭하는 말
trail	=	사람이나 자전거, 말이 다니는 포장이 안 된 길
pavement(UK)/sidewalk(US)/footpath/footway	=	도로 옆에 난 인도
lane	=	차 한 대 지나갈 정도의 건물 사이 작은 도로
street	=	2~6차선 도로를 따라 인도와 건물이 있는 도로
road	=	지역과 지역을 잇는 넓고 포장된 자동차 전용 도로 (주로 8차선 이상)
highway	=	주요도로 ('high'는 높은 속도가 아니라 'main'의 의미)
carriageway(UK)	=	highway
freeway(US)/motorway(UK)	=	고속도로

부산 해운대 달맞이의 숲속 산책길이 원래 '달빛산책길'이었는데, 해운대구청에서 이름을 '문탠로드'라고 바꿨다. 손발이 오그라드는 아주 틀린 말이다. 굳이 영어로도 부른다면 Moonlit Trails가 맞다. 우리는 우리말에 자부심을 지닐 필요가 있다. IKEA의 제품명을 보라. 한글이 더 예쁘다. 한글보다 예쁜 언어는 지구에 없다.

go down the road 도로를 따라 가다, go through a tunnel 터널을 통과해 가다,
go over the bridge 다리를 건너 가다, go up the hills 고개를 올라 가다.

This way goes to the University of Melbourne. There, you will find buildings that look like Hogwarts.   /디쓰 웨이 고즈 투디 유니벌시티 오브 멜번. 데얼 유월 파인드 빌딩스 댓 룩라일 호그왈츠/   이 길이 멜번대학교로 이어져요. 거기 가면 호그와트 같은 건물들을 볼 수 있을 거예요.

go = lead = 이끌다

The world is on constant change. It goes against the grain to underestimate the women's power these days. Jack Ma is famous for hiring more women than men.   /더월드이즈온 칸스턴트 췌인-지. 잇고즈어게인스트 더그뤠인 투언덜에스티메잇 더 위민즈 파워 디즈데이즈. 잭 마 이즈페이머쓸 하이어링 모얼위민 댄 멘/   세계는 항상 변화해. 요즘은 여자의 힘을 과소평가하면 큰코다쳐. 마윈은 남성보다 여성을 더 많이 고용하는 걸로 유명하지.

go against the grain　　=　　이상해서 보통은 하지 않는 일을 하다

I will go along with you.　/아윌 고얼롱 위듀/　네 말에 동의해. 네가 하자는대로 할게.

go along with / go with　　=　　agree to　　=　　동의하다

I would go against using plastic straws. They slip away and go into the oceans, killing animals.　/아 우드 고어게인스트 유징 플라스틱 스트로-스. 데이 쓸립 어웨이 앤 고 인투 디오션스 킬링 애니멀스/　나라면 플라스틱 빨대를 안 쓰겠어. 쓰레기 처리과정에서 잘 빠져나가고 결국 바다로 밀려들어가 동물들을 죽이니까.

go against　　=　　oppose, resist　　=　　반대하다, 저항하다

Sometimes, you have to go against the flow, when everyone else is doing it wrong.　/썸타임즈 유해-브투 고어게인스트 더 플로- 웬 에브리원 엘쓰이즈 두잉잇 뤙-/　때로는 남들이 다 하는대로 하지 않아야 해. 남들이 다 한다고 항상 맞는건 아니야.

go against the flow　　=　　대세를 역행하다

I am going about making Koreans speak better English.　/아엠 고잉어바웃 메이킹 코뤼안스 스픽 베럴 잉글리쉬/　한국인들이 더 나은 영어를 하게 하는 일을 시작했어.

go about　　=　　=　　주변을 다니다, 시작하다, 얘기가 퍼지다, 병이 퍼지다
We went about the surrounding area as we arrived. 도착해서 주변을 돌아다녔어.
How should we go about solving this? 이걸 해결하려면 어디서부터 시작해야할까?
A nasty virus has been going about. 나쁜 바이러스가 퍼지고 있어.

It starts from dealing with matters from the word go: how do we acquire a language?　/잇 스탈츠 프롬 딜링 위드 매럴스 프롬 더 월드 고: 하우 두위 억콰이얼 어 랭귀지?/　이 일은 아주 기본적인 문제부터 시작해: 우리는 어떻게 언어를 습득하는가?

from the word go　　=　　from the very beginning　　=　　애초부터, 아주 처음부터

Go about your business, guys.　/고어바웃 유얼 비즈니쓰 가이즈/
자 다들 하던 일 계속 하세요.

go about 누구의 business　　=　　누가 하던 일을 계속하다
Don't pay attention to me, just go about your business.
내 신경 쓰지 말고 너 하던거 해.

I went sideways.   /아웬트 싸이드웨이즈/   옆길로 샜어. (계획대로 안 되다)

He goes around with cultured and well educated people.
/히 고즈 어롸운드 위드 컬철드 앤 웰 에듀케이티드 피플/
그 친구는 세련되고 좋은 교육을 받은 사람들과 어울려다녀.

      go around with   =   hang out with   =   어울리다

He and I go back a long way.   /히앤다이 고 백 어 롱- 웨이/
그와 난 아주 오래 안 사이야.

      go back   =   두 사람이 서로 안지 일정시간 되었다

She won't go back on her word.   /쉬 원트 고백온헐 월드/   걘 약속을 안 지켜.

      not go back on   =   fail to keep a promise   =   약속을 지키지 못하다

Go it! Show them what you are made of!   /고잇! 쇼덤 왓츄알 메이드오브!/
화이팅! 본떼를 보여줘!

      go it   =   go to it   =   열정적으로 임하다

It will work for you as far as it goes.   /잇 윌 월크 폴유 애즈팔애즈 잇 고즈/
가능한 한 네가 원하는 대로 될거야.

      as far as it goes   =   bearing in mind its limitations
       =   무엇을 높여 말해줄 때 이것의 한계 또한 염두하라는 말, '가능한 한'

**As non-fiction books go, this is more aesthetically decluttered and yet
deep and broad in its contents.**   /애즈 난픽션 북쓰 고 디쓰이즈 모얼 애쎄티컬리
디-클러털드 앤 옛 딥- 앤 브로-드 인잇츠 칸텐츠/   일반적인 비소설보다 이 책은 디자인에
군더더기가 없고 내용은 깊고 넓어.

      as 무엇 go   =   일반적인 무엇과 비교하여, 무엇의 평균에 비하여
      aesthetics   =   미학 (아름다움에 대한 학문)
      aesthetically   =   미적으로
      clutter   =   어지럽히다 (동사), 잡동사니, 지저분한 상태 (명사)
      decluttered   =   깔끔하게 정리된
      cliché /클리쉐/   =   상투적인 말, 상투적인 생각, 틀에 박힌 것
      (영어의 29%가 프랑스어에서 왔으므로, 프랑스어를 그대로 영어로 쓰는 말이 많다.)

I'll go for margherita pizza with a glass of shiraz. /아일 고폴 말계리타 핏짜 위더 글라스 오브 쉬라/ 난 마르게리타 피자에 쉬라 와인 한 잔으로 결정했어.

go for = choose, decide on = 선택하다, 결정하다

와인 종류 중에 shiraz는 syrah라고도 부르고 따라서 발음은 /쉬라/다. Z 묵음. 그리고 merlot는 프랑스어 발음으로 /멀-로오/다. 다른 언어를 말할 때 그 언어 고유의 발음을 존중해주는게 좋다. '현대'를 몇몇 영국인들은 /하윤다이/라고 하는데, 듣기 좋은가? 그렇지만 'U'의 첫 번째 발음은 /우/이므로, '현'은 'hyun'이 아니라 'hyeon'이라 써야 한다.

I will go on trying to earn your heart. /아윌 고 온 트롸잉투 언- 유얼 할트/ 너의 맘을 사로잡기 위해 끊임없이 도전할 테야.

go on = continue, persevere = 계속하다

Dad went on about how wrong it is for me to choose a career just for the money. /대드 웬온 어바웃 하우 뤙 잇이즈 폴미투 츄져 커뤼아 져슷트 포더 머니/ 아빠는 돈만 보고 커리어를 선택하는게 얼마나 잘못된 것인지 잔소리를 늘어놓았어.

go on = (지루하게/성질내며) 계속해서 말하다

Go on, do whatever you want! /고-온 두 왓에버 유원트!/ 계속 해봐, 너 맘대로 해!

I don't know what went on there. /아돈노- 왓 웬 온 데얼/ 무슨 일이 일어난건지 모르겠어.

go on = happen
What's going on here? 무슨 일이 일어나고 있는거야?

I bought this but didn't go much on it. /아 보웃 디쓰 벋 디든 고 머취 온잇/ 이걸 사긴 했는데 금방 싫증났어.

go on 무엇 = 무엇을 (계속) 좋아하다

There was no clear evidence to the happening. The detective didn't have much to go on. /데얼워즈 노 클리어 에비던스 투더 해프닝. 더 디텍티브 디든 해브 머취 투 고-온/ 형사는 그 사건에 판단을 내리기 위한 확실한 물증이 별로 없었다.

go on = depend on 무엇 = 무엇에 따라 결정되다, 무엇에 달려있다

The lights went off.   /더라잇츠 웬오프/   불이 나갔어. (정전 됐어.)

    go off/out   =   고장나다

It will go off quickly in warm temperatures.   /잇 윌 고오프 퀵클리 인 웖 템
퍼러철스./   따뜻한 온도에선 빨리 상할 거예요.

    go off   =   become inedible   =   음식이 상하다

It's a time bomb. It will go off tonight.   /잇츠 어 타임밤. 잇 윌 고오프 트나잇/
이거 시한폭탄이야. 오늘 밤에 터지고 말 거야.

    go off   =   explode   =   폭발하다, 터지다, 총이 발사되다, 알람이 울리다
    The firework went off in his face. 불꽃놀이가 걔 얼굴에서 터졌어.

My English teacher went off on one because I called him "teacher".
/마이 잉글리시 티-쳐 웬오프 온 원 비코-즈 아이 콜드힘 티-쳐/
우리 영어선생님을 "teacher"라고 불렀더니 갑자기 엄청 화냈어.

    go off on one   =   갑자기 아주 화내다 (UK)

    한국과 일본에서는 선생님을 '선생님'이라고 부르는 게 예의지만, 영문화에서는 사람을
    그 사람의 직업으로 부르는 건 인격체에 대한 존중이 아니다. 선생님을 면전에서 부를 때
    엔 그 사람의 이름으로 부르자. 단, 교수님(Professor), 박사님(Doctor), 기사 작위를 받
    은 사람(Sir/Dame), 그리고 왕족(His/Her Majesty)은 예외다.

I went off Karen after noticing she's a gold digger.   /아이 웬토프 캐런 아프
터 노티씽 쉬즈어 골드디거/   캐런이 요물이라는 걸 알아채고는 난 걔에 대해 관심을 잃었어.

    go off 누구/무엇   =   누구/무엇을 좋아하지 않게 되다, 관심을 잃다 (UK)

    I went off beef burgers after studying a legal case on someone getting a brain
    damage from eating one. 누가 소고기 햄버거를 먹고 뇌 손상을 입었다는 법률 사례
    를 공부한 후로 소고기 햄버거를 안 좋아하게 됐어. My Law Professor joked whether
    you'd want a million dollars and a brain damage or a healthy brain and no
    compensation. 법대 교수님은 뇌 손상을 입고 10억 원을 받을 건지, 건강한 뇌를 갖고
    보상을 안 받을 건지 농담하셨지.

    gold digger   =   돈이나 비싼 물건을 받기 위해 이성을 사귀는 사람, 등쳐 먹는 사람

I'm going off to bed now.   /암 고잉 오프투 베드 나우/   나 이제 자러간다.

I had some allergy but it's going off now.   /아이 해드 썸 앨럴쥐 벋 잇츠 고잉
오프 나우/   알레르기가 있었는데 이제 가라앉고 있어.

    go off   =   점점 느껴지지 않다

Could you go over this once more? I'm still puzzled. /쿠쥬 고 오벌 디쓰 원
스 모얼? 암 스틸 퍼즐드/   한 번만 더 설명해주시겠어요? 아직 잘 이해가 안돼서요.

    go over   =   확인하다

She has gone over to Catholic. /쉬 해즈 간 오벌투 캐쏠릭/
그녀는 카톨릭으로 개종했어.

    go over   =   넘어가다

Would you go out with me? /우쥬 고아웃 위드미?/   나랑 데이트할래? (사귈래?)

    go out with 누구   =   누구와 사귀다

Let's go out for dinner. /렛츠 고 아웃 포 디너/   같이 저녁식사 해요.

    go out   =   집을 나와 사교적인 행사에 가다

    하루 세 끼 식사 중 저녁식사는 좀 다르다. 디너는 영문화에서 하나의 세련된civilised 문
    화다. 예를 갖춰 치르는 행사다. 영문화에서 formal dinner는 일상적으로 영양을 섭취하
    는 식사보다 격이 높은 행사다. 그래서 이를 위해 우아한 옷을 입고, 열 개의 포크, 나이프
    그리고 스푼cutlery을 바깥에서부터 순서대로 용도에 맞게 사용한다.

We have enough food to go round everyone. /위 해브 이너프 푸드 투 고 롸운
드 에브리원/   모두에게 돌릴 만큼 충분한 음식이 있는걸.

    go round   =   돌리다, 모든 사람에게 다 돌릴 만큼 (물자, 특히 음식이) 충분하다

**We tried to come up with a solution to provide them with supplies, but
we went round in circles.** /위 트롸이투 컴업위더 쏠루션 투프로바이드 뎀 윋 써플
라이즈 번 위웬트롸운드인 썰클스/   그 사람들에게 물자를 제공할 해결책을 의논했는데, 별
소득없이 시간만 낭비했어.

    go round in circles (UK) / go around in circles (US)   =   불필요한 일에 시간
    낭비하고 결과를 내기 위한 진전을 내지 않다, 뺑뺑돌다 (= go around and around)

    provide 누구 with 무엇   =   누구에게 무엇을 제공하다

I have gone through tough times. /아이 해브 간 쓰루 터프 타임스/
난 힘든 시간을 지나왔어.

go through = undergo, overcome = 역경을 극복하다

Although the world is full of suffering, it is also full of overcoming of it.
세상은 고통으로 가득하지만, 또한 고통을 이겨냄으로도 가득하지. [Helen Keller]

The Taxation Office went through all our records. /더 텍쎄이션 오피스 웬 쓰루 올 아월 레콜즈/ 세무서에서 모든 자료를 다 훑고 갔어. (세무조사받았어.)

go through = search thoroughly, examine methodically
= 자세히 조사하다

The sale of the property is set to go through. /더쎄일 오브더 프라펄티이즈 쎗투 고쓰루/ 그 재산의 매매 계약이 체결됐다.

go through = be officially approved = 공식적으로 승인되다

I went through with the military service, and nobody really cared but my father. So it's worth it. /아 웬쓰루 위더 밀리터리 썰비스 앤 노바디 륄리 케얼드 벗 마이 파더. 쏘 잇츠 월쓰잇/ 국방의 의무를 힘들게 수행했는데, 우리 아버지 빼곤 모두들 대수롭지 않게 여겼어. 아버지라도 자랑스러워하시니 가치 있는 일이야.

go through with = 힘들거나 하기 싫어도 결국 해내다

The IMF got a lot of businesses to go under, as well as people.
/디 아이엠에프 갓 어랏오브 비즈니쓰스 투 고 언더 애즈웰애즈 피플/
IMF는 많은 회사들과 사람들을 파산으로 몰아넣었지.

go under = 회사가 망하다(bankrupt), 죽다(die), 좌절하다(collapse)

Despite the scandal, the building has to go up. /디스파잇 더 스캔들 더 빌딩 해즈투 고 업/ 스캔들에도 불구하고 그 건물은 완공되어야 한다.

go up = 건물이 지어지다
despite = in spite of = 그럼에도 불구하고

He is a good man; he will feed the family well, even if he has to go without. /히 이져 굳 맨 히 윌 피-드 더 패밀리 웰 이븐이프 히 해즈투 고 위다웃/
그는 좋은 사람이야. 자기 것을 포기해야 하더라도 그는 자기 가족을 먹여 살릴거야.

go without = 없어도 살아가다, 없이 살아가다, 갖지 않다

Artists who don't love nature are fake. They don't create anything original, and what they want is money. True artists are those who can't go without creating. /알티스츠 후 돈트 러브 네이쳐 알 페이크. 데이돈트크리에잇 애니띵 오뤼지널 앤 왓데이 원트 이즈 머니. 트루 알티스츠알 도즈 후 캔트고 위다웃 크리에이팅/ 자연을 사랑하지 않는 예술가는 가짜다. 그들은 독창적인 걸 만들어 내지 않고, 이들이 원하는 건 돈이다. 진정한 예술가는 창작하지 않고는 못 배기는 이들이다.

I should probably get going. /아슈드 프롸버블리 겟 고잉/ 나 이제 가봐야겠어.

I would like a cup of long black and a brownie to go, please. /아우드라일어 컵오브 롱 블랙 앤어 브라우니 투고 플리즈/ 롱블랙 한 잔이랑 브라우니 테이크아웃이요.

> '가지고 나가다'라는 말은 영어로 세 가지가 있다: take away, take out, 그리고 to go. 나라마다 다른 말을 쓰는데, 영국, 호주, 뉴질랜드에서는 take away라고 말하고, 주로 미국, 캐나다, 필리핀에서 take out과 to go라 말한다. 영어의 원산지가 영국이듯, take away가 정확한 표현이다. Take out은 remove의 의미이기 때문이다.

Kids started going amok as soon as they got here. /킨즈 스탈티드 고잉 어먹 애즈쑨-애즈 데이 갓히얼/ 아이들은 여기 오자마자 난리를 피우기 시작했어.

> go amok/amuck = 통제가 불가능하게 행동하다, 난리치다

My overly protective boyfriend went after the guy who flirted with me. /마이 오벌리 프로텍티브 보이프렌드 웬트아프터 더가이 후 플럴티드 윋 미/ 보수적인 내 남자친구는 나에게 작업 건 남자를 잡으러 갔어.

> go after = 잡으러 쫓아가다
> 꼬시다, 작업걸다 = flirt with ≈ hit on (미국 북부에서 쓰는 표현)
> **Are you hitting on me?** 너 나한테 작업 거는 거니?

What goes next? /왓 고즈 넥스트?/ 이 다음엔 무슨 차례지?

> go = turn = 누구/무엇의 차례다

It does not matter how slowly you go, as long as you do not stop. /잇 더즈낫 매럴 하우 슬로울리 유 고 애즈롱애즈 유 두 낫 스탑/ 얼마나 천천히 가는지는 상관없다, 멈추지만 않는다면. [Confucius]

할거다

I am going to see the last page of this book. /암 고잉투 씨더 라스트 페이쥐 오브디쓰 북/ 난 이 책을 다 읽고야 말겠어.

I'm going to give this to my girlfriend.　/암고나 기브 디쓰 투마이 걸프렌드/
이거 여자친구 줄거야.

I'm going to take advantage of this opportunity and master my culinary skills.　/암고나 테익 어드밴티지 오브디쓰 아폴튜니티 앤 마스털 마이 컬리너리 스킬쓰/
이 기회를 잘 활용해서 이참에 내 요리실력을 완성할거야.

> 'I'm gonna'라고 발음을 이렇게 할 수 있지만, 글로 쓸 때는 친구끼리의 가벼운casual
> 문자나 댓글이 아니라면 I'm going to라고 쓰는 게 맞다.

어떤 상태에 이르다

It's going bad.　/잇츠 고잉 배-드/　상황이 나빠지고 있군.

> go bad　＝　나빠지다, 음식이 상하다

If you just read aloud this book every night, you can't go wrong.
/이퓨 져스트 뤼드 얼라우드 디쓰 북 에브리나잇 유 캔트 고 뤙/
그냥 이 책을 매일밤 소리 내어 읽으면 잘되지 않을 수가 없어.

> go wrong　＝　실수하다, 잘못되다

He's gone mad for it.　/히즈 간 매-드 폴잇/　이 친구 환장했구먼.

> mad　＝　미치다(mentally ill), 바보같다(silly, stupid), 화나다(angry)

I went back to sleep.　/아 웬 백투 쓸립/　다시 자러갔어.

We went into a trouble.　/위 웬인투 어 트뤄블/　우린 문제에 봉착했지.

I was going on nineteen when I started my first business.　/아워즈 고잉
온 나인틴- 웬아스탈티드 마이펄스트 비즈니스/　첫 사업을 시작했을 때 난 거의 19살이었어.

> going on　＝　어떤 시간/나이/양에 다다르다

Brazil went down 4–3.　/브라질 웬다운 폴 투 쓰리/　브라질이 4 대 3으로 졌어.

> go down　＝　be defeated　＝　대회에서 지다

어떻게 되다

My presentation went well.　/마이 프리젠테이션 웬ㅌ 웰/　내 PPT 잘 됐어.

All my good intentions went for nothing.   /올마이 굳 인텐션스 웬폴 낫띵/
내 좋은 의도가 모두 수포로 돌아갔어.

go for   =   결국 안 좋은 결과로 나오다

I hope everything goes well with you.   /아이 호-프 에브리띵 고즈 웰 위듀/
네게 좋은 일만 있길 바래.

go well   =   떠나는 사람에게 좋은 일이 있길 바란다는 덕담

She's really talented. I believe she is going places.   /쉬즈 륄리 탤런티드. 아
빌리-브 쉬즈 고잉 플레이쓰스/   걘 정말 타고난 재능을 지녔어. 꼭 성공할거라고 난 믿어.

누구 is going places   =   누구 will be successful   =   누가 잘 될 것이다
Blackpink is going places.   블랙핑크는 짱이야.
The Book of English is going places.   영어책은 잘 될거야.

It's going to be the best book, not by a little bit, but by a mile.
/잇츠 고잉투 비 더 베슷트 북 낫바이어 리를빗 벋 바이어 마일/
이건 가장 좋은 책이 될거야, 쬐끔 더 나은 책 말고, 훨씬 더 앞선 책이.

어울리다

Blue goes well with white or yellow.   /블루 고즈 웰 위드 와잍 오얼 옐로/
파랑색은 하얀색이나 노란색과 잘 어울려.

Pizza goes well with red wine.   /핏짜 고즈 웰 위드 레드와인/
피자는 레드와인이랑 먹으면 정말 맛있어.

Hate goes with the territory in being famous.   /헤잇 고즈 위더 테러토리 인
빙 페이머스/   유명한 사람이 되면 안티가 따라오는 건 당연한거야.

go with the territory = 무엇의 한 부분이다, 무엇에있어 당연하니 받아들여야 한다
Wisdom is knowing what to ignore. The premature can't.
지혜란 뭘 무시할지 아는 건데, 미성숙한 사람들은 그걸 못하지.

Just go with the flow.   /져스트 고 위더 플로우/   그냥 주변에 묻혀.

go with the flow   =   흐르는 대로 가다, 다른 사람들이 하는 대로 하다

작동하다

The alarm went five times. /디 얼라암 웬트 파이브 타임스/ 알람 다섯 번 울렸어.

After some trying, we got the thing going. /아프터 썸 트롸잉 위 갓 더 띵 고잉/
몇 번의 시도 끝에 그걸 고쳤어.

> get 무엇 going　　=　　무엇을 작동되게 하다

It has gone haywire. /잇츠 간 헤이와이어/　제대로 작동되지 않게 됐어.

> go haywire　　=　　제대로 작동하지 않다

Our company has been going for a century. /아월 컴퍼니 해즈빈 고잉 폴어
쎈츄리/　우리 회사는 100년 째 순항 중이야.

> has been going　　=　　has been in business　　=　　영업 중이다, 사업 중이다
> (반대로, '회사가 망하다'는 out of business)

Yet it's still going strong. /옛 잇츠 스틸 고잉 스트롱/　그치만 아직도 잘 되고 있어.

> going strong　　=　　오래되었지만 아직도 건재하다, 아직도 성공적이다

Our company has been private so far, but we have decided to go public.
/아월 컴퍼니 해즈빈 프라이빗 쏘 팔 벋 위해브 디싸이디드 투 고 퍼블릭/
우리 회사는 지금까지 사기업이었는데, 이번에 상장하기로 결정했어. (so far = 지금까지)

> go public　　=　　주식을 공개하다, 상장하다

Leave us alone and go about your business. /리-브 어쓰 얼론 앤 고어바웃 유
얼 비즈니스/　우릴 가만히 내버려두고 너 하던 일이나 계속 하세요.

> go about your business　　=　　평소에 하던 일을 계속 하다
> leave 누구 alone　　=　　누구를 가만히 내버려두다 (무례한 말)

My former boss said I was no good at mass market. It got me going.
/마이 포-머 보쓰쎄드 아워즈 노 굳 앳 매쓰 말켓. 잇 갓미 고잉/
내 예전 회사 대표님은 내가 대중 시장에 맞지 않는다고 말했지. 그 말에 오기가 생겼어.

> get 누구 going　　=　　누구를 흥분하게 하다 (화나게 하다/성적으로 흥분하게 하다)

I'm full of go today!   /암 풀 오브 고 트데이!/   나 오늘 컨디션 최상이야!

    go   =   energy (움직이려면 에너지가 있어야 하니까)

You seem (to be) always on the go.   /유 씸 올웨이즈 온더 고/   넌 항상 바빠보여.

    be on the go   =   바쁘고 활동적이다
    seem   =   어떻게 보이다

They have so much going for them.   /데이해브 쏘 머취 고잉 폴덤/
쟤네한테 유리한 점이 많아.

    have going for 누구   =   누구에게 유리하다, 이점이다

I survived on very little overseas, so at least I have that going for me. So I can venture into new fields.   /아이 썰바이브드온 붸리 리틀 오벌씨-즈 쏘 앳 리-스트 아해브 댓 고잉 폴미. 쏘 아캔 벤철 인투 뉴 필즈/   해외에 살 때 정말 적은 돈으로도 살아남았기에 적어도 그거 하난 나에게 강점이야. 덕분에 새로운 분야에 도전해 볼 수 있으니까.

Taste goes a long way in deciding how your life is going to be. If you're classy, you don't do ugly things.   /테이스트 고즈어 롱-웨이 인 디싸이딩 하우유얼 라이프 이즈고잉투비. 이퓨알 클라씨 유돈트 두 어글리 띵스/
네 인생이 결정되는데 취향은 큰 역할을 해. 세련된 사람은 추한 짓을 하지 않지.

    go a long way in doing 무엇   =   무엇을 이루는데 영향을 끼치다

기여하다

All my efforts go to show how much I love her.   /올마이 에폴츠 고루 쑈 하우 머취 아이 럽헐/   나의 모든 노력은 내가 얼마나 그녀를 사랑하는지 보여주기 위함이야.

    go to show 무엇 = go to prove 무엇 = 무언가를 입증하기 위해 기여하다,
증거가 되다

The honour goes to my family and friends who have been supporting me all along.   /디 아-너 고즈투 마이 패밀리 앤 프렌즈 후 해브빈 썹폴팅 미 올 얼롱/
이 영광은 지금까지 저를 지원해주신 가족과 친구들에게 돌리겠습니다.

일어나다

We tried for hours to get it to work, but it was a no go.   /위 트롸이드 폴
아월스 투 겟잇투 월크 벋 잇 워져 노 고/   몇 시간을 이게 되도록 시도했는데, 안됐어.

      be a no go   =   be no go   =   안 되다, 일어나지 않다, 불가능하다
      Our efforts went for nothing.   우리의 노력이 헛수고로 돌아갔어.

Drink and drive must not go together.   /드링크 앤 드롸이브 머쓰낫 고 트게더/
음주와 운전은 절대로 함께 해선 안돼.

**Not everyone knows about the deadly health problems that go with
breathing in smog.**   /낫 에브리원 노우즈 어바웃 더 데들리 헬쓰 프라블럼스 댓 고위드
브리-딩 인 스목/   미세먼지를 마시는건 생명을 위협한다는 걸 모두가 알지는 않은 것 같아.

**The same goes with smoking. It's simply poison. Only the uneducated
smoke.**   /더 쎄임 고즈위드 스모킹. 잇츠 씸플리 포이즌. 온리디 언에듀케이틷 스모-ㅋ/
흡연도 마찬가지지. 그건 그냥 독이야. 교육 수준이 낮은 사람들만 담배를 펴.

Great intelligence often goes hand in hand with great reading habits.
/그뤠잇 인텔리견쓰 오픈 고즈 핸드인핸드 위드 그뤠잇 뤼딩 해빗츠/
위대한 지성은 주로 위대한 독서 습관과 함께 하지.

      go hand in hand with   =   함께 일어나다, 두 가지/사람이 아주 긴밀하다

      Sejong was an avid reader.   세종은 책을 닳을 때까지 읽었다고 해.
      Books permit us to voyage through time, to tap the wisdom of our ancestors.
      책은 우리 선조의 지혜를 추출하며 시간을 항해할 수 있게 한다. [Carl Sagan]

공격하다

The dog went for the guy.   /더독 웬포더 가이/   그 개가 그 사람을 공격했어.

      go for 누구   =   누구를 공격하다 (UK)

He goes at things with great vigour if he thinks it's valuable to him.
/히 고즈 앳 띵스 위드 그뤠잇 비-걸 이프 히 띵스 잇츠 밸류어블 투 힘/
걔는 무언가가 자기에게 가치있다고 생각하면 엄청난 에너지로 그것에 임해.

      go at   =   열정적으로 공격하다

I heard you had a go at him the other night. /아 헐듀 햅어 고앳힘 디아더나잇/
며칠 전 밤에 네가 그 녀석 때렸다고 들었어.

> have a go at 누구　＝　attack, criticise　＝　누구를 공격하다, 비판하다

시작하다 / 시도하다

Can I have a go? /캔아이 해버 고?/　한번 해봐도 돼요?

> go　＝　start using, try out　＝　사용해보다, 시도해보다, (탈것을) 몰아보다
> Can I have a go on your bike? 네 자전거 타봐도 돼?

Let me have a go at fixing it.　/렛미 해버 고 앳 픽싱잇/　내가 한번 고쳐볼께.

You cannot do the work all in one go.　/유 캔낫 두더월크 올 인 원 고/
모든 일을 한 번에 다 할 수는 없어.

> all in one go　＝　all at the same time　＝　한 번에 모두

She went too far.　/쉬 웬트 투- 팔-/　그 친구 선을 넘었어.

> go too far　＝　다른 사람들이 짜증낼 정도로 행동하다 (선 넘다)
> ＝　cross the line (사회적으로 용인되기 어렵게 행동하다)

I've never tried yoga before, but I'm willing to have a go.　/아이브 네버
트롸이드 요가비포얼 벋암 윌링투 해버고/　요가는 한 번도 해 본 적 없지만 해 볼 의향은 있어.

> go　＝　start doing, attempt　＝　무엇을 하는 걸 시작하다, 시도하다

He's really making a go of his new ventures.　/히즈 륄리 메이킹어 고 오브히즈
뉴 벤철스/　그의 새 도전/사업에 성공하려고 그는 오진 노력을 다하고 있어.

> make a go of 무엇　＝　try 무엇 hard　＝　무엇을 성공하고자 노력하다

He often goes to great lengths to make a difference.　/히오픈 고즈투 그뤠잇
렝쓰 투 메잌어 디퍼런스/　남들과는 급이 다른 결과를 내기 위해 그는 엄청난 공을 들이곤 해.

> go to great lengths　＝　go to any lengths　＝　굉장한 노력을 기울이다

He will go to any lengths to achieve his visions.   /히 윌 고투 애니 렝쓰 투
어취-브 히즈 비젼스/   그의 비전을 실현하기 위해 그는 무엇이든 할거야.

어떤 내용이다

The story goes like this.   /더 스토뤼 고즈라익 디쓰/   그 이야기는 이런 내용이야.

The song goes like this.   /더 쏭 고즈라익 디쓰/   그 노래는 이래. (들려줌.)

Korean or Chinese names are usually hard to pronounce in English.
So they go by any name they like that is easy to pronounce.   /코뤼안 오
얼 촤이니즈 네임스알 유쥬얼리 할투 프러나운쓰 인 잉글리쉬. 쏘 데이 고바이 애니 네임 데이
라일 댓이즈 이-지 투 프러나운쓰/   한국과 중국 이름들은 영어로 발음하기 어려운 게 많아.
그래서 그들은 영어로 발음하기 쉬운 어떤 이름이든 선택해 그렇게 불리는 편이야.

go by   =   go under   =   어떤 이름으로 불린다, 알려졌다

I go under the name Aureo in Australia. Most pronounce it "Oreo", but
some educated ones who know Italian or Spanish call me "Ah-uu-reo".
/아이 고 언덜더 네임 오레오 인 오스트뤨리아. 모슷트 프러나운씻 오레오 벋썸 에듀케이티드
원스 후 노우 이탈리안 오얼 스패니쉬 콜미 아우레오/   난 호주에서 아우레오라는 이름으로
통해. 대부분이 "오레오"라고 발음하지만 이탈리아어나 스페인어를 아는 사람들은 "아우레오"
라고 불러.

말하다

"It's my specialty to simplify complicated matters", Elizabeth goes.
/잇츠 마이 스페셜티 투 씸플리파이 컴플리케이티드 매럴스 엘리쟈베쓰 고-즈/
"복잡한 문제를 단순화시키는 일은 내 전문이지", 라고 엘리자베스가 말한다. (왈)

go   =   say   =   말하다 (이야기를 들려줄 때)

It goes without saying that you love her.   /잇 고즈 위다웃 쎄잉 댓 유 러브 헐/
네가 그녀를 사랑한다는 건 너무나 뻔해.

go without saying   =   obviously true   =   말하지 않아도 다 알다

시간이 흐르다

We have a month to go to prepare all this. /위 해버 먼쓰 투고 투 프리페얼 올 디쓰/ 이걸 다 준비하는데 우리에겐 한 달이 있어.

We had a great time, but it went so quickly. /위 해더 그뤠잇 타임 벋 잇 웬트 쏘 퀵클리/ 우린 정말 좋은 시간을 보냈어. 시간이 너무 빨리 가서 아쉽다.

Today is the only day. Yesterday is gone. /트데이 이즈디 온리 데이. 예스털데 이즈 간/ 어제는 이미 지나갔다. 중요한 날은 오늘이다.

원래 있던 자리에 두다

Where does this go? /웨얼 더즈 디쓰 고?/ 이거 자리가 어디야?

I'll put it all away if you tell me where everything goes. /아일 풋잇 올 어 웨이 이퓨 텔미 웨얼 에브리띵 고즈/ 놓을 자리가 어딘지 말해주면 내가 다 정리할께.

This painting will go facing my bed. I think I will appreciate the positive energy every morning when I wake up. /디쓰 페인팅 윌 고 페이씽 마이 베드. 아 띵크 아일 어프리시-에잇 더 파지티브 에널쥐 에브리모닝 웬아 웨익업/ 이 그림 은 내 침대를 마주보도록 놓일거야. 아침에 일어날 때마다 이 좋은 기운을 받을 수 있게 말야.

> Appreciate이 가치를 온전하게 인지한다recognise는 의미이듯, "I appreciate it"이라 말하면 뻔한 "Thank you"보다 더 의미있는 말이다. "고마워요"라는 단편적인 한마디보 다 "이게 얼마나 소중한지 알고 그래서 내가 이를 고맙게 느낀답니다" 쯤 되는 깊은 의미 를 함축한 말.

팔리다

Garage Sale: We are moving overseas - everything must go.
/개러쥐 쎄일 위알 무빙 오벌씨즈 에브리띵 머스트 고/
차고 세일: 해외로 이사 갑니다 - 모든 게 정리되어야 해요.

> 단독주택에 주로 사는 영문화에선 집집마다 차고가 있는 편이고, 도로를 지나다보면 차 고에 물건을 쌓아 두고 "Garage Sale" 사인을 붙여 놓은 곳을 종종 볼 수 있다.

She likes to grab things that are going cheap. So she ended up buying all kinds of stuff from kitchen tools, exercise equipments, beauty products, stationery, and to foods that she couldn't finish herself.
/쉬 라익스투 그랩 띵스 댓알 고잉 칩-. 쏘 쉬 엔딩업 바잉 올 카인즈 오브 스터프 프롬 킷친 툴 쓰 엑썰싸이즈 이큅먼츠 뷰티 프롸덕츠 스테이셔너리 앤투 푸-즈 댓 쉬 쿠든트 피니쉬 헐쎌프/
그녀는 세일하는 물건을 사길 좋아해. 그래서 주방용품부터 운동기구, 화장품, 문구용품, 그리고 그녀가 다 먹기엔 너무 많은 양의 음식에 이르기까지 별의 별 물건을 다 사고 말았어.

> going cheap = 가격이 떨어지다

한글이나 영어나 열거를 할 때 마지막 열거하는 것의 바로 앞에는 '그리고 and'를 넣는다. 그런데 이 and 앞에 콤마(,)를 넣는 사람들도 있는데, 이 콤마를 Oxford comma라고 한다. 영국의 서울대쯤 되는 옥스포드를 나온 사람들이 영어의 정확한 사용을 위해 군이 이렇게까지 쓴다고 하여 붙여진 이름이다. 콤마를 쓰든 안 쓰든 둘 다 맞다. 언어는 수학이 아니기 때문에, 이런 문법적 요소보다는 언어적 감으로, 구분해주거나 쉬어줘야 할 곳에 콤마를 잘 이용하는게 더 중요하다. 언어는, 말하자면, 사랑이다.

This lot will go to the highest bidder. /디쓰 랏 윌 고투더 하이스트 비더/
이 경매물품은 최고가 입찰자에게 팔릴겁니다.

> lot = item, article = (경매auction에서) 물품
> bid = 입찰하다

숫자를 나누다

Five goes into twenty-five, five times. /파이브 고즈 인투 트워니파이브 파이브 타임스/ 25는 5로 5번 나뉘어진다.

> go into = dividing without a remainder = 남은 수 없이 나누어지다

Three will go into nine. But three into eight won't go. /쓰리 윌 고인투 나인. 벋 쓰리 인투 에잇 원트 고/ 9는 3으로 완전히 나누어져. 그런데 8은 3으로 나눠지지 않아.

6 goes into 541, roughly about 90 times. Which means, if you read 6 pages a day, you can read this book up in 3 months. /씩스 고즈인투 파이 브헌드뤧 포티원 러플리 어바웃 나인티 타임스. 위치민-즈 이퓨 뤼드 씩스 페이쥐스 어 데이 유 캔 뤼드디쓰북 업 인 쓰리 먼쓰/ 541은 6으로 대충 90 정도 나누어져. 그 말인즉, 하루에 6쪽을 읽으면 3달 안에 이 책을 다 읽을 수 있어. (up = 완전히)

come

come - came - come

오다	발생하다	차지하다
move towards 'me'	happen	take a position
	occur	
	take place	

어떤 상태에 이르다	팔리다	절정을 느끼다
reach	be sold	have an orgasm
be brought to		

오다

Come to me.   /컴 투 미/   내게로 와.

Come over here!   /컴 오벌 히얼!/   이리로 넘어와!

Are you coming at all?   /알 유 커밍 앳올?/   오긴 오는거야?

I came, I saw, I conquered.   /아이 케임 아이 쏘- 아이 컹퀄드/
왔노라, 보았노라, 이겼노라. [**Julius Ceasar**]

줄리어스 시저가 로마 원로원에게 보낸 편지에 써서 유명해진 라틴어 "Veni, vidi, vici" 의 영어 번역문은 '빠르고 종결적인 승리'를 이야기할 때 인용된다.

Are you coming with me?   /알 유 커밍 위드미?/   나랑 같이 갈래?

A: I came to ask you a favour.   /아케임투 아슥큐 어 페이버/   부탁하나 하러 왔어.

B: I thought as much.   /아쏱트 애즈머취/   그럴 줄 알았어.

　　I thought as much   =   누가 한 말/일에 대해 놀라지 않았음을 말할 때

I've come across a friend of mine on the way here.   /아이브 컴어크로쓰 어 프렌도브 마인 온더 웨이 히얼/   여기 오는 길에 내 친구를 만났어.

　　come across   =   우연히 마주치다

Don't come too near me. You might catch my cold.   /돈ㅌ 컴 투- 니얼 미. 유 마잇 캣취 마이 콜드/   나한테 너무 가까이 오지마. 내 감기를 옮을지도 몰라.

Watch out! There's a bike coming behind you!   /왓챠웃! 데얼스어 바일 커밍 비하인쥬!/   조심해! 뒤에 자전거 오고 있어!

Kindness really comes back.   /카인드니스 륄리 컴즈 백/   친절은 정말 돌아와.

Don't grieve. Anything you lose comes round in another form.
/돈ㅌ 그뤼-브, 애니띵 유 루-즈 컴즈 롸운드 인 어나더 폼/
슬퍼하지마. 네가 잃는 모든 것은 또다른 형태로 되돌아오니까. [Rumi]

A: How do you like your coffee?   /하우두유 라익유얼 커퓌?/   어떤 커피 드릴까요?

B: Oh, as it comes.   /오 애즈 잇 컴즈/   뭐든 좋아요. 알아서 해주세요.

　　바텐더나 바리스타가 음료를 어떻게 해줄지 물어볼 때 "as it comes"라고 대답하면 어떻게 해주든 상관없다는 말.

A: How did you come here?   /하우 디듀 컴 히얼?/   여기 어떻게 왔어?

B: I came by train.   /아이 케임 바이 트뤠인/   기차타고 왔지.

　　by   =   1. 옆 2. 수단 3. 동안에 4. 언제까지 5. 만큼 6. 근거 8. 관계 9. 맹세 10. 매개 11. 누구/무엇에 의해 (photographed by 누구) 12. 곱하기 13. 단위 14. 어디에

A: Did she come on time?　　/딛쉬 컴 온 타임?/　　그애 제 시간에 오든?

B: As if!　　/애즈 이프!/　　걔가 설마 그러겠어!

　　　　As if (that is possible)　　=　　그게 가능하다고 생각치 않는다는 말

When it comes to posting anything on social media, it is better to err on the side of caution.　　/웬잇컴즈투 포스팅 애니띵 온 쏘셜미디아 잇츠 베럴투 얼 온 더 싸이도브 코-션/　　SNS에 뭘 올릴 때엔 한번 더 신중하는게 좋아.

　　　　when it comes to 누구/무엇　　=　　누구/무엇에 관해서는
　　　　err on the side of caution　　=　　위험을 무릅쓰는 것보단 더 조심하는게 좋다

Knowledge comes (and goes), but wisdom lingers.　　/날리쥐 컴즈 벋 위즈 덤 링걸스/　　지식은 오고 가지만, 지혜는 남는다. [Alfred, Lord Tennyson]

Come here, I'll show you something special.　　/컴 히얼 아일 쑈유 썸띵 스페셜/ 이리 와봐, 내가 좀 특별한 걸 보여줄게.

Good things come in small package.　　/굿 띵스 컴인 쓰몰 패키쥐/ 좋은 것은 굳이 클 필요 없지. [속담]

We're throwing a party in our place. Can you come?　　/위알 쓰로윙 어 파리 인 아월 플레이쓰. 캔유 컴?/　　우리집에서 파티하는데, 올 수 있어?

　　　　throw a party　　=　　have a party　　=　　파티를 열다 (주최하다)

Success isn't always about greatness. It's about consistency. Consistent hard work leads to success. Greatness will come.　　/썩쎄쓰 이즌ㅌ 올웨이즈 어바웃 그뤠잇니쓰. 잇츠 어바웃 컨씨스턴씨. 컨씨스턴트 할드 월크 리-즈 투 썩쎄쓰. 그뤠잇니 쓰 윌 컴/　　성공은 항상 대단함에 대한 것만은 아냐. 지속성에 대한거야. 계속된 노력이 성공 으로 이어져. 비범함은 따라오는거야. [Dwayne Johnson]

　　　　The foundation stones for a balanced success are honesty, character, integrity, faith, love and loyalty.
　　　　조화로운 성공의 기반은 솔직함, 인격, 정직함, 믿음, 사랑 그리고 신의다. [Zig Ziglar]

Success usually comes to those who are too busy to be looking for it. /썩쎄쓰 유쥬얼리 컴즈 투 도-즈 후알 투- 비지 투비 룩킹 폴잇/ 성공은 주로 성공을 좇기엔 너무 바쁜 사람들에게 오지. [Henry David Thoreau]

Happiness does not come from doing easy work but from the afterglow of satisfaction that comes after the achievement of a difficult task that demanded our best. /해피니쓰 더즈낫 컴 프럼 두잉 이-지 월크 벋 프럼 디 아프터글로우 오브 쌔티스팩션 댓 컴즈 아프터 디 어취-브먼트 오브어 디피컬트 타스크 댓 디맨디드 아월 베스트/ 행복은 쉬운 일을 하는데서 오는 게 아니라, 우리가 최선을 다해야했던 어려운 일을 해낸데서 오는 만족감에서 오는 것이다. [Theodore Isaac Rubin]

I came out for fresh air as though I stayed at work for too long.
/아이 케임아웃 폴 프레쉬 에얼 애즈도우 아이 스테이드 앳 월크 폴 투- 롱/
별거 하지도 않았지만 그냥 바람좀 쐬러 나왔어.

> come out   =   밖으로 나오다
> as though 무엇   =   as if 무엇   =   무엇인 것처럼

I come from a family of artists and scholars, who care for integrity and dedication, as well as love and respect. /아이 컴 프럼 어 패밀리 오브 알티스츠 앤 스칼랄스 후 케얼 폴 인테그리티 앤 데디케이션 애즈 웰 애즈 러브 앤 뤼스펙트/ 저희 집안은 예술가와 학자 집안이에요. 우리 가족은 높은 도덕적 기준과 헌신, 그리고 사랑과 존중을 가치롭게 여기지요.

> Integrity는 '정직', '높은 도덕적 잣대', '완전한 본래의 상태' 등의 사전적 의미보다 훨씬 크고 깊은 말이다. 이런 추상적인 개념을 이해하는 방법은 이 개념을 담은 사람들의 말들을 들어보는게 효과적이다:
> With integrity, you have nothing to fear, since you have nothing to hide. With integrity, you will do the right thing, so you will have no guilt.
> Integrity를 지킨다면 당신은 두려울게 아무것도 없다. 감출 게 아무것도 없기 때문이다. Integrity와 함께라면 당신은 옳은 일을 할 것이다. 죄책감이 없을 것이기 때문이다. [Zig Ziglar]

> Be impeccable with your word. Speak with integrity. Say only what you mean. Avoid using the word to speak against yourself or to gossip about others. Use the power of your word in the direction of truth and love.
> 당신의 단어 선택에 완벽을 기울이라. 정직하게 말하라. 진정성있는 말만 입밖으로 내뱉으라. 자신에게 반하는 말이나 다른 사람들을 뒷담화하는 말을 삼가라. 당신의 말의 힘을 진리와 사랑을 위해 쓰라. [Don Miguel Ruiz]

The greatness of a man is not in how much wealth he acquires, but in his integrity and his ability to affect those around him positively.
한 남자의 위대함은 얼마나 많은 재력을 가졌는가에 있지 않고, 그의 정직함과 그의 주변에게 긍정적인 영향을 줄 수 있는 능력에 있다. [Bob Marley]

The artist is a receptacle for emotions that come from all over the place; from the sky, from the earth, from a scrap of paper, from a passing shape, from a spider's web.　/디 알티스트 이즈어 리쎕터클 폴 이모-션스 댓 컴 프롬 올 오벌 더 플레이쓰 프롬 더 스카이 프롬 디 얼쓰 프롬 어 스크랩 오브 페이퍼 프롬 어 파씽 쉐잎 프롬 어 스파이덜스 웹/
예술가는 모든 곳으로부터 나오는 감정들을 담는 하나의 저장소다. 하늘로부터, 땅으로부터, 종이 한 조각으로부터, 지나가는 물체의 모양으로부터, 거미줄로부터. [Pablo Picasso]

We come to church or art gallery not to hide our problems but to heal them.　/위 컴투 철취 오얼 알트 갤러뤼 낫 투 하이드 아월 프롸블럼스 벋 투 힐- 덤/
우린 교회나 미술관에 우리의 고민들을 감추러 가는 게 아니라 치유하러 간다.

Most things in life come as a surprise.　/모스트 띵스 인 라이프 컴 애즈 어 썰프라이즈/　삶의 대부분의 일들은 예고도 없이 갑작스레 찾아오지.

You can't stay in your corner of the forest waiting for others to come to you. You have to go to them sometimes.　/유 캔트 스떼이 인 유얼 코-널 오브더 포레스트 웨이팅 폴 아덜스 투 컴 투 유. 유 해브투 고루뎀 썸타임스/　너에게 사람들이 찾아올 거라 기대해선 안 돼. 때론 네가 직접 그들을 찾아가야 해. = **Be proactive.**

We heard a car coming.　/위 헐드 어 칼 커밍/　차가 오는 소리 들었어.

My suitcase hasn't come out yet.　/마이 숱 케이쓰 해즌 컴아웃 옛/
내 캐리어(여행가방)가 아직 안나왔어.

> "캐리어"는 물론 잘못 쓰이는 말. 여행용 가방은 suitcase, baggage, luggage, trunk라고 한다. 나라마다 사람마다 쓰는 말이 있는데, 그에 맞춰 말하면 된다. Carrier bag은 상점에서 주는 종이가방이나 비닐봉지를 말한다. 공항에 끌고 가는 여행가방은 아니다.

If you're ever in Melbourne, come and visit us.　/이퓨알 에벌 인 멜번 컴 앤 비짓 어쓰/　멜번에 오게 되면 우리집에 꼭 들르렴.

My dear friend came to see me.　/마이 디얼 프렌드 케임 투 씨- 미/
내 소중한 친구가 날 보러 와줬어.

Has he come yet?　/해즈 히 컴 옛?/　그가 왔나요?

It's very kind of you to come all the way to comfort me.　/잇츠 베릭 카인드 오브 유 투 컴 올더웨이 투 컴폴트 미/　날 위로해주기 위해 여기까지 와주다니 정말 고마워.

162

Trust is hard to come by. That's why my circle is small and tight. I'm kind of funny about making new friends. /트러스트 이즈 할투 컴바이. 댓츠 와이 마이 썰클 이즈 쓰몰 앤 타잇. 암 카인다 퍼니 어바웃 메이킹 뉴 프렌즈/ 신뢰는 어렵게 쌓여. 그래서 난 친구가 몇 안 되지만 아주 가깝지. 내가 새로 사람을 사귀는 걸 보면 웃겨. [Eminem]

    come by   =   얻다

Change will not come if we wait for some other person or some other time. We are the ones we've been waiting for. We are the change that we seek. /췌인지 윌낫 컴 이프 위 웨잇폴 썸 아더 피플 오얼 썸 아더 타임. 위 알 디 원즈 위브빈 웨이팅 포. 위 알 더 췌인지 댓 위 씩-/ 다른 사람이나 다른 때를 기다린다면 변화는 오지 않습니다. 우리 자신이 바로 우리가 기다리던 그 사람이에요. 우리가 바로 우리가 찾는 변화입니다. [Barack Obama]

If there is any of you feeling unwell, please come forward.
/이프 데얼이즈 애니 오브 유 필링 언 웰 플리-즈 컴 포월드/
너희들 중에 아픈 사람이 있으면 앞으로 나오렴.

Here comes the music. /히얼 컴즈 더 뮤직/ 이제 음악이 나오는군.

Come and dress yourself in love. Let the journey begin.
/컴 앤 드뤠스 유얼쎌프 인 러-브. 렛 더 졀니 비긴/
이리와서 사랑을 입거라. 그 아름다운 여정이 시작되게 하렴. [Francesca da Rimini]

I will come for you at six. /아윌 컴 폴유 앳 씩스/ 널 데리러 6시에 올게.

I can come and pick you up if you like. /아캔 컴 앤 픽 유 업 이퓨라익/
네가 원한다면 널 데리러 올 수 있어.

The truth is that stress doesn't come from your boss, your kids, your spouse, traffic jams, health challenges, or other circumstances. It comes from your thoughts about these circumstances. /더 트루쓰 이즈댓 스트뤠쓰 더즌트 컴 프롬 유얼 보스 유얼 킷즈 유얼 스파우즈 트뤠픽 젬스 헬쓰 췔린쥐스 오얼 아더 썰컴스탠쓰스. 잇 컴즈 프롬 유얼 쌋-츠 어바웃 디즈 썰컴스탠쓰스/ 진실은 말야, 스트 레스는 너의 상사로부터, 자식들로부터, 배우자로부터, 교통체증, 건강문제, 혹은 다른 외부적 요인에서 오는게 아니란다. 스트레스는 그들에 대한 너의 **생각**에서 오는거야.
[Andrew J. Bernstein]

When does the package come?   /웬 더즈 더 패키쥐 컴?/   택배 언제 와요?

He came into my life, and everything changed.   /히 케임 인투 마이 라이프
앤 에브리띵 췌인쥐드/   그가 내 인생에 들어오고 나선 모든게 변했지.

> come into 어디   =   어디로 들어가다/들어오다

They saw a guy come out of their house while they were away.
/데이 쏘- 어 가이 컴 아웃오브 데얼 하우스 와일 데이월 어웨이/
그분들이 집을 비운 사이 어떤 낯선 남자가 그분들의 집에서 나오는 걸 목격했다.

> come out of 어디   =   어디에서 나오다

Shortly, they came after the guy.   /숄틀리 데이 케임 아프더 더가이/
곧바로 그 사람들은 그 남자를 쫓아갔어.

> come after 누구   =   누구를 쫓아가다

Someone is coming to have a look at the leak.   /썸원 이즈 커밍 투 해버 룩 앳
더 릭-/   누가와서 누수를 봐주기로 했어.

**Strength does not come from winning. Your struggles develop your
strengths. When you go through hardships and decide not to surrender,
that is strength.**   /스트렝쓰 더즈낫 컴프롬 위닝. 유얼 스트러글쓰 디벨롭 유얼 스트렝
쓰. 웬 유 고쓰루 할드쉽스 앤 디싸이드 낫투 써렌더 댓 이즈 스트렝쓰/
강인함은 이기는 데서 오지 않는다. 힘든 상황에서 벗어나려는 부단한 노력이 강인함을 기른다.
힘든 시기를 지날 때 굴복하지 않겠다고 마음을 다진다면, 그게 바로 강인함이다.
[Arnold Schwarzenegger]

Gimmicks come and go. Only the classy last.   /기믹스 컴 앤 고. 온리 더 클라
씨 라-스트/   단시간에 이목을 끌기 위해 만들어진 것들은 금방 사라져버려. 세련되고 기품
있는 것들만이 오래 남지.

> come and go   =   잠깐 존재했다가 사라지다

Classy는 기품있고 우아한 취향과 태도를 말한다. 태도는 영문화에서 아주 중요하다. 더
좋은 태도를 지닌 사람이 더 존중을 받게 되고, 사회에서 더 높은 지위에도 오르는 게 일
반적이다. Classy를 옷으로 예를 들면 〈해리포터〉의 무도회 장면에서 해리가 입은 옷이
classy하다. Classy를 최고급 자동차로 예를 들면 롤스로이스가 classy한 반면, 벤틀리
는 brassy(저속하리만치 화려한tastelessly showy)하다. [Vicki Butler-Henderson]

패션에서도 'over the top(투머치)'이 저급해보이듯, classy는 취향을 너머 태도를 다루는 말이다. 있어도 드러내지 않고, 없어도 상스럽지 않은 태도다. 굵은 골드체인 목걸이는 brassy도 아니고 vulgar(없어보이는, 상스러운)라고 여긴다.

A South Korean company came from behind to beat the American.
/어 싸우스 커뤼안 컴퍼니 케임 프롬 비하인드 투 빝- 디 어메리칸/
뒤따라오던 한 한국 기업이 그 미국 회사를 제쳤다.

      come from behind   =   뒤에서 오다   =   지고 있다가 이기다

A: So I'm going to drive?   /쏘 암 거나 드롸이브?/   그럼 내가 운전한다?

    운전하다   =   drive, behind the wheel
    He's a different person when he's behind the wheel. 갠 운전할 때 다른 사람이야.

B: Come off it, you didn't sleep last night. Are you going to kill us all?
/컴 오프잇 유 디든ㅌ 쓸맆- 라슷트 나잇. 알유 거나 킬 어쓰 올?/
말도 안 돼, 너 어제 밤새웠잖아. 우릴 다 죽일 셈이야?

    come off it   =   네 말에 동의하지 않아, 네 말을 믿지 못하겠어

A: But I'm okay!   /벋 암 오케이!/   그치만 난 괜찮아!

B: No you're not. Come to that, your eyes are bloodshot.   /노 유알 낫. 컴
투댓, 유얼 아이즈 알 블러드샷/   아니, 그렇지 않아. 사실 네 눈이 충혈됐어.

    come to that   =   in fact   =   사실은
    bloodshot   =   충혈된

I may be a cautious driver, come what may, we will get there.
/아 메이비 어 코-셔스 드라이버 컴 왓 메이 위 윌 겟데얼/
내가 좀 느리게 운전하긴 해도 어쨌든 우린 잘 도착할 거야.

    come what may   =   whatever happens   =   무슨 일이 있던간에

I have come up with a solution: let's stay overnight at a hotel.
/아이 헤브 컴업 윋어 쏠루션 렛츠 스테이 오벌나잇 앳어 호텔/
내가 해결책을 생각해냈어. 호텔에서 하룻밤 묵자.

    come up with   =   아이디어나 계획을 생각해내다, 제안하다

I have come up against some troubles. Could you help me out? /아해브 컴업 어게인스트 썸 트러블스. 쿠쥬 헬미아웃?/   나 문제가 좀 생겼어. 나 좀 도와줄래?

> come up against   =   문제를 해결해야 하게 되다

I will be happy appreciating it for the years to come! /아월비 해피 어프 리쉬에이팅잇 폴더 이얼스 투 컴!/   이걸 두고두고 소장하며 기뻐할거야.

> the 기간 to come   =   앞으로 다가올 기간

Don't come the cheeky little brat with me! /돈ㅌ 컴더 취키 리를 브랫 윗미!/ 나한테 말썽쟁이 꼬마애처럼 굴지마!

> come the 무엇   =   pretend to be 무엇   =   무엇인 척 하다
> cheeky   =   유쾌한 쪽으로 예의없이 행동하는
> brat   =   badly behaving child/kid   =   말 안 듣는 말썽쟁이 어린아이
> (상황에 따라 경멸적이거나 유머러스한 말이니 신중히 말하기.)

Come round tonight and I'll make ramyun for you. /컴 롸운드 트나잇 앤 아일 메익 라면 폴유/   오늘밤 우리집에 와서 라면 먹고 가.

> come round   =   visit 누구의 home   =   누구의 집에 오다

Have you come round to thinking it doesn't matter? /해뷰 컴롸운 투 띵킹 잇 더즌ㅌ 매터?/   이제 이게 상관없다고 생각하게 된 거야?

> come round   =   change 누구의 mind
> =   생각을 바꾸다 (주로 다른 사람의 영향으로)

It was cleaned up when I came back. /잇 워즈 클린덥 웬 아 케임 백/ 내가 돌아왔을 때 깨끗하게 정리되어 있었어.

> clean up   =   깨끗이 치우다, 깨끗이 씻다, 정리하다
> come back   =   돌아오다

They are coming under pressure to do something about it. /데이알 커밍 언덜 프뤠쎠 투 두 썸띵 어바우릿/   그분들 대책마련에 대한 압박을 느끼고 있어.

> come under 무엇   =   갑자기 무엇을 겪게 되다

I had some difficulties, like life is about, but I came through.
/아 해드 썸 디피컬티-즈 라일 라이프 이즈 어바웃 벋 아이 케임 쓰루-/
힘든 일들이 있었지, 인생이 그렇듯 말야, 그치만 난 이겨내고 해냈어.

come through = 뚫고 오다 = succeed in a difficult situation
= 어려움 속에서 성공하다

Has the visa come through yet? /해즈 더 비자 컴쓰루 옛?/ 비자 아직이야?

come through = receive = 받다

Not yet. But I'm hoping they will come through with my application.
/낫 옛. 벋 암 호핑 데윌 컴 쓰루 윋마이 애플리케이션/
아니 아직. 그치만 내 신청서가 잘 처리되길 기도하고 있어.

come through with 무엇 = 하기로 한 무엇을 하다, 요청받은 무엇을 하다

His nervousness came through when he asked me out. It was quite cute.
/히스 널버쓰니스 케임 쓰루 웬 히 아슥드 미 아웃. 잇 워즈 콰잇 큐트/
그 남자가 나에게 데이트 신청할 때 떨고 있는게 느껴지더라. 그 모습이 호감을 줬어.

come through 감정 = 감정이 전해지다

ask 누구 out = 누구에게 같이 놀러가자고 묻다, 데이트 신청하다

Cute는 '귀엽다'는 한국적 의미 뿐만 아니라, 여자들은 이 말을 '예쁘다', '매력있다', '맘에 든다'는 의미로 말한다. 당신이 남자인데 영문화의 여자가 당신을 "cute"라고 표현한다면, 당신이 맘에 든다는 의미다 (greenlight). 이는 이 단어의 유래인 acute(예리한, 노련한, 통찰력있는)때문인 것 같다.
He's cute. 저 남자 맘에 들어. (사귈 마음 있어.)
We look cute together. 우리 잘 어울린다.

The underwear company ran out of business. They put on a nice show but showed disrespect to those they should take better care of. So they had it coming really. /디 언더웨어 컴퍼니 랜아웃 오브 비즈니스. 데이 풋온어 나이쓰 쑈 번 쑈드 디스뤼스펙트 투 도즈 데이 슈드 테잌 베럴 케얼 오브. 쏘 데이 해딧 커밍 뤼리/
그 속옷 회사 망했어. 그럴싸했지만, 자기들이 가장 챙겨야 할 사람들을 무례하게 다뤘지. 걔네가 망한 건 사실 불 보듯 뻔한 일이었어.

run out of business = 거래가 끊기다, 사업이 망하다
put on = (위에 덮다) 속은 실제로 아닌데 겉은 무엇인 척 하다
had it coming = 나쁜 일이 닥칠게 당연했다, 나쁜 일을 자초했다

Confidence comes from practice. /칸피던쓰 컴즈프롬 프랙티쓰/
자신감은 연습에서 옵니다.

Quality is not an act; it's a habit.
고급은 한 번의 행동이 아니라 습관이다. [Aristotle]

The most important thing about Spaceship Earth—an instruction book didn't come with it. /더모-스트 임폴턴트 띵어바웃 스페이쓰쉽 얼쓰 언인스트럭션 북 디든ㅌ 컴 위딧/ 지구 우주선의 가장 중요한 점—설명서가 들어있지 않음.
[Richard Buckminster Fuller]

Every once in a while, a revolutionary product comes along, that changes everything. /에브리원쓰인어와일 어레볼루셔너리 프롸덕트 컴즈얼롱 댓 췌인쥐스 에브리띵/ 가끔 한번씩, 혁신적인 제품이 나타나고, 그것은 세상을 바꾸어 놓죠.
[Steve Jobs]

come along = arrive = 오다, 따라오다
come along nicely/well = make progress = 잘 진행되고 있다

발생하다

A: I didn't end up going there. /아 디든ㅌ 엔텁 고잉 데얼/ 거기 안 갔어.

B: How come? /하우컴?/ 왜?

how come = 어떻게/왜 그렇게 되었느냐고 물어보는 말 ('why' 대신 말한다)

How come you didn't show up at the party? /하우컴 유 디든ㅌ 쑈 업 앳더 파-리?/ 너 왜 파티에 오지 않았어?

We'll have money coming out of our ears if this project comes off.
/위일 해브 머니 커밍아웃오브 아월 이얼스 이프 디쓰 프롸젝트 컴즈 오프/
이 프로젝트가 계획대로 되면 우린 돈이 넘쳐날거야.

have 무엇 coming out of 누구의 ears = 누구에게 무엇이 너무 많아 귓구멍으로 흘러나오다 = 무엇을 필요하거나 원하는 만큼보다 더 많이 갖다

come off = succeed, happen as planned = 성공하다, 계획대로 되다

We worked really hard, and came off with a victory. /위 웕드 륄리 할드 앤 케임 오프 위더 빅토리/ 우린 격하게 일했고 결국 우리의 승리로 끝났어.

come off = end up = 결론나다, 결말을 짓다

Perseverance is not a long race; it is many short races one after the other.
인내란 하나의 긴 경주가 아니다. 연속되는 여러 개의 작은 경주를 해내는 게 인내다.
[Walter Elliot]

Autumn has come! No more sleepless nights in the heatwave! /오-텀 해즈 컴! 노모얼 쓸립플리쓰 나잇츠 인더 힡-웨이브!/ 가을이 왔어! 잠못드는 무더위도 이제 끝!

The news came out. /더 뉴-쓰 케임 아웃/ 그 뉴스 나왔어.

The time to be able to be clumsy won't come again. /더 타임투 비에이블 투 비 클럼지 원ㅌ 컴어게인/ 실수해도 용서받을 수 있는 때는 다시 오지 않을거야.

Lost time is never found again.
잃어버린 시간은 되찾을 수 없다. [Benjamin Franklin]

Suffering comes from trying to control the uncontrollable.
/써퍼링 컴즈프롬 트롸잉투 컨트롤 디 언컨트롤러블/
제어 할 수 없는 걸 제어하려 함에서 고통이 온다. [**Epictetus**]

The evil that is in the world almost always comes of ignorance, and good intentions may do as much harm as malevolence if they lack understanding. /디 이블 댓이즈인더월드 올모스트 올웨이즈 컴즈오브 이그노런쓰 앤 굳인텐션스 메이두 애즈머취핣 애즈 멀레볼런쓰 이프 데이 랙 언덜스탠딩/ 이 세상의 악은 거의 언제나 무지에 기원한다. 좋은 의도 또한 부족한 이해에 근거하면 악 만큼의 해를 끼친다.
[**Albert Camus**]

All our dreams can come true, if we have the courage to pursue them.
/올 아월 드륌스 캔컴트루 이퓌해브더 커뤼지 투 펄쑤-뎀/
꿈을 좇을 용기만 있다면 우리의 모든 꿈은 실현될 수 있어. [**Walt Disney**]

You have to dream before your dreams can come true. /유해브투 드림
비포어 유얼 드림스 캔 컴 트루/   꿈에 이루기 전에 먼저 그 꿈을 꿔야 해.

Be of good heart if things sometimes get difficult. Everything will come right later on. And no one can do what he really wants in the beginning. /비오브 굳 할트 이프 띵스 썸타임즈 겟 디피컬트. 에브리띵 윌 컴 롸잇 레이 럴온. 앤 노원캔두 왓 히 륄리 원츠 인더 비기닝/   가끔 상황이 힘들어지더라도 좋은 마음을 가져. 나중엔 다 잘 될거야. 그리고 어느 누구도 시작부터 자기가 하고 싶은 일을 할 수는 없어.
[Vincent van Gogh, 28 Jan 1873]

> Easy come, easy go.   쉽게 얻은 것은 쉽게 사라진다.
> Happiness is not an ideal of reason, but of imagination.   이상적인 이유가 행복이 아니라, 이상적인 상상이 행복을 만든다.   [Immanuel Kant]

차지하다

Taeyeon came first in the contest. /태연 케임 펄스트 인더 칸테스트/
태연이 경연대회에서 1등했어.

Unfortunately, we don't remember who came second. /언폴츄너틀리
위 돈ㅌ 뤼멤버 후 케임 쎄컨드/   안타깝게도, 우린 누가 2등했는지 기억하지 못하지.

She always comes before me. /쉬 올웨이즈 컴즈 비포얼 미/
나에게 그녀는 항상 넘버원이야.

If you think life comes after work, you are not living.
/이퓨 띵크 라이프 컴즈 아프터 월크 유 알 낫 리빙/
삶보다 일이 먼저라고 생각한다면, 넌 제대로 사는게 아니야. (일을 왜 하니?)

It will be too late by the time when you realise you have grown old. So make You come before working for other people: Do what you really want to do, now. /잇윌비 투- 레잇 바이더 타임 웬유 리얼라이즈 유 해브 그로운 올드. 쏘 메익 유 컴 비포얼 월킹 포 아더 피플: 두 왓츄 륄리 원투두 나우/   네가 늙었다는 걸 깨달을 때엔 이미 너무 늦었을 거야. 그러니 다른 사람을 위해 일해주는 것보다 너 자신을 우선순위에 둬. 네가 진짜 하고 싶은 걸 해, 당장.

> 문장에서 대문자는 문장의 가장 첫 글자와 이름(proper nouns)만 쓴다. 모든 법칙에는 예외가 있다. 강조할 때가 그것이다.

어떤 상태에 이르다

It has come loose.   /잇 해즈 컴 루-즈/   이거 느슨해졌어.

It just came off.   /잇 저스트 케임 오프/   이거 그냥 떨어졌어. 빠졌어.

He came over as serious and academic.   /히 케임 오벌 애즈 씨리어스 앤 아카데믹/   그는 진중하고 학구적인 사람으로 보였어.

> come over as   =   seem   =   어떤 타입의 사람으로 보여지다

That was a silly thing to say. I don't know what came over me.
/댓워져 씰리 띵투 쎄이. 아돈노우 왓 케임 오벌미/
아 그건 정말 바보같은 말이었어. 내가 왜 그랬는지 모르겠네.

> come over 누구   =   누구에게 어떻게 행동하도록 갑작스런 영향을 주다

He's not a looker, but I have come to like him over the years.
/히즈 낫어 룩커 벋 아 해브 컴투 라잌힘 오버더 이얼스/
그는 잘생기진 않았지만 지난 몇 년간 알고 지내며 좋아하게 되었어.

We've come to an irreversible breakage.   /위브 컴투 언 이리벌서블 브뤠키쥐/
우리 관계는 되돌릴 수 없는 이별에 이르렀지.

I have come to a conclusion that experience is the name we give our mistakes.   /아이해브 컴투어 컨클루젼 댓 익쓰피어리언쓰 이즈더 네임 위기브 아월 미스테익스/   경험이란 말은 우리가 실수에게 붙이는 이름이라고 난 생각해.

How did it come to mean that?   /하우 디딧 컴투 민- 댓?/
그게 어떻게 그런 의미가 됐어?

She is as attractive as they come.   /쉬이즈 애즈 어트뤠티브 애즈 데이 컴/
그 여자는 황홀함의 극치야.

> as 어떤 as they come   =   very 어떤   =   어떤의 의미를 증폭시키는 말

It didn't come up to my expectations.   /잇 디든트 컴업 투 마이 익스펙테이션스/
이건 내 기대에 차지 않았어.

> come up to   =   평소의/필요한 기준에 미치다

It has come to my attention that the bra may be the cause of breast cancer.
/잇해즈 컴투 마이 어텐션 댓 더 브라 메이 비 더 코-즈 오브 브뤠스트 캔써/
브라가 유방암의 원인일 거란걸 알게 되었어.

come to 누구의 attention/notice   =   notice   =   누가 알아채다

One day, Sulli will be revered to be ahead of her time.
언젠가는 설리가 시대를 앞서 나간 자로서 공경받겠지.

We have a choice about how we take what happens to us in our life, and whether or not we allow it to turn us. We can become consumed by hate and darkness, or we're able to regain our humanity somehow, or come to terms with things and learn something about ourselves.
/위해버 쵸이쓰어바웃 하우위 테일 왓해픈즈 투어쓰 인아월 라이프 앤 웨덜오얼낫 위얼라우잇 투턴어쓰. 위캔비컴 컨슘드바이 헤잇앤 달크니쓰 오얼위알 에이블투 뤼게인아월 휴매니티 썸하우 오얼 컴투 텂즈 위드 띵스 앤런-썸띵 어바웃 아월 쎌브즈/   삶에 일어나는 일을 우리가 어떻게 받아들이냐는 우리의 선택에 달렸어. 그 일이 우리를 바꾸느냐 마느냐는 우리의 선택이야. 증오와 어둠이 우릴 뒤덮게 선택할 수도 있고, 어떻게든 인간적인 모습을 되찾을 수도 있지. 아니면 현실과 타협해서 우리 자신에 대해 배울 수도 있어. [**Angelina Jolie**]

come to terms with 무엇   =   accept   =   슬픈 상황을 받아들이다, 타협하다

Terms는 계약서contract의 '조항'으로, 서로 다른 두 당사자party가 타협하여 합의에 이르듯이 'come to terms with 무엇'은 무엇에 타협하여 받아들이는 일을 말한다.

A single-use plastic cup came to be an upcycled piece of art.
/어씽글유즈 플라스틱 컵 케임투비 언 업싸이클드 피쓰 오브 알트/
일회용 플라스틱컵이 업싸이클 미술작품으로 거듭났어.

According to the Law of Cause and Effect, every effect must have a cause. In other words, everything that happens has a catalyst: everything that came into being has something that caused it. Things don't just happen by themselves.   /얼콜딩투더 로- 오브 코-즈 앤 이펙트 에브리 이펙트 머슷해버 코-즈. 인 아더 월즈 에브리띵 댓 해픈즈 해져 캐탈리띵 에브리띵 댓 케임 인투 빙 해즈 썸띵 댓 코즈드잇. 띵스 돈트 져스트 해픈 바이 뎀쎌브즈/   인과율에 따르면, 모든 결과에는 원인이 있다. 일어나는 모든 일들에는 그 일을 북돋은 촉매가 있다. 존재하는 모든 것에는 그 존재의 원인이 있다. 그 어떤 것도 저절로 일어나지 않는다. [**Ray Comfort**]

come into being   =   생기다, 태어나다

This book came into being as per the necessity for a new teaching method for English as a second language.   두 번째 언어로서 배우는 영어의 새로운 교수법에 대한 필요에 의해 이 책이 나오게 되었어. (as per = according to)

172

팔리다

It comes with a universal adaptor.   /잇 컴즈 위더 유니벌설 어댑터/
이 제품엔 만국용 어댑터가 포함되어 있습니다.

> New iPhones don't come with a charger.   새 아이폰은 충전기가 들어있지 않아.
> Some phones come with a stylus, as if people don't have fingers.
> 어떤 폰은 스타일러스가 딸려와, 마치 사람들에게 손가락이 없다는듯이.

Mini Cooper doesn't come in red anymore. But the British racing green is growing on me.   /미니 쿠-퍼 더즌트 컴 인 레-드 애니모얼. 번 더 브리티쉬 레이씽 그린 이즈 그로윙 온 미/   미니 쿠퍼가 더이상 빨간색으로 나오지 않아. 그치만 브리티시 레이싱 그린이 점점 맘에 들고 있어.

Do they come in any other colours?   /두 데이 컴 인 애니 아더 컬러스?/
(이 상품) 다른 색상도 있나요?

> come   =   exist   =   be available
> Does it come in black?   이거 검은색으로도 나오나요?
> Does it come without the plastic packaging?   플라스틱 포장 없이도 나오나요?

From next week it will come with a box. Do you want to take it as is?
/프롬 넥스트 윅- 잇 윌 컴 위더 박스. 두유 원투 테일잇 애즈이즈?/
다음 주부터 상자에 담겨 나올거에요. 지금 이대로 가져가실래요?

> as is   =   지금 상태 이대로
> I love you as you are.   바꾸지 마, 난 너 그대로를 사랑하니까.

This dress comes in three sizes; small, medium, and large.
/디쓰 드뤠스 컴즈 인 쓰뤼 싸이즈스 쓰몰 미디움 앤 랄쥐/
이 원피스는 세 가지 사이즈가 있어요. 스몰 미듐 그리고 라지요.

> If I buy three of them, would you throw in another?
> 제가 세 개 사면 하나 공짜로 주시나요? (throw = 던지다) (throw in = 덤으로 주다)

Great things don't come cheap.   /그뤠잇 띵스 돈트 컴 칩-/
진짜 좋은 것들은 쉽게 오지 않는 법이지. (싼게 비지떡)

> There is no perfect gift without great suffering.
> 대단한 고통없이는 완벽한 선물은 있을 수 없다. [Leonardo da Vinci]

절정을 느끼다

Did you come?   /디쥬 컴?/   오르가즘 왔어? 사정했어?

come   =   have an orgasm   =   오르가즘 느끼다

성생활은 삶의 건강하고 행복하며 아름다운 부분인데, 이를 감추려 하고 수치스럽게 여기면 본래의 형태가 변질하여 (변태) 문제가 사회적으로까지 불거진다. 한국과 일본에 특히 변태가 많은 이유가 바로 이런 문화에 원인한다. 영문화에선 예상하셨듯 가족 간에 자연스러운 대화와 더불어 부모의 자연스럽고 지혜로운 교육으로, 인간과 생명과 자연의 필수적인 번식과 건강의 기능으로서 성을 온전히 이해하는 편이다(Parenting 참조). 무엇보다도 한 가정의 교육수준은 올바른 피임법에 대한 이해로 단번에 가늠할 수 있다. 호주 대학교에서 만난 세계의 상류사회 친구들은 피임에 대한 이해와 결단력 있는 행동이 아주 인상적이다. **피임contraception 없이는 절대로, 기어코 육체적 사랑을 나누지 않는다.** 서로에 대한 믿음과 사랑이 깊을수록 말이다.

Is the rubber leaking any come?   /이즈더 러버 릭-킹 애니 컴?/
콘돔에서 정액이 새는지 확인해 줄래?

rubber, protection, safe, raincoat, sheath, French word (속어)   =   condom

come   =   정액 (명사)

콘돔의 피임률이 85%밖에 안 된다는 걸 아는가? 완벽하게 사용하면 98%의 피임률이지만, 그 순간에 완벽하게 이성적인 사람은 많지 않을 법도 하다. 그래서 현실 세계에선 콘돔만으로 피임하는 100명 중 15명이 임신하는 통계가 있다. 계획된 부모planned parenthood가 되기 위하여, 콘돔은 이중 피임 혹은 성병검사를 안 한 상대와 관계를 가질 때 나를 보호하는 보험insurance으로써 사용하는게 현명하다. 성교육이 부족하면 원치 않는 경험을 통해 비싼 수업료를 내고 나서야 깨닫게 되고, 가슴이 찢어지는 일을 겪거나 그보다 더한, 세상의 빛을 봄과 동시에 버림받는 아이를 이 세상에 살게 하는 끔찍한 일도 하게 된다. 물론 아이가 생겨 삶이 좋게 바뀌는 일도 있지만 아이가 생겨 결혼을 하게 된 커플들이 얼마나 많은지만 보아도 우리나라의 성교육이 얼마나 미성숙한지 알수 있다. 성교는 쾌락과 비극을 동시에 품은 양날의double-edged 검임을 명심하자. (인공 및 자연피임 참조)

Take full precautions when it comes to physical love.
육체적 사랑을 나눌 땐 할 수 있는 모든 예방책/피임법을 총 동원하자.
We all come from making love. If you try hide sex, it will only give birth to perverts. 우리 모두는 사랑을 나눈 결과다. 성을 감추려 하면, 변태만 낳을 뿐이다.

Peace comes from within.

마음의 평온은 우리 내면에서 온다.

[Buddha]

give - gave - given

주다	하다
hand	carry out
gift	do
grant	

주다

I gave her my word.　　/아이 게이브 헐 마이 월드/　　나 그녀에게 약속했어.

　　give 누구 your word　　=　　promise 누구　　=　　누구에게 약속하다

Give it back to me!　　/기빗 백 투미!/　　그거 돌려줘!

　　give 무엇 back　　=　　무엇을 돌려주다

Job gives you a living; Love gives you a life.　　/좝 기브쥬 어 리빙. 러브 기브쥬 어 라이프/　　일은 생활을 주고, 사랑은 삶을 준다.

　　a living　　=　　먹고 사는 일, 생활
　　I make a living by teaching.　　나는 가르치는 일로 생활을 꾸려. (돈을 벌어)
　　a life　　=　　사랑과 행복같은 정신적인 만족을 주는 삶
　　He brings a life in my life.　　그를 만난 뒤로 내 인생이 달라졌어.

When someone sneezes in public without blocking their mouth, people give that person a black look. /웬 썸원 스니즈스 인 퍼블릭 위다웃 블락킹 데얼 마우쓰 피플 기브 댓 펄쓴 어 블랙 룩/ 누가 공공장소에서 입을 막지 않고 재채기를 하면 사람들이 정색하고 그 사람을 쳐다본다.

    give 누구 a black look   =   누구를 정색하며 쳐다보다

If you don't give a damn about public manners, you will be doomed to be a traitor: don't sneeze in public. /이퓨 돈ㅌ 기버 댐 어바웃 퍼블릭 매널쓰 유 월비 둠-드 투비어 트뤠이터 돈ㅌ 스니-즈 인 퍼블릭/ 공공예절을 무시하면 역적이 될거야. 공공장소에서 재채기 하지마.

    not give a damn   =   개의치 않다

If he does that again I'm going to give him a piece of my mind.
/이프히 더즈댓 어게인 암고잉투 깁힘 어 피쓰오브 마이 마인드/
걔가 또 그러면 내가 따끔하게 한마디 할거야.

    give 누구 a piece of your mind   =   따끔하게 한마디 하다

I tend to give crowded places a wide berth.   /아이 텐 투 기브 크라우디드 플레이쓰스 어 와이드 벌쓰/ 난 사람 많은 곳은 꺼리는 편이야.

    give 누구/무엇 a wide berth   =   avoid 누구/무엇   =   누구/무엇을 피하다

He was given the kiss of life and survived the cardiac arrest.
/히워즈 기븐더 키쓰오브 라이프 앤 썰바이브드 더 칼디악 어뤠스트/
그는 인공호흡을 받고 심정지에서 살아났어.

    give 누구 the kiss of life   =   누구에게 인공호흡을 하다

I asked her out and she gave me the green light.   /아이 아슥드 헐 아웃 앤 쉬 게이브 미 더 그륀- 라잇/ 그 애에게 데이트를 신청했는데 걔가 오케이 했어.

    give 누구/무엇 the green light   =   누구/무엇을 허락하다
    Our boss has given the green light to the entrepreneurial project.
    대표님이 신규 사업 계획을 승락해주셨어.
    entrepreneur /언털프뤼뉴어/   =   리스크를 감내하고 새로운 도전을 하는 사람,
    사업가/기업가 (프랑스어가 그대로 영어가 된 말)
    entrepreneurial   =   위와 같은 일 (형용사)

I'll give you this. Would you give me that in return?   /아일 기뷰 디쓰.
우쥬 깁미 댓 인 뤼턴?/   이걸 줄게. 대신 저걸 주겠어?

What she said gave me an idea.   /왓 쉬 쎄드 게이브 미 언 아이디아/
그녀가 한 말이 아이디어를 줬지.

Don't give me any of your lip, just do as I ask you to.   /돈트 김미 애니오브
유얼 립 져스트 두 애즈아이 아슼큐 투/   말대꾸하지 말고 내가 하라고 한대로 해.

> Don't give me any of your lip   =   Don't sass me   =   말대꾸 하지마

It makes sense to give priority to those in need.   /잇 메잌쓰 쎈쓰 투기브
프롸이오러티 투 도즈 인 니-드/   필요한 사람들에게 우선권을 주는 게 상식적으로 맞아.

> give priority to 무엇/누구   =   무엇/누구에게 우선권을 주다

Give him a chance to explain.   /깁힘어 쳰쓰투 잌쓰플레인/   그에게 설명할 기회를 줘.

I might give him the benefit of the doubt.   /아 마잇 깁힘 더 베너핏 오브더 다웃트/
그의 말을 믿어주려구.

> give 누구 the benefit of the doubt   =   누가 하는 말이 틀렸더라도 믿어주다

I gave them $10K for this car.   /아 게이브뎀 텐 케이 포디쓰 칼/
이 차 천 만원에 샀어.

> K는 1,000의 약자로, 주로 구어체에서 금액을 말할 때 쓴다. 'Thousand'는 말하기 너무
> 길기 때문이다. 따라서 10K는 10,000이다. 긴 발음mouthful이 귀찮은건 어디나 같다.

**Our City Office is giving away free KF94 respiratory masks for its
citizens. I think that is a right move.**   /아월 씨티 오피쓰이즈 기빙어웨이 프리-
케이에프 나인티포 레스퍼러토리 마슼쓰 폴 잇츠 씨티즌쓰. 아띵크 댓이져 롸잇 무-브/
우리 구청에서 KF94 마스크를 구민들에게 무료로 나눠주고 있어. 정말 잘하는 것 같아.

> give away   =   무료로 주다

His face gave little away.   /히즈 페이쓰 게이브 리틀 어웨이/   그는 포커페이스였어.

> give away   =   reveal, disclose, leak   =   의도치 않게 비밀을 누설하다

Darkness gives people the creeps.   /달크니쓰 기브즈 피플 더 크뤱-쓰/
어둠은 사람을 섬뜩하게 하지.

178

give 누구 the creeps	=	누구를 섬뜩하게 하다

Humanity isn't over yet. At the pandemic, corporates gave out whatever needed for the medical professionals. /휴매니티 이즌ㅌ 오벌 옛. 앳 더 판데믹 콜포릿츠 게이브 아웃 왓에버 니-디드 포더 메니컬 프로페셔널스/ 인류는 아직 끝나지 않았어. 전세계적 전염병의 상황에서 기업들은 의료진들이 필요한 물품을 그게 무엇이든 지원했지.

give 무엇 out	=	많은 사람들에게 나누어 주다
for 누구의 benefit	=	누구를 돕기 위해서

They gave me a hand when life was difficult. /데이 게이브 미 어 핸드 웬 라이프 워즈 디피컬트/ 내가 어려울 때 그들은 도움을 주었어.

give 누구 a hand	=	누구를 도와주다

Jamie gave birth to two beautiful kids, Amber and Ollie. /제이미 게이브 벌쓰 투 투- 뷰티풀 킨즈 앰버 앤 올리/ 제이미가 눈에 넣어도 아프지 않을 예쁜 앰버와 올리를 낳았어.

give birth (to 누구)	=	아기를 낳다, 누구에게 생명을 주다, 누구를 출산하다

My excitement gave way to nervousness when I sold out my first products. /마이 익싸잍먼트 게이브 웨이투 널버쓰니쓰 웬아 쏠다웃 마이 펄스트 프롸덕츠/ 내 첫 제품이 완판이 되었을 때 나의 흥분은 곧 걱정이 되었어.

give way (to 무엇)	=	yield	=	무엇에게 양보하다, 내주다, 지다, 부서지다

We have to give way to traffic coming from left. 왼쪽 차들에게 비켜줘야해.
Don't give way to your fears. 너의 두려움에 굴복하지마.

Just give her a ring. The elderly are lonely. /져슷트 기브헐 어 륑. 디엘더리 알 론리/ 그냥 전화드려. 어르신들은 외롭거든. (elderly = 중년 이상의 사람, 노인)

give 누구 a ring	=	call 누구	=	누구에게 전화를 걸다

My boss gave me a bad time when I forgot about the meeting. /마이 보쓰 게이브미어 배드타임 웬아폴갓어바웃더 미-팅/ 미팅을 까먹어서 상사에게 시달렸어.

give 누구 a bad/hard time	=	누구를 혼내다, 놀리다 (주로 누가 한 일에 대해서)

Is he annoying you? Give him the slip!   /이즈히 어노잉 유? 기브힘 더 쓸립!/
걔가 짜증나게 해? 벗어나!

> give 누구 the slip   =   누구로부터 벗어나다

**Make sure to give everyone a heads-up about the inspection tomorrow
morning.**   /메익슈어투 기브 에브리원 어 헤즈업 어바웃디 인스펙션 투모로 모닝/
내일 아침 점검이 있다고 사람들에게 미리 알려주는 거 잊지마.

> give 누구 a heads-up   =   미리 알려주다, 사전통지하다

**A teacher is someone who can give correction without causing
resentment.**   /어 티-쳐 이즈 썸원 후캔 기-브 코렉션 위다웃 코-징 리젠트먼트/
선생이란 기분 상하지 않게 그른 걸 바로잡아줄 수 있는 사람이다.

**OREX gives scholarships to those (who are) from under-resourced
families but have clear potential for growth.**   /오렉쓰기브스 스칼라쉽쓰 투
도-즈 프롬 언더뤼조-쓰드 패밀리스 번해브 클리어 퍼텐셜포 그로-쓰/
OREX는 분명한 성장 가능성이 있지만 어려운 가정의 학생들에게 장학금을 지원한다.

Science gives us knowledge, but only philosophy can give us wisdom.
/싸이언쓰 기브즈어쓰 날리쥐 번온리 필로소피 캔 기브어쓰 위즈덤/   과학은 우리에게 지식
을 전해주지만, 오직 철학만이 우리에게 지혜를 안겨준다. [Will Durant]

Give yourself a gift: the present moment.   /기브 유얼쎌프 어 기프트 더 프레
젠트 모먼트/   네 자신에게 선물을 주라, 지금이라는 선물을. [Marcus Aurelius]

하다

He gave her a kiss.   /히 게이브 헐 어 키-쓰/   그가 그녀에게 뽀뽀했다.

> give   =   do an action   =   행동을 하다
> I gave him a hug. 내가 그를 안아주었다.
> I gave him a big hug. 그를 세게 안아주었다.
> He gave me a nod. 그는 내게 고개를 끄덕였다. (인사, 승낙, 이해, 신호의 의미로)

You never give in to one failure. No one knows the world too well to succeed in every single trial. Those who seem to, try until they do.
/유 네버 기브인투 원 페일류어. 노 원 노우스 더 월-드 투- 웰 투 썩씨-드 인 에브리 씽글 트라이얼. 도즈 후 씸-투 트라이 언틸 데이 두-/ 하나의 실패에 좌절하지마. 모든 시도에 다 성공하는 사람은 사람이 아니라 신이야. 그러는 것 같은 사람들은 그저 될 때까지 해.

> give in   =   surrender, yield, submit, comply, finally agree, accept the
> defeat   =   포기하다, 굴복하다, 패배를 인정하다

Have you given the thesis in?   /해뷰 기브디 띠씨쓰 인?/   논문 제출했어?

> give in   =   제출하다

I gave up smoking after realising it is poisonous. Only the weak smoke.
/아이 게이브 업 스모킹 아프터 뤼얼라이징 잇이즈 포이즈너쓰. 온리더 윅- 스모크/
담배가 독약이라는 걸 깨닫고는 담배를 끊었어. 담배는 미성숙한 사람이 하는 거야.

> give up   =   끊다, 포기하다, 그만두다

Steve gave a great speech that reverberated over time.
/스티브 게이브 어 그뤠잇 스피-취 댓 리벌버레이딧 오벌 타임/
스티브는 시간과 함께 계속 울려퍼지는 대단한 연설을 했지.

Music gives a soul to the universe, wings to the mind, flight to the imagination and life to everything.   /뮤직 기브즈 어 쏘울투더 유니벌쓰 윙스 투더 마인드 플라잇 투디 이매쥐네이션 앤 라이프 투 에브리띵/ 음악은 우주에 영혼을 불어넣고, 우리 마음에 날개를 달아주며, 상상을 날아오르게 하고, 이 땅 모든 것에 생명을 준다. **[Plato]**

> Without music, life would be a mistake.   음악이 없는 삶은 잘못 사는 인생이다.
> [Friedrich Nietzsche]

A real generosity towards future lies in giving all to the present.
/어 뤼얼 제네뤄씨티 투월즈 퓨쳐 라이즈인 기빙 올 투더 프레젠트/
현재에 전념하는게 미래를 위한 가장 큰 투자다. **[Albert Camus]**

> generosity   =   관대함, 아끼지 않음, 인심 좋음

Don't give up on your dreams, or your dreams will give up on you.
/돈트 기브업 온유얼 드륌스 오얼 유얼 드륌스 윌 기브업 온유/
꿈을 포기하지 마, 아니면 꿈이 널 포기할테니까.

take - took - taken

잡다 / 취하다	가져가다	섭취하다
hold	remove	eat
occupy	pick/choose/select	consume
accept	obtain	swallow
consider	subtract	have

잡다 / 취하다

Take me to airport, please.   /테익미루 에얼폴트 플러즈/
공항으로 데려가주세요. (택시기사에게)

They took the 7am flight to Seoul.   /데이 툭 더 쎄븐에이엠 플라잇 투 서울/
걔네 서울로 가는 아침 7시 비행기에 탔어.

Window or aisle? I'll definitely take the window seat.   /윈도우 오얼 아일?
아일 데퍼너틀리 테익더 윈도 씰/   창가자리 할거야 복도자리 할거야? 난 무조건 창가.

We'll take the double room. You guys take the twin.   /위일 테익 더 더블
룸. 유 가이즈 테익 더 트윈/   우린 더블침대 방으로 할께. 너네는 싱글침대 두 개 방으로 해.

   Double은 두 배, twin은 두 개, 쌍둥이.

Could you take photos for us?   /쿠쥬 테익 포로스 폴 어쓰?/
저희 사진좀 담아주시겠어요? (지나가는 사람에게 사진을 부탁하는 말 중 가장 좋은 말)

182

I went to a mountain with breathtaking views, and put my phone away —was just taking in the wind and the scenery. /아웬투어 마운튼 윋 브뤠쓰 테이킹 뷰-즈 앤풋마이 폰어웨이 워즈져스트 테이킹인더 윈드 앤더 씨너리/ 정말 멋진 전망이 있는 산에 다녀왔어. 폰은 넣어뒀지. 바람과 경관을 마음에 담아왔어.

We take clean air and water for granted. /위 테익 클린에어 앤 워터 포 그란티드/ 우린 맑은 물과 공기를 당연시 여긴다.

> take 무엇 for granted = 무엇을 당연하게 여기다

Wipe off the finger prints on the camera lens. That is why your phone camera takes murky photos. /와잎오프더 핑걸프린츠 온더 캐머롸 렌즈. 댓이즈 와이 유얼 폰 캐머롸 테익스 멀키 포토스/ 카메라 렌즈에 지문을 닦아. 손자국 때문에 사진이 흐릿하게 찍히는거야.

Do you take credit cards? /두유 테익 크뤠딧 캄즈?/ 카드 되나요?

> take = accept = 받아들이다
> Can I take your order? 주문하시겠어요?

What size shoes do you take? /왓 싸이즈 슈즈 두유 테익?/ 신발 사이즈 뭐야?

Take a look, and see if you like it. /테익어룩 앤씨이퓨롸잌잇/ 봐봐, 맘에 드는지.

Take a seat. /테익어 씯/ 앉아요. (= Take a chair) (Sit down은 명령조)

Take a note. /테익어 놑트/ 메모해. (= Take notes)

May I take you out for dinner? /메아이 테익유아웃 포 디너?/ 저랑 저녁 어때요?

> take 누구 out = 근사한 곳으로 데리고 가다 (데이트 신청)

Sorry, I take the Fifth on that. /쏘리 아이 테익더 핖쓰 온댓/ 미안, 묵비권을 행사할게.

> take/plead the Fifth (Amendment) = 묵비권을 행사하다 (US)
> 미국에서 쓰이는 이 말은, 미국 헌법의 열 가지 수정 조항 중 다섯 번째 조항이 포괄하는 묵비권, 즉 질문에 대한 대답으로 하여금 자기 자신에게 죄를 씌우는 일을 피할 수 있는 권리를 말한다.

I took to him as soon as we met. /아이 툭 투 힘 애즈 순- 애즈 위멧/
만나자마자 난 그 사람을 좋아하기 시작했어.

> take to 누구/무엇 = 1. 누구/무엇을 좋아하기 시작하다 (= take a liking to)
> 2. 무엇을 하는게 습관이 되다 (He took to bringing me flowers every new season.
> 그 남자 새로운 계절이 올 때마다 내게 꽃을 주는게 습관이 됐어.)
> 3. 위험을 피해 도망가다 (They took to the hills. 위험을 피해 언덕 위로 도망갔어.)

She is very taken with the guy she met at the pub. /쉬이즈 베뤼 테이큰
위드 더가이 쉬멧 앳더 펍/ 쟤 그 펍(캐주얼 술집)에서 만난 남자한테 뻑갔다야.

> be taken with/by = 반하다, 홀리다

This seat is taken, sorry. /디쓰 씰 이즈 테이큰 쏴리/
이 자리 주인있어요, 미안합니다.

She is taken. /쉬스 테이큰/ 이 친구 임자있어요.

I have tried to get him to leave, but he can't take a hint. /아이해브 트롸
이투 겟힘투 리-브 벋 히 캔ㅌ 테이어 힌트/ 좀 가라고 눈치줬는데 쟤는 눈치가 없어.

> take a hint = 간접적인 소통을 이해하다, 눈치 채다

**Now that you have your own car, you can go out whenever the fancy
takes you!** /나우댓 유해브유얼 오운 카 유캔 고 아웃 웬에버더 팬씨 테익쓰유!/
이제 네 차가 생겼으니 언제 어디든 갈 수 있겠네!

Of course, let's take it for a spin. /오브콜-쓰 렛츠 테익잇포어 스핀/
그럼, 한번 타러갈까?

Could you take me home after dinner? /쿠쥬 테익미 홈 아프터 디너?/
저녁식사 후에 저 집에 좀 데려다줄래요?

> take 누구 어디 = 누구를 어디로 바래다주다

It might be unfamiliar to you at first. Take your time. /잇 마잇비 언퍼밀
리어 투유 앳 펄스트. 테익 유얼 타임/ 아마 처음엔 익숙치 않을거에요. 천천히 하세요.

> take your time = 당신의 페이스에 맞게 시간을 충분히 가져요 = 천천히 하세요

His lover takes priority over everything else.   /히즈 러버 테익쓰 프라이오러
티 오버 에브리띵 엘스/   그에겐 그의 연인이 다른 그 무엇보다도 우선이야.

> take/have priority (over 무엇)   =   무엇보다도 더 우선이다

**It takes more than just a good looking body. You've got to have the
heart and soul to go with it.**   /잇 테익스 모얼댄 져스트 어 굳 룩킹 바디. 유브갓투
해브 더 할트 앤 쏘울 투 고 위딧/   잘난 외모만 가졌다고 다가 아니다. 인간성도 있어야지.
[Epictetus]

**Dalmaji-gil takes you through romantic Cherry Blossom scenes in
Spring.**   /달맞이길 테익쓰유 쓰루 로맨틱 췌리블라썸 씬즈 인 스프링/
봄의 달맞이길에 가면 로맨틱한 벚꽃길이 펼쳐져.

But if you take your car with you, you will get stuck in horrible traffics.
/벋이퓨 테익유얼 칼 위듀 유윌 겟 스턱 인 호러블 트뤠픽스/
그런데 차를 가져가면 무시무시한 교통체증에 갇힐거야.

Gosh, it took three hours to get here! The traffic was nightmare.
/가-쉬, 잇 툭 쓰리 아월스 투 겟히얼! 더트래픽 워즈 나잇매얼/
와, 여기까지 오는데 세 시간이나 걸렸잖아! 엄청 막히더라.

> take   =   시간이 걸리다
> It takes ten minutes for me to do it.   10분이면 할 수 있어.
> It took us all day to drive home.   집까지 운전해오는데 하루종일 걸렸어.
> How long does it take to dry?   이거 마르는데 얼마나 걸려?

If we don't take time, how can we have time?   /이퓌 돈트 테일 타임 하우 캔
위 해-브 타임?/   시간을 취하지 않으면, 어떻게 시간을 가질 수 있겠어?

> take time   =   시간을 들이다
> Take your time.   천천히 하세요.

Great things take time to realise.   /그뤠잇 띵스 테일 타임 투 리얼라이즈/
진짜 좋은 것들은 해내는 데 오랜 시간이 걸리지.

> take time   =   need a long time   =   오랜 시간을 필요로 하다
> Little things done every day add up to greatness.
> 매일 하는 작은 일들이 모여 위대함을 이룬다.

Embrace the idea that difficult is done at once; the impossible takes a little longer. /임브레이쓰 디 아이디아댓 디피컬트 이즈단 앳 원쓰 디 임파써블 테잌쓰 어리를 롱-거/　그냥 어려운 일보다, 불가능해 보이도록 도전적인 일들은 해내는데 좀 더 오래 걸린다는 생각을 받아들여.

I'm just dropping a few things off. It won't take too long.
/암 져스트 드랍핑 어 퓨 띵스 오프. 잇 원ㅌ 테익 투- 롱/
그냥 몇 가지 갖다 놓을 게 있어. 그리 오래 걸리지 않을 거야.

We took along souvenirs from Surfers Paradise.　/위 툭얼롱 쑤버니얼스 프롬 썰펄스 패러다이스/　서퍼스 파라다이스에서 기념품들을 가져왔어.

He took it seriously.　/히 툭잇 씨리어쓸리/　그는 그걸 진지하게 받아들였어.

> take　=　accept, take up, take on　=　받아들이다, 여기다.
> The driver took the horn as a personal insult.
> 그 운전자는 다른 차의 경적소리를 인신공격으로 받아들였어.
>
> 자동차 경적을 울리다　=　honking a horn
> 일본에서는 경적소리를 기분나쁘게 받아들인 사람이 그 경적소리를 낸 사람을 살해한 사건이 있은 후로 전국민이 충격을 받고 절대 경적을 울리지 않는다고 한다.

I can't take it anymore. I quit.　/아 캔ㅌ 테잌잇 애니모얼. 아이 큇/
더는 못참겠어. 나 관둘래.

> take　=　bear, endure, tolerate, stand, put up with　=　참다

Take it easy.　/테잌킷 이-지/　쉬엄쉬엄 해. 진정해. 너무 진지하게 받아들이지 마.

> take it easy　=　take things easy　=　relax
> I wasn't feeling too good, so I thought I'd take it easy for a couple of days.
> 몸이 별로 좋지 않아서 한 이틀은 살살하려고 했어.

I'm able to take a joke, but what you said to me was mean.
/암 에이블투 테잌어 죠크 벋 왓유쎋투미 워즈 민-/
웬만한 말쯤은 농담으로 받아들일 수 있는데, 네가 한 말은 무례했어.

> take a joke　=　놀리는 말이나 비판을 농담으로 (좋게) 받아들이다
> Can't you take a joke?　농담도 못 받아들이니?

Some people find it hard to take.   /썸피플 파인딧 할-투 테일크/
어떤 사람들은 그걸 받아들이기 힘들다고 여겨.

Stop teasing her, she can take just so much.   걔 그만좀 놀려, 예민한 친구라구.
Youngcheol was very insulting to Janghoon, but he can take it.   영철이는 장훈이에게 아주 무례했지만, 장훈이는 그쯤은 받아줄 수 있는 사람이야.

There's no way of knowing what will show up in life. You just have to take it as it comes.   /데얼즈 노 웨이오브 노윙 왓윌 쑈업 인라이프. 유져스트 해브투 테익잇 애즈잇 컴즈/   인생은 한치 앞을 내다볼 수 없어. 매 순간을 잘 대처하며 살아가야해.

take 무엇 as it comes   =   무엇이 일어나는 대로 대처하다 (미리 준비하기 보다는)

She is taken ill.   /쉬즈 테이큰 일/   그 친구 갑자기 아파요.

take ill / be taken ill   =   갑자기 아프다

After the fall, I was taken to the hospital.   /아프터 더 폴-, 아이워즈 테이큰 투 더 하스피털/   쓰러지고 난 뒤에, 난 병원으로 옮겨졌어.

People mistake exercise for being on a diet, but really, diet is a diet.
/피플 미스테익 엑썰싸이즈 폴 빙온어 다이엇 벋 륄리 다이엇 이즈어 다이엇/
사람들은 다이어트가 운동이라고 생각하는데, 햐 정말, 다이어트는 식단이야.

mistake   =   잘못 알다, 오해하다, 착각하다
diet   =   식이요법 ('다이어트'의 영단어 의미가 식이요법이다.)

Everyone did a double take when he came out in a tailored suit.
/에브리원 딛어 더블테익 웬히 케임아웃 인 어 테일럴드 쑷-/
그가 맞춤 정장을 입고 나왔을 때 모두가 놀라 두 번 쳐다봤어.

do a double take   =   믿을 수 없어 두 번 쳐다보다

People soon began to take notice of him as a promising artist.
/피플 쑨 비갠 투 테익 노티쓰 오브힘 애져 프로마이징 알티스트/
머잖아 사람들은 그가 될성부른 아티스트라는걸 알아채기 시작했다.

take notice of 무엇   =   무엇을 알아차리다

promising   =   성공할 가능성을 보이다, 될성부르다
Like all men seducing a woman, he promised the moon.
여자를 꼬시는 모든 남자들처럼, 그 남자도 과한 약속했지.
(promise 누구에게 the moon/earth   =   누구에게 과도한 약속을 하다)

Seoul Metro takes 3,000 people in a single train.   /써울멧트로 테익스 쓰리따
우전 피플 인어씽글 츄레인/   서울 지하철은 한 차량에 3천명을 태워. (실제 정원은 160~450명)

take   =   hold, accomodate   =   수용하다
Accommodation sharing often takes more people at better rates than hotels
do.   호텔보다는 숙소공유서비스가 더 많은 사람을 더 좋은 가격에 재워주는 편이야.
(Rates = 서비스 가격)

Mum has recently taken embroidery in hand.   /맘 해즈 리쓴틀리 테이큰 임
브로이더뤼 인핸드/   어머니께서 얼마전부터 자수를 하기 시작하셨어.

take 무엇 in hand   =   take up, take to, begin, set about   =   무엇을 시작하다
I have taken up swimming after work.   나 퇴근하고 수영을 배우기 시작했어.

You have what it takes to get there.   /유 해브 왓잇 테익쓰 투 겟데얼/
넌 그걸 성취하기 위한 모든 걸 갖고 있어.

have what/all that it takes to 무엇   =   무엇을 위한 자질을 갖추다

After years of hard work in preparations, my business took off.
/아프터 이얼스오브 할드 웕크 인 프렙퍼레이션쓰 마이 비즈니스 툭오프/
수년 동안의 고된 준비 기간을 거치고, 마침내 내 사업이 대박 났어.

take off   =   이륙하다, 날아오르다—성공하다
Cleared for take off.   이륙하셔도 됩니다. (항공기 조종사들이 관제탑에서 듣는 말)
He took off.   그 친구 잽싸게 출발했어.

It's $10 apiece. Take it or leave it.   /잇츠 텐 벅쓰 어피-쓰. 테익잇 올 리-빗/
하나에 만원이요. 사던가 말던가. (흥정/협상/네고안돼요 = **not negotiable**)

take it or leave it   =   이 제안offer은 협상 안 돼요 (무례할 수 있는 말)

It would take two men to move the fridge.   /잇 우드테익 투-멘 투 무브 더 프릿
쥐/   저 냉장고를 옮기는데 두 명의 성인 남자가 필요할 거야.

take	=	need	=	필요하다

Take storytelling for example, this works for one and all.　　/테익 스토리
텔링 폴 이그잼플, 디쓰 웕스 폴 원앤올/　　이야기를 예로 들면, 이건 모든 사람에게 효과적이야.

take	=	consider, think about, ponder, give thought to	=	생각해보다
for one and all	=	모두에게 (= universal 보편적인)		

I take that appearance is super important in South Korea.　　/아이 테익댓
어피어런쓰 이즈 수펄 임폴턴트 인 싸우쓰 커뤼아/　　한국에선 외모가 엄청 중요한 거 같아.

take	=	assume, suppose, believe, expect, reckon, think, suspect,
deduce	=	생각하다

I'm taking commercial law at uni.　　/암 테이킹 커머셜 로- 앳 유니/
대학교에서 상법을 공부하고 있어.

take	=	study	=	수강하다

I've learned not to take their claims at face value.　　/아이브 런드 낫투테익 데얼
클레임쓰 앳 페이쓰뺼류/　　사람들이 하는 주장의 겉만 보고 판단하면 안 된다는 걸 배웠어.

take 누구/무엇 at face value　　=　　좀더 알아보지 않고 누구/무엇의 첫 인상이나
겉으로 드러나 보이는 것만으로 판단하다

claim　　=　　신뢰할 수 있는 증거 없이 주장하다 (주로 제조사 자체 테스트 결과)
The manufacturer claims the battery can last up to 280km of drive, but in
real life it only does 250km at best.　　제조사는 배터리가 280km를 갈 수 있다고 주
장하는데, 실생활에선 잘해봐야 250km를 가.

**One common thing among all smart people is that they took things
apart when they were kids to see how things work. Curiosity is what
makes a person smart.**　　/원 카먼 띵 어멍 올 스말트 피플 이즈댓 데이 툭 띵스 어팔트
왠데이월 킷즈 투씨 하우 띵스 웕크. 큐리아씨티 이즈왓 메익쓰어 펄쓴 스말트/　　똑똑한 사람
들의 한 가지 공통점은, 그들은 어렸을 때 물건들이 어떻게 작동하는지 알아내려고 분해해 봤었
던거야. 호기심은 사람을 똑똑하게 해.

take 무엇 apart　　=　　잡아서 떼어놓다　　=　　무엇을 분해하다
take 누구 apart　　=　　누구의 말이나 행동을 요목조목 뜯어보다
　　=　　누구를 비판하다

The Joker took over Gotham City.   /더죠컬 툭오벌 갓썸 씨티/
조커가 고담시를 지배했다.

> take over   =   assume control of   =   지배하다

**When I was overseas all alone and had no place to stay for a while,
they took me in their home.**   /웬 아이워즈 오벌씨-즈 올 얼론 앤 해드 노 플레이스
투 스테이 폴어와일 데이 툭 미 인 데얼 홈/   내가 헐헐단신으로 외국에 있을 때 잠시 지낼 곳
이 없었는데, 그들이 나를 재워줬어.

> take 누구 in   =   잘 곳이 없는 누구를 재워주다, 속이다
> Nobody was taken in. 아무도 속지 않았어.

It takes a lot of stupidity to do the wrong thing. /잇 테익스 어랏오브 스튜피디
티 투두더 룅 띵/   그릇된 일을 하기란 어마무시하게 무식하지 않고서야 하기 어렵다.

> take   =   need, require, demand, entail. involve, necessitate   =   필요하다
> take a lot of   =   하기 어렵다

True heroes are those who take on what others don't want to do.
/트루 히어로스 알 도즈 후 테익온 왓 아덜스 돈트 워너두/
진정한, 현실 세계의 히어로는 남들이 하고 싶지 않아 하는 일들을 떠맡아 하는 사람들이다.

> take 무엇 on   =
> 1. 무엇을 하다 (특히 어려운 일이나 책임을 짊어지다 = undertake)
> 2. 새로운 직원을 고용하다 (We are taking on new staff. 우리 새 직원 고용해요.)
> 3. 어떤 성질을 지니다 (Samsung is taking on a new look on their mobile phones.
> 삼성폰이 새로운 디자인을 선보인다.)
> 4. 경쟁하다 (Apple is taking on Samsung on the flexible display. 애플이 삼성의
> 구부러지는 화면에 경쟁하고 있다.)
> 5. 누구에게도 허락받지 않고 결정하다 (An employee at the company took it on
> themselves to break the secrets prior to the unveil. 그 회사의 어느 직원이 제품
> 공개 전에 비밀을 누설했다.)

I got a job offer the other day. I think I'm taking the offer.
/아갓어 쫍 오퍼 디아더데이. 아띵크 암 테이킹 디 오퍼/
나 얼마 전에 일 제안받았잖아. 아마 그 회사에서 일할 것 같아.

> take   =   accept, take up, take on, undertake   =   받아들이다
> ↔   decline, refuse, turn down, say no to, reject, dismiss (거절하다)

When he gets mad, he takes no prisoners.   /웬 히 겟츠 매드 히 테익스 노 프
리즈널스/   그는 화나면 주변 사람들의 감정 따윈 전혀 신경 쓰지 않아.

       take no prisoners   =   무엇에 몰입하여 다른 사람들의 감정은 신경쓰지 않다

Whatever comes in my way, I take it with smile.   /왓에버 컴즈 인마이 웨이 아
이 테익잇 위드 쓰마일/   내 일에 무엇이 끼어들던 간에, 난 미소로 받아들이지.
[Kubra Sait]

       Death smiles at us all; all we can do is smile back.   죽음은 우리 모두에게 미소를
       짓지. 우리가 할 수 있는 최선은 미소로 받아치는거야. [Marcus Aurelius]

**They failed to solve the situation, so I decided to take matters into my
own hands.**   /데이 페일투 쏠브더 씨츄에이션 쏘 아 디싸이디드 투테일 메럴스 인투마이
오운 핸즈/   그 사람들이 이 문제를 해결하지 못해서 내가 직접 나서기로 했어.

       take matters into 누구의 own hands   =   문제를 해결해야 할 사람들이 해내지
       못해서 누가 직접 나서다

**Action is a great restorer and builder of confidence. Inaction is not
only the result, but the cause, of fear. Perhaps the action you take will
be successful; perhaps different actions or adjustments will have to
follow. But any action is better than no action at all.**   /액션 이져 그뤠잇 리
스토어러 앤 빌더 오브 칸피던스. 인액션 이즈 낫온리 더 리졀트 벋 더 커-즈 오브 피어. 펄햅스
디 액션 유 테일 윌비 썩쎄쓰풀 펄햅스 디퍼런트 액션쓰 오얼 언져스트먼츠 윌 해브투 팔로우.
벋 애니 액션 이즈 베러댄 노 액션 앳톨/   행동은 자신감을 되찾고 자신감을 쌓는데 아주 좋다.
행동하지 않는 건 두려움의 결과일 뿐만 아니라 원인이다. 행동은 성공으로 이어질 수도 있지만,
또 다른 행동이나 수정이 필요할 수도 있다. 그렇지만 어떠한 행동이든 가만있는 것보다 낫다.
[Norman Vincent Peale]

       action   =   행동, 활동, 행위, 일, 뭔가를 하는 것
       inaction   =   in (= not) + action   =   뭔가를 하지 않는 것, 무위

가져가다

Did you take my lip balm?   /디쥬 테일 마이 립 밤?/   내 립밤 가져갔어?

       take   =   remove, withdraw   =   가져가다 (주로 허락없이)

I'll take two.   /아일 테익 투-/   두 개 살게요. 두 개 주세요.

Dine in or take away?   /다인 인 올 테익 어웨이?/   안에서 드시나요, 가져가시나요?

Take 2 (away) from 10. And you get 8.   /테익 투 어웨이 프롬 텐. 앤유겟 에잇/
10에서 2를 빼면 8이야.

> take = subtract = 빼다

It says it'll be smoggy tomorrow. Take your mask with you.   /잇쎄즈 잇
일비 스모기 투모로-. 테익 유얼 마-스크 위듀/   내일 미세먼지 나쁠거래. 마스크 챙겨가.

Divorce has taken a toll on her life.   /디볼쓰 해즈 테이큰 어 톨 온헐 라이프/
이혼은 그녀의 삶을 힘들게 했다.

> take a toll = take its toll = cause harm/damage/suffering
> = (통행료를 가져가다) 타격을 주다, 나쁜 영향을 끼치다, 힘들게 하다

Take it easy. We can sort this out.   /테익킷 이-지. 위 캔 쏠디쓰 아웃/
진정해. 우리 힘으로 이걸 해결할 수 있을거야.

We need to take out a house loan.   /위니-투 테익아웃어 하우스 론-/
우리 주택대출 받아야겠어.

> take 무엇 out = 공식적인 문서나 서비스를 발급받다
> Take out a loan for uni. 대학자금을 위해 대출을 받다. (University를 uni로 줄여 말
> 한다.) Take out a copy of International Driver's Licence. 국제운전면허증을 발급
> 받다. (문서나 책 한 권을 a copy of 라고 굳이 말한다.)
> I took a copy of 『The Book of English』 and read it before my Working
> Holiday in Australia.   호주로 워킹홀리데이를 떠나기 전에 『영어책』을 읽었어.
> (워킹홀리데이는 비자 <u>이름</u>이기 때문에 첫 글자들을 대문자로 쓴다.)

The line is taken from the original novel.   /더라인 이즈 테이큰 프롬디 오뤼지
널 나블/   그 영화 대사는 원작소설에서 가져왔어.

Playing with Lego takes me back to when I was young and innocent.
/플레잉위드 레고 테익스미 백투 웬아워즈 영 앤 이노썬트/
레고를 갖고 놀면 내가 어리고 때묻지 않았던 그 시절로 돌아가게 해.

> take 누구 back = 누구에게 옛일을 떠오르게 하다

192

Did you just say (that) I'm not good at this? Would you take it back?
/디쥬 저슷트 세이 암 낫 굳앳 디스? 우쥬 테익잇 백?/
너 방금 내가 이거에 소질 없다고 말했니? 그 말 취소하지 못해?

> take 무엇 back   =   1. 한 말을 취소하다 (I take nothing back of what I said. 내가 한 말에 대해 전혀 취소할 생각 없어.)   2. 반품하다. (I should take this faulty product back to the store for refund. 이 하자있는 제품을 가져가 환불받아야겠어.)

We know that a lot of politicians are on the take.   /위노우댓 어랏오브 팔러티션스 알 온더 테익크/   우린 알지, 많은 정치인들이 뇌물을 받는다는걸.

They took advantage of the mileages, and went to Europe for free.
/데이 툭 어드밴티쥐 오브더 마일리쥐스 앤 웬투 유럽 폴 프리-/
걔네들 마일리지를 써서 유럽에 공짜로 갔어.

> take advantage of 무엇   =   무엇의 이점을 취하다, 주어진 기회를 잘 이용하다, 착취하다, 성적으로sexually 이용하다 (이 말은 양면적이다: 긍정적으로도 쓰이고 부정적으로도 쓰인다.)

All my freedom but my free mind was taken from me.   /올마이 프리덤 벋 마이 프리마인드 워즈 테이큰 프롬미/   내 모든 자유가 억압당했다, 생각의 자유만 빼고. (외부상황은 받아들이기 나름.)

> = My freedom was taken from me. But no one can take the freedom of my thoughts.

> take   =   capture, catch, seize, arrest, lay hold of, trap, abduct (불법으로)
> =   잡아가다   ↔   free, liberate /리버레잇트/ (놓아주다)

> You don't look at things as they are. You look through your perceptions.
> 우린 사물과 사람을 있는 그대로 바라보지 않아. 우리 자신의 인식으로 바라보지.

David was always there in the marble. I just took away everything that was not David.   /데이빗 워즈 올웨이즈 데어 인더 말블. 아져스트 툭 어웨이 에브리띵 댓 워즈 낫 데이빗/   다비드는 항상 대리석 속에 있었어. 난 그저 다비드가 아닌 걸 모두 뺐을 뿐이야. [Michelangelo]

> Ultimate sophistication comes of refusal. Elegance is refusal.
> 진정한 세련됨은 무언가를 하지 않음이다. 우아함이란 거절이다.

섭취하다

Take a nap. /테익어 냅/ 낮잠 자.

Take two pills at a time. /테익 투- 필스 앳어타임/ 한 번에 알약 두 개를 드세요.

    take = eat, have, swallow, consume, ingest = 먹다

Hey, take this. This medicine should take effect quickly. /헤이 테익 디쓰. 디쓰 메디씬 슈드 테익 이펙트 퀵클리/ 자, 이거 먹어. 이 약이 빨리 들을 거야.

    take effect = 약효가 생기다

Take a deep breath. /테익어 디-잎 브레쓰/ 숨을 깊게 들이마시세요.

우리말로 '옷을 입다, 신발을 신다, 안경을 쓰다' 같이 목적어에 따라 동사를 다르게 쓰는 것과 달리 영어는 한 단어로 다 되어 편하다. 'Wear'로 몸에 걸치는 것들을 모두 말할 수 있다. Take와 have도 그런 맥락이다. 몸으로 받아들이는 행위를 모두 말할 수 있다: Take a shower. 샤워해. Have a meal. 식사해. Take a seat. 앉아. Have a medical examination. 건강검진받아. I take a size 8 shoe. 내 신발사이즈 8이야.

I take English lessons from Aureo. /아이 테익 잉글리쉬 레쓴쓰 프롬 오-레오/ 나 아우레오에게 영어수업받아.

    take = 수업을 받다

Taking corrections is one of the most effective ways to improve your English. /테이킹 코뤡션스 이즈 원오브더 모슷트 이펙티브 웨이즈 투 임프루-브 유얼 잉글리쉬/ 첨삭받는게 네 영어를 개선하는 가장 효과적인 방법들 중 하나야.

Let's take a little break. /렛츠 테익어 리를 브뤠익크/ 잠깐 쉬자.

You should take a rest. /유 슈드 테익어 뤠스트/ 넌 좀 쉬어야 해.

Take care! /테익 케어!/ 잘 지내! (작별인사)

    Take care of yourself(네 자신을 잘 돌보아)의 줄임말

Take the best that exists and make it better.

When it does not exist, design it.

현존하는 최고를 가져다 더 좋게 만들라.

그런 게 존재하지 않는다면, 고안하라.

[Henry Royce]

Design is a loaded word, as it originally means engineering.

디자인은 다른 의미가 가미된 단어다. 왜냐하면 디자인은 원래 '설계하다'는 의미이기 때문이다.

bring - brought - brought

가져오다	야기하다
데려오다	cause

가져오다 / 데려오다

Bring it to me, will you?   /브링잇 투미 윌유?/   그거 가져와봐. (반말 : will)

Could you bring me some water, please?   /쿠쥬 브링미썸 워터 플리-즈?/
물 좀 주실래요? (존댓말 : could, may)

What should I bring to the party?   /왓 슈다이 브링투더 파티?/
파티에 뭘 가져가야해?

Can I bring a friend along to your place?   /캔아이 브링어 프렌드얼롱 투유얼
플레이쓰?/   너희집에 내 친구 데려가도 돼?

It started raining, so I brought in the laundry.   /잇 스탈티드 뤠이닝 쏘아 브
롣인더 론-드뤼/   비가 내리기 시작해서 빨래 들여놨어.

You have brought us happiness.   /유해브 브롣어쓰 해피니쓰/
넌 우리에게 행복을 들여왔어.

**Language is a city to the building of which every human being
brought a stone.**   /랭귀지이져 씨티 투더 빌딩오브윗치 에브리 휴먼 빙- 브롣어 스톤/
언어는 모든 인간이 돌 하나씩을 가져와 지은 도시 같다. [Emerson]

196

Making half the Koreans English literate? Bring it on! /메이킹 하프더 커뤼
안쓰 잉글리쉬 리터릿? 브링잇온!/   한국인 절반이 영어를 할 줄 알게 하는 거? 덤벼 보라 해!

> bring 무엇 on   =   무엇이 일어나게 하다 (주로 안 좋은 일)
> Bring it on   =   덤벼보라지, 얼마든지 상대해 주겠어
> Drinking mixed alcohol brought on liver and brain damage.
> 술을 섞어 마셨더니 간과 뇌 손상을 일으켰어.

OREX really has brought me on.   /오렉스 륄리해즈 브롯미 온/
오렉스 덕에 정말 많이 좋아졌어요.

> bring 누구 on   =   누가 더 나아지게 하다 (특히 훈련을 통해서)

The ending of the story brought tears to my eyes.   /디 엔딩오브더 스토뤼
브롯 티얼쓰 투마이 아이즈/   그 이야기의 결말에 눈물이 나더라.

I just couldn't bring myself to get to work.   /아져스트 쿠든ㅌ 브링 마이 쎌프
투겟투 월크/   차마 일로 복귀할 수가 없었어.

> not bring oneself to do 무엇   =   내 자신이 차마 무엇을 하도록 할 수 없다

I was brought up by my grandma.   /아워즈 브롯업 바이 마이 그랜마/
난 할머니 손에 자랐어.

> bring 누구 up   =   아이가 어른이 될 때까지 키우다 (주로 어떤 영향을 주며)
> I was brought up very strictly.   난 되게 엄하게 컸어.

Could you not bring that up again?   /쿠쥬낫 브링댓업 어게인?/
그 말좀 꺼내지 말아줄래?

> bring 무엇 up   =   무슨 주제에 대해 이야기하기 시작하다
> Oh she's bringing that up again.   아, 쟤 또 시작이다.

Some fools brought down trees and built an ugly building on that land.
/썸 풀즈 브롯 다운 트뤼스 앤 빌트언 어글리 빌딩 온 댓 랜드/
어떤 멍청이들이 나무를 뽑아 못 생긴 건물을 올렸어.

> bring down   =   아래로 끌어내리다, 쓰러트리다, 힘을 잃게 하다, 기분을 안 좋게 하다

The scandal brought down the corrupt politician.   /더 스캔들 브롵다운더 코럽트 팔러티쎤/   그 스캔들은 그 부패한 정치인을 권력에서 물러나게 했지.

The real bright could bring the house down with their humour.   /더 뤼얼 브롸잇 쿧브링더 하우쓰다운 윋데얼 휴머/   진짜 영민한 사람은 엄청 웃길 수 있는 사람이지.

　　　bring the house down   =   박장대소하게 하다

　　　A gentleman has a sense of humour.   신사는 유머가 있는 사람이야.

Bring your desires down to your present means. Increase them only when your increased means permit.   /브링유얼 디자이얼쓰 다운투유얼 프레젠트 민-즈. 인크뤼-즈뎀 온리 웬 유얼 인크뤼-즈드 민-즈 펄밑/   네 욕망을 지금의 수입 수준에 맞추라. 자력이 늘어날 때만 그 욕망을 늘려라.   [Aristotle]

It took me a couple of hours to bring the problem under control.   /잇툭 미 어 커플오브 아월스 투브링더 프롸블럼 언더 컨트롤/   그걸 해결하는 데 두 시간 걸렸어.

We need to bring in an expert on this matter.   /위 니-투 브링인 언 엑쓰펄트 온디쓰 매러/   이 분야의 전문가를 모셔야겠다.

　　　bring 누구 in   =   누가 어떤 일을 하도록 요청하다

Mina brought in heaps of new customers.   /미나 브롵인 힙스오브 뉴 커스터멀쓰/   민아가 새로운 고객을 많이 들여왔어.

　　　bring 누구/무엇 in   =   누구/무엇을 끌어들이다

She brought her marketing expertise to the table.   /쉬 브롵헐 말케팅 엑쓰펄티-즈 투더 테이블/   그녀의 마케팅 전문지식이 우리 팀에 가미되었지.

　　　bring 무엇 to the table   =   이득이 될 무엇을 가져오다

Can you bring my book back?   /캔유 브링마이 북 백?/   내 책 돌려줄래?

We brought back lucky bells from Kiley's wedding.   /위 브롵백 럭키벨스 프롬 카일리즈 웨딩/   카일리의 결혼식에서 우린 행운의 종을 받아왔어.

　　　bring 무엇 back   =   return with 무엇   =   무엇을 가지고 돌아오다

It brings back wonderful memories.　　/잇 브링스백 원더풀 메모리스/
이건 아름다운 추억을 상기해줘.

　　　bring back 무엇　　=　　remember 무엇　　=　　과거의 무엇을 회상하게 하다

The place brings to mind our first kiss.　　/더플레이쓰 브링스 투마인드 아월
펄스트 키-쓰/　　그곳은 우리의 첫 키스를 떠올리게 해.

　　　bring/call to mind　　=　　기억하게 하다

Nothing can bring a real sense of security except true love.
/낫띵 캔 브링어 뤼얼 쎈스 오브 씨큐리티 익쎕트 트루 러브/
마음에 평온을 들이는 건 진정한 사랑 뿐이야.

You guys go ahead. Amber and I will bring up the rear.　　/유가이즈 고 어
헤드. 앰버앤다이 윌 브링업더뤼어/　　너네 먼저 가. 나랑 앰버는 뒤에서 따라갈게.

　　　bring up the rear　　=　　함께 가는 무리 중 뒤에서 따라가다

Her kindness has brought an end to the discomfort between
neighbours.　　/헐 카인드니쓰 해즈 브롯언 엔드 투더 디쓰컴폴트 빗트윈 네이볼쓰/
그녀의 친절은 이웃 간의 불화를 없애주었어.

We believe (that) acts of kindness bring lasting peace.
/위빌리브 액츠오브 카인드니쓰 브링 라스팅 피-쓰/
친절한 행동은 평화가 이 땅에 뿌리내리게 할 수 있다고 우린 믿어.

We all live together. Ultimately, we won't have jobs if we don't have
neighbours in the broader terms. And it's nice to bring a smile to
people's faces with small acts of kindness.　　/위 올 리브 트게더. 얼티미틀리
위 원트해브좝쓰 이퓌 돈트해브 네이볼쓰 인더 브로-더 텂즈. 앤 잇츠 나이쓰투 브링어 스마일
투 피플스 페이쓰스 위드 스몰 액츠오브 카인드니쓰/
우리 모두는 함께 살아. 넓은 의미의 이웃이 없다면 궁극적으로 우리에겐 직업도 없을 거야. 그
리고 작은 친절로 사람들의 얼굴에 웃음을 줄 수 있다면 그게 얼마나 멋진 일이야?

Those who bully must be brought to book. Losers bully; winners forgive.
/도즈후 불리 머슷비 브롯투 북. 루-절스 불리 위널쓰 폴기-브/
다른 사람을 괴롭히는 사람들은 벌받아야 마땅해. 찌질이들이 괴롭히고, 큰사람은 용서하지.

bring 누구 to book (UK)　　＝　　punish 누구
＝　　누구를 벌하다, 누가 공개적으로 자신의 잘못을 반성하게 하다

Hard work and good intention will bring you a fortune.　　/할드웍크 앤 굿
인텐션 윌 브링유 어 폴춘/　　건강한 의도로 열심히 일하면 부자가 될 수 있어.

Hedy Lamarr brought to light the workings of Wi-Fi, GPS, and
Bluetooth.　　/헤디 라말- 브롯투 라잇트 더 월킹쓰 오브 와이파이 쥐피에쓰 앤 블루투쓰/
헤디 라마르는 와이파이, GPS, 그리고 블루투스의 작동 원리를 발명했어.

bring to light　　＝　　알려지게 하다 (light은 public knowledge를 의미한다)
working　＝　　the way in which a system operates　＝　　시스템 작동 방법

If you bring forth what is within you, what you bring forth will save
you. If you do not bring forth what is within you, what you do not
bring forth will destroy you.　　/이퓨 브링 폴쓰 왓츠 위딘유 왓츄 브링폴쓰 윌 쎄이
브유. 이퓨 두 낫 브링폴쓰 왓츠 위딘유 왓츄 두 낫 브링폴쓰 윌 디스트로이유/　　네 안의 것을
세상 밖으로 꺼내면, 그게 널 살릴 것이다. 네 안의 것을 세상 밖으로 꺼내지 않으면, 그것이 널
무너뜨릴 것이다.　[**Jesus Christ**]

bring forth 무엇　　＝　　무엇이 일어나게 하다, 무엇이 보여지게/알려지게 하다

The defects were brought before the board at a meeting.　　/더 디-펙츠 월
브롯 비포어 더보드 앳어 미-팅/　　이사회 회의에 그 결함들이 올려졌다.

bring 무엇 before 누구/무엇2　　＝　　무엇이 (위원회, 법원 등에) 의논/판결받도록
올려지다

Could we bring the meeting forward to this week?　　/쿤 위 브링더 미-팅
포-월드 투디쓰 윅?/　　그 회의 이번 주로 앞당겨도 될까요?

bring 무엇 forward　　＝　　무엇을 앞으로 가져오다
＝　　원래 예정보다 시간을 앞당기다, 무엇을 제안하다
Some good suggestions were brought forward at the meeting.
회의에서 몇 가지 좋은 안이 나왔어.

A better quality control system has been brought in.　　/어 베럴 퀄리티 컨
트롤 씨스템 해즈빈 브롯 인/　　더 나은 품질관리 시스템이 들여졌어.

200

bring 무엇 in = introduce 무엇
= 새로운 무엇을 들여오다, 소개하다, 특정 금액의 돈을 벌다
It is expected to bring in $1B. 1조원이 들어올거라 예상된다. (B = billion)

A green solution was more costly, but we bit the bullet and went for it.
/어 그륀 쏠루션 위즈모얼 코스틀리 벋 위 빗터 불릿 앤 웬트폴잇/
친환경 해결책이 더 비쌌는데, 에라 모르겠다하고 질러버렸어.

bite the bullet = (하기 싫거나 어려워서) 망설여지는 일을 하기로 결정하다
Amore Pacific bit the bullet and went for plastic-free packaging for shipping.
아모레 퍼시픽이 물류 과정에서 비닐을 사용하지 않는 포장을 하기로 결정했다.
Weight is everything in car design. Gordon Murray bit the bullet and designed
T.50 lighter than McLaren F1. 자동차 디자인에선 무게가 전부다. 고든 머레이는 (30
년 전 디자인한) 맥라렌 F1보다도 가볍게 T.50를 만들었다.
(차가 무거우면 에너지를 더 많이 써서 지구온난화를 가속하고 운전도 재미없어진다.)

Daseul is very shy. She needs bringing out more.   /다슬이즈 붸리 샤이. 쉬
니-즈 브링잉아웃 모어/   다슬이는 정말 수줍음이 많아. 좀더 자신있어지면 좋겠어.

bring 누구 out = 수줍음이 많은 사람을 더 자신감있게 하다

They are finally bringing out low-priced products.   /데얄 파이널리 브링
잉 아웃 로-프라이쓰드 프롸덕츠/   이제야 저가 제품들을 내놓는군.

bring 무엇 out = bring 무엇 to the market
= 팔기 위해 무엇을 생산하다

He managed to bring it off brilliantly.   /히 매니쥐투 브링잇 오프 브륄리언틀리/
그 남자 이걸 멋지게 해냈어.

bring/pull 무엇 off = 하기 어려운 무엇을 하는데 성공하다

야기하다

What brings you to Seoul?   /왓 브링즈유 투 서울?/   널 서울로 오게 한 게 뭐야?

The rain brought some relief from the heat.   /더 뤠인 브롵썸 륄리-프 프롬
더 힡/   비가 열기를 식혀주었어.

Kiley has brought about mutual growth with her love and wisdom.
/카일리 해즈 브롯어바웃 뮤츄얼 그로우쓰 위드헐 러브 앤 위즈덤/
카일리는 그녀의 사랑과 지혜로 우리의 관계를 건설적으로 만들었어.

> bring 무엇 about　　=　　무엇이 일어나게 하다
> We worked hard to bring about a reconciliation.　우린 화해를 위해 노력했어.
> The iPhone brought about a whole new era.　아이폰은 새로운 세상을 열었어.

Nickel brings me out in rash.　　/니켈 브링즈미 아웃인 라-쉬/
니켈은 내 피부에 발진을 일으켜. 나 니켈 알러지있어.

> bring 누구 out in 무엇　　=　　누구의 피부에 무엇이 일어나게 하다

The sharp noise from the next door brought me up short.
/더 샵프 노이즈 프롬더 넥스트도어 브롯미업 숏트/
옆집에서 들려온 날카로운 소음은 날 소스라치게 놀라 하던 일을 멈추게 했어.

> bring 누구 up short　　=　　누가 하던 일을 (놀라서) 멈추게 하다

The pandemic hadn't brought the economy to its knees, thanks to our cooperation.　/더 판데믹 해든트 브롯디 이코노미 투잇츠 니-즈 땡스투 아월 코아퍼뤠이션/
전세계적 유행병은 우리 경제를 무너뜨리지 않았어. 이게 다 우리의 협력 덕분이야.

> bring 누구/무엇 to 누구의/무엇의 knees
> =　　누구/무엇을 무릎 꿇게 하다, 굴복시키다

The hardships brought the community together.　/더 할드쉽스 브롯더 커뮤
니티 트게더/　　이 고난은 우리 사회를 하나로 만들었어.

> bring 누구/무엇 together　　=　　누구/무엇을 화합하게 하다, 더 친하게 하다

The government tried to bring the property owners around to ease on their rent.　　/더거벌먼트 트롸이투 브링더 프롸펄티 오널-쓰 어롸운드 투 이-즈 온데얼
뤤트/　　정부는 건물주들이 임대료를 낮추도록 설득했어.

> bring 누구 around　　=　　누구를 나와 같은 의견을 갖도록 설득하다

It would bring the people's reduced income into line with normal seasons.
/잇우드 브링더 피플스 뤼듀쓰드 인컴 인투 라인위드 노멀 씨즌스/
이는 사람들의 줄어든 수입을 평소와 비슷한 수준으로 만들 수 있어.

> bring 누구/무엇 into line (with 누구2/무엇2)   =   누구/무엇을 누구2/무엇2와
> 정렬하다, 일직선으로 맞추다, 서로 비슷한 수준이 되도록 맞추다

**By seeing just one person can infect thousands and kill many people,
that brought home to me how important it is to cooperate as one
species.**   /바이 씽 져스트 원 펄쓴 캔 인펙트 따우-전즈 앤 킬 매니 피플 댓 브롤홈투미
하우 임폴턴트 잇이즈투 코아퍼레잇 애즈 원 스피-씨스/   단 한 사람이 수천명을 감염시키고
많은 사람을 죽게 할 수 있는 걸 보고는 깨달았지, 하나의 종족으로서 협력하는게 얼마나 중요한
지를 말이야.

> bring 무엇 home   =   이전보다 무엇에 대해 훨씬 확실하게 이해하게 하다

Nothing can bring you success but yourself.   /낫띵 캔 브링유 썩쎄스 벋 유
얼쎌프/   너에게 성공을 가져다 줄 사람은 너 자신 뿐이야.

Nobody can bring you peace but yourself. /노바디 캔 브링유 피-쓰 벋 유얼쎌프/
너 자신 외에는 그 누구도 너에게 평화를 안겨줄 수 없어. [**Ralph Waldo Emerson**]

> Everyone you meet always asks if you have a career, are married, or own a
> house as if life was some kind of grocery list. But no one ever asks you if you
> are happy.
> 모두가 번듯한 직장이 있는지, 결혼은 했는지, 집은 있는지, 인생이 무슨 장보기목록인 것
> 처럼 묻는다. 만나는 그 누구도 내가 행복한지는 묻지 않는다. [Heath Ledger]

**As a well spent day brings happy sleep, so a life well spent brings
happy death.**   /애즈어 웰 스펜트 데이 브링즈 해피 쓸립 쏘어 라이프 웰 스펜트 브링즈
해피 데쓰/   잘 보낸 하루가 행복한 잠으로 이어지듯, 잘 산 인생은 행복한 죽음으로 이어진다.
[**Leonardo da Vinci**]

> What you leave behind is not what is engraved in stone monuments, but what
> is woven into the lives of others. 우리가 남기고 가는 건 돌조각상에 새겨지는게 아
> 니라, 사람들의 삶에 얽히고 설키는 것이다. [Pericles]

put - put - put

놓다 / 두다	하게 하다
leave	let

놓다 / 두다

Where have you put the ring?   /웨얼 해뷰 풋더 링?/   반지 어디에 놨어?

Would you want to put syrup in your coffee?   /우쥬 워너 풋 씨럽 인유얼 커픽?/   커피에 시럽 넣을거야?

Put it on the table.   /풋잇 온더 테이블/   그거 상 위에 올려놔.

I put single-use coffee cups into the recycling bin by mistake.
/아이풋 씽글유즈 커피컵쓰 인투더 뤼싸이클링 빈 바이 미스테일크/
실수로 일회용 커피컵을 재활용 쓰레기통에 넣었어.

> Single-use coffee cups look like paper cups, but they are actually plastic-coated, which makes it un-recyclable.   일회용 커피컵은 종이컵처럼 보이지만 사실 플라스틱으로 코팅되어있고 그래서 재활용이 불가능해. (PLA코팅은 생분해돼.)

Elegance does not consist in putting on a new dress.   /엘레강쓰 더즈낫 컨씨스트인 풋팅온어 뉴 드뤠쓰/   우아함이란 새 드레스를 걸치는 게 아니다.   **[Coco Chanel]**

> put on   =   (옷을) 입다

She put her belongings on the table and said there is a koala inside she rescued from the bushfire. /쉬 풋헐 빌롱잉쓰 온더테이블 앤쎄드 데얼이져 코알라 인싸이드 쉬 레스큐드 프롬더 부쉬파이어/ 그 여자는 탁자 위에 짐을 올려놓고는 그 안에 그녀가 산불에서 구조한 코알라가 들어있다고 말했다.

He put his hand over my forehead and asked sweetly if I'm alright. /히 풋히즈 핸드 오벌마이 포어헤드 앤 아슥드 스위틀리 이프암 올롸잇/ 그는 내 이마에 손을 올리고는 내가 괜찮냐고 다정하게 물어봤다.

I fell asleep on the bus ride and he put his arm around me to ease my sleep. /아이 펠 어쓸립 온더 버스라이드 앤 히 풋히즈 앎 어롸운미 투 이-즈 마이 쓸립/ 버스에서 잠들었는데 내가 편히 자라고 그가 팔베개를 해줬어.

I have to put it down. It's too heavy. /아이 해브투 풋잇 다운. 잇츠 투- 헤비/ 이거 내려놓을래. 너무 무거워.

    put down 무엇 = 무엇을 내려놓다,저지하다, 회복 가능성이 없는 동물의 숨을 끊다

Let's put it off for the moment. /렛츠 풋잇 오프 포더 모먼트/ 이거 잠깐 미뤄두자.

    put 무엇 off = postpone 무엇 = 무엇을 미루다

We can't put this off any longer. Let's just get it done now, shall we? /위 칸트 풋디쓰 오프 애니 롱거. 렛츠 져슷트 겟잇 단 나우 쉘위?/ 우리 더 이상 이걸 미룰 수 없어. 그냥 지금 해버리자, 알겠지?

I tried hard to put his swears out of my mind. /아트롸인 할드 투풋 히즈 스웨얼스 아웃오브 마이마인드/ 그 녀석의 욕지거리를 내 머릿속에서 끄집어내려고 온갖 노력을 했어.

I don't think that'll do. Let's put that aside. /아돈띵크 댓일 두. 렛츠 풋댓 어싸이드/ 그걸로는 안 될 것 같은데? 그건 놔두자.

    put aside 무엇 = ignore 무엇 = 무엇을 무시하다

You can't put a prank over on him. He's too observant. /유 캔트 풋어 프랭크 오벌온힘. 히즈 투- 옵절번트/ 쟤한텐 장난을 칠 수 없어. 너무 빈틈없는 애야.

    put 무엇 over on 누구 = fool, deceive
    = 누구에게 무엇이 사실인 것처럼 속이다
    prank = 장난
    observant = 매사를 세밀하게 관찰하는, 예리한

She's really smart. She figured out half way through the phone call that the guy on the other end was trying to put a con over on her. /쉬 즈 뤼리 스맡트. 쉬 피결드 아웃 하프웨이 쓰루더 폰콜 댓 더가이 온디 아덜엔드 워즈 트롸잉투 풋어 칸 오벌 온헐/ 쟨 똑똑해. 통화의 절반쯤에 전화건 사람이 사기치려고 한 걸 알아챘어.

> con = 사기
> con artist = 사기꾼
> phone scam / phone fraud = 전화를 통한 사기, 보이스 피싱voice phishing
> 영문화도 전화사기가 많다. 내 계좌로 지금 돈을 보내줄테니 내 몫을 얼마빼고 Western Union을 통해 러시아나 우크라이나로 송금을 하라는 식의 돈세탁에 연루되면 계좌가 정지될 수 있으니 주의. 모르는 사람이 갑자기 돈을 준다하면 사기일 경우가 대다수다.

> There is no such thing as a free lunch. 세상에 공짜란 없다.

They put the proposal before the committee. /데이 풋더 프로포절 비포어더 컴 미티-/ 그분들이 제안서를 위원회에 제출했어요.

> put 무엇 before 누구 = 무엇(아이디어/법안)을 누구에게 결정/투표하도록 제안/ 제출하다

What's the most important thing you try to put across in your keynote? /왓츠더 모숫트 임폴턴트 띵 유 트롸이두 풋어크로쓰 인유얼 키-노트?/ 네 프리젠테이션으로 전하려는 가장 중요한 요지가 뭐야?

> 슬라이드쇼를 활용한 발표를 윈도우 프로그램인 PowerPoint의 약자로 "PPT"라 하듯, 영문화에선 맥 프로그램인 Keynote를 그대로 말하기도 한다. 어느 한 운영체제에 치우지지 않는 중립적인 표현은 presentation 혹은 slides/slideshows.

We tend to put celebrities on a pedestal. /위 텐투 풋 쎌러브리티즈 온어 퍼데 스톨/ 우리는 연예인을 우상화하는 경향이 있어.

> put 무엇/누구 on a pedestal = 무엇/누구를 다른 이들보다 더 중요하게 여기 다, 이상화/우상화하다
> pedestal = 좌대 (조각 등을 올려놓는 받침)

He always put me first. /히 올웨이즈 풋 미 펄스트/ 그는 항상 나를 가장 먼저 생각해.

Put yourself in the other person's place. This is the golden rule for success. /풋 유얼쎌프 인디 아더 펄쓴스 플레이스. 디쓰이즈더 골든 룰 포 썩쎄쓰/
다른 사람의 입장이 되어보라. 이것이 성공으로 가는 황금법칙이다.

They put me down as going to the excursion, but I don't feel well. /데이
풋미 다운 애즈 고잉투디 익쓰컬젼 벋 아돈트 필- 웰/　소풍가기로 했는데 몸이 별로 안좋네.

　　put 누구 down　　＝　　record　　＝　　누가 무얼 하기로 기입하다
　　She put me down for iced coffee, but I actually said hot.
　　난 분명 뜨거운 커피라고 말했는데 직원은 아이스로 주문받았어.

The satisfaction from learning is so great that you put up with the pain of taking time to read books. /더쌔티스팩션 프롬 러-닝이즈 쏘그뤠잇댇 유풋업
위드더 페인오브 테이킹 타임투 뤼-드 북쓰/　배움에서 오는 만족이 너무나 좋아서 앉아 책을
읽는 고통쯤은 견딜 수 있다.

　　put up with 누구/무엇　　＝　　tolerate, endure　　＝　　누구/무엇을 견디다
　　If you want rainbow, you've got to put up with rain.
　　무지개를 보고 싶다면 비를 견뎌야해.

He's not sort of person to do such things. Probably someone put him up to it. /히즈 낫 쏠오브펄쓴 투두- 써취 띵스. 프롸버블리 썸원 풋힘 업 투잇/
그는 그런 일을 할 사람이 아니야. 분명히 누군가가 그 일을 하도록 만들었을거야.

　　　put 누구 up to 무엇　　＝　　누가 무엇을 하도록 부추기다 (주로 잘못된 일을)

I'd suggest you put half an hour aside each night for this book. Read aloud each sentence 10 times before go to bed. And you will speak English before you know it. /아드 써줴숫트 유 풋 하프언 아워 어싸이드 이-취 나
잇 포디스북. 뤼드 얼라우드 이-취 쎈텐쓰 텐 타임스 비포얼 고루 베드. 앤유윌 스픽 잉글리쉬
비포얼 유 노-잇/　매일 밤 30분만 이 책을 위해 남겨 놓길 추천합니다. 자기 전에 각 문장을
열 번씩 소리 내어 읽으세요. 그러면 어느 순간 영어를 하는 자신을 발견할 겁니다.

I used to live in a room with no windows, and soon got very sick. Now I have sunlight-filled home and I put out my clothes and pillows in sunlight to get them disinfected. /아유즈투 리빈어 룸 위드 노 윈도우스 앤 쑨 갓
붸리 씩. 나우 아해브 썬라잇필드 홈 앤다이 풋아웃 마이 클로-즈 앤 필로우스 인 썬라잇 투 겟
덤 디쓰인펙티드/　난 창문이 없는 방에 살았었는데 머잖아 굉장히 아팠어. 지금은 햇살가득
한 집이 있고 내 옷과 베개를 햇빛에 살균되게 내놓아.

put out 무엇　　＝　　무엇을 원래 자리에서 다른 곳으로 내놓다

My neighbour puts out a bowl of feeds for cats every day.
/마이 네이보얼 풋츠 아웃 어 볼 오브 피-즈 폴 캣츠 에브리데이/
이웃이 고양이들을 위해 매일 사료를 한그릇 내놓아.

put out　　＝　　집밖으로 내어놓다

Let's put the tables together.　　/렛츠 풋더 테이블스 트게더/　　탁자들을 붙여놓자.

Also put the chairs closer together, so we can all sit around.
/올쏘 풋더 췌얼쓰 클로져 트게더 쏘 위캔 올 씻어롸운드/
그리고 우리가 다 둘러앉을 수 있게 의자들도 더 가까이 붙이자.

If you put together blue with tiny bit of yellow and white paint, you get turquoise.　　/이퓨 풋 트게더 블루 위드 타이니빗오브 옐로 앤 와잇 페인트 유겟 털쿼이즈/　　파랑 물감에 아주 조금의 노랑과 하얀색을 섞으면 청록색을 만들 수 있어.

put together　　＝　　mix　　＝　　섞다

My boyfriend when we were not together put me up against the wall and kissed me on my lips. The rest is history.　　/마이 보이프린드 웬 위월 낫 트게더 풋미업 어게인스트 더월 앤 키쓰드미 온마이 립스. 더 뤠스트 이즈 히스토리/　　내 남자친구가 아직 사귀기 전에 날 벽에 기대어 키스를 했어. 그 뒷이야긴 다들 알지.

The rest is history　　＝　　이어질 이야기는 이미 잘 알려져 있으니 말할 필요 없다

What is the use of a house if you haven't got a tolerable planet to put it on?
/왓이즈더 유즈 오버 하우스 이퓨 해븐갓어 톨러러블 플래닛 투 풋잇 온?/
더이상 수용할 수 있는 행성이 없는데 집이 무슨 소용인가? [Henry David Thoreau]

We tell our kids to put their names in all their belongings.　　/위 텔 아월 킨즈 투 풋데얼 네임스 인 올 데얼 빌롱잉스/　　아이들에게 자기 물건에 이름을 쓰라고 하죠.

put 이름 in　　＝　　이름을 넣어 놓다　　＝　　이름을 쓰다
put　　＝　　write　　＝　　(글씨를) 쓰다

I put my effort into getting my English right.　　/아이 풋마이 에폴트인투 게링 마이 잉글리쉬 롸잇/　　난 내 영어를 바로 잡으려고 아주 노력해.

I've put your Birthday down on my diary. /아이브 풋 유얼 벌쓰데이 다운온마이 다이어뤼/ 너의 생일을 내 다이어리에 적어놨어.

> Jesus Christ의 생일을 뜻하는 크리스마스를 항상 대문자로 Christmas라고 쓰듯, 생일은 그 사람만의 고유한 탄생일이므로 대문자로 Birthday라고 쓴다.

In the first class the lecturer asked us to put our objects down on notebook. And he reminded us to look back on our objects throughout the course, which helped us to achieve most of the goals. /인더 펄스트 클라스 더 렉처러 아슫드 어쓰 투 풋아월 옵젝츠 다운 온 놑북. 앤히 리마인디드 어쓰 투 룩 백 온 아월 옵젝츠 쓰루아웃 더 콜-스 윗취 헲드 어쓰 투 어취-브 모슷트 오브더 골-스/ 첫 수업에서 강사님은 우리에게 우리의 목표들을 공책에 적어보라고 했어. 학기동안 강사님은 그때 쓴 목표들을 상기시켜 주었고, 이게 결국 그 목표들의 대부분을 이루게 했어.

Put the uncommon effort into the common task. Make it great by doing it in a great way. /풋디 언카먼 에폴트 인투더 카먼 타-스크. 메익잇 그뤠잇 바이 두잉잇 인어 그뤠잇 웨이/ 평범한 일에 비범한 노력을 들이라. 비상하게 함으로써 그 일을 비상하게 만들라.

하게 하다

She puts me to become a better person. /쉬 풋츠미루 비컴 어 베러 펄쓴/ 그녀는 내가 더 좋은 사람이 되게 해.

> put 누구 to 무엇 = 누구로 하여금 무엇을 경험하게 하다

Voldemort was put to death. /볼드모트 워즈 풋투 데-쓰/ 볼트모트는 죽게 됐어.

I'm not the right person to answer your inquiries. Let me put you through to the right department, hold on a second. /암 낫더 롸잇 펄쓴 투 앤썰 유얼 인콰이어뤼스. 렛미 풋유 쓰루 투더 롸잇 디팔트먼트 홀돈어쎅/ 고객님의 문의에 응답할 사람은 제가 아닌 것 같네요. 맞는 부서로 연결해 드리겠습니다, 잠시만 기다려주세요.

> put 누구 through = (전화를) 누구와 연결하다

I'm sorry to have to put you through this. /암 쏘리투 해브투 풋유 쓰루 디쓰/ 이런 일을 겪게 해서 미안해요.

> put 누구 through 무엇 = 누구로 하여금 무엇을 겪게 하다
> through는 '뚫고 가다'는 뉘앙스를 지닌 말로 "힘겹게 가다"는 말이다.

209

put 누구 through the ordeal (시련) / the mill (맷돌) / the wringer (물을 쥐어 짜는 기계)   =   누가 시련을 겪게 하다

My parents put me through university education. But I think it's not necessary after all. If you look closely, adults often have careers that are totally different from their degrees. I guess not everyone knows themselves perfectly when they are 18. Going to uni just for the sake of it is silly.   우리 부모님은 날 대학교를 나오게 하셨어. 그치만 나는 이게 사실상 필요없다고 생각해. 자세히 보면, 어른들이 자기 전공과는 전혀 다른 일을 하고 있는걸 자주 볼 수 있어. 열 아홉살에 자기 자신을 완벽하게 아는 사람이 많지 않나봐. 대학에 가야 해서 가는 건 미련한 짓이야.

If you make decisions based upon people's reactions or judgements then you make really boring choices.   다른 사람들의 반응이나 판단에 따라 결정하면, 진짜 지루한 선택을 하는거다. [Heath Ledger]

They put me in charge of making up the business proposal from scratch.   /데이 풋미 인 촬쥐 오브 메이킹업 더 비즈니쓰 프로포절 프롬 스크랫취/
그 사람들 내가 사업제안서를 백지부터 만들어내는 책임을 지게 했어.

The desperate necessity definitely put my capability to the test.
/더 데스퍼릿 네쎄씨티 데퍼니틀리 풋 마이 케이퍼빌리티 투더 테스트/
절박한 필요는 내 능력을 시험했다.

　　　put 누구/무엇 to the test   =   누구/무엇이 얼마나 좋은지 시험하다

People who don't respect my time put me out. So I respect others' time by being on time and not making changes.   /피플 후 돈트 뤼스펙트 마이타임 풋 미 아웃. 쏘아이 뤼스펙트 아덜쓰 타임 바이 빙- 온 타임 앤 낫 메이킹 췌인쥐스/   내 시간을 존중하지 않는 사람들은 짜증나. 그래서 내가 항상 제 시간에 도착하고 약속시간을 변경하지 않음으로 다른 사람들의 시간을 존중해.

　　　put 누구 out   =   annoy   =   누구를 성가시게 하다, 짜증나게 하다
　　　Would you be put out if I <u>came</u> tomorrow instead of today?
　　　내가 오늘 대신 내일 가면 네가 별로 안 좋아할까? (가정할 땐 과거형 동사로 말한다.)

My doctor put me on antibiotics.   /마이 닥털 풋미온 앤타이 바이오릭스/
의사선생님이 항생제를 처방해줬어

　　　put 누구 on 무엇   =   누가 무엇을 먹게하다
　　　My trainer put me on a protein shake diet.   트레이너가 단백질쉐이크를 먹으랬어.

A: I'll go to gym every day!   /아일 고루 쥠 에브리데이!/   나 매일 헬스장갈거야!

B: You're putting me on.   /유알 푸팅미 온-/   웃기지마.

    put 누구 on   =   누가 믿기 어렵다고 장난칠 때 하는 말

I was first put off by his manners. But after getting to know him better, he's got lots to learn from.   /아 워즈 펄스트 풋오프 바이히즈 매널쓰. 번 아프터 게팅투 노우힘 베러 히즈갓 랏츠 투 런- 프롬/   처음엔 그 사람 매너(태도)때문에 별로였는데, 좀더 알고 보니 배울게 많은 사람이더라.

    put off   =   dislike, discourage   =   불쾌하게 하다, 할 마음이 없게 하다
    반대말은 turn on   =   하고 싶게 하다 (성적 욕구)

They have put me off until next week. That sort of put me off.
/데이브 풋미 오프 언틸 넥스트 윅. 댓 쏠오브 풋 미 오프/
그 사람들이 나와의 약속을 다음 주로 미뤘어. 덕분에 의욕이 떨어지네.

When he said he was running for president, we should have put him in his place.   /웬히 쎄드 히워즈 러닝 포 프레지던트 위 슈드 해브 풋힘 인히즈 플레이쓰/
그가 대통령 선거에 출마한다고 했을 때 헛소리한다고 무시했었어야 했어.

    put 누구 in 누구의 place   =   누가 자신이 생각하는것보다 덜 중요하다고 상기
    시켜주다 ("네 주제를 알아")

Hyewon is sick of living in the crowded and expensive city and so going to put an end to all the hustle and bustle.   /혜원이즈 씩오브 리빙 인더 크라우디드 앤 익쓰펜씨브 씨티 앤쏘 고잉투 풋언 엔드 투 올더 허쓸 앤 버쓸/
혜원이는 사람많고 물가비싼 도시생활이 지긋지긋해져서 이런 번잡한 생활을 청산하려해.

    be sick of 무엇/누구   =   무엇/누구를 지나치게 많이 겪어 넌더리가 나다
    put an end to 무엇   =   무엇을 끝내다
    hustle and bustle   =   대낮의 도심속처럼 많은 활동들

They say it's not wise to put all your eggs in one basket.   /데이쎄이 잇츠낫 와이즈 투 풋 올 유얼 엑스 인 원 바스킷/   사람들은 하나의 계획에만 의지하는걸 지양한다.

    put all your eggs in one basket   =   올인하다, 성공을 하나의 계획/사람에게만
    의지하다

Effective people prepare plan B and Plan C in case.
성공적인 사람들은 만일을 대비해 제 2, 제 3의 계획까지 준비한다.
The effective know their weaknesses, and delegate their work to right people.
효과적인 사람들은 자신이 잘 못하는게 무언지를 알고, 일을 잘 할 사람에게 위임한다.
(the + 형용사 = 형용사한 사람들)

You've got to put a lid on your credit card purchases. It's ginormous what you spend each month!
/유브갓투 풋어 리드 온유얼 크뤠딧 칼드 펄췌쓰스. 잇츠 좌이놀머스 왓츄 스펜드 이-취 먼쓰!/   너 신용카드 지출좀 절제해야겠다. 매달 쓰는 돈이 어마어마해!

> put a lid on 무엇 / keep a lid on 무엇   =   무엇이 더 불어나지 않게 관리하다
> ginormous   =   enormous, very big, large, huge, extensive, gigantic, massive, colossal, immense, monumental, epic, titanic, substantial, hefty   =   엄청 큰

People tend to put a gloss on things they are proud of, and not mention things they are not.
/피플 텐-투 풋어 글로쓰 온 띵스 데얄 프롸우-드오브 앤 낫 멘션 띵스 데얄 낫/   사람들은 자기가 자랑스러운 일들을 과장하고, 그렇지 않은 것들은 말하지 않는 경향이 있어.

> put a gloss on 무엇   =   (반짝반짝 광이나게 하다) 좋은 점을 강조하다

I've put all my efforts into getting my English right. I know great international communication skills will connect me with new opportunities.
/아이브 풋 올마이 에폴츠 인투 게팅 마이 잉글리쉬 롸잇. 아노우 그뤠잇 인터내셔널 커뮤니케이션 스킬스 윌 커넥트미 위드 뉴 아폴튜니티스/   영어를 제대로 하기 위해 내 모든 노력을 다했어. 국제적인 소통능력은 새로운 기회로 이어질거란걸 알기 때문이지.

> put 무엇 into 무엇   =   무엇에 자원(resources = 시간, 노력, 돈)을 투자하다
> He has put a lot of energy into making a great reference book for English learners.   그는 영어를 배우는 사람들을 위한 최고의 참고서를 만들기 위해 굉장한 열정을 들였다.

Can you put a figure on it?   /캔유 풋어 피겨 온잇?/   가격을 매길 수 있어?

> put a figure on it   =   숫자figure를 붙이다   =   정확한 비용/매출을 말하다

A friend of mine is putting me up for the weekend.   /어 프렌도브마인 이즈 푸팅미업 포더 위켄드/   내 친구가 주말동안 재워줄거야

>   put 누구 up   =   누가 임시로 지낼 공간을 내어주다

Did you have to put me down in front of everyone?   /디쥬 해브투 풋미 다운 인프론트오브 에브리원?/   모든 사람들 앞에서 날 바보로 만들어야했어?

>   put down 누구   =   make 누구 unimportant   =   누구를 깎아내리다

I put 100,000 won down on a new car last Sunday.
/아이풋 어 헌드뤠드 따우전 원 다운온어 뉴 칼 라슷트 썬데이/
지난 일요일에 새 차에 10만원 예약금을 냈어.

>   put down 무엇   =   무엇에 돈을 내다 (주로 전체 금액의 일부를 지불하다)

When you move to a new city or country, you put down roots; make new friends, join in new activities, and try make yourself at home.
/웬 유 무브 투어 뉴 씨티 오얼 컨츄리 유 풋다운 룻츠 메익 뉴 프렌즈 조인인 뉴 액티비티즈 앤 트롸이 메익 유얼쎌프 앳홈/   우리는 새로운 도시나 나라로 이사를 하면, 그곳에서 새 친구를 사귀고, 모임에 가입하는 등 그 곳을 내 집처럼 느껴지도록 뿌리를 내리지.

>   put down roots   =   새로 이주한 지역에 적응하다
>   make yourself at home   =   내 집에 온 것처럼 편안하게 느끼게 하다

I want to put all this behind me and move on.   /아워너 풋 올디쓰 비하인미 앤 무브-온/   이거 다 잊어버리고 새로운 경험으로 나아가고 싶어.

>   put 무엇 behind 누구   =   누가 별로 행복하지 않은 무엇을 잊거나 무시하고 싶다
>   move on   =   새로운 곳으로 떠나다, 새로운 활동을 시작하다, 상황이 변했음을 인정하고 감정적으로 새 경험을 받아들이기 위해 진전하다
>   (연인과 헤어지고 마음을 정리하다: I moved on. 나 그 사람 잊었어.)

Your text message has put my mind to rest.   /유얼 텍스트 메씨쥐 해즈 풋 마이 마인드 투 뤠스트/   너의 문자가 날 안심시켰어.

>   put/set my mind to rest/ease   =   걱정을 하지 않다

213

Put up with differences between people.
It'll be a boring place if we were homogeneous.
Diversity is good. Be tolerant.

사람 간의 다름을 인내하라.
모든 사람이 다 똑같으면 재미없는 세상일 것이다.
다양성은 좋은 것이다. 서로 다름에 관대하라.

*

I want to put a ding in the universe.

나는 저 우주에 점을 찍고 싶다.

[Steve Jobs]

set - set - set

두다	설정하다	세우다
put in a position	condition	establish
	cause	decide

준비하다	고정하다	과제를 주다
get ready	fix	give work
prepare	secure	assign

(해, 달, 별이) 지다

go down

descend

두다

Set it here. /쎗 잇 히얼/ 그걸 여기 놓아줘.

I've set my heart on speaking English like a local. /아이브 쎗 마이 헐트
온 스피-킹 잉글리쉬 라익어 로컬/ 영어를 현지인처럼 잘하기로 마음먹었어.

set your heart on 무엇 = 무엇을 갖고 싶다, 이루고 싶다

Just set your mind to it. The universe will help you get it.
/져스트 쎘 유얼 마인-투잇. 더 유니벌쓰 윌 헬퓨 겟잇/
그냥 네 마음을 너의 목표에 두어. 이 우주가 네가 그걸 이루도록 도와줄거야.

> set/put your mind to 무엇 　=　 set your sights on 무엇
> ＝　무엇을 하기로/갖기로 작정하다

Can you believe Dahee has never set foot in a junk food restaurant?
/캔유 빌리브 다희해즈 네버 쎘 풋 인어 정크푸드 뤠스토뢴트?/
다희가 패스트푸드점에 단 한 번도 발을 들인 적 없다는게 믿겨지니?

> set foot in 어디 　=　 어디에 들어가다

What sets him apart from other boys is that he cares about the details.
/왓 쎘츠힘 어팔트 프롬 아더 보이즈 이즈댓 히 케얼스 어바우 더 디테일스/
그가 다른 남자들과 다른 점은 그의 섬세함이야. (details의 강세는 /디/ 또는 /테/)

> set 누구/무엇 apart 　=　 make 누구/무엇 stand out
> ＝　누구/무엇이 다른 비슷한 부류와 다르다, 더 낫다

You should always set the pros against the cons, because everything and everyone has both aspects.　/유슈드 올웨이즈 쎘 더 프롸스 어게인스트 더 칸-스 비코-즈 에브리띵 앤 에브리원 해즈 보쓰 애스펙츠/　항상 장점들을 단점들에 비추어 보도록 해, 왜냐면 모든 것은, 그리고 모든 사람은 그 두 가지를 함께 지니고 있거든.

> set 무엇 against 무엇2 　=　 compare 무엇 and 무엇2 　=　 비교하다

When I buy a new planner, the first thing I do is setting my friends' birthdays down in it.　/웬아이 바이어 뉴 플래너 더 펄스트띵 아이두이즈 쎘팅마이 프렌즈 벌쓰데이즈다운 인잇/　새 플래너를 사면 내가 가장 먼저 하는 일은 여기에 친구들의 생일을 적는거야.

> set 무엇 down 　=　 무엇을 적다 (write down), 무엇을 어떻게 생각하다 (consider),
> 무엇이 어떻게 되어야 한다고 공식적으로 말하다 (state)

Cabs that set people down in the middle of the road drive me mad.
/캡스 댓 쎘 피플 다운 인더 미들오브더 로-드 드라입미 매-드/
도로 한복판에서 승객을 내리는 택시들은 날 열받게 해.

> set 누구 down 　=　 drop 누구 off 　=　 차에서 누구를 내려주다 (UK)

217

The noise from next door neighbour set my teeth on edge. /더 노이즈
프롬 넥스트도어 네이버 쎗 마이 티-쓰 온 에쥐/ 옆집 이웃의 소음에 이를 갈고 있지.

    set my teeth on edge   =   annoy   =   굉장히 성가시게 하다

This book will only set me back about a nice meal or two for great English education. It's a great value for money. /디쓰 북 윌 온리 쎗미백 어
바웃어 나이쓰 밀-오얼 투 포 그뤠잇 잉글리쉬 에듀케이션. 잇쳐 그뤠잇 밸류 포 머니/
이 책은 근사한 식사 한두끼 값으로 아주 좋은 영어를 가르쳐줘. 가성비 최고야.

    set 누구 back   =   cost 누구   =   누구에게 (주로 큰) 비용이 들다
    Buying that fancy car must have set you back. You've got to admit that was a silly buy. 저 비싼 차 사느라 돈좀 썼겠다. 미련한 구매였단거 인정하지?

    가성비   =   value for money, performance for cost, bang for the buck (속어)

The exhibition has been set back by several months.   /디 익쓰비션 해즈빈
쎗 백 바이 쎄버럴 먼-쓰/   그 전시는 서너달 늦춰졌어요.

    set 무엇/누구 back   =   무엇/누구가 늦춰지다, 미뤄지다
    setback   =   실패, 좌절, 후퇴
    We all suffer setbacks in our lives. 우리 모두는 살면서 실패와 좌절을 겪어.

My parents set aside a small fortune for my tertiary education. They could have travelled the world or bought a nicer house with that money. I'm infinitely grateful for it. My brains are indebted to them for their great education.   /마이 패런츠 쎗어싸이드 어 스몰 폴춘 포마이 털셔리 에듀케이션.
데이 쿠드 해브 트래블더 월-드 오얼 봍-어 나이썰 하우쓰 윋 댓 머니. 암 인피니틀리 그뤠잇풀
폴잇. 마이 브레인스 알 인데티드 투뎀 포데얼 그뤠잇 에듀케이션/ 우리 부모님은 내 대학교육
을 위해 작지 않은 돈을 모아두셨어. 그걸로 세계여행을 하시거나 더 멋진 집을 사실 수도 있었
는데 말야. 난 정말 한없이 감사해. 좋은 교육을 받은 내 두뇌는 우리 부모님께 빚진거야.

    set aside   =   save   =   특별한 목적을 위해 아껴두다
    a fortune   =   큰돈
    tertiary education   =   초등 primary school (~year 6)과 중고등 secondary school (~year 12) 이후의 교육, 대학 학위교육(academic degrees)을 뜻하는 higher education과 전문교육(vocational education)을 포괄하는 말
    be grateful for 무엇   =   무엇에 감사하다

be indebted to 누구 for 무엇　　=　　누구의 무엇에 빚지다

I am indebted to you for your help during the tough times.

어려운 시기에 주신 도움에 제가 많이 빚졌습니다.

설정하다

Set the alarm at seven.　　/쎗디 얼람 앳 쎄븐/　　7시로 알람맞춰놔.

I saw the angel in the marble and carved until I set him free.

/아 쏘- 디 에인젤 인더 말블 앤 칼브드 언틸 아 쎗힘 프리-/

난 대리석에 갖힌 천사를 보았고 그 천사가 자유로워질 때까지 조각했다. [Michelangelo]

Set it right.　　/쎗 잇 롸잇/　　바르게 고쳐.

When you get a cut, you must make sure the wound is cleaned. Otherwise an infection could set in. Blood poisoning can kill you, as the bacteria and their toxins can be spread in your entire body.　　/웬
유 겟어 컷 유 머슷트 메익슈어 더 운드 이즈 클린드. 아덜와이즈 언 인펙션 쿠드 쎗인. 블러-드 포이즈닝 캔 킬유 애즈더 박테리아 앤 데일 탁씬스 캔비 스프 뤠드 인유얼 인 타이얼 바디/

피부가 베여서 피가날 때 그 상처를 반드시 깨끗하게 해야 한다. 그렇지 않으면 감염이 될 수 있다. 패혈증은 박테리아와 그 독성이 온몸으로 퍼지게 해 사람을 죽일 수 있다.

　　set in　　=　　좋지 않은 무엇이 심각하게 계속되다. (혹은 그냥) 시작되다

　　Darkness sets in.　　어둠이 시작되다. 밤이 오다.

She's charming, but isn't going to set the world on fire.　　/쉬즈 챨밍 벋 이즌
ㅌ 고잉투 쎗더 월드 온 파이어/　　그 여자는 매력적이긴한데, 세상을 뒤엎을 정도는 아니야.

　　not set the world on fire　　=　　엄청나게 효과적이지는 않다

　　set on fire　　=　　set alight/ablaze　　=　　불을 붙이다

I was set up by a jealous boy. I was too young to defend myself then. But now as adults we know defamation is a serious crime.

/아워즈 쎗업 바이어 쟬러쓰 보이. 아워즈 투- 영 투 디펜드 마이쎌프 덴. 벋 나우 애즈 어덜츠 위 노우 데퍼메이션 이져 씨리어쓰 크롸임/

어떤 샘이 난 놈이 나에게 누명을 씌웠어. 그때 난 너무 어렸고 날 보호할 방도를 몰랐지. 그런데 이제 어른이 된 우리는 명예훼손이 얼마나 중대한 범죄인지 알잖아?

　　set up 누구　　=　　누가 잘못을 한 것처럼 꾸미다 (US)

He sets himself up as an expert on marketing, but I don't think he knows much about it. /히 쎗츠 힘쎌프 업 애즈언 엑쓰펄트 온 말케팅 벋 아돈띵크 히 노우즈 머취 어바웃잇/ 저 사람은 자기가 마케팅 전문가인 것처럼 내세우는데, 내가 보기엔 제대로 아는게 없는 것 같아.

        set yourself up as 무엇   =   자신이 무엇인 것처럼 내세우다 (UK)

I'm going to sue all the rumourmongers to set the record straight once and for all. /암거나 쑤- 올더 루머멍걸쓰 투쎗더 레콜드 스트뤠잇 원쓰 앤 폴 올/ 유언비어를 퍼뜨리는 사람들을 죄다 고소해서 이번에 확실하게 진실의 빛을 밝힐거야.

        set/put the record straight   =   진실이 알려지도록 말하거나 글로 쓰다
        rumourmonger   =   근거 없는 소문을 퍼뜨리는 사람
        once and for all / now and for the last time
        =   지금 마지막으로, 이번 기회에 확실하게

I had to set them straight about what really happened. /아 해-투 쎗뎀 스트뤠잇 어바웃 왓 륄리 해픈드/ 걔네들에게 진짜 무슨 일이 있었는지 진실을 알려줘야했어.

Dad's gift has set my sister against me. /대-즈 기프트 해즈쎗 마이 씨스터 어게인스트 미/ 아빠의 선물 때문에 난 여동생이랑 싸웠어.

        set 누구 against 누구2   =   누가 누구2와 싸우게 하다

His comments set me thinking. /히즈 커멘츠 쎗 미 띵킹/ 그의 말이 날 생각하게 했다.

        set 누구/무엇 doing 무엇   =   누구/무엇이 무얼 하게 하다

The use of fossil fuels sets off chain reactions in our environment. It makes the earth warmer, the air toxic for us, and changes the climate. We don't have a lot of time to prevent bigger disasters from happening. The first step we can do is not using petroleum and petrochemical products; not buying plastic, not using boats or ships, and so forth. /디 유즈 오브 파씰 퓨얼쓰 쎗츠 오프 췌인 뤼액션스 인아워 인바이런먼트. 잇 메익쓰 디 얼쓰 워머 디 에어 탁씩 폴 어쓰 앤 췌인쥐스 더 클라이밋. 위 돈트 해브 어랏오브 타임 투 프리벤트 비걸 디재스털스 프롬 해프닝. 더 펄스트 스텝 위캔두 이즈 낫 유징 페트롤리움 앤 페트로케미칼 프롸덕츠 낫 바잉 플라스틱 낫 유징 봇츠 오얼 쉽쓰 앤 쏘 폴쓰/

화석 연료의 사용은 우리의 환경에 연쇄 반응을 야기한다. 화석 연료는 지구의 온도를 높이고, 공기를 해롭게하며, 기후를 변화시킨다. 더 큰 재앙이 일어나는 걸 막기까지 우리에겐 시간이 별로 없다. 우리가 할 수 있는 첫 번째 행동은, 석유와 석유화학 제품을 쓰지 않다―플라스틱을 사지 않고, 배를 타지 않기 등. (the law of causality = 인과율) (배는 엄청난 기름을 쓴다.)

set off = cause = 야기하다, 일어나게 하다

offset = counteract, balance
= 어떤 영향의 반대되는 것을 함으로써 결과적으로 비슷하게 하는 일 (동사/명사)

The film sets me off shedding tears, every time. /더 핌- 쎗츠 미 오프 쉐딩 티얼쓰 에브리 타임/ 그 영화는 날 항상 눈물 흘리게 해.

They set the bomb off. /데이 쎗더 밤 오프/ 그놈들이 폭탄을 터뜨렸어.

set off = 터지다, 터뜨리다

It's time to set off. /잇츠 타임투 쎗 오프/ 떠날 시간이야.

set off = depart = 출발하다

The matt black backdrop sets off the golden allure of Klimt's The Kiss.
/더 맽 블랙 백드롭 쎗츠 오프 더 골든 얼루어 오브 클림츠 더 키-쓰/
무광 검정 배경이 클림트의 〈키스〉의 금빛 유혹을 더 돋보이게 한다.

set off = 대비되는 것을 주어 무엇이 더 돋보이게 하다

set 무엇 against 무엇2 = 무엇을 무엇2와의 관계 속에 생각하다

When this course is finished, the students will be equipped with the necessary skill set for positions in the industry. /웬 디쓰 콜-쓰 이즈 피니 쉬드 더 스튜던츠 윌비 이큅드 위더 네쎄써리 스킬 쎗 포 포지션스 인디 인더스트리/
이 과정을 이수하면 학생들은 산업에서 필요한 기술들을 갖추게 될 것입니다.

skill set = 그 사람이 잘하는 것, 특히 특정 직업에 유용한 기술들

I followed set procedures for filing grievance. /아이 팔로우드 쎗 프로씨- 결쓰 포 파일링 그리-번쓰/ 불만을 접수하는 정해진(일반적인) 절차를 따랐어.
(set = established)

221

세우다

I've set myself the goal of making him my boyfriend by this year.
/아이브 **쎘** 마이쎌프 더 골 오브 메이킹 힘 마이 보이프렌드 바이 디쓰이얼/
올해까지 그애를 내 남자친구로 만드는 목표를 세웠어.

I set out to become the best at it. /아이 **쎘아웃**투 비컴 더 베스트 앳잇/
난 이 분야에 최고가 될거야.

> set out = 어떤 특정한 목표를 갖고 무얼 시작하다
> I don't set out to annoy him. 난 그 사람을 귀찮게 할 마음은 없어.

**He sets a great example to us by not missing a day to work for his
dreams.** /히 **쎘쳐** 그뤠잇 이그잼플 투어쓰 바이 낫 미씽어데이 투월크 포히즈 드륌스/
그 사람은 자기 꿈을 위해서 하루도 빠지지 않고 일하며 우리에게 좋은 본보기가 돼.

> set a good/great example to 누구 / set 누구 a good/great example
> = 누구에게 좋은 본보기가 되다
> A parent should set a good example for their children.
> 엄마나 아빠는 아이들에게 좋은 본보기가 되어야해. (A parent = 부모 중 한 명)

**My parents used to set a limit for my spending. That helped me not to
be spoilt, as they also made me earn my money.** /마이 패런츠 유즈투 **쎘어**
리밋 포마이 스펜딩. 댓 **헲**드미 낫투비 스포일트 애즈 데이 올쏘 메이드미 언- 마이 머니/
우리 부모님은 내 소비한도를 정해주시곤 했어. 그게 내가 버릇없는 아이가 되지 않게 했지,
내 돈을 내가 벌도록 하셨거든.

Psy set a world record for the most watched video on YouTube.
/싸이 **쎘어** 월드 레콜드 포더 모스트 워치드 비디오 온 유-튜브/
싸이는 유튜브에서 가장 많이 시청한 영상의 세계 기록을 세웠다.

> set a record for 무엇 = 무엇의 기록을 세우다 ↔ break a record

I've set up a business. /아이브 **쎘**업 어 비지니쓰/ 나 회사차렸어.

> set up = 공식적으로 세우다
> She set up shop back in 1989. 그분은 1989년에 사업을 시작하셨어.
> He has set up a photography club at school. 걘 학교 사진동아리를 만들었어.
> We have set up a new system for logistics. 물류에 새 시스템을 도입했어.

Da-eun wanted to be an actress but needed a job. So her father set her up in the family business.   /다은 원티투비언 액트뤼쓰 벋 니딛 어 쟙. 쏘 헐 파더 쎗헐업 인더 패밀리 비즈니스/   다은이는 배우 지망생이었는데 생활을 위해 일자리가 필요했어. 그래서 그녀의 아버지가 자기 가족 회사에 취직시켜줬지.

set 누구 up   =   누가 자리를 잡다
He set himself up as a pilot.   그는 조종사로서 자리를 잡았어.

Let's set to, we want to make a mark in this world.   /렛츠 쎗 투 위 워너 메익어 말크 인디쓰 월드/   열정으로 임해봐요 우리, 시시하고 뻔한 일을 하고 싶지 않잖아요?

set to   =   work   =   본격적으로 열정적으로 일하다
set to   =   argue, fight   =   싸우다
make a mark   =   사람들에게 눈에 띄는 업적을 해내다 (흔적을 남기다)

The rules are set down in the handbook.   /더 룰스 알 쎗 다운 인더 핸-북/
매뉴얼에 규칙들이 정리되어 있어.

set down   =   write down   =   (공식적으로formally) 기록하다

I'm not in a position to set any conditions. I'll have to accept what they offer me.   /암 낫 인어 포지션 투 쎗 애니 컨딧션스. 아일 해브투 익쎕트 왓데이 오펄미/   내가 어떤 조건을 달 상황이 아니야. 거기서 제안하는대로 받아들여야 할거야.

We set high standards for our products.   /위 쎗 하이 스탠달즈 포 아월 프롸덕츠/
우리는 우리가 만드는 것들에 대해 높은 기준을 적용합니다.

I set about changing his opinion about my aptitude.   /아이 쎗어바웃 췌인징 히즈 오피니언 어바웃 마이 앱티튜드/   내 재능에 대한 그의 생각을 바꾸려고 마음먹었어.

set about 무엇   =   무엇을 하기 시작하다

set about 누구   =   set on/upon 누구   =   누구를 공격하다
He set about the robber with his fist.   그가 주먹으로 강도를 팼어.
A man was set upon by a dog, and died of blood poisoning.
한 남자가 개에게 물려 패혈증으로 사망했다.

Attitude, not aptitude, determines how high you fly.   소질이 아니라 태도가 성공의 척도를 결정한다. (노력이 재능보다 우월하다.)

223

The greater danger for most of us lies not in setting our aim too high and falling short; but in setting our aim too low, and achieving our mark. /더 그뤠이터 데인져 포 모스트오브 어쓰 라이즈 낫 인 쎗팅 아월 에임 투- 하이 앤 폴링 숄트 벋 인 쎗팅 아월 에임 투- 로- 앤 어취빙 아월 말크/ 우리에게 위험한 것은 목표를 너무 높게 잡고 그에 못 미치는 것이 아니라, 목표를 너무 낮게 잡고 그를 이뤄버리는 것이다. [Michelangelo]

준비하다

Are you set to read the book for half an hour? /알유 쎗투 뤼-더 북 포 하프 언 아월?/ 30분동안 책 읽을 준비됐니?

Yes, I'm sitting under a beautiful light and all set to start. /예쓰 암 씻팅 언덜어 뷰티풀 라잇트 앤 올 쎗투 스탈트/ 응, 좋은 조명 아래 앉아서 시작할 준비가 되었어.

It's my little ritual to sit down on my bed with a bedside lamp on to set to read the book every night. And having rituals makes life calm.
매일밤 침대 옆 조명을 켜고 침대에 앉아 책을 읽을 준비를 하는게 내가 하루를 마무리하는 작은 의식이야. 이런 의식을 갖는 건 삶을 평온하게 해.

Have you set up the Wi-Fi yet? /해뷰 쎗업 더 와이파이 옛?/ 와이파이 설치했니?

set up = prepare 무엇 for use = 설치하다

Could you set the table please? /쿠쥬 쎗더 테이블 플리즈?/ 식탁에 수저좀 놓아줘.

The stage was set for the show. /더 스테이쥐 워즈 쎗포더 쑈-/ 무대 준비됐어.

The talks have set the scene for an agreement. /더 톡쓰 해브 쎗더 씬 폴언 어그뤼먼트/ 그 대담은 협정을 위한 초석을 세웠다.

set the scene/stage for 무엇 = 무엇이 일어나기 위한 준비를 하다
set the tone for 무엇 = 무엇을 위한 무드를 조성하다
set the wheels in motion = 일이 진행되기 위해 무엇을 하다
Starting small sets the wheels in motion. 작게 시작하면 제대로 자리잡을 수 있어.

I've set out the itinerary for our trip to London. /아이브 쎗아웃 디 아이티너러리 포아월 트뤼 투 런던/ 런던 여행 계획 짜놨어.

set 무엇 out　　=　　set 무엇 forth　　=　　무엇의 세부사항을 준비하다

itinerary　　=　　여행 계획

고정하다

Wait for the concrete to set. Don't step on it.　　/웨잇 포더 칸크릿 투 쎗. 돈ㅌ 스텝 온잇/　　콘크리트가 마를 때까지 기다려. 밟지 말고.

I need to get my hair set every morning.　　/아 니-투 겟 마이 헤얼 쎗 에브리 모닝/　　난 매일 아침 내 머리를 드라이해야돼.

set hair　　=　　머리가 젖은 상태에서 드라이해 머리 모양을 고정시키다

The doctor has set my broken leg. I hope it sets stronger.
/더 닥털 해즈 쎗 마이 브로큰 렉. 아 호-프 잇 쎗츠 스트롱거/
의사선생님이 내 부러진 다리를 고정해주셨어. 더 강하게 붙길 바라는 중이야.

The price has been set at $100K.　　/더 프라이쓰 해즈빈 쎗 앳어 헌드뤠드케이/
가격은 1억원으로 정해졌어. ($1 = 1000원으로 가정)

Let's set up a meeting to discuss the ins and outs then.　　/렛츠 쎗업 어 미-팅 투 디스커쓰 디 인즈 앤 아웃츠 덴/　　그럼 세부사항을 회의하게 미팅을 정하죠.

set up　　=　　arrange　　=　　(무엇이 일어나도록) 정하다

ins and outs　　=　　details　　=　　세부사항

This work is inspired by my silver ring with a carved ruby set into it.
/디쓰 월크 이즈 인스파이얼드 바이 마이 썰버 륑 위더 칼브드 루비 쎗 인투잇/
이 작품은 조각된 루비가 박힌 제 은반지에 영감받았어요.

He gifted my mum a classy brooch set with pearls.
/히 기프티드 마이 맘 어 클라씨 브로-취 쎗 위드 펄-스/
그이는 우리 엄마에게 진주가 박힌 세련된 브로치를 선물했어.

It's not set in stone.　　/잇츠 낫 쎗인 스톤/　　전혀 바꿀 수 없는 건 아니야.

set in stone　　=　　바위에 새겨진 것처럼, 변화를 주기 어렵거나 불가능하다

She is very set in her ways. Her inflexibility makes it difficult for her to make new friends. /쉬즈 붸리 쎗인헐 웨이즈. 헐 인플렉써빌리티 메잌씻 디피컬 트 포헐 투메잌 뉴 프렌즈/ 걔는 변화를 싫어해. 유연하지 못한 그녀의 태도로 새로운 친구 를 사귀는 게 어렵지.

       set in 누구의 ways   =   누가 변화를 싫어하다

『The Book of English』 is a set text for those who want to use English in real life. /더 북 오브 잉글리쉬 이져 쎗 텍스트 포 도-즈 후 원투 유-즈 잉글리쉬 인 뤼얼 라이프/ 『영어책』은 영어를 실제 생활에서 사용하고 싶은 사람들을 위한 필독서야.

       set text   =   특정 분야를 위해 반드시 공부해야하는 책이나 글

       'For those who'는 자주 쓰이는 영어다운 말.

과제를 주다

My teacher didn't set a lot of homework. /마이 티쳘 디든트 쎗 어랏오브 홈월크/ 우리 선생님은 그리 많은 숙제를 내주지 않으셨어.

What homework have you been set for the holidays? /왓 홈월크 해뷰빈 쎗 포더 할러데이스?/ 방학 숙제가 뭐니?

I set the workers to reinforce the ceilings. /아이 쎗더 월컬쓰 투 뤼인폴쓰 더 씰링스/ 내가 작업자들에게 천정을 보강하라고 지시했어.

He set them the task of preventing the ceilings from falling down. /히 쎗뎀 더 타스크 오브 프리벤팅 더 씰링스 프롬 폴링 다운/ 그는 그들에게 천정이 무너지는 걸 방지하는 임무를 주었다.

지다

The sun sets early in winter. /더 썬 쎗츠 얼-리 인 윈터/ 겨울에 해는 빨리 져

Not a lot of people know that stars set also. /낫 어랏오브 피플 노우댓 스탈스 쎗 올쏘/ 별들 또한 진다는 걸 아는 사람은 많지 않아.

226

Don't allow setbacks to set you back.

실패가 널 좌절하게 내버려 두지 마.

A setback has often cleared the way for greater prosperity.
실패는 더 굉장한 성공을 위한 발판이 되고는 했다.

[Marcus Aurelius]

ASK

ask - asked - asked

물어보다
question

부탁하다
request

초대하다
invite

물어보다

Ask questions.   /아스크 퀘스쳔쓰/   질문해.

What makes people smarter is to ask questions.   /왓 메익쓰 피플 스말터 이즈투 아스크 퀘스쳔쓰/   사람을 더 똑똑하게 하는 것은 질문이야.

The thing is, people don't ask questions, because they don't want to appear foolish.   /더 띵이즈 피플 돈ㅌ 아스크 퀘스쳔스 비코-즈 데이 돈ㅌ 원투 어피얼 풀리쉬/   문제는, 사람들은 질문하지 않아, 왜냐면 자기가 모르는 것처럼 보여지기 싫거든.

Kate asked me a question: "I'd like to ask you a few questions about how to introduce myself to an audience of artsy people."   /케일 아슥미 어 퀘스쳔 아이드라잌투 아스큐어 퓨 퀘스쳔쓰 어바웃 하우투 인트로듀쓰 마이쎌프 투언 오디언쓰 오브 알찌 피플/   케이트가 내게 물었어: "미술계 사람들에게 어떻게 나를 소개하죠?"

I asked my lecturer about how to make things without causing climate change. He didn't know the answer. So I dropped out, and started up a business. It's funny my uni's motto is 'learning by doing.'   /아이 아슥ㄷ 마이 렉쳐러 어바웃 하우투 메잌 띵스 위다웃 코-징 클라이밋 췌인지. 히 디든ㅌ 노우디 앤써. 쏘아 드뢉드아웃 앤 스탈팃업 어 비즈니쓰. 잇츠 퍼니 마이 유니즈 모토 이즈 러닝 바이 두잉/

내가 강사에게 물었어, 어떻게 하면 기후변화를 일으키지 않고 제품을 만들 수 있냐고. 그는 그에 대한 답을 몰랐고, 그래서 난 자퇴했어. 그러고는 회사를 설립했지. 우리 대학교 표어가 '하면서 배우기'인 걸 생각하면 웃겨.

Ask yourself what makes you the happiest. If you have a clear answer to this, that is the clue to the purpose of your life. I'm content when I teach: I feel like I am born to teach. So teaching is my passion, not my profession. /아스크 유얼쎌프 왓 메익슈더 햅피이스트. 이퓨해번 클리어 앤썰투 디쓰 댓이즈더 클루투더 펄포즈 오브유얼 라이프. 암 컨텐트 웬아 티-취. 아필라익 아엠 본-투 티-취. 쏘 티칭 이즈 마이 패션 낫 마이 프로페션/ 너 자신에게 물어봐, 무엇이 널 가장 행복하게 하냐고. 명확한 답변이 있다면 그게 네 삶의 목적을 깨닫는 중요한 단서야. 난 가르칠 때 가장 행복해, 마치 가르치기 위해 태어난 것 같다는 느낌을 받아. 그래서 가르치는 건 내게 직업이 아니라 열정이야.

If you ask me, you should follow your passion, not money. /이퓨 아슥 미 유슈드 팔로우 유얼 패션 낫 머니/ 내 생각엔, 돈보다 열정을 좇아야 해.

> if you ask me = 무엇에 대한 내 의견을 말해줄 때 하는 말

I just wanted to ask you if you're free this weekend. /아져스트 워니투 아스큐 이퓨알 프리 디쓰 윅켄드/ 그냥 너 이번 주말에 시간 되는지 물어보고 싶었어.

How could she afford such a car? You may well ask. /하우 쿧쉬 어폴드 써취어 카? 유메이웰 아스크/ 걔가 어떻게 그 차를 살 수 있었을까? 참 알고 싶네.

> you may well ask / well may you ask = it would be interesting to know
> = 알아보면 재밌겠다
> can afford 무엇 = 무엇을 살 여유가 있다

Tell your mum I was asking after her. /텔 유얼 맘 아워즈 아스킹 아프터 힐/ 너희 어머니께 내가 안부를 여쭈었다고 전해드려.

> ask after 누구 (UK) / ask about 누구 (US) / ask for 누구 (Scottish)
> = 누구의 안부를 묻다 (특히 건강에 대해)

I wanted to learn English, so I was asking around for a tutor. /아워니투 런- 잉글리쉬 쏘아워즈 아스킹 어롸운드 폴어 튜터/ 영어를 배우고 싶어서 주변에 과외선생님을 물어봤지.

> ask around = 주변에 물어보다

부탁하다

If you need a hand, just ask. Don't hesitate to ask. /이퓨 니드어 핸드 져스트 아스크. 돈ㅌ 헤지테잇 투 아스크/ 도움이 필요하면 그냥 물어봐. 주저말고 부탁해.

Can I ask you a favour? /캔아이 아스큐어 페이볼?/ 부탁 하나만 해도 돼?

Do I ask too much of you? /두아이 아스크 투-머취오뷰?/ 내가 네게 많은 걸 바래?

Michelle asked if she could leave early to get materials before shops close. /미셸 아슥ㄷ 이프 쉬쿤 리-브 얼리 투겟 머테리얼스 비포얼 샵스 클로즈/ 가게들이 문을 닫기 전에 재료를 사러 먼저 일찍 나가봐도 되냐고 미셸이 물었다. (강사에게)

Kate didn't ask for advice when she was preparing for a job interview. She just did it on her own. Well, I'm proud of her, as the 'E' of my hagwon A.C.E. stands for Empowerment. /케잍 디든ㅌ 아스크폴 어드바이쓰 웬쉬워즈 프리페어링 폴어 좝 인터뷰. 쉬 져스트 딛잇 온힐오운. 웰 암 **프라우드오브헐** 애즈디 이- 오브마이 학원 에이씨이- 스탠즈 포 임파월먼트/ 새 회사 면접을 볼 때 케이트는 내게 조언을 구하지 않았어. 그냥 알아서 했지. 난 참 자랑스러워 그녀가, 왜냐면 우리 학원 A.C.E.의 E가 '힘을 불어넣다'는 뜻을 가진 Empowerment거든.

With ten years' relevant work experience behind her, the position was Kate's for the asking. /윋 텐 이얼쓰 렐러번트 월크 익쓰피어리언쓰 비하인드헐 더 포지션 워즈 케잇츠 포디 아스킹/ 10년의 관련업무 경험을 지닌 그녀는 그 일에 적격자야. (그녀를 대신 할 사람이 없어.)

      be 누구's for the asking   =   원하기만 하면 그것은 누구의 것이다

Did they ask you back? /딛데이 아스큐 백?/ 2차 면접 오라고 연락 받았어?

      ask 누구 back   =   두 번째 면접을 위해 누구를 부르다

She's like a sponge. I couldn't ask for a better student. /쉬즈 라일어 스폰-쥐. 아 쿠든ㅌ 아슥폴어 베럴 스튜던트/ 그녀는 자기가 보고 들은 걸 다 흡수해버리는 스펀지같아. 이보다 더 좋은 제자는 없어.

      ask for 누구/무엇   =   누구/무엇에 더 바랄 게 없다, 완벽하다

I asked to see my lawyer. /아이 아슥투씨 마이 로-여/ 내 변호사와 상의할 수 있느냐고 물었어.

If you talk about someone behind their back, you are asking for trouble.
/이퓨 톡거바웃 썸원 비하인데얼 백 유알 아스킹 폴 트러블/
뒤에서 남얘기를 하면 네가 화를 입을거야.

> be asking for it/trouble = 문제를 자초하도록 행동하다

They are asking $700K for the apartment. /데이알 아스킹 쎄븐 헌드뤠드 케
이 포디 어팔먼트/ 그 아파트를 7억원에 부르더라.

> ask = demand, expect = (가격을) 요구하다, 부르다
> The asking price for this art piece is $10m. 이 작품의 예상가는 100억원입니다.

It's probably asking a bit too much when your boss texts you after work.
/잇츠 프롸버블리 아스킹 어빗 투-머취 웬유얼 보쓰 텍스츄 아프터 월크/
퇴근 후에 상사가 문자를 보내오는 건 좀 지나치네.

초대하다

He asked me out the other night. /히 아슥 미 아웃 디아덜나잇/
며칠 전 저녁에 그 남자가 데이트 신청했어.

> ask 누구 out = 누구에게 데이트를 신청하다
> I asked her out to the dinner. 그녀에게 저녁 식사를 함께 하자고 했어.
> If you really like her, you should ask her out sometime.
> 그녀를 그렇게 좋아하면 언제 한번 데이트하자고 해봐.

I've asked Kelly to the party. /아입 아슥드 켈리 투더파티/ 켈리를 파티에 초대했어.
(UK) = **I've asked Kelly to come to the party. (US)**

I haven't been asked to the party. /아해븐빈 아슥투더 파티/ 난 초대 못받았어.

I'd ask you in for a coffee if you're in the area. /아이드 아스큐인 폴어 커피
이퓨얼 인디 에어리아/ 네가 우리집 근처에 오면 커피 한잔 하러 초대하려 했지.

> ask 누구 in = 누구를 (집이나 건물 안으로) 초대하다

Margaret asked us over for dinner this weekend. /말가렛 아슥ㄷ어쓰오버
포 디너 디쓰 윅켄드/ 이번 주말에 마가렛이 댁으로 우릴 저녁식사에 초대하셨어.

move - moved - moved

움직이다	진행하다	영향을 주다
go	make progress	influence

움직이다

Let's move. We need to get moving.   /렛츠 무-브. 위 니투 겟 무빙/
자, 움직입시다. 우리 이제 출발해야해요.

move   =   움직이다

Come on, move it!   /컴온 무-빗!/   어서, 서둘러!

move it   =   hurry up, get moving   =   서둘러 (무례한 말)

Move on, move on!   /무-본 무-본!/   서두르자 좀!

move on   =   hurry up   =   서둘러

He's always on the move.   /히즈 올웨이즈 온더 무-브/   그는 항상 이동중이야.

on the move   =   운전 중이거나 어딘가로 이동중일 때

Can you help me move this to there?   /캔유 헬미 무브 디스 투 데얼?/
이걸 저기로 옮기는 것좀 도와줄래?

232

move　　=　　옮기다, 이동하다

We just moved in here.　　/위 져슷트 무브드 인 히얼/　　우리 여기로 막 이사왔어.

　　move in　　=　　이사 오다

They moved out.　　/데이 무브드 아웃/　　그 사람들 (여기서) 이사갔어.

　　=　　They moved out of this place.

We moved to Sydney. We love its cultural diversity and sophistication.
/위 무브투 씯으니. 위 러-브 잇츠 컬쳐럴 디벌씨티 앤 쏘피스티케이션/
우리 시드니로 이사했어. 시드니의 다문화성과 세련됨이 우린 정말 좋아.

　　move　　=　　이사하다

She has moved in with her boyfriend.　　/쉬스 무브딘 윋헐 보이프렌드/
걘 남자친구랑 동거해.

　　move in with 누구　　=　　누구와 같이 살기위해 이사하다

My neighbours moved away a few weeks ago.　　/마이 네이보올스 무브드 어웨
이 어퓨 윅쓰 어고/　　몇 주 전에 이웃집 이사갔어.

　　move away　　=　　다른데 살기 위해 이사 나가다

At some point, we have to move away from the pack to take certain journeys on our own.　　/앳 썸 포인트 위 해브투 무브 어웨이 프롬더 팩 투 테익 썰튼 졀니스 온 아월 오운/　　어느 순간에는 남들이 다 하는 것에서 벗어나 우리 자신만의 길을 가야할 때가 와. [Adrienne C. Moore]

　　move away　　=　　벗어나다

　　the pack　　=　　the norm　　=　　일반

There is no failure in life, unless we fail to adapt. We can move all our arms and legs, and what not can we do?　　/데얼 이즈 노 페일류어 인 라이프 언레쓰 위 페일 투 어댑트. 위 캔 무브 올 아월 앎스 앤 렉스 앤 왓 낫 캔위 두?/　　인생에 실패란 없어, 우리가 변하는 환경에 적응하는데 실패하지 않는다면 말야. 사지가 멀쩡한데 무엇이든 할 수 있잖아?

Aim for the sky, but move slowly, enjoying every step along the way. It is all those little steps that make the journey complete. /애임 포더 스카이 벋 무브 슬로울리 인조잉 에브리 스텝 얼롱 더 웨이. 잇 이즈 올도즈 리틀 스텝스 댓 메익더 졀니 컴플릿/ 최고를 목표하되, 과정의 매 순간을 즐기며 천천히 움직이라. 이 작은 과정들이 그 여정을 완성한다. [Chanda Kochhar]

You've got to always go back in time if you want to move forward.
/유브 갓투 올웨이즈 고 백 인 타임 이퓨 워너 무브 포-월드/
앞으로 나아가려면 언제나 과거로 돌아가야 돼. [Snoop Dogg]

move (= go) + forward (앞으로)　　=　　앞으로 가다, 진보하다, 발전하다

You can't move mountains by whispering at them. /유 캔트 무브 마운튼쓰 바이 위스퍼링 앳 뎀/ 소심하게 행동해선 대단한 일을 해낼 수 없지. [Pink]

move mountains　=　불가능해보이는 일을 해내다, 가능한 모든 노력을 총동원하다

Boldness has power in itself.　대담함에는 힘이 있다.
No one can move others if he does not move himself.
자신을 감동시킬 수 없는 자는 다른 사람도 감동시킬 수 없다. [Leonardo da Vinci]

That's been one of my mantras—focus and simplicity. Simple can be harder than complex: You have to work hard to get your thinking clean to make it simple. But it's worth it in the end because once you get there, you can move mountains. /댓츠빈 원오브 마이 만트라스 포커스 앤 씸플리씨티. 씸플 캔비 하더 댄 캄플렉스: 유 해브투 월크 할드 투겟 유얼 띵킹 클린 투메익킷 씸플. 벋 잇츠 월쓰잇 인디엔드 비커-즈 원쓰 유 겟데얼 유캔 무-브 마운튼쓰/ 집중과 간결함이 내 주문이야. 단순함은 복잡함보다 어려울 수 있지. 정말 집중해서 일해야 생각을 단순하게 정제해 낼 수 있어. 어려운 일이지만 그래도 가치있는 일이지, 왜냐면 그 경지에 도달하면 굉장한 일들을 해낼 수 있거든. [Steve Jobs]

Could you move your car so I can get mine out? /쿠쥬 무브 유얼 카 쏘 아캔 겟 마인 아웃?/ 제 차가 나갈 수 있게 차좀 이동해주시겠어요?

The direction of your focus is the direction your life will move towards.
/더 디뤡션 오브유얼 포커스 이즈더 디뤡션 유얼 라이프 윌 무-브 투월즈/
네 집중의 방향이 곧 네 인생이 향하는 방향이야.

move (= go) + towards (어디로)　　=　　어디로 향하여 움직이다

Could you move along/over/up a little?　/쿠쥬 무브 얼롱/오버/업 어 리를?/
옆으로 조금만 비켜주시겠어요?

move along　　=　　move over　　=　　move up　　=　　자리를 옮기다

Can we move the meeting from 10am to 3pm? I happened to have an

urgent matter in the morning.　　/캔위 무브더 미-팅 프롬 텐에이엠 투 쓰리피엠?
아이 해픈투 해번 얼젼트 매러 인더몰닝/　　우리 미팅을 오전 10시에서 오후 3시로 옮길 수 있
을까? 오전에 급한 일이 좀 생겨서 말야.

He moves among an exclusive circle of people.　　/히 무브즈 어멍 언 익스클루
씨브 썰클 오브 피플/　　그는 소수의 사람들과만 어울려.

move among　　=　　move in　　=　　사람들과 어울리다

Let's move off from this subject. I think I'm getting sick of it.　/렛츠 무보-
프 프롬디쓰 썹젝트. 아띵크 암게링 씩 오빗/　　이 주제에서 좀 벗어나자. 머리에 쥐날 것 같아.

move off　　=　　(대화나 글 쓰는 중에) 주제를 바꾸다

Can we move on to the next?　/캔위 무브온 투더 넥스트?/　다음 걸로 넘어가도 돼?

move on <u>to</u> 무엇　　=　　무엇으로 넘어가다
move on　　=　　떠나다 (leave), 나아가다/진보하다 (progress)
Yes, I broke up with him. And I've moved on.
그래 나 그 남자랑 헤어졌어. 그리고 난 이제 그 남자를 잊었어.

Every day is a different day. You will be able to find happiness if you

just move on.　　/에브리데이 이져 디퍼런트 데이. 유월비 에이블투 파인드 햅피니스 이퓨
져스트 무-본/　　매일 매일은 새로운 날이야. 그저 앞으로 나아가면 행복을 찾을 수 있을거야.

Life is unfair. We have to accept it and move on, not using it as an

excuse.　　/라이프 이즈 언페어. 위 해브투 익쎕팃 앤 무-본 낫 유징잇 애젼 익쓰큐즈/
인생은 불공평한거야. 우린 이 사실을 받아들이고 나아가야 해. 핑계로 삼지 말고 말이야.

Don't wait. If it's not right, move on.　　/돈트 웨잇. 이프 잇츠 낫 롸잇 무-본/
기다리지 마. 아니다 싶으면 관두고 다른 일로 넘어가.

I really believe in, 'move on, live and let live, forgive and forget.'
/아륄리 빌리브 인 무-브 온 리브 앤 렛 리브 폴기브 앤 폴겟/　난 이런 생각이 진심으로 옳다고 믿어요. '앞으로 나아가, 삶을 살고 살도록 해, 용서하고 잊어버려.' [Kate Winslet]

Sometimes success means having the right idea in the right place at the right time. Other times, it's about not being afraid to quit and move onto something new.　/썸타임즈 썩쎄쓰 민-즈 해빙 더 롸잇 아이디어 인더 롸잇 플레이쓰 앳더 롸잇 타임. 아덜타임즈 잇츠 어바웃 낫 빙 어프레이투 큇 앤 무-브 온투 썸띵 뉴/　때론 성공이 그 자리 그 시간에 딱 맞는 아이디어를 가진걸 의미하고, 그 밖에는 그만 두고 새로운 것으로 옮겨 가는 일을 두려워하지 않는 걸 의미한다. [John Rampton]

Hey, it's time to move on to better things.　/헤이 잇츠 타임투 무브 온투 베러띵스/
야, 이제 더 좋은 삶으로 나아갈 때야. (이직을 축하해.)

> move on to better/bigger things　=　이직하는 사람에게 더 좋은 직장으로 가거나 삶이 나아진다고 말하는 유머러스한 말 (영문화는 'dignity'가 중요하다.)
>
> I hear you are moving on to better things.　네가 새 직장으로 간다고 들었어.

He will move heaven and earth to earn your heart.　/히윌 무브 헤븐 앤 얼쓰 투 언- 유얼 할트/　그는 네 마음을 얻기 위해선 무슨 일이라도 할거야.

> move heaven and earth　=　가능한 모든 일을 해서 무얼 해내려 하다

Housing prices are moving up due to the Chinese buying up houses.
/하우징 프라이쓰스 알 무빙 업 듀루 더 촤이니즈 바잉업 하우지스/
중국인들의 집사재기에 집값이 오르고 있어.

It's a condition of life: we have to move with the times.　/잇쳐 컨디션 오브 라이프 위 해브투 무-브 위더 타임스/　이건 삶의 필연적인 조건이야. 시대에 맞춰 움직여야지.

> move with the times　=　변하는 환경에 나도 변하다

We finalised the terms and almost signed the contract, when the other guy moved the goalposts and said he wanted more money.　/위 파이널라이즈드 더 텁스 앤 올모스트 싸인더 칸트랙트 웬 디 아더가이 무브더 골포슷츠 앤 쎄드 히 원니드 모얼 머니/　계약조건을 다 마무리하고 계약서에 서명하기 직전까지 갔는데, 누가 오더니 조건을 바꾸곤 돈을 더 달라하더라고.

> move the goalposts　=　누구의 일을 더 어렵게 하기 위해 룰을 바꾸다

A shoe is not only a design, but it's a part of your body language, the way you walk. The way you're going to move is quite dictated by your shoes. /어 슈- 이즈 낫온리어 드쟈인 벗 잇쳐 팔토브 유얼 **바디** 랭귀지 더 웨이 유 워-ㅋ. 더 **웨**이 유알 고잉 투 무-브 이즈 **콰**잇 딕테이티드 바이유얼 슈즈/ 신발은 단지 하나의 디자인이 아니라 바디랭귀지의 일부다, 어떻게 걷는지 말이다. 어떻게 걷는지는 어떤 신발을 신었냐에 따라 크게 좌우된다. [Christian Louboutin]

> 가죽으로 만든 신발은 a pair of shoes(구두), 운동화는 sneakers, 런닝화는 runners. 정장바지는 a pair of trousers, 청바지는 jeans. 쪼리는 flip flops(UK/US)라 한다. 호주에선 쪼리를 thongs라 하는데, 이 단어는 영국에선 티팬티를 의미한다. 뒷꿈치가 없는, 발을 '미끄러 넣는' 신발은 slip-on이라 하고, 이런 신발 중 실내화는 우리가 잘 아는 slippers라 한다.

Throughout human history, in any great endeavour requiring the common effort of many nations and men and women everywhere, we have learned - it is only through seriousness of purpose and persistence that we ultimately carry the day. We might liken it to riding a bicycle. You stay upright and move forward so long as you keep up the momentum. /쓰루아웃 휴먼 히스토리 인 애니 그뤠잇 인데보얼 뤼콰이어링 더카먼 에포올트 오브매니 네이션쓰 앤 멘 앤 위민 에브리웨얼 위 해브 러언드 – 잇이즈 온리 쓰루 **씨**리어스니스 오브 **펄**포즈 앤 펄**씨**스턴스 댓 위 얼티밋틀리 캐뤼 더 데이. 위 마잇 라이큰 잇 투 롸이딩 어 **바이씨**클. 유 스테이 **업**롸잇 앤 **무**-브 포-월드 쏘롱애즈 유 **킵**업 더 모**멘**텀/ 인류 역사를 통틀어, 전세계 모든 구성원들의 협력을 필요로 하는 대단한 노력에서 우리는 배웠습니다 – 진중한 목적의식과 꾸준한 노력만이 이들을 해내게 할 수 있다는 것을요. 이는 자전거를 타는 법에 빗댈 수도 있겠습니다. 계속 페달을 밟아야 우린 계속 서 있을 수 있고 앞으로 나아갈 수 있지요. [반기문]

진행하다

For me life is continuously being hungry. The meaning of life is not simply to exist, to survive, but to move ahead, to go up, to achieve, to conquer. /폴미 라이프 이즈 컨티뉴어쓸리 빙 헝그뤼. 더 미-닝 오브 라이프 이즈 낫 **씸**플리투 이그지스트 투 **썰**바이브 벗투 무브 어헤드 투 고업 투 어**취**-브 투 컨**쿼**/ 나에게 인생이란 끊임없이 갈구하는 것이다. 삶의 의미는 단지 살아있거나 생존하는 게 아니라, 앞으로 나아가고 위로 올라가고 성취하고 정복하는 것이다. [Arnold Schwarzenegger]

move ahead　　=　　move (= go, make progress) + a (앞으로) + head (머리)
　　=　　(남들보다) 한발 앞서 나아가다

I made the first move and we started dating.　　/아이 메이더 펄스트 무브 앤
위 스탈티드 데이링/　　내가 먼저 대시를 했고 곧 우린 사귀기 시작했어.

He's anxious to get things moving.　　/히즈 앵셔스 투 겟 띵스 무-빙/
그는 빨리 일을 진행하고 싶어 안달이야. (진도를 나가고 싶어서?)

We need to make a move.　　/위 니-투 메잌어 무-브/
우리 뭔가를 해야 해. 우리 행동을 해야 해.

That was a good move.　　/댓 워져 굳 무-브/　　그거 좋은 행동이었어. (= action)

State of California is making a bold move to tackle climate change.
/스테이트 오브 캘리포-니아 이즈 메이킹어 볼드 무-브 투 태클 클라이밋 체인쥐/
캘리포니아주는 기후변화에 대응하기 위해 대담한 정책들을 시행하고 있다.

Bold는 '굵은 글씨'를 부르는 말로, 리스크risk를 감수하고 도전하는 의지, 그런 용기를
말할 때 쓰는 말이다. 시각적인 형상을 묘사할 때 bold라는 말을 쓰면, 그것이 강렬하고
strong, 쨍하고vivid, 분명하다clear는 말이다.

**In order for humanity to survive, we all have to move towards low-
carbon economy.**　　/인 오더포 휴매니티 투 썰바이브 위올 해브투 무-브 투월즈 로-칼
본 이커너미/　　인류가 생존하기 위하여, 우리 모두가 저탄소 경제를 향해 움직여야 합니다.

in order for 누구/무엇 to 무엇2　　=　　누구/무엇이 무엇2를 성취하기 위해

in order to 동사　　=　　동사 하기 위해 (앞 문장을 이어주는 접속사)
I take time in order to speak English with confidence.
자신있게 영어로 말하기 위해서 난 공을 들이지.

in order not to 동사　　=　　동사하지 않기 위해
I read books in order not to do things I might regret.
나중에 후회할 짓을 하지 않기 위해 난 책을 읽어.

in order for　　=　　therefore　　=　　so that　　=　　그러므로
I take time to read books in order for my life will not be wasted.
난 시간을 내서 책을 읽어. 고로 내 삶의 시간은 낭비되지 않을거야.

There have been movements towards cleaner earth; zero waste, plastic-free, tiny house, ocean clean-up, no-shopping, electric rides, and so on. Did you know electric cars produce much less break dusts?
/데얼 해브빈 무브먼츠 투월즈 클리너 얼쓰 지-로 웨이스트 플라스틱 프리 타이니 하우스 오-션 클린업 노- 샤핑 일렉트릭 롸이즈 앤 쏘온. 디쥬노- 일렉트릭칼쓰 프로듀쓰 머춰레쓰 브뤠익 더스츠?/   깨끗한 지구를 위한 변화의 움직임이 있어 왔어. 제로웨이스트, 플라스틱 안 쓰기, 타이니 하우스, 바다의 플라스틱 쓰레기 건져내기, 쇼핑 안 하기, 전기차 타기 등등. 전기차가 훨씬 적은 브레이크 가루를 낸다는거 알고 있었니?

movement   =   사람들이 의견/라이프스타일/일하는 방식을 변화하는 상태

You don't want to breathe in the break dust.   브레이크 가루 안 마시고 싶을걸.

For humanity to move forward, we first need to realise how arrogant we are in nature. We act like we don't need forests to cleanse our air, oceans to feed us with clean fish.   /폴 휴매니티 투 무브 포-월드 위 펄스트 니-투 리얼라이즈 하우 애로간트 위 알 인 네이쳐. 위 액트 라익 위 돈트 니드 포레스츠 투 클렌즈 아월 에어 오션쓰 투 피드어스 위드 클린 피쉬/   인류가 진보하기 위해서는 먼저 우리가 자연 안에서 얼마나 오만한지를 깨달아야 한다. 우리는 숲이 우리의 공기를 정화해줄 필요도, 바다가 우리에게 깨끗한 생선을 줄 필요도 없을 것처럼 행동한다.

All of us make mistakes. The key is to acknowledge them, learn, and move on. The real sin is ignoring mistakes, or worse, seeking to hide them.   /올오브어쓰 메잌 미스테잌스. 더 키- 이즈투 억놀리쥐뎀 런- 앤 무브온. 더 뤼얼 씬 이즈 이그노어링 미스테잌쓰 오얼 월스 씩-킹 투 하이뎀/   우리 모두는 실수를 한다. 중요한 건 실수를 인정하고, 배우고, 넘어가는 것이다. 진짜 실수는 실수를 무시하거나, 혹은 그보다도 나쁜건 실수를 감출 궁리를 하는 것이다. [Robert Zoellick]

I'm reflective only in the sense that I learn to move forward. I reflect with a purpose.   /암 뤼플렉티브 온리인더 쎈쓰 댓 아이 런-투 무브 포워드. 아이 뤼플렉트 윋어 펄포즈/   난 앞으로 나아가기 위해서만 되돌아본다. 목적을 분명히 갖고 지난 일을 생각한다. [Kobe Bryant]

move forward   =   advance   =   앞으로 나아가다

The two most powerful warriors are patience and time.
가장 강력한 전사 두 가지는 인내와 시간이다. [Leo Tolstoy]

영향을 주다

Let him that would move the world first move himself.   /렛힘 댓 우드 무브 더 월드 펄스트 무브 힘쎌프/   세상을 움직일 자 먼저 그 자신을 움직이게 하라. [Socrates]

> move   =   influence   =   영향을 주다

Man conquers the world by conquering himself.
사람은 자기 자신을 정복함으로써 세계를 정복한다. [Zeno]

Man changes the world by changing himself.
사람은 자기 자신을 바꿈으로 세상을 바꾼다.

I am moved by his consistency.   /아엠 무브드 바이히즈 컨씨스턴씨/
난 그의 변함없는 모습에 감동했어.

> move   =   감동하다
> consistency   =   행동이나 역량이 일정함   =   (액체의) 점도, 일관성

The painting moved her to tears.   /더 페인팅 무브드 헐 투 티얼스/
그 그림은 그녀를 울렸지.

> move 누구 to tears   =   make 누구 cry   =   누구를 울리다

I can't imagine what could have moved her to accept the offer.
/아 캔트 이매-쥔 왓 쿨해브 무브드 헐 투 익쎕 디 오퍼/
그녀가 그 제안을 받아들이도록 한게 대체 무엇인지 알 수가 없군.

> move   =   cause

> Accept의 발음은 /억쎕트/일 것 같지만 /익쎕트/라고 한다.

Art has to move you and design does not, unless it's a good design for a bus.   /알트 해즈투 무브 유 앤 드쟈인 더즈낫 언레쓰 잇츠어 굳 드쟈인 폴어 버쓰/
미술은 감동을 줘야하지만 디자인은 그럴 필요가 없다, 좋은 버스 디자인이 아니라면 말이다.
[David Hockney]

Education is the movement from darkness to light.

교육이란 어둠(무지)에서 빛(앎)으로의 진전이다.

[Allan Bloom]

RUN

run - ran - run

동사

달리다	이어지다/뻗다	경영하다	입후보하다	출간하다
도망가다	extend	manage	run for	publish
움직이다	expand	be in charge of		be published
흐르다	continue	be head of		
운행하다	stretch out	direct		

명사

달리기	갑작스런 수요	일반	자유로운 사용	설사
운행	a run on	the run	the run	the runs
기회	sudden demand	the norm	free use	diarrhoea
지속				
a run				

[동사]

달리다 / 도망가다 / 움직이다 / 흐르다 / 운행하다

I like to run.   /알라잌투 런/   난 뛰는 걸 좋아해. (뛰게 되면 뛰는 걸 즐겨.)

242

Haruki Murakami likes running.   /하루키 무라카미 라잌쓰 러닝/
무라카미 하루키는 러닝을 좋아해. (뛰는 것도 좋고 러닝이라는 스포츠를 좋아해.)

Someone ran over a person. The criminal is on the run.   /썸원 랜 오벌어
펄쓴. 더크리미널 이즈온더 런/   누가 차로 사람을 쳤어. 범인은 도주 중이야.

> run over 누구   =   누구를 차로 치다, 차로 밟고 지나가다

Know thyself? If I knew myself I would run away.   /노우 다이쎌프? 이프아
뉴-마이쎌프 아우드 런어웨이/   너 자신을 알라고? 내가 내 자신을 알았다면 난 도망갔을걸.
[Goethe]

> 도망가다   =   run away   =   be on the run   =   run off
> The guys at National Pension Service ran off with other people's money.
> 국민연금 관계자 몇이 다른 사람들의 돈을 갖고 튀었어.

We ran across each other and chatted for hours.   /위 랜어크로쓰 이취아더
앤 채티드 폴 아-월스/   우린 서로 우연히 마주쳤고 몇 시간 동안이나 이야길 나눴다.

> run across/into   =   우연히 마주치다

It was a cold winter morning. I wiped my running nose while running.
/잇워져 콜드 윈터 몰닝. 아이와읻드 마이러닝노즈 와일러닝/
추운 겨울 아침이었지. 난 달리며 흐르는 콧물을 닦았어.

> running nose   =   콧물

The drunk driver ran into innocent young people, and killed them.
Drink and drive don't mix.   /더드렁크 드라이버 랜인투 이노쎈트 영 피플 앤 킬뎀.
드링크 앤 드라이브 돈ㅌ 믹쓰/   술을 마신 운전자가 무고한 젊은 사람들을 차로 치어 죽였다.
음주와 운전은 분리되어야 한다.

> run into 누구/무엇   =   누구/무엇으로 달려가다   =   누구/무엇을 박다

The business ran into financial difficulties.   /더비즈니스 랜인투 파이낸셜 디
피컬티스/   그 회사는 재정적 문제에 부딪쳤다.

> run into 무엇   =   무엇을 부딪치다

People run after quick profits. As a result, we are left with cheap low-
quality products and con artists.   /피플 런 아프터 퀵 프라핏츠. 애즈어 리졀트 위
알 레프트위드 칩 로 퀄러티 프롸덕츠 앤 칸 알티스츠/   사람들은 쉽고 빠르게 벌 수 있는 돈
을 좇는다. 그래서 우리 주변엔 대충 만든 싸구려 제품들과 사기꾼들이 득실거린다.

run after   =   (뭔가를 얻기 위해 지속적으로) 쫓다, 누굴 좋아해서 쫓다
누군가를 좋아하여 쫓는다는 의미로도 말할 수 있다:
A lot of boys were running after Taeyeon. 많은 남자애들이 태연을 쫓아다녔어.

You should not try to run before you can walk.   /유슌 낫 트롸이투 런 비포얼
유캔 워-크/   기본부터 다지지 않고 곡예를 부리려 하지마.

I ran over the summaries the night before the exam.   /아이랜오벌 더 써머
리즈 더 나잇 비포얼 디 이그잼-/   난 시험 전날 밤에 요약한 것들을 훑어봤어.

run over   =   run through   =   빠르게 다시 떠올리다, 복습하다, 리허설하다

**Blue dyes from jean factories run into the river and to the ocean and
back to us by rain and fish.**   /블루 다이즈 프롬 쥔- 팩토리즈 런인투 더리버 앤투
디 오-션 앤 백투어쓰 바이 레인 앤 피쉬/   청바지공장에서 나오는 파란 염색약은 강을 통해
바다로 흘러들어가고, 다시 비와 물고기를 통해 우리에게 돌아온다.

run into 어디   =   어디 안으로 흘러들어가다

Red coloured fabrics will run in water with detergents.   /레-드 컬럴드
패브릭스 윌 런인 워터 위드 디털젼츠/   빨간 천은 세제가 담긴 물에서 물이 빠진다.

run   =   물빠지다

Keep the lid open when cooking pasta, as they easily run over.
/킵-더 리드 오픈 웬 쿡킹 파스타 애즈데이 이질리 런오벌/
파스타를 삶을 땐 뚜껑을 열어둬, 잘 넘치니까.

run over   =   흘러 넘치다

**As a consequence of the dams built, the river below ran dry and so as
the trees and wild life.**   /애즈어 칸시퀀스 오브더 댐스 빌트 더리버 빌로우 랜드롸이
앤쏘애즈더 트뤼스 앤 와일드라이프/   댐이 지어진 결과로, 댐 아래의 강은 메말랐고, 주변의
나무들과 야생 생태계 또한 죽음을 맞이했다.

cause and effect   =   원인과 결과
causality   =   인과관계
causation   =   어떤 결과를 유발하는 행동, 원인 작용
consequence   =   (원인에 따른) 결과

A 20-year-old single mum ran out on her newborn at a train toilet. Effective sex education is desperately needed in this premature culture. /어 트워니이얼올드 씽글맘 랜아웃 온헐 뉴보-온 앳어 트뤠인 토일렛. 이풱티브 쎅쓰 에듀케이션 이즈 데스퍼러틀리 니-디드 인 디스 프리머츄얼 컬쳐/ 21살짜리 미혼모가 기차 화장실에 신생아를 유기했다. 이 미성숙한 문화에 효과적인 성교육이 절실히 필요하다.

> run out on = abandon = 버리다, 저버리다, 유기하다
> premature = pre (전에) + mature (성숙한) = 덜 성숙한, 미숙한
> Premature는 그래도 성숙해질 희망을 품은 단어다.
> Immature는 그런 희망없이 그저 '미성숙한' 지금의 상태를 의미.

Take advantage of the City Circle tram which runs around the City Square for free. /테익 어드밴티쥐 오브더 씨티썰클 트램 위치 런즈 어라운더 씨티스퀘얼 폴 프리/ 시티를 무료로 순환운행하는 시티써클트램을 이용하세요.

When you buy a new machine, particularly a car, running it in properly is critical for its lifetime of use. /웬유 바이어 뉴 머쉰, 팟티큘러뤼어 칼, 러닝잇인 프랍펄리 이즈 크리티컬 폴잇츠 라이프타임오브 유즈/ 새로운 기계를 살 때, 특히 차를 살 때, 초기에 살살 달려 잘 길들게 하는게 앞으로 그 기계를 쓰는 오랜 기간을 위해 아주 중요하다.

> run in = (엔진 출고 초기에 특정 RPM이상 엔진에 무리를 주지 않으며) 길들이다

Old cars run on diesel or petrol. New cars run on electricity.
/올드칼스 런온 디-젤 오얼 페트롤. 뉴 칼스 런온 일렉트리씨티/
옛날 차들은 경유나 휘발유로, 새로운 차들은 전기로 간다.

Dyson does thousands of tests before they run with a new product. All product companies should do that, so we don't have to buy rubbish.
/다이슨 더즈 따우젼즈오브 테슷츠 비포얼 데이 런위더 뉴 프롸덕트. 올 프롸덕트 컴퍼니즈 슈드두댓, 쏘 위돈해브투 바이 러뷔쉬/ 다이슨은 새 제품을 출시하기 전에 수천번의 시험을 거친다. 모든 제품회사들이 그렇게 하면 우리는 쓰레기를 살 필요가 없을 것이다.

I'd tell anyone who wants something from someone else to feign not wanting it. People are perverse. If you show great affection to them, they'll run the other way. /아운 텔 애니원 후 원츠 썸띵 프롬 썸원엘쓰 투페인 낫 원팅잇. 피플알 펄벌쓰. 이퓨 쑈 그뤠잇 어풱션 투 뎀 데일 런 디아덜웨이/ 누군가에게 무엇을 원한다면 원치 않는 척 하라고 말해주고 싶어. 사람들은 비뚤어졌어. 너무 좋다고 매달리면 도망가지. [Hedy Lamarr]

이어지다 / 뻗다

Gangnam-daero runs from Gangnam all the way through Hannam-daero to Myeongdong Cathedral. /강남대로 런즈프롬 강남 올더웨이쓰루 한남대로 투 명동 카씨드럴/ 강남대로는 강남부터 한남대로까지 이어져 명동성당까지 다다른다.

They ran sewage pipes under the roads. /데이랜 쓰위쥐 파잎스 언덜더 로-즈/ 사람들이 도로 아래에 하수관을 깔더라.

The ivy ran up the exterior walls and made the environment beautiful. /디 아이비 랜업 디 익스티어리어 월스 앤 메이-디 인바이런먼트 비유리풀/ 담쟁이덩굴이 외벽을 타고 올라가서 경관이 예뻐졌어.

The Aussie dollar to Korean won exchange rate is running at 80 per cent. /디 오지달럴 투 커뤼안 원 익스췌인쥐 뤠잇트 이즈 러닝앳 에이티 필 쎈트/ 호주달러-원화 환율이 0.8%대를 잇고 있어.

She was spoilt, loved luxury and soon ran up a lot of debts. /쉬워즈 스포일트 러브드 럭셔뤼 앤 쑨- 랜업 어랏오브 데-츠/ 그애는 경제관념이 없고, 쓸데없이 비싼 것들을 좋아해서 머잖아 커다란 빚더미에 앉았어.

run up = (빚을) 늘리다

be spoilt = '버릇없다'고 대략 번역할 수 있지만, 부모님이 너무 풍족하게만 키우고 스스로 벌어쓰는 법을 가르치지 않아 상식적인 경제관념이 부족한 사람을 spoilt라 한다. Spoilt의 사전적 의미는 '망치다.'

luxury = 필요 이상의 frills(주름장식, 겉치장)가 첨가되고 가격은 불필요하게 비싼 것들을 통칭하는 단어. 럭셔리를 좋아하는 사람에겐 마법의 단어고, 그 밖의 사람들에겐 좋은 말은 아니다. 사람 마음이 없는 것을 더 원하듯, 빈곤한 문화가 럭셔리를 좋아하고 부유한 나라는 실속있는 것을 좋아한다.

The battery has run down. /더배터리 해즈 런 다운/ 배터리가 떨어졌어.

run down = 1. 능력/성능이 떨어지다 2. 악화되다 3. 누군가를 차로 쳐서 바닥에 눕게 하다 4. 누군가나 무엇을 나쁘게 비난하다 5. 누군가나 무엇을 끝내 찾아내다.

The battery is running low. 배터리가 얼마 남지 않았네.
This house was run-down. 이 집은 상태가 말이 아니었지.

246

This book runs for seventy two chapters.   /디쓰 북 런즈 폴 쎄븐티투 쳅털스/
이 책은 72개의 장으로 구성되어 있어(까지 이어져).

Good stories don't run on. Good writers know when to end a story.
/굳 스토리스 돈ㅌ 런 온. 굳 롸이털스 노우 웬투 엔더 스토리/
좋은 글은 질질 끌지 않아. 실력있는 작가는 언제 글을 끝낼 지를 알지.

> run on   =   계속되다, 말을 지나치게 많이 하다

Sorry, we ran out of it.   /쏘리, 위 랜 아웃오빗/   미안해요, 그거 다 떨어졌어요.

> run out   =   떨어지다, 동나다

SARS virus ran all over the world, from an extremely grubby market in Guangdong, China, that sold wild animals as food. The same for coronavirus.   /쌀쓰 바이러스 랜 올 오버더월드 프롬언 익-스트림리 그러비 말켓 인 광동 촤이나 댓 쏠드 와일드 애니멀스 애즈 푸-드. 더 쎄임 포 코로나바이러쓰/   야생동물을 잡아다 음식으로 파는 중국 광동의 한 끔찍하게 지저분한 시장으로부터 SARS 바이러스가 전 세계로 확산되었다. 코로나바이러스도 마찬가지다.

> run   =   퍼지다

I have to eat a lot of fibres and probiotics, because colon cancers run in my family.   /아이해브투 잍 어랏오브 파이벌스 앤 프로바이오틱스 비코-즈 콜론 캔썰스 런인 마이 패밀리/   난 섬유질과 유산균을 많이 먹어야 해, 왜냐면 대장암이 가족 내력이거든.

> run in   =   어떤 유전적 성향이 가족 내력이다

경영하다

Either you run the day or the day runs you.   /아이더 유런더데이 오얼더데이 런즈유/   네가 오늘을 이끌던가, 오늘이 널 이끌던가 둘 중 하나다. [Jim Rohn]

Letting your family run your business collectively ruins the whole community, because the real bright don't get a chance to better the world.
/렛팅유얼 패밀리 런유얼 비즈니쓰 컬렉티블리 루인즈 더 홀 커뮤니티 비코-즈 더리얼 브라잍 돈겟어 챈스투 베럴더 월드/   너의 가족이 기업을 경영하게 하는 건 집단적으로 전체 사회를 망쳐놓아, 왜냐면 진짜 재능 있는 사람들이 세상을 더 나은 곳으로 만들 기회를 갖지 못하거든.

입후보하다

She ran for the school prefect.   /쉬 랜포더 스쿨 프리펙트/   걔 반장선거에 나갔어.

> run for 어떤 공적인 자리   =   어떤 공적인 자리를 위해 선거 후보로 나가다
> Prefect는 'put in front'(앞에 두다)는 라틴어에서 온 말로, '행정 장관' 등을 뜻한다.

Less and less talented people run for the president, as the seat is a place of danger. People these days are more hateful than respectful.
/레쓰 앤 레쓰 탤런티드 피플 런포더 프레지던트 애즈더 씰 이즈어 플레이쓰 오브 데인-져. 피플 디즈데이즈 알모얼 헤잇풀 댄 뤼스펙풀/   대통령 역할을 잘할 수 있는 사람들이 대통령직에 출마하길 점점 더 기피한다, 이 자리가 위험한 자리이기 때문이다. 요즘 사람들은 존중보다 질타를 더 한다.

출간하다 / 출간되다

Time Magazine ran a cover story on climate change.   /타임매거진 랜어 커벌 스토리 온 클라이밋 췌인쥐/   타임지가 기후변화를 커버스토리로 출간했다.

[명사]
달리기, 운행, 기회, 지속

She and I met at a morning run.   /쉬앤다이 멧 앳어 몰닝 런/
나와 그녀는 아침 조깅하다 만났어. (어떻게 처음 만나게 됐느냐는 질문에)

In Sydney, you can enjoy the ferry runs in the harbour city.
/인 씯으니 유캔 인조이 더 페리 런즈 인더 할벌 씨티/
시드니에선 그 항구도시만의 페리 운행을 즐길 수 있어.

Before taking any important exams, it's recommended to take a test run.
/비포얼 테이킹 애니 임폴턴트 이그잼스 잇츠 렉커멘디드 투테이어 테스트런/
중요한 시험을 치르기 전에 연습 시험을 해 보는 게 좋다.

Sometimes we have a run of bad luck. Such is life.   /썸타임즈 위해버 런 오브 배-드 럭. 써취 이즈 라이프/   가끔은 안 좋은 일이 연달아 생겨. 그런 게 인생이야.

If you really want to achieve something, doing it every single day is the key in the long run. /이퓨 릴리 원투 어취브 썸띵 두잉잇 에브리 씽글 데이 이즈 더 키- 인더 롱-런/ 네가 정말로 무언가를 이뤄내고 싶다면, 그 일을 하루도 빠짐없이 매일 하는게 장기적인 시각으로 볼 때 성공의 열쇠야.

Michael Phelps's secret to becoming the most decorated Olympian of all time is not missing a single run every day, for years. /마이클 펠프쓰 씨-크릿 투비커밍 더 모-숫트 데코레이티드 올림-피언 오브올-타임 이즈 낫 미씽 어 씽글 런 에브리데이 폴 이얼스/ 마이클 펠프스가 역사에서 가장 메달을 많이 딴 올림피안이 된 비결은 바로 그가 단 하루도 빠지지 않고 연습을 했기 때문이야, 몇 년 동안이나 말야.

> '소유'를 의미하는 apostrophe(')는 누구 뒤에 쓴 뒤 s를 붙이는데(Kate's), s로 끝나는 복수형 뒤에는 s를 붙이지 않는게 원칙이다(parents'). 그렇지만 s로 끝나는 이름일 경우엔 여전히 s를 붙인다(Steve Jobs's).

Watching the salmon run is inspiring of the energy of life. /웟-칭 더 쌔먼 런 이즈 인스파이어링 오브디 에널-쥐 오브 라이프/ 숭어가 강을 거슬러 오르는 모습을 지켜보는 것은 생명의 힘에 대한 영감을 준다.

You don't have to swing hard to hit a home run. If you've got the timing, it'll go. /유 돈트 해브투 스윙할드 투힛어 홈 런. 이퓨브갓더 타이밍 잇일 고/ 홈런을 치기 위해 세게 휘두를 필요 없어. 타이밍이 맞으면 홈런이 될거야. [Yogi Berra]

갑작스런 수요

With the pandemic on top of air pollution, there has been a big run on pollution masks. /윋-더 판데믹 온탑오브 에얼폴루션, 데얼 해즈빈 어 빅 런 온 폴루션 마슥스/ 공기오염에 더해 전세계적 전염병으로, 미세먼지 마스크에 대한 수요가 급증했다.

As the source of the cancer-causing smog is mostly from the burning of coal, a demand for banning coal plants is arising. /애즈더 쏠-쓰 오브더 캔썰 코-징 스모그 이즈 모슷틀리 프롬더 벌닝 오브 코올, 어 디맨드 폴 배닝 코올 플란츠 이즈 어라이징/ 발암물질인 미세먼지의 주요 원인이 석탄을 태워서이기 때문에, 석탄을 태우는 화력발전소를 금지하려는 요구가 일어나고 있다.

A few informed citizens speak for dying sea turtles choking from plastic straws, unlike the usual run of YOLO generation. /어 퓨 인폼드 씨티즌스 스픽 폴 다잉 씨- 터틀스 쵸킹 프롬 플라스틱 스트로-스 언라익 디유주얼 런 오브 욜로 제너레이션/ 바다거북이들이 플라스틱 빨대를 삼키고 질식해 죽는다는 걸 아는 소수의 선지자들이 (자기 자신의 당장의 즐거움만 추구하는) YOLO세대 답지 않게 바다거북이들의 죽음을 대변하고 있다.

According to a 2019 WWF study, the average human potentially eats around 2,000 microplastics weekly. WWF의 2019년 연구에 따르면, 사람들은 평균적으로 일주일에 2,000개의 미세플라스틱을 먹는 것으로 밝혀졌다.

[Sophie Hirsh, Green Matters]

자유로운 사용

Even though we are given the run of the place, as sensible beings we should respect those who take care of the place. /이븐도우 위알 기븐더 런 오브더 플레이쓰 애즈 쎈써블 빙-스 위 슈-드 리스펙트 도-즈후 테익 케얼 오브더 플레이쓰/ 우리가 이 공간을 자유롭게 쓰도록 배려 받았지만, 우린 감정이 있는 생명체니까 이 공간을 유지하고 관리하는 사람들에 대해서도 존중을 해야 해.

설사

I suffered the runs after eating from an unsanitary restaurant.
/아이 써펄드 더 런스 아프터 이-팅 프롬언 언쌔니터릭 레스토랑/
비위생적인 식당에서 밥먹고 설사했어.

the runs = diarrhoea /다이어뤼아/ = 설사

A burger from the junk food restaurant gave me the severe runs for five days straight. The patty must have been undercooked. /어 벌거 프롬더 정크푸드 뤠스토란트 게이브미 더 씨비어 런즈 포 파이브 데이즈 스트뤠잇. 더 패티 머스트 해브빈 언덜쿡드/ 그 패스트푸드점에서 햄버거를 먹고 5일 연이어 심한 설사를 했어. 패티가 덜 익은 게 분명해.

The classy don't run on:
The wise speak with brevity.
It's the less educated who talk too much.

품위있는 사람은 간결하게 말한다.
현명한 사람은 적은 단어로 많은 말을 한다.
덜 배운 사람들이 쓸데없이 말이 많다.

PULL

pull - pulled - pulled

끌어당기다	일정하게 움직이다	홍미를 끌다	취소하다	인쇄하다
	move steadily	attract	cancel	print
		cause interest	withdraw	

끌어당기다

You pulled it off!   /유 풀딧 오프!/   너 해냈구나? 그거 너랑 어울린다!

> pull off 무엇   =   succeed in 무엇   =   무엇을 성공하다, 어울리다
> You pull off even a bucket hat. Pretty face makes everything look good.
> 넌 벙거지도 소화하는구나? 역시 패션의 완성은 얼굴이야.

You can pull off anything if you have the right attitude.   /유 캔 풀오프 애니띵 이퓨 해브더 롸잇 애티튜드/   적절한 태도를 갖춘다면 무엇이든 해낼 수 있다.

> 일반적인 진리를 말할 때 주어로 'one (누군가가)' 이나 'we (우리가)' 보다는 "you"를 써서 말하는게 영어의 스타일이다.

We're always in the middle of two energies. Gravity is sinking you down; inspiration is pulling you up.   /위알 올웨이즈 인더미들오브 투 에널쥐스. 그래비티 이즈 씽킹 유 다운 인스피레이션 이즈 풀링 유 업/   우린 항상 두 힘의 중간에 있지. 중력은 우릴 아래로 끌어당기고 영감은 우릴 위로 끌어올려. [Mandy Ingber]

He pulled strings to get the job.   /히 풀드 스트링스 투겟더 좝/
걘 인맥으로 그 일을 잡았어.

> pull strings   =   pull (당기다) + strings (연줄)
> =   인맥을 활용하여 이익을 취하다 (비공식적으로, 불공평하게)

It feels scary to know that there are people who pull the strings.
/잇필즈 스케어뤼 투노-댓 데얼알 피플 후 풀더 스트링쓰/   배후세력이 있다는건 무서워.

> pull the strings   =   (어떤 행사나 다른 사람들에 대해) 지배력을 갖다
> 마리오네트marionette가 줄strings로 조종하는 꼭두각시puppet 인형인 것처럼,
> "pull the strings"는 본인이 아닌 다른 무엇에 대해 지배력을 지닌다는 말이다.

In situations of difficulties, we are to pull together as a team.
/인 씨츄에이션스 오브 디피컬티-스 위 알 투 풀 트게더 애즈어 티-임/
어려울 때일 수록 우린 하나로 뭉쳐 협력해야해.

> pull together   =   협력하다

Failed this time? You should pull yourself together and try again.
Trying is a success in its own right. Not everyone tries.   /페일드 디쓰타
임? 유 슈 풀 유얼쎌프 트게더 앤 트롸이 어게인. 트롸잉 이즈어 썩쎄스 인잇츠 오운 롸잇. 낫 에
브리원 트롸이즈/ 잘 안됐어? 마음을 추스리고 다시 도전해봐. 시도했다는 자체만으로도 하나
의 성공이야. 얼마나 많은 사람들이 시도조차 하지 않니?

> pull oneself together   =   스스로의 감정을 추스리다

It's like pulling teeth.   /잇츠 라일 풀링 티-쓰/   이거 댑따 어려워.

> like pulling teeth   =   (이를 뽑는 일처럼) 어렵다

Don't muck around here and pull your head in your stuff!   /돈ㅌ 먹어롸
운 히얼 앤 풀 유얼 헤드 인 유얼 스터-ㅍ/   여기서 알짱대지 말고 네 일이나 신경 써!

> muck around (UK) = stand around = 목적없이 혹은 바보같이 행동하다 (자신을
> 낮춰 재치있게 말하는 의도로도 쓴다: I was just mucking around. 그냥 좀 해봤어.)
>
> pull one's head in / mind one's own business
> =   (남의 일에 신경쓰지말고) 자신의 일이나 잘 하다 (무례한 말)

Anyone can speak English with an app in just weeks? Pull the other one!
/애니원 캔 스픽- 잉글리쉬 위던 앱 인져스트 웍-스? 풀 디 아덜 원!/
누구나 앱 하나로 몇 주만에 영어를 잘할 수 있다고? 웃기고 있네!

> pull the other one = 다른 것을 시도해라 (거짓말하고 있네, 웃기지마)
>
> Pull the other one, it's got bells on. 다른 걸 해봐, 이건 너무 뻔하잖아.

A: I'm going to block you from now. /암 고나 블락 유 프롬 나우/
나 지금부터 널 차단시킬거야.

B: Are you pulling my leg? Why would you do that? /알 유 풀링 마이 렉?
와이 우쥬 두- 댓?/ 장난해? 왜 차단을 하는데?

> pull 누구의 leg = (누구에게) 장난치다

I pulled out all the stops to turn things around. /아이 풀다웃 올더 스탑스 투
턴- 띵스 어롸운드/ 난 상황을 바꾸기 위해 내가 할 수 있는 모든 걸 했어.

> pull out all the stops = 최선의 노력을 기울여 무언가를 해내려 하다
> turn things around = 상황을 돌리다, 상황을 바꾸다

A jackass at the military pulled rank and bullied me. /어 잭애쓰 앳더 밀
리터리 풀드 랭크 앤 불리드 미/ 군대에서 어떤 멍청한 자식이 계급을 이용해 날 괴롭혔어.

> pull rank = 높은 지위를 부정하게 이용하다

So I pulled my socks up and got out of that relation. /쏘 아 풀드 마이 싹스
업 앤 갓아웃 오브댓 릴레이션/ 그래서 난 더 일을 잘해서 그 관계에서 벗어났지.

> pull 누구의 socks up = 쳐진 양말을 올려신다 = 누구의 작업/업무능
> 력/행동이 더 나아지기 위해 노력하다
> I worked my socks off. (내 양말이 벗겨질 정도로) 엄청나게 열심히 일했어.

**In any group assignments or projects, there are always someone not
doing anything and someone working their socks off to make up for it.
But shouldn't we pull our own weight, right?** /인 애니 그룹 어싸인먼츠 오얼
프롸젝츠 데얼알 올웨이즈 썸원 낫 두잉 애니띵 앤 썸원 월킹 데얼 싹스 오프 투 메익업 폴잇. 벋
슈든위 풀 아월 오운 웨잇 롸잇?/ 어느 그룹 과제나 프로젝트에서건, 아무것도 안 하는 녀석이
있어서 그 녀석 몫까지 열심히 하는 사람은 꼭 있어. 그치만 우린 각자의 몫을 해야 하지 않아?

> pull 누구의 weight = 누구의 합당한 분량의 일을 하다

일정하게 움직이다

This car pulls. /디스 칼 풀-스/ 이 차 잘 나가는데?

Pull in right there. /풀 인 롸잇 데얼/ 저기에 차 세워

> pull in = pull (일정하게 움직이다) + in (선 안으로)
> = 1. 차를 도로에서 벗어난 곳에 세우다 2. 버스나 기차가 도착하다

Could you pull over there? /쿠쥬 풀 오버 데얼?/ 저기에 차를 세워주시겠어요?

> pull over = pull (일정하게 움직이다) + over (끝나다)
> = 차를 도로에서 벗어난 곳에 세우다

영어도 말이 짧으면 반말이다. 명령어보다는 의문문으로 부탁하듯 말하면 서로에게 좋다.

He was pulled over for not wearing a certified bicycle helmet.
/히 워즈 풀드 오벌 폴 낫 웨어링어 썰티파이드 바이씨클 헬멧/
그는 인증받은 자전거 헬멧을 안 써서 경찰에게 잡혔어.

> pull 누구 over = 경찰이 누구를 멈춰 세우다

호주/영국에선 인증스티커가 붙어있지 않은 헬멧을 쓸 경우 무거운 벌금을 내야 한다. 헬멧은 당연하고, 형광high-visibility 자켓까지 입는게 일반적이다. 그리고 자전거는 차도로 달리면 안 되고, 자전거 전용 도로가 도로 옆에 만들어져 있다. 상당히 많은 사람들이 출퇴근을 자전거로 한다, 날씨가 어떻든 거리가 얼마나 되든.

He pulled up by the sea. /히 풀드업 바이더 씨-/ 그는 바닷가에 차를 멈췄다.

> pull up = pull (일정하게 움직이다) + up (끝까지)
> = 1. 차를 정지하다 2. 비행기의 (레버를 당겨) 고도를 높이다

The splendour of nature pulled us up. /더 스플렌더 오브 네이쳐 풀드 어쓰 업/
장엄한 자연의 경관에 우린 얼어버렸어.

> pull 누구 up = 누구를 멈추게 하다
> The shock of the news pulled everyone up short.
> 충격적인 그 뉴스에 모두가 하던 일을 멈췄다.

흥미를 끌다

He pulled in her attention.　/히 풀드인 헐 어텐션/
그는 그녀의 관심을 얻는데 성공했다.

> pull 누구/무엇 in　　=　　1. 누구/무엇을 얻는데 성공하다　2. 누구를 체포하다
> They pulled in a handsome profit.　걔네들 짭짤한 수익을 벌었어.
> Stop and pull yourself in!　멈춰서 자수해!

취소하다

The concert was pulled at the news of storm coming.　/더 칸썰트 워즈 풀드
앳더 뉴스 오브 스톰 커밍/　태풍이 온다는 소식에 콘서트가 취소됐어.

The Director pulled the plug on the project.　/더 디렉터 풀더 플럭 온더 프롸젝
트/　사장님이 그 프로젝트를 중단시켰어.

> pull the plug　　=　　코드를 뽑다　　=　　중지하다
>
> Director가 대문자로 시작하는 이유는, 직함은 이름처럼 고유명사이기 때문이다.

He got pulled for speeding.　/히 갓 풀드 폴 스피-딩/　걔 과속으로 체포됐어.

> 영문화에서 과속은 절대로 하지 않는게 좋다. 벌금이 엄청나고, 하루만에 면허가 정지될
> 수 있다. 사람이 많은 곳일 수록 규정속도가 낮고, 인적이 없는 곳은 단속카메라도 없다.

인쇄하다

Could you pull out a proof for me?　/쿠쥬 풀아웃 어 프루프 폴미?/
시험인쇄 좀 해주겠니?

> pull out　　=　　print out　　=　　(컴퓨터파일을 종이로) 출력하다, 인쇄하다

I just need to pull this couple of pages out. Can I go first?
/아 져스트 니-투 풀디쓰 커플오브 페이쥐쓰 아웃. 캔아이 고 펄스트?/
이거 두 장만 인쇄하면 되는데, 내가 먼저 해도 될까?

Making art, good art, is always a struggle.
It can make you happy when you pull it off.
There's no better feeling. It's beauteous.
But it's always about hard work and
inspiration and sweat and good ideas.

미술 작품을 만드는 건, 좋은 작품을 만드는 건 언제나
힘들어. 성공하면 굉장히 기쁘지. 이보다 좋을 수가 없어.
흐드러지게 아름다워. 그런데 이건 언제나 고된 작업과
영감과 노력과 좋은 아이디어야.

[Damien Hirst]

push - pushed - pushed

밀어내다   **떠밀다**

밀어내다

Push the door to open it.   /푸쉬 더 도얼 투 오픈잇/   밀어서 문을 여세요.

I mean, he was really pushing it.   /아민-, 히 워즈 륄리 푸싱잇/
그러니까, 걔가 진짜 있는 힘껏 밀었다니까.

I gave my nephew a push on the swing. /아이 게이브 마이 넵퓨 어 푸쉬 온 더 쓰윙/
조카를 그네 태워줬어.

It's a bit rusty. You have to push hard to open it.   /잇츠 어빗 러스티. 유 해브
투 푸쉬 할드 투 오픈잇/   그거 좀 녹슬었어. 세게 밀어야 열 수 있을거야.

Mind you it's been a long time since I last drew. My hands might be rusty.
/마인쥬 잇츠빈 어 롱-타임 씬쓰 아 라숫트 드류-. 마이 핸즈 마잇비 러스티/
마지막으로 드로잉한지 너무 오래돼서 손이 굳었을지도 몰라, 이해해줘.

Can you help me push my car off the road?   /캔유 헬미 푸쉬 마이 칼 오프더
로드?/   제 차를 도로 밖으로 미는 것 좀 도와주시겠어요?

Can you help me move this? You push and I'll pull.   /캔유 헬미 무-브 디쓰?
유 푸쉬 앤 아일 풀/   이거 옮기는 거 좀 도와줄래? 네가 밀어 내가 당길게.

Stop pushing me around, we are all one team here.　/스탑 푸싱미 어롸운
드. 위알 올 원 팀 히얼/　나한테 이래라 저래라 하지마. 우린 다 한 팀이야.

> push 누구 around　　=　　누구에게 무례하게 뭘 하라고 시키다

> bully　=　(동사) 지속적으로 괴롭히고 겁주다, 강제로 뭘 하게 하다, 왕따시키다
> 　　　　(명사) 그렇게 괴롭히는 사람, 착한 사람을 못살게구는 불량배

He is a bully, and I don't deal with bullies.　걘 양아치야. 난 양아치들은 상대안해.

Bullying에는 크게 4가지가 있고, physical(육체적/물리적), verbal(언어적), social(사
회적/인간관계적), 그리고 cyber(사이버) bullying이 그 종류다. 아마 가장 흔한 bullying
은 social bullying일 것이다. 누군가에 대해 거짓 소문을 퍼뜨린다던가, 다른 사람의 평
판이나 명성에 손상을 준다던가, 따돌린다던가, 난처하게 하거나embarrass 굴욕을 주는
humiliate 나쁜 행동들이 social bullying에 해당한다. 살기에 좋은 나라는 문화가 성숙
한civilised 나라다.

Courage is fire, and bullying is smoke.　용기는 불이고, 괴롭힘은 연기다.
[Benjamin Disraeli]

**When we got there, there were heaps of people in Gwanghwamun. We
had to push through the crowd.**　/웬 위 갓 데얼 데얼월 힙-스 오브 피플 인 광화
문. 위 해투 푸쉬 쓰루 더크라우드/　우리가 갔을 때 광화문엔 엄청난 인파가 모여있었어. 사람
들 사이를 비집고 가야할 정도였지.

**To be admitted to Nature's health costs nothing. None is excluded, but
excludes himself. You have only to push aside the curtain.**　/투비 어드미팃
투 네이철스 헬쓰 코스츠 낫띵. 난이즈 익쓰클루딛 벋 익쓰클루즈 힘쎌프. 유햅온리투 푸쉬어싸
이더컬튼/　자연의 건강보험에 가입은 무료다. 모든 게 포함되었고, 자연만이 빠진다. 그냥 커튼
만 열면 된다. [Henry David Thoreau]

**The function of muscle is to pull and not to push, except in the case of
the genitals and the tongue.**　/더 펑션오브 머쓸 이즈투 풀 앤 낫투 푸쉬 익쎕트 인
더 케이쓰 오브더 제니탈스 앤 더 텅-/　근육의 기능은 밀어내는 게 아니라 당기는 것이다—
성기와 혀의 경우를 제외하고. [Leonardo da Vinci]

When you create a new habit, you push it until it builds up inertia.
/웬유 크리에잇어 뉴 해빗 유 푸쉬잇 언틸 잇 빌즈업 인얼시아/
익숙하지 않은 일을 처음 할 때의 저항을 계속 밀어내다 보면 어느새 관성이 생겨 습관이 된다.

떠밀다

I'm a bit pushed for time at the moment. /암어빗 푸쉬드 폴 타임 앳더모먼트/
지금 시간에 쫓기고 있어요. (미안요 나중에 얘기해요.)

> be pushed for 무엇 = 무엇이 별로 없다

My parents are pushing me to move out. But I'm not even married!
/마이 패런츠 알 푸싱미 투 무브아웃. 벋 암낫 이븐 매뤼드!/
우리 부모님이 날 독립하라고 떠미셔. 그런데 난 결혼도 안했단말야!

The fishcake shop in Busan Station had been pushed off their premises by the landlord greedily raising rent. And the true victims are the tourists of Busan, who would have been greeted by Busan's signature food at their arrival. /더 피쉬케일 샵 인 부산 스테이션 해드빈 푸쉬드 오프 데얼 프레미씨즈 바이더 랜롤드 그리-딜리 레이징 뤤트. 앤더 트-루 빅팀스 알더 투어리스츠 오브 부산 후 우-드 해브빈 그릿티드 바이 부산쓰 씨그너처 푸-드 앳 데얼 어롸이벌/
부산역의 어묵가게가 땅주인의 탐욕스런 임대료 인상에 결국 떠밀려 사업장을 떠났다. 부산에 도착했을 때 부산의 명물로 맞이될 수도 있었던 부산의 관광객들이 진짜 피해자다.

They are pushing me for a decision. /데이알 푸싱 미 폴어 디씨젼/
그 사람들이 나보고 결정을 내리라고 떠밀어.

> push for 무엇 = 무엇을 하도록 떠밀다

I don't think parents or anyone should push anyone into marrying someone they think right. It's up to the people themselves. /아 돈트 띵크 패런츠 오얼 애니원 슈드 푸쉬 애니원 인투 매링 썸원 데이 띵크 롸잇. 잇츠 업투 더 피플 뎀쎌브즈/ 누구든 누가 결혼하는데 관여해선 안된다고 생각해. 그건 그 당사자들의 결정이야.

> '당사자' = he himself, the man himself, she herself, the woman herself, the person in question, the people/parties concerned

High demands push prices up. /하이디맨즈 푸쉬프라이쓰스업/ 수요는 가격을 높인다.

As consumers we have choices. We are to push manufacturers to stop using plastic, by not buying anything made of plastic, because plastic never disappears and accumulates in our bodies. /애즈 컨슈멀스 위 해브 쵸이쓰스. 위알투 푸쉬 매뉴팩쳐럴스 투스탑 유징 플라스틱 바이 낫 바잉 애니띵 메이드브 플라스틱 비코-즈 플라스틱 네버 디써피얼스 앤 어큐뮬레잇츠 인아월 바디즈/ 소비자로서 우리에겐 선택이 있다. 제조사들이 플라스틱을 그만 쓰도록 플라스틱으로 만들어진 걸 사지 말아야 한다. 플라스틱은 없어지지 않고 우리 몸 속에 축적되니까.

Reach for it.
Push yourself as far as you can.

네가 원하는 것을 위해 손을 내밀어.
그걸 얻기 위해 할 수 있는 데까지
너를 밀어붙여.

[Christa McAuliffe]

HOLD

hold - held - held

잡다 / 쥐다	갖다	계속 갖고 있다 / 담다
support	own	keep
grasp	possess	contain

일어나다	계속하다	기다리다
make happen	continue	delay

잡다 / 쥐다

Hold still. /홀드 스틸/ 움직이지마.

Hold this? /홀디쓰?/ 이거 들어봐. (영어도 말이 짧으면 반말)

We held hands walking on the beach. /위 헬드 핸즈 워킹 온더 비-취/
바닷가를 걸으며 우린 손을 잡았어.

      hold hands = (두 사람 혹은 여럿이, 주로 애정표현으로) 손을 잡다

He held her in his arms. /히 헬드헐 인히즈 앎스/ 그가 그녀를 꼭 안았어.

      hold = embrace = 껴안다

Hold your tongue. /홀쥬얼 텅-/ 말하지마. ("Shut up" 보다는 덜 무례한 말)

"I am so sorry for your loss. May my heartfelt condolences bring you peace and courage." And I held her hand. /아이엠 쏘 쏘뤼 폴유얼 로-쓰. 메이 마이 할트펠트 컨돌런쓰스 브링 유 피-쓰 앤 커뤼지. 앤 아 헬드 헐 핸드/
"네가 사랑하는 사람을 잃어 나도 정말 슬프다. 나의 진정어린 애도가 너에게 평안과 용기를 불어 넣기를." 그러고는 난 그녀의 손을 잡았다.

"I am sorry"는 사실 무겁고 진중한 말이다. 유족을 문상하여 애도를 표현하는 말이다. 오남용해서는 안 된다. 양해를 구할 땐 "Excuse me."

condolences = 죽음에 슬픔을 표현함, 문상, 조의, 애도 (주로 복수로 말함)

May your Birthday be as special as you are.
당신의 생일이 당신처럼 특별하기를.
May your New Year be filled with love and happiness.
당신의 신년이 사랑과 행복으로 가득하기를.
—이런 말은 정중한 인사말(덕담)이다. 주로 카드에 써서 전한다. (May에서 자세히)

hold 누구의 hand = 누구의 힘든 상황에 힘을 주고자 손을 잡다

They are held together with glue, although screws will hold in place better. /데얄 헬드 트게더 위드 글루- 올도우 스크루즈 윌 홀드 인 플레이쓰 베터/
이것들은 본드로 붙어있어, 그렇지만 나사를 쓰면 더 단단하게 고정될거야.

hold in place = 단단하게 고정하다

Is this strong enough to hold the weight? /이즈디쓰 스트롱 이너프 투 홀더 웨잇트?/ 이거 이 무게를 지탱할 만큼 강해?

Hold your breath when you walk past smokers. They hold no responsibility if you get cancer. /홀드 유얼 브뤠쓰 웬유 월 파스트 스모컬스. 데이 홀드 노 뤼스판써빌리티 이퓨 겟 캔써/ 담배피는 사람들을 지나갈 때 숨을 참아. 네가 암에 걸려도 쟤넨 책임안져.

breath /브뤠쓰/ = (명사) 숨
breathe /브뤼-드/ = (동사) 숨을 쉬다

He said he will be on time. But don't hold your breath. /히쎌 히월비 온 타임. 벋 돈트 홀드 유얼 브뤠쓰/ 그 녀석 제 시간에 올거라 말은 했지만, 기대는 하지마.

Don't hold your breath = 그럴 일은 없을거라는 장난스러운 말

263

My wife holds all the cards when it comes to finances.　　/마이 와이프 홀즈 올더 칼즈 웬잇컴즈투 파이낸쓰스/　　우리집 돈관리에 관해선 아내가 갑이야.

> hold all the cards　　=　　패를 다 갖고 있다, 우위에 있다
> 참고로, '가정 경제'는 'household economy'라고 하는데, 위의 말에선 정석보다 좀더
> 무거운 단어인 finances를 가벼운 상황에 말하여 재치있게 들릴 수 있다.
> Finance는 강세가 두 가지고, 둘 중 뭘 말해도 좋다: /**파**이낸쓰/ or /파이**낸**쓰/.

Little things like a gentleman holding the door open for the next person make the world a liveable place.　　/리틀 띵스 라이어 젠틀맨 홀딩 더 도어 오픈 포더 넥스트 펄쓴 메익더 월드 어 리버블 플레이스/　　다음 사람을 위해 문을 잡아주는 일같은 작은 것들이 이 세상을 살기 좋은 곳으로 만든다.

Roseanne held out a carrot for the horse.　　/로졔안 헬다웃 어 캐럿 포더 홀-스/
로졔안이 말에게 당근을 내밀었어.

> hold 무엇 out　　=　　무엇을 내밀다, 무엇을 제안하다 (가능성, 희망, 해결책)
> We held out a hope of making it work.　우린 이게 성공할거란 희망을 내비쳤어.
> Few held out any hope of making it work.　대다수는 이게 안 될거라고 생각했지.

People were holding out for a pay rise.　　/피플 월 홀딩아웃 폴어 페이 롸이즈/
사람들은 임금 인상을 기다렸다

> hold out for 무엇　　=　　원하는 무엇을 기다리다

Would it be enough to hold it tight?　　/우잇 비 이너프 투 홀드잇 타잇ㅌ?/
이걸로 꽉 묶을 수 있을까?

Photosynthetic organisms in the sea yield most of the oxygen in the atmosphere, take up and store vast amounts of carbon dioxide, shape planetary chemistry, and hold the planet steady.　　/포토씬떼틱 올가니즘스 인더 씨- 일-드 모슷트 오브디 악씨젼 인디 앳모스피어 테익업 앤 스토얼 바스트 어마운츠 오브 칼본 다이옥싸이드 쉐잎 플래니터리 케미스트리 앤 홀더 플래닛 스테디/　　바다 속의 광합성을 하는 생물들이 우리 대기의 대부분의 산소를 내뿜고, 방대한 양의 이산화탄소를 흡수해 저장하며, 지구의 화학을 조장하는 데다 우리 행성을 안정화한다. [Sylvia Earle]

> hold　　=　　support　　=　　지탱하다

⟨Casual Vacancy⟩ is good, but it can't hold a candle to ⟨Harry Potter⟩.
/캐쥬얼 베이컨씨 이즈 굳 벋 잇 캔트 홀더 캔들투 해뤼 퐛터/
⟨캐주얼 베이컨시⟩는 좋은 책이지만 ⟨해리포터⟩에 비할 순 없지.

    can't hold a candle to   =   앞서 말한 것/누구보다는 안 좋다

Know what you want to do, hold the thought firmly, and do every day what should be done, and every sunset will see you that much nearer to your goal. /노우 왓츄 원투 두 홀더 쏘-트 풤리 앤 두 에브리데이 왓 슏비 단- 앤 에브리 썬쎗 윌 씨유 댓 머취 니어러 투 유얼 골-/ 네가 하고 싶은 일이 무언지를 알고, 그 생각을 항상 염두하면서 해야 할 일을 매일 하면, 매일의 석양마다 네 목표에 가까워지는 걸 볼거야.
[Elbert Hubbard]

If passion drives you, let reason hold the reins.
/이프 패썬 드롸이브즈 유 렛 뤼즌 홀더 레인스/
열정이 당신을 이끈다면, 이성이 그 고삐를 잡게 하라. [Benjamin Franklin]

If you believe in what you are doing, then let nothing hold you up in your work. Much of the best work of the world has been done against seeming impossibilities. The thing is to get the work done. /이퓨 빌리브 인 왓 유알 두잉 덴 렛 낫띵 홀쥬업 인유얼 월크. 머취 오브더 베스트 월크 오브더 월드 해즈 빈단 어게인스트 씨밍 임파써빌리티즈. 더 띵 이즈 투 겟 더 월크 단/ 당신이 하는 일에 신념이 있다면, 그 무엇도 당신의 추진을 가로막지 않게 하라. 이 세상의 위대한 업적들은 대부분 불가능해보이는 상황에 맞서 이루어졌다. 중요한 것은 그 일을 완성하는 것이다.
[Dale Carnegie]

It is not in the stars to hold our destiny but in ourselves.
/잇이즈 낫 인더 스탈스 투 홀드 아월 데스티니 벋 인 아월쎌브즈/
우리의 운명은 하늘에 달린 것이 아니라 우리 자신에게 달렸다. [William Shakespeare]

    hold   =   control   =   관리하다

It is you who hold the key to the outcome. /잇츠 유 후 홀더 키- 투디 아웃컴/
결과에 대해 주도권을 갖고 있는 건 바로 너야.

    hold the key   =   have control   =   컨트롤을 갖다, 관리하다

Parents hold sway over their children. But there is a time limit that is when the children graduate from schools. /패런츠 홀드 스웨이 오벌 데얼 췰드런. 벋 데얼이즈어 타임리밑 댓이즈 웬 더 췰드런 그뤠듀에잇 프롬 스쿨스/ 부모는 자식에게 큰 영향력을 행사한다. 그런데 이에는 기한이 있는데, 이는 자식들이 학교를 졸업할 때다.

　　　　hold sway　　=　　　큰 영향력을 행사하다

갖다

Where can I get hold of bioplastic? /웨얼 캔아이 겟 홀도브 바이오플라스틱?/
바이오플라스틱을 어디서 구할 수 있어?

　　　　get hold of　　=　　find/obtain/understand　　=　　찾다, 얻다, 이해하다

Ignorant men don't know what good they hold in their hands until they've flung it away. /이그노런트 멘 돈트 노우 왓 굳 데이 홀드 인데얼 핸즈 언틸 데이브 플렁잇 어웨이/
무지한 자는 자기 손에 쥐고 있는 것의 가치를 그걸 잃기 전까진 모른다. [Sophocles]

　　　　hold　　=　　own/have/possess　　=　　갖다, 소유하다

Christine holds the position of the Marketing Director of our company.
/크리스틴 홀즈 더 포지션 오브 더 말케팅 디뤡터 오브 아월 컴퍼니/
크리스틴은 우리 회사의 마케팅 총괄책임자셔.

　　　　hold the position/title of 무엇　　=　　무슨 직함을 갖다, 역할이 무엇이다

He held office from 2009 to 2017. /히 헬드 오피쓰 프롬 투싸우젼나인 투 트워니 쎄븐틴-/ 그는 2009년부터 2017년까지 직무를 수행했다.

They hold the world record. /데이 홀더 월드 레콜드/
저들은 세계 기록을 보유중이야.

I was held accountable for not leaving records. /아워즈 헬드 억카운터블 폴 낫 리-빙 렉콜즈/ 기록을 남기지 않은 것에 대해 내가 책임을 졌어.

　　　　hold accountable/responsible　=　　책임을 지다, 실패하면 누구를 탓하다 (blame)
　　　　hold no responsibility　　=　　책임을 지지 않다

계속 갖고 있다 / 담다

Could you hold this shoes for me until this afternoon?　/쿠쥬 홀디쓰 슈즈 폴미 언틸 디쓰 아프털눈?/　오늘 오후까지 이 구두를 팔지 말고 기다려주실 수 있을까요?

> put a hold on 무엇　=　무엇을 예약하다

How much does your thermos hold?　/하우머취 더즈유얼 떰모스 홀드?/
네 보온병 용량이 어떻게 돼?

> Thermos는 특정 상표trademark가 '보온병'을 뜻하는 보통명사가 된 단어다.
> 다른 말로는 vacuum flask라고 한다.

How many people will this room hold?　/하우 매니 피플 윌디쓰 룸 홀드?/
이 방이 얼마나 많은 사람들을 수용할 수 있을까?

He was held prisoner.　/히 워즈 헬드 프리즈너/　그는 감옥에 갇혔어.

> hold　=　detain　=　가두다

They held her hostage for five days.　/데이 헬드 헐 하스티쥐 폴 파이브 데이즈/
그들은 5일 동안 그녀를 인질로 잡아뒀어.

The police were holding him in custody for the night.　/더 폴리쓰 월 홀딩 힘 인 커스터디 포더 나잇/　경찰은 그날 밤동안 그를 경찰서에 구금해놓았어.

> 경찰은 하나의 집단으로 보기 때문에 'the police'라고 부르고 복수로 여긴다.

She can hold her liquor.　/쉬 캔 홀드 헐 리쿼/　저 친구 술 세.

> hold 누구의 liquor　=　누가 술이 세다
> can't hold 누구의 liquor　=　누가 술을 못 마시다, 빨리 취하다

Suyeon can hold her own in any competitions.　/수연 캔 홀드 헐 오운 인 애니 캄피티션스/　수연이는 어떤 대결에서도 버틸 수 있어.

> hold 누구의 own / hold 누구의 ground　=　다른 사람들 만큼 해낼 수 있다

He cheated on her once, and she still holds it against him.
/히 취티드 온 헐 원쓰 앤 쉬 스틸 홀즈잇 어게인스트 힘/
그는 딱 한 번 바람을 핀 적이 있는데, 그녀는 그걸 아직도 마음에 담아두고 그를 미워하고 있어.

267

hold against　　=　　누가 예전에 무슨 잘못을 한 것을 마음에 담아두다 (약점잡다)

I left early but was held up in the traffic.　　/아이 레프트 얼리 벋 워즈 헬덥
인더 트뤠픽/　　일찍 출발했는데 차가 밀려서 늦었어.

hold up　　=　　delay　　=　　늦춰지다

**Knowledge which is acquired under compulsion obtains no hold on the
mind.**　　/날리쥐 위치이즈 억콰이얼드 언더 컴펼션 옵테인즈 노 홀드 온더 마인드/
강제로 주입된 지식은 머리에 남지 않는다. [Plato]

**The marble not yet carved can hold the form of every thought the
greatest artist has.**　　/더 말블 낫 옛 칼브드 캔 홀더 폼 오브 에브리 쏘-ㅌ 더 그뤠이
티스트 알티스트 해즈/　　조각되기 전의 대리석은 위대한 예술가의 모든 생각을 담을 수 있다.
[Michelangelo]

Every person's value is in the thoughts they hold.　　/에브리 펄쓴스 밸류 이
즈 인더 쏱-츠 데이 홀드/　　사람의 가치는 그 사람이 어떤 생각을 품었는지가 결정한다.
[Rumi]

일어나다

I don't know what the future may hold, but I know who holds the future.
/아 돈트 노- 왓 더 퓨처 메이 홀드 벋 아 노- 후 홀즈 더 퓨처/　　미래에 무슨 일이 일어날지
는 알 수 없지만, 그 미래를 누가 만들지는 나는 안다. [Ralph Abernathy]

The election will be held on 15th of April.　　/디 일렉션 윌비 헬드 온 피프틴쓰
오브 에이프릴/　　선거일은 4월 15일이에요.

Someone is holding court!　　/썸원이즈 홀딩 콜-트!/　　여기 누가 재판을 열고 있네!

hold court　　=　　누가 사람들에 둘러싸여 경청받고 있는 상황을 놀리며 하는 말

계속하다

**I really want to quit, but (I) am trying to hold down this job. It was a
stupid idea to buy a car on credit.**　　/아 뤼리원투 큇 벋엄 트롸잉투 홀다운 디쓰

쫍. 잇워져 스튜-핏 아이디아 투 바이어 칼 온 크뤠딧/   진짜 퇴사하고 싶은데 버티고 있어.
신용으로 차를 산 건 바보짓이었어.

> hold down   =   keep   =   유지하다

The old saying that persistence wins still holds true.   /디 올드 쎄잉 댓 펄
씨스턴쓰 윈즈 스틸 홀즈 트루/   인내는 승리한다는 옛말은 지금도 여전히 사실이야.

She is holding up well even after a period of depression.   /쉬즈 홀딩 업
웰 이븐 아프털 어 피어뤼오드 오브 딥프레션/   우울증을 겪은 후에도 갠 잘 하고 있어.

> hold up   =   계속 활동/작동하다 (고장을 수리한 후에도, 아픈 후에도)

**Hold fast to dreams, for if dreams die, life is a broken-winged bird that
cannot fly.**   /홀드 파스트 투 드륌스 폴 이프 드륌스 다이 라이프 이즈어 브로큰윙드 벌
드 댓 캔낫 플라이/   계속해서 꿈을 꾸라. 꿈을 꾸지 않는다면 인생은 날개가 부러져 날 수 없
는 새와 같다. [Langston Hughes]

> hold fast   =   계속 단단하게 고정되다, 계속 믿다

A noble person attracts noble people, and knows how to hold onto them.
/어 노블 펄쓴 어트뤡츠 노블 피플 앤 노우즈 하우투 홀드 온투 뎀/   고상한 사람은 고상한
사람을 끌어당기고, 어떻게 그런 사람들과 관계를 지속할 수 있는지 안다.
[Johann Wolfgang von Goethe]

> Ambition is the way in which a vulgar man aspires.
> 야망은 천박한 사람이 열망하는 것이다. [Henry Ward Beecher]
>
> There is nothing noble in being superior to your fellow men. True nobility
> lies in being superior to your former self. 주변 사람들보다 자신이 낫다고 여기는
> 건 고귀한게 아니다. 이전의 내 자신보다 나아지는게 진정한 고결함이다.
> [Earnest Hemingway]

The best thing to hold onto in life is each other.
/더 베스트 띵 투 홀드 온투 인 라이프 이즈 이-취 아더/
인생에서 계속 붙들고 있기에 가장 좋은 것은 바로 서로야. [Audrey Hepburn]

> hold onto   =   계속해서 유지하다

He held forth all day about how inhospitable the organiser was.
/히 헬드 폴쓰 올 데이 어바웃 하우 인하스피터블 디 올거나이져 워즈/
그 주최자가 얼마나 불친절한지에 대해 그는 하루 종일 이야기를 늘어놓았어.

> hold forth about/on 무엇   =   남들이 지루하게 느낄 수 있는 무엇에 대하여 오
> 랫동안 이야기를 늘어놓다

> '손님대접'은 hospitality. 우리의 공간에 손님이 왔을 때 차 한잔을 내어주고 편안하게
> 머무르도록 신경써주는 행동들의 전반을 말한다. 이는 '인간'으로서 아주 중요한 문화다.

기다리다

Hold on a second.   /홀드온어 쎅컨드/   잠깐만.

> hold on   =   wait   =   기다려

Hold everything!   /홀드 에브리띵!/   하던거 멈춰봐!

I've decided to hold off buying any furniture until I find what I really
want.   /아이브 디싸이디투 홀드오프 바잉 애니 퍼니철 언틸 아 파인드 왓아 륄리 원트/
내가 정말 갖고 싶은 걸 찾기 전까지는 어떤 가구도 사지 않기로 했어.

> hold off   =   당장 하지 않다, 미루다

A: I asked the shop to hold the shoes for me, but then..   /아이 아슥더 샵 투
홀더 슈즈 폴미, 벋 덴/   내가 그 가게에 그 구두좀 맡아달라고 부탁했단 말이야, 그런데..

B: Kate, hold that thought. I need to take this call.   /케잇트 홀댓 쏱트. 아
니-투 테익 디쓰 콜/   케이트, 이야기 잠깐만 멈춰봐. 이 전화 받아야 돼.

> hold that thought   =   대화 중 잠깐 멈추다

Please hold the line, I will put you through to the department.
/플리즈 홀더 라인 아윌 풋츄쓰루 투더 디팔ㅌ먼트/
전화 끊지 마시고 기다려주세요, 그 부서로 연결해드리겠습니다.

> hold the line   =   전화를 끊지 않고 기다리다

You have only one life— don't hold back.

인생은 한 번 뿐이야— 주저하지마.

hold back   =   주저하다, 망설이다, 지연시키다

keep - kept - kept

계속 갖고 있다	그대로 있다	계속 하다
hold on to	remain	continue
retain	stay	

계속 갖고 있다

Can you keep a secret?   /캔유 킵-어 씨크릿?/   너 비밀 지킬 수 있어?

Can I keep it?   /캔아이 킵-핏?/   이거 내가 가져도 돼?

Finders keepers!   /파인덜쓰 킵-펄쓰!/   찾는 사람이 임자!

**My uncle keeps an unrivalled roastery coffee house in Gangneung
called Coffee Kona.**   /마이 엉클 킵쓰언 언롸이벌드 로스터뤼 커피하우쓰 인 강릉 콜드
커피코나/   이모부는 강릉에서 〈커피코나〉라는 로스팅으로 독보적인 커피하우스를 운영하셔.

　　　keep　　=　　작은 가게를 운영하다

I'm not keeping anything from you.   /암낫 킵핑 애니띵 프롬유/
나 너에게 숨기는거 없어.

　　　keep 무엇 from 누구　　=　　누구로부터 무엇을 숨기다, 말하지 않다

I'll appreciate it if you keep it to yourself.   /아일 어프리쉬에잇잇 이퓨 **킵**잇
투 유얼쎌프/   네가 비밀로 해주면 고맙겠어.

> keep 무엇 to yourself   =   keep 무엇 secret   =   무엇을 비밀로 하다

She keeps to herself.   /쉬 킵쓰 투 헐쎌프/   저 분은 자기 얘길 잘 하지 않아.

> keep (yourself) to yourself   =   다른 사람들과 별로 말을 하지 않다
> She is a private person. 자기 사생활을 드러내지 않는 사람이야.
> (내성적인introvert 성격과는 다르게)

The only wealth which you will keep forever is the wealth you have given away.   /디 온리 웰쓰 윗치 유 윌 **킵** 포레버 이즈더 웰쓰 유헤브 기븐 어웨이/
당신이 영원히 간직할 부는 당신이 기부한 부가 전부다. [**Marcus Aurelius**]

> Being the richest man in the cemetery doesn't matter to me.
> 공동묘지에서 가장 부자가 되는 일에 나는 관심없다. [Steve Jobs]

Peace cannot be kept by force; it can only be achieved by understanding.
/피-쓰 캔낫비 켑트 바이 폴스 잇 캔 온리비 어취-브드 바이 언덜스탠딩/   평화는 무력으로
지켜질 수 있는 게 아니다. 평화는 오로지 이해만으로 이루어질 수 있다. [**Albert Einstein**]

그대로 있다

Keep right unless overtaking.   /킵 롸잇 언레쓰 오벌테이킹/
추월할 것이 아니라면 오른쪽 차선으로 주행하시오.

영문화의 도로에선 빠르게 가려는 차가 앞에 가는 느리게 가는 차를 위험하게 추월하지
않는다. 오히려, 느리게 가는 차가 뒤에서 빠르게 가려는 차를 위해 비켜가라고 빠져주는
길이 있어, 느리게 가는 차가 길을 내어준다. 아무리 한적한 시골길이라도 절대로 위험하
게 중앙선을 넘지 않는다. 안전하고 성숙한 운전문화다. Developed countries(선진국)
는 겉만 번쩍번쩍한 게 아니라 이런 소프트웨어, 문화가 성숙한 나라가 아닐까?

상식: 교통사고는 빠르게 가는 차보다 느리게 가는 차 때문에 더 많이 발생한다. 독일의
아우토반의 일부 구간에 속도제한이 없음에도 교통사고율이 낮은 이유는 독일 국민 모두
가 맨 왼쪽 차선은 빠르게 가려는 차들을 위해 비워주기 때문이다. 우리나라는 이 '추월차
선'에서 느리게 가는 차들을 빠르게 가는 차들이 비켜가다가 사고가 난다. 고속도로 맨 왼
쪽 추월차선은 빠르게 가는 차들을 위해 양보하자.

Driving slow in the left lane is dumb and illegal.
왼쪽 차선에서 느리게 가는 건 멍청하고 불법이다.

I like to keep busy. It makes me forget (about things I don't want to be reminded of.) /아이 라일투 킵 비지. 잇 메익쓰미 폴겟 어바웃 띵스 아돈ㅌ 워너비 뤼마인디드 오브/ 난 바쁜게 좋아. (기억하고 싶지 않은 것들을) 잊게 해주거든.

The thought of you keeps me up at night. /더 쏱오브유 킵스 미 업 앳나잇/
너에 대한 생각이 밤잠을 설치게 해.

> keep up   =   stay awake   =   (잠들지 않고) 깨어 있다
> I hope I'm not keeping you up.   내가 너의 잠을 방해하는게 아니었음 좋겠어.
> = Am I keeping you from going to bed?   내가 너 잠 못 자게 하는거 아니야?

What's keeping you from just trying it? /왓츠 킵핑유 프롬 져스트 트롸잉잇?/
그냥 해보면 되지, 뭐가 널 막는거야?

> keep 누구/무엇 from 무엇2   =   누구/무엇이 무엇2를 하는 걸 막다

I keep my wallet in the same pocket, so I never lose them.
/아 킵 마이 월렛 인더 쎄임 폭켓 쏘 아 네벌 루-즈 덤/
난 지갑을 항상 같은 주머니에 보관해. 그러면 잃어버리지 않거든.

See sunlight everyday for vitamin D to keep viruses at bay.
/씨 썬라잇 에브리데이 폴 바이러민 디- 투 킵 바이러쓰스 앳 베이/
비타민D를 위해 매일 햇빛을 보면 바이러스에 감염되는걸 막을 수 있어요.

> keep/hold 누구/무엇 at bay   =   (원치 않는) 누구/무엇이 해를 끼치는 걸 막다

You were a drawing teacher? You kept that quiet! /유 월어 드로윙 티-쳐?
유 켑ㅌ 댓 콰이엇!/   네가 소묘 선생님이었다구? 그간 티도 안냈네!

> keep 무엇 quiet   =   사람들에게 무엇에 대해 말하지 않다

Keep it refrigerated or it will go bad. /킵핏 뤼프리져레이티드 오얼 잇윌 고
배드/   냉장보관하세요, 안 그러면 상할거에요.

Keep the lid on. /킵 더 리드 온/   뚜껑을 닫아놔.

If you want to lose weight, keep off fatty foods. /이퓨 원투 루-즈 웨잇트 킵 오프 패티 푸-즈/   살을 빼고 싶으면 기름진 음식을 멀리하세요.

> keep off 무엇   =   무엇을 멀리하다, 먹지 않다, 가지 않다, 말하지 않다

I keep out of political discussions. /아이 킵 아웃오브 폴리티컬 디스커션스/ 난 정치얘기에 끼는걸 좋아하지 않아.

> keep out of 무엇   =   무엇에 연루되는 걸 피하다

I couldn't keep from not buying anything for you. /아 쿠든트 킵 프롬 낫 바잉 애니띵 폴 유/   널 위해 아무것도 사지 않을 수가 없었어.

> keep from doing 무엇   =   무얼 하는 걸 참다

Keep your eyes on the stars, and your feet on the ground. /킵 유얼 아이즈 온더 스탈스 앤 유얼 핏- 온더 그롸운드/   별을 목표하되, 행동은 현실적으로.

Keep your face to the sunshine and you cannot see a shadow. /킵 유얼 페이쓰 투더 썬샤인 앤 유 캔낫 씨- 어 쉐도우/   햇볕을 향해 얼굴을 들면 그림자는 보이지 않아. (불행을 바라보지 말고, 희망을 바라보렴.) [Helen Keller]

A good painting to me has always been like a friend. It keeps me company, comforts, and inspires. /어 굳 페인팅투미 해즈 올웨이즈빈 라익어 프렌드. 잇 킵쓰미 컴퍼니 컴폴츠 앤 인스파이얼스/   좋은 회화작품이란 언제나 나에게 친구와 같아요. 항상 나와 함께해주고, 나에게 위안을 주고, 영감을 주는 친구요. [Hedy Lamarr]

계속 하다

Do you keep a diary? /두유 킵어 다이어뤼?/   일기 쓰니?

Does your watch keep good time? /더즈유얼 워치 킵 굳 타임?/ 그 시계 시간 잘 맞아?

(I'm) sorry to keep you waiting. /쏘뤼투 킵퓨 웨이팅/   기다리게해서 미안.

He kept me waiting for hours. /히 켑트미 웨이팅 폴 아월스/ 그 남자는 날 몇 시간을 기다리게 했어.

I made a promise to you and I intend to keep it.   /아이 메이더 프라미즈 투
유 앤 아 인텐투 킵-핏/   난 너에게 약속을 했고, 그걸 지킬거야.

> keep 누구의 promise/word   =   누가 한 말을 지키다, 약속을 지키다

He keeps his word.   /히 킵쓰 히즈 워드/   그는 자기가 한 말을 지켜.

I keep working on it.   /아이 킵 월킹 온 잇/   그거 계속 작업중이야.

I told him not to do it, but he kept doing it.   /아 톨드힘 낫투 두잇 벋 히 켑ㅌ
두잉잇/   그녀석에게 하지 말라고 말했는데도 계속 해.

**I keep on thinking that there's no such thing as perfection. Everything
is made of both pros and cons; everything is a package.**   /아이 킵 온 띵
킹 댓 데얼스 노 써취 띵 애즈 펄펙션. 에브리띵 이즈 메이드오브 보쓰 프롸스 앤 칸스 에브리띵
이즈어 패키쥐/   계속 드는 생각인데, 이 세상에 완벽이란 없는 것 같아. 모든 것엔 장단점이
공존해. 다양한 요소가 하나의 묶음으로서 제공되는거야.

> keep on doing 무엇   =   계속해서 무엇을 하다, 반복해서 무엇을 하다

If you keep on being rude, I will not speak to you.   /이퓨 킵-온 빙 루-드
아윌 낫 스픽 투유/   자꾸 무례하게 굴면 너랑 얘기 안 할거야.

Don't keep on.   /돈ㅌ 킵- 온/   그만좀 해.

> keep on   =   짜증나는 말투로 계속 말하다 (UK)
> keep on at 누구   =   누구에게 짜증나는 말투로 계속 말하다

She kept on at me about the incident.   /쉬 켑ㅌ온 앳 미 어바웃 디 인씨던트/
그녀는 그 사건에 대해 끊임없이 얘기했어. (뒤끝)

Keep your pants on.   /킵 유얼 팬츠 온/   진정해. (= Take a chill pill.)

> keep your shirt/pants on   =   진정해 (US)

If you're going through hell, keep going.   /이퓨알 고잉 쓰루 헬 킵- 고잉/
지옥을 지나가고 있다면, 계속 가라. [Winston Churchill]

That's a good work. Keep it up!   /댓츠 어 굳 월크. 킵핏업!/   잘했어. 응원해!

> keep 무엇 up   =   무엇을 뒤쳐지지 않고 지금의 수준으로 유지하다, 지금까지 해
> 왔던 것처럼 하다

Keep your eagle eye on the situation.   /킵 유얼 이글아이 온더 씨츄에이션/
돌아가는 형세를 매의 눈으로 지켜보도록.

> an eagle eye   =   a keen/close watch   =   매의 눈으로 관찰하기

I want to read this book quickly, so I can keep up with him.   /아원투
뤼-드 디쓰 북 퀵클리 쏘 아캔 킵 업 윌힘/   그를 따라잡기 위해 이 책을 빨리 읽고 싶어.

> keep up with 누구/무엇   =   누구/무엇을 따라잡다, 이해하다

**I have a feeling that she keeps in with me in order to get something
from me.**   /아 해버 필링 댓 쉬 킵쓰 인 윌미 인오더투 겟 썸띵 프롬 미/
걔는 뭔가 얻을 게 있어서 나랑 계속 연락을 이어가는 것 같은 촉이 온다.

> keep in with 누구   =   (도움이 될 것 같은) 누구와 계속 연락하며 지내다

Keep at it, and you will see the result.   /킵 앳잇 앤 유윌 씨-더 뤼졀트/
계속 하라, 그러면 해낼 것이다.

> keep at 무엇   =   keep working on 무엇   =   무엇을 계속 하다

> If you care enough for a result, you will most certainly attain it.
> 결과에 신경쓴다면, 그 결과를 얻어낼 것이다. [William James]

**The key is to keep company only with those who uplift you, whose
presence calls forth your best.**   /더 키- 이즈투 킵 컴퍼니 온리위드도즈 후 업리프
츄 후즈 프레젠쓰 콜즈 폴쓰 유얼 베스트/   당신의 기분과 자존감을 끌어올려주는 사람, 그래
서 그런 사람의 존재만으로도 더 나은 내가 될 수 있게 하는 사람과만 계속 인연을 이어가라.
[Epictetus]

> forth   =   (시작점에서) 앞으로, (드러나도록) 앞으로, 앞으로(의 시간 = onwards)
> (정중하거나 문어체의 말)

Keeping moving forward.
You will see the positive side of things.

계속 앞으로 나아가라.
그러면 당신의 인생과 세상의
밝은 부분을 보게 될 것이다.

Your work is going to fill a large part of your life, and the only way to be truly satisfied is to do what you believe is great work. And the only way to do great work is to love what you do. If you haven't found it yet, keep looking. Don't settle. As with all matters of the heart, you'll know when you find it.

인생에서 일은 굉장히 큰 부분을 차지한다. 그런 일에 만족할 수 있는 유일한 방법은 당신이 생각하는 가장 멋진 일을 하는 것이다. 그런 멋진 일을 할 수 있는 유일한 방법은 당신이 좋아하는 일을 하는 것이다. 열정이 있는 일을 아직 찾지 못했다면, 계속 찾으라. 정착하지 말고. 마음과 관련한 모든 일처럼, 그런 일을 찾으면 알게 될 것이다.

[Steve Jobs]

stay - stayed - stayed

머무르다   계속 하다

머무르다

Would you want to stay for ramyun? /우쥬워너 스테이폴 라면?/   라면먹고 갈래?

위의 말은 이미 집 안에 있을 때 더 머물러서 라면을 먹고 가겠느냐는 질문. 집 밖에 있을 때 집으로 들어오라는 말은 Would you want to come in for ramyun? 서로 떨어져 있을 때 집으로 오라는 말은 Do you want to come over/down for ramyun?

I'm afraid I can't stay.   /암어프레이드 아 칸ㅌ 스테이/   그럴 수 없어.

You can stay here if you like.   /유캔 스테이 히얼 이퓨 라잌/
너가 원한다면 자고 가도 돼.

I want to stay (at) home tonight.   /아워너 스테이 홈 트나잇/
오늘밤은 집에 있고 싶어.

We stayed within the boundary.   /위 스테이드 윌인 더 바운더뤼/
우리는 선을 지켰어.

Why do you stay in prison when the door is so wide open?
/와이 두유 스테이 인 프리즌 웬더 도얼 이즈 쏘 와이드 오픈?/
문이 이렇게 활짝 열려 있는데, 왜 감옥에 남아있나? [Rumi]

280

계속 하다

Taeyeon somehow manages to stay contented despite everything.
/태연 썸하우 매니쥐스투 스테이 컨텐티드 디스파잇 에브리띵/
태연이는 신기하게도 무수한 일들 속에서도 평온함을 잃지 않아.

Farmers are struggling to stay afloat. /파멀쓰알 스트러글링투 스테이 어플롯트/
농사짓는 분들 요즘 어려우시대.

stay afloat = 간신히 수면 위에 떠있다 = 생존하다

He decided to stay in the army. /히 디싸이디투 스테이 인디 알미/
그 남자 직업군인이 되기로 결정했대.

Most shops stay open til late at night in Korea. /모숫트 샵스 스테이 오픈
틸 레잇 앳 나잇 인 커뤼아/ 한국에선 대부분의 가게들이 늦게까지 열어.

Wireless is here to stay. /와이얼리쓰 이즈 히얼투 스테이/ 무선은 이제 대중화됐어.

here to stay = 드물던 것이 널리 쓰이다, 일반화되다

He and I stayed friends after break-up. /히앤다이 스테이드 프렌즈 아프터 브
뤠익껍/ 그 남자랑 나는 헤어진 후에도 친구로 남았어.

Stay away from bad influences, my parents said. /스테이 어웨이 프롬 배-
드 인플루언쓰스 마이 패런츠 쎄-드/ 나쁜 친구들과 어울리지 말라고 부모님께서 말하셨지.

It'll stay fresh if you keep it in an airtight container. /잇윌 스테이 프레
쉬 이퓨 킵핏 인언 에얼타잇 컨테이너/ 밀폐용기에 보관하면 신선하게 유지할 수 있어.

Just stay put, I'll go get the car. /져숫트 스테이 풋 아일 고 겟더 칼/
움직이지 말고 여기 있어. 내가 가서 차를 가져올게.

It's not that I'm smart; it's just that I stay with problems longer.
/잇츠 낫 댓 암 스말트; 잇츠 져숫트 댓아 스테이 위드 프롸블럼스 롱-거/
내가 엄청 똑똑한 게 아니라, 문제에 오래 매달릴 수 있는 거에요. **[Albert Einstein]**

Genius is eternal patience. 천재는 무한한 인내다. [Michelangelo]

There's no such thing as wasted time in life. Say someone was mucking around for a decade just fishing. Whether the decade was a misspending is determined by what he does after that decade. He must have learned something while fishing. It all depends on the jobless how they accept the life and go about, in which their mentalities are reformed. There must be something of a value even if the time they spent seem vain. The question is not on the time stayed idling, but how he transcends it afterwards.

어떠한 인생에도 낭비라는 것은 있을 수 없습니다. 실업자가 10년 동안 무엇 하나 하는 일 없이 낚시로 소일했다고 칩시다. 그 10년 이 낭비였는지 아닌지, 그것은 10년 후에 그 사람이 무엇을 하느냐 에 달려 있습니다. 낚시를 하면서 반드시 무엇인가 느낀 것이 있을 것입니다. 실업자 생활을 어떻게 받아들이고 어떻게 견뎌나가느냐 에 따라서 그 사람의 내면도 많이 달라질 것입니다. 헛되게 세월을 보낸다고 하더라도 무엇인가 남는 것이 있을 것입니다. 문제는 헛 되게 세월을 보내는 데 있는 것이 아니라, 그것을 어떻게 받아들여 훗날 소중한 체험으로 그것을 살리느냐에 있습니다.

[이병철]

Stay hungry, stay foolish.

안주하지 말고, 새로운 일에 도전하라.

[Steve Jobs]

배고파야 무언가를 하니까—더 알고 싶고 더 성취하고 싶어 목말라하라.
남들과 다르게 하면 바보처럼 보이지만—새로운 일을 시도하는데 주저하지말라.
위대한 일을 해내려면 망하고 부러지고 틀리더라도 굴하지 않아야 하니까.

leave - left - left

떠나다   놔두다   남기다

go away

떠나다

I leave work at six sharp.   /아이 리-브 월크앳 씩스 샬프/   난 6시에 칼퇴근해.

at 몇 시 sharp   =   칼같이 정확히 몇 시에

When are you leaving?   /웬알유 리-빙?/   너 언제 떠나?

Suzy left for Melbourne.   /수지 레프트포 멜번/   수지가 멜번으로 떠났어.

He left her.   /히 레프트 헐/   그가 그녀를 떠났어.

I will never leave you.   /아윌 네버 리-뷰/   난 절대 널 떠나지 않을거야.

Jamie is on maternity leave.   /제이미즈온 머터니티 리-브/
제이미는 출산/육아 휴직 중이에요.

on leave   =   휴가 중 (leave는 명사로 '휴가')

284

놔두다

Leave the door open.   /리-브더 도어 오픈/   문 열어놔.

Who left the window open?   /후 레프트더 윈도우 오픈?/   누가 창문 열어놨어?

Leave me alone.   /리-브미 얼론/   나좀 혼자 내버려둬. (말 걸지마.)

I left my phone at home—need to go back.   /아레프트마이폰앳홈 니-투 고백/
집에 폰을 두고 왔네. 돌아가야겠어.

I left a letter for you in the book.   /아레프트어 레터폴유 인더북/
책 사이에 너 줄 편지 끼워놨어.

I'll leave it to you.   /아일 리-빗투유/   네게 맡길게.

They left me out.   /데이 레프트미 아웃/   걔네가 날 빼놓고 자기들끼리 갔어.

> leave 누구/무엇 out   =   누구/무엇을 빼다
> Have I left anyone out?   내가 빠트린 사람 있어?
> No one wants to feel left out.   그 누구도 소외감을 느끼고 싶지 않아.

Leave it off.   /리-빗오프/   그만둬.

> 하던 일을 그만하다   =   discontinue, stop, lay off

남기다

Grandmother left her old sewing machine to us.   /그랜마더 레프트헐 올드
쏘잉머쉰 투 어쓰/   할머니께서 당신이 쓰시던 오래된 재봉틀을 남겨주고 가셨어.

> leave 무엇 to 누구   =   누구에게 무엇(유산)을 남겨주다

Eunji left her watch behind: our memories.   /은지 레프트헐 워치비하인드
아월 메모뤼스/   은지가 시계를 두고 갔어. 우리의 추억을.

We had leftovers from last night.   /위핸 레프트오벌쓰 프롬 라스트나잇/
우리 어제 남은거 먹었어.

> leftover   =   쓰다 남은 것, 먹다 남은 음식 (명사, 형용사)

Be careful to leave your kids well educated rather than rich, for the hopes of the educated are better than the wealth of the ignorant.

자식들에게 돈보다는 좋은 교육을 남기도록 하라. 잘 교육받은 사람의 희망은 무지한 자의 돈보다 더 훌륭하니까.

[Epictetus]

Some books leave us free
and some books make us free.

어떤 책은 우릴 자유롭게 내버려두고
어떤 책은 우릴 자유롭게 한다.

[Ralph Waldo Emerson]

turn - turned - turned

돌리다

change direction/position

변하다

become

돌리다

Turn around.   /턴 어롸운드/   (반대로) 돌아봐.

Turn the doorknob.   /턴 더 도얼납/   문 손잡이를 돌려.

Could you turn the light on?   /쿠쥬 턴더 라잇 온?/   불좀 켜줄래?

   turn 무엇 on/off   =   무엇의 스위치를 켜다/끄다

Can you turn the music down?   /캔유 턴더 뮤직 다운?/   음악 소리 좀 줄여줄래?

   turn 무엇 up/down   =   무엇을 올리다/내리다   =   무엇을 키우다/줄이다

   Can I turn the temperature up?   온도 올려도 돼?

He turned me down for a date.   /히 턴미 다운 폴어 데잍/
그 남자가 내 데이트 신청을 거절했어.

   turn down 무엇   =   (요청받은) 무엇을 거절하다

Girls in knee-high boots turn him on.　　/걸스 인 니-하이 붓츠 턴 힘 온/

그는 롱부츠를 신은 여자에 약해.

> turn 누구 on　　=　　누구의 흥미를 끌고 흥분시키다 (주로 성적으로sexually)
>
> turn 누구 off　　=　　누가 흥미를 잃게 하다
>
> What's your turn-on?　뭐가 널 흥분되게 해?
>
> She turns me on to classical music.　그녀는 내가 클래식음악에 관심갖게 해.

Her hypocrisy turns me off. We should put our guard against those negative people.　　/헐 힙포크러씨 턴즈 미 오-프. 위슈드 풋 아월 갈드 어게인스트 도즈 네거티브 피플/　그 사람의 위선에 난 비위가 상해. 그런 부정적인 사람들을 우린 조심해야 해.

Kate turned up on time. She always does.　　/케잍 턴드 업 온 타임. 쉬 올웨이즈 더즈/　케이트는 정시에 도착했어. 걘 항상 그래.

> turn up　　=　　arrive　　=　　도착하다

Let me know if anything turned up.　　/렛미노- 이프 애니띵 턴덥/

뭔가 나오면 알려줘.

> turn up　　=　　나타나다, 시야에 들어오다, 알려지다

I don't have a job at the moment, but I'm sure something will turn up.
/아돈ㅌ해버 좝 앳더모먼트 벋암쓔얼 썸띵월 턴 업/
아직 일은 없는데, 곧 뭔가 생길 거라고 난 확신해.

> turn up　　=　　(계획되지 않은, 기대하지 않은 일이) 일어나다, 기회가 생기다
> (이 의미에서 클럽 등의 공간에서 성적 파트너를 찾는다는 의미로도 사용된다.)

Make a right turn here.　　/메잌어 롸잇 턴 히얼/　　여기서 우회전이요.

Take the next turn on the right. Make sure you turn the turn signal on.
/테잌더 넥스트 턴 온더 롸잇. 메잌슈어 유 턴더 턴 씨그널 온/
이 다음에 오른쪽으로 꺾으세요. 깜박이 켜는 거 잊지 마시고요.

Turn to page 290.　　/턴 투 페이쥐 투 나인티/　　290쪽으로 넘기시오.

You can hear birds sing in turn when you go out at 5 in the morning.
/유캔 히얼 벌즈 씽 인 턴 웬유 고 아웃 앳 **파이브** 인더 몰닝/
아침 5시에 나가면 새들이 번갈아 노래하는 걸 들을 수 있어.

> in turn = one after another = 차례로

It's your turn to walk the dog.   /잇츠 유얼 턴 투 웍 더 독-/
이제 네가 강아지 산책해 줄 차례야.

> turn = 차례
> Be patient and wait your turn. 침착하게 당신 차례를 기다려요.

We take turns cooking.   /위 테익 턴즈 쿠킹/   우린 번갈아가며 요리해.

I usually turn in at around 2am.   /아 유쥬얼리 턴인 앳어롸운드 투 에이엠/
난 주로 새벽 2시쯤 자러 가.

> turn in = go to bed = 자러 가다 (구어체)
> I turn into a pumpkin at midnight. 난 자정이면 집에 들어가/자러가. (유머)

You're required to turn in the assignment by the end of this semester.
/유알 뤼콰이얼투 턴인 디 어싸인먼트 바이디 **엔**드오브디쓰 **쎄메**스털/
이번 학기 말까지 과제를 제출해야 합니다.

> turn in 무엇/누구 = give 무엇/누구 to an authority =
> 무엇을 제출하다, 누구를 송치하다, 무엇을 성취하다
> The suspect turned himself in. 그 용의자는 (경찰에) 자수했다.
> The company turned in profits. 그 회사는 이윤을 냈다. (좋은 결과를 내다)

I can't just turn round and say, "I have a crush on you. Can I have your numbers?"   /아 캔ㅌ 져슷ㅌ 턴롸운드 앤 쎄이 아헤버 크러쉬 온유. 캔아이해브 유얼 넘벌쓰?/   갑자기 대놓고 "님에게 반해버렸어요. 폰 번호 좀 줄래요?"할 수는 없잖아.

> turn round (UK) / turn around (US)
> = 구어체에서 다른 사람의 반응은 신경쓰지 않고 (대놓고) 직접적으로 말한다는 말

The turnaround in Korea is exceptionally great - it's only a day or two. Outside of Korea, you should expect a few weeks.   /더 턴어롸운드 인 커뤼아 이즈 익쎕쎠널리 그뤠잇 잇츠 온리어 데이 오얼 투. 아웃싸이드 오브 커뤼아 유슈드 익스펙트

어 퓨 윅-쓰/　　　한국의 배송시간은 놀랍도록 빨라 - 겨우 하루이틀이면 돼. 그밖의 나라들에
선 1~3주 정도는 생각해야해.

turnaround	=	time taken	=	(주문이 도착하는 등의) 걸리는 시간
turn around	=	공급하다, 시간 내에 완료하다 (상업)		
turn a profit	=	흑자로 전환하다		

**This start-up is trying to help turn around the deforestation by
thoughtless use of paper and timber.**　　/디쓰 스탈텁 이즈 트롸잉투 헬프 턴어롸
운더 디-포레스테이션 바이 쏱리쓰 유즈 오브 페이퍼 앤 팀버/　　이 신생기업은 종이와 목재
의 생각없는 사용으로 파괴되는 숲을 보존하는데 기여하고자 해.

　　　turn around　　=　　(돌리다는 의미에서) 잘 안 되는 걸 잘 되도록 바꾸다 (경영)

We turned things around and made it happen.　　/위 턴드 띵스 어롸운드 앤
메이딧 해픈/　　우린 힘든 상황을 극복하고 목표를 이뤄냈어.

　　　turn 무엇 around　　=　　무엇이 좋은 쪽으로 바뀌게 하다

**If you are trying to achieve, there will be roadblocks. I've had them.
Everybody has had them. But obstacles don't have to stop you. If you
run into a wall, don't turn around and give up. Figure out how to
climb it, go through it, or work around it.**　　/이퓨알 트롸잉 투 어취-브 데얼
윌 비 로드블락스. 아이브 햄 뎀. 에브리바디 해즈 햄 뎀. 번 압스타클쓰 돈트 해브투 스탑유. 이
퓨 런인투어 월 돈트 턴어롸운드 앤 기브업. 피결 아웃 하우투 클라임 잇 고 쓰루 잇 오얼 월크
어롸운드 잇/　　뭔가를 이루려 한다면, 반드시 방해물을 만날 것이다. 나도 그랬다. 모든 사람
들이 다 그랬다. 그러나 장애물에 멈출 필요는 없다. 벽에 부딪치면 돌아서서 그냥 포기하지 말
라. 어떻게하면 넘어갈 수 있는지, 뚫고 갈 수 있는지, 품고 갈 수 있는지 알아내라.
[Michael Jordan]

We turned the tables by making it better.　　/위 턴더 테이블쓰 바이 메이킹잇 베터/
우린 이걸 개선함으로써 상황을 역전했어.

　　　turn the tables　　=　　상대보다 뒤쳐겼던 상황을 앞서가는 상황으로 바꾸다

Live your beliefs and you can turn the world around.　　/리브 유얼 빌맆쓰
앤 유 캔 턴 더 월드 어롸운드/　　신념대로 살라. 그러면 세상을 바꿀 수 있다.
[Henry David Thoreau]

291

The event has made us turn to the issue.   /디 이벤트 해즈 메이더쓰 턴투디 이슈/
그 사건은 우리가 그 문제에 관심을 갖게 했어.

> turn to 무엇   =   무엇에 주목하다

**When life hits you hard, turn the other cheek. Show that you are
invincible.**   /웬 라이프 힛츄 할-드 턴디 아더 췩-. 쑈 댓 유알 인빈써블/
인생이 뺨을 때리면, 다른 쪽 뺨을 대보여 줘. 네가 무적임을 보여줘.

> turn the other cheek   =   상처를 주는 사람에게 아무런 복수를 하지 않다

**We shall not turn a blind eye to the ocean pollution caused by single-use
plastics. If you live off delivered foods, you're calling disasters in, for
yourself and for the world.**   /위 쉘낫 턴어 블라인드 아이 투디 오션 폴루션 코-즈드
바이 씽글유즈 플라스틱쓰. 이퓨 리브오프 딜리벌드 푸-즈 유알 콜링 드쟈스털쓰 인 포유얼쎌
프 앤 포더 월-드/   일회용 플라스틱으로 인한 바다오염을 무시하지 말아야 한다. 배달음식
으로 사는 건 재앙을 부르는 행동이다, 자신의 건강에도, 이 세계에도.

> turn a blind eye to 무엇   =   잘못된 무엇을 (알면서도) 무시하다
> turn a deaf ear to 무엇   =   누가 불평하거나 요청하는 무엇을 무시하다

**Norway has turned its back on internal combustion engine cars, and
turned to electric.**   /놀웨이 해즈 턴드 잇츠 백 온 인터널 컴버스쳔 엔쥔 칼쓰 앤 턴투 일
렉트릭/   노르웨이는 내연기관 차량에서 전기차로 돌아섰다.

> turn 누구의 back on 누구/무엇   =   turn away from 누구/무엇   =
> 누구/무엇에서 마음을 돌리다, 누구/무엇을 무시하다, 무엇과 관계를 끊다

Explicit content, turn away!   /익쓰플리씻 칸텐트 턴어웨이!/   19금이야, 얼굴돌려!

> '19세 미만 시청금지'를 영어로 parental advisory 혹은 explicit content.

Turn it over.   /턴 잇 오버/   뒤집어.

Can I turn over to SBS? I want to watch Running Man.   /캔아이 턴 오벌
투 에쓰비에쓰? 아워너 왓취 러닝맨/   TV 채널 SBS로 돌려도 돼? 런닝맨 보고싶어.

> turn over   =   다른 TV 채널로 돌리다
> He turned over to watch the news. But Korean news are all depressing!
> 그가 채널을 뉴스로 바꿨어. 그런데 한국 뉴스는 다 너무 우울하단말야!

Apparently she has turned over a new leaf and is not hanging out with bad girls. /어패런틀리 쉬즈 턴드 오벌어 뉴 리-프 앤이즈 낫 행잉아웃 윌 배-드 걸스/
그애는 이제 나쁜 애들하고 어울리지 않고 새 사람이 된 것 같아.

apparently　　＝　　~한 것 같다, 겉으로 보기에
turn over a new leaf　＝　　새 잎이 나다　＝　　잘 행동하기 시작하다

구어체에서 한 문장 안에 동사를 두 번 말하기도 하는데, 이럴 땐 한 문장 안에 하나의 시제로 통일시켜 말한다. She <u>has</u> ~ and <u>is</u> ~.

A high-minded secretary has turned a corrupt politician over to the prosecution. /어 하이 마인디드 씨크리터뤼 해즈 턴더 코럽트 팔러티썬 오벌 투더 프롸씨큐썬/　한 정의로운 비서가 부패한 정치인을 검찰에 넘겼어.

high-minded　　＝　　높은 도덕적 기준을 가진

turn 누구 over to the police/court/authorities
＝　　잘못을 저지른 누구를 사법 당국에 넘기다

I've been turning the idea over in my mind for some time.
/아이브빈 털닝 디 아이디아 오버 인마이마인드 폴 썸 타임/
그 안에 대해 좀 오랫동안 혼자서 생각을 해 왔어.

turn 무엇 over　＝　　think 무엇 over　＝　　무엇에 대해 깊이 생각하다

What's our turnover in the last quarter?　/왓츠 아월 턴오버 인더 라스트 쿼터?/
우리 저번 분기 매출이 얼마지?

turnover　＝　　매출액

quarter　＝　　"a quarter"는 '4분의 1'이라는 말로, 1년을 네 번으로 나누어 회계를 분할하는 재무용어이기도 하다. 참고로, 1/3은 a third, 2/3은 two third<u>s</u> (2개 이상은 명사를 복수로 말하는 것과 같이 분수를 복수로 말한다), 3/4는 three quarters, 1/2은 one half라고 말한다. 그리고 일부 미국인들은 1/4을 a fourth라고 말하곤 한다.

There was a turn of events - the last project was a breakthrough.
/데얼워져 턴오브 이벤츠 더 라슷트 프롸젝트 워져 브뤠익쓰루-/
전환점이 있었지. 마지막 프로젝트가 돌파구였어. (물꼬가 트였어—승승장구하기 시작했어)

a turn of events	=	상황의 변화, 전환점, 역전
breakthrough	=	돌파구, 비약적인 성장

I've turned the house inside out but still can't find it.   /아이브 턴더 하우
쓰 인싸이드 아웃 벋 스틸 캔트 파인딧/   집안을 샅샅이 찾아봤는데도 그걸 못 찾았어.

turn 어디 inside out	=	어디를 샅샅이 찾다

Sometimes I want to turn back the clock with 90's music.   /썸타임즈 아
워너 턴 백더 클락 위드 나인티즈 뮤-직/   때론 90년대 음악을 들으며 그때로 돌아가고파.

turn back the clock	=	과거를 회상하다/기억하다
turn back the clock on 무엇	=	무엇을 과거로 돌려놓다

When it comes to social media, there are just times I turn off the world.
There are just some times you have to give yourself space to be quiet,
which means you've got to set those phones down.   /웬잇 컴즈 투 쏘셜 미
디아 데얄 져숫트 타임스 아이 턴 오프더 월드. 데얄 져숫트 썸 타임즈 유 해브투 기브 유얼
쎌프 스페이스 투비 콰이엇 윗치 민-즈 유브 갓투 쎗 도즈 폰즈 다운/   소셜미디어(SNS)에
대해선 말이에요, 그냥 잠시 벗어나고 싶을 때가 있어요. 그저 가끔은 내 자신에게 조용히 있고
싶은 공간이 필요할 때가 있죠. 그 말인즉 폰을 좀 내려놔야 할 때 말이에요.
[Michelle Obama]

Too often we underestimate the power of a touch, a smile, a kind word,
a listening ear, an honest compliment, or the smallest act of caring, all
of which have the potential to turn a life around.   /투- 오픈 위 언덜에스
티메잇 더 파워 오브어 터-취 어 스마일 어 카인드 월드 어 리쓰닝 이어 언 아니스트 캄플리먼트
오얼더 스몰리스트 액트 오브 케어링 올오브 윗치 해브더 포텐셜 투 턴 어 라이프 어롸운드/
우린 너무나도 자주 작은 스킨쉽 하나, 미소 한 번, 친절한 말 한 마디, 들어주는 태도, 솔직한 칭
찬, 혹은 정말 작지만 남을 생각하는 무엇을 과소평가한다. 그러나 이 모든 것들이 누군가의 인
생을 바꾸어 놓기에 충분하다. [Leo Buscaglia]

In order to understand the world, one has to turn away from it on
occasion.   /인오더투 언덜스탠더 월-드 원 해즈투 턴어웨이 프롬잇 온 어케이션/
세상을 이해하기 위해서, 때때로 세상에서 벗어나기도 해야 한다. [Albert Camus]

변하다

His face turned red. /히즈 페이쓰 턴드 뤠-드/ 걔 얼굴 빨개졌어.

turn	=	become, change into

turn red	=	얼굴이 빨개지다
turn blue	=	얼굴이 파랗게 질리다
turn pale	=	얼굴이 창백해지다
turn cold	=	태도가 차가워지다

I turned 21 this year. /아 턴드 트워니원 디쓰이어/ 나 올해 21살 됐어.

Dad is turning grey. /대-즈 털닝 그뤠이/ 아빠 흰머리가 많아지고 있어.

It has suddenly turned cold. /잇츠 써든리 턴드 콜드/ 날씨가 갑자기 추워졌어.

Our relationship has turned sour. /아월 륄레이션쉽스 턴드 싸워/
우리 관계가 틀어졌어.

Modern science has made many churchgoers turn against the church.
/마던 싸이언쓰 해즈 메이드 매니 쳘취고얼쓰 턴 어게인스트 더 쳘취/
현대과학은 많은 교인들을 돌아서게 했다.

turn against 누구/무엇	=	누구/무엇으로부터 돌아서다, 지지했다가 반대하다

Our feelings are turning into love. /아월 필-링스 알 터-닝 인투 러-브/
우리 감정이 사랑으로 변하고 있어.

turn into	=	change	=	변하다

Turn your wounds into wisdom. /턴 유얼 운즈 인투 위즈덤/
상처를 지혜로 바꾸라. [Oprah Winfrey]

I always tried to turn every disaster into an opportunity.
/아 올웨이즈 트롸이투 턴 에브리 디자스터 인투언 아폴튜니티/
난 항상 모든 재앙을 기회로 바꾸려했다. [John D. Rockefeller]

turn 무엇 into 무엇2	=	무엇을 무엇2로 변화시키다

295

Always turn a negative situation into a positive situation.
/올웨이즈 턴 어 네가티브 시츄에이션 인투어 파지티브 시츄에이션/
언제나 부정적인 상황을 긍정적인 상황으로 바꾸어라. [Michael Jordan]

Trees turn from bare to leafy, turning carbon dioxide into its mass.
/트뤼-즈 턴 프롬 베얼 투 리-피 털닝 칼본 다이옥싸이드 인투 잇츠 매-스/   나무는 이산화
탄소를 흡수해 자신의 몸으로 전환시키며, 앙상한 나무에서 잎이 풍성한 나무로 변화한다.

It turns out to be true.   /잇 턴즈 아웃 투 비 트루/   그 일 사실로 드러났어.

    turn out   =   happen   =   (예상치 못한 결과로) 드러나다

As it turns out, eating burgers is risky. If you happened to eat undercooked meat, you could get an infection with E. coli bacteria, which causes HUS—a life-threatening disease. And the junk food franchise will deny their mismanagement, while it's most likely a mistake by their workers.   /애즈잇 턴즈아웃 이-팅 버걸쓰이즈 뤼스키. 이퓨해픈
투 잍 언덜쿡드 밑- 유쿨 겟언 인펙션 윝 이-콜리 박테리아 윗치 코즈스 에이치유에쓰 어 라이
프쓰렛트닝 디지-즈. 앤더 정크 푸드 프랜챠이즈 월 디나이 데얼 미쓰매니쥐먼트 와일 잇츠 모
슷트 라이클리 어 미쓰테이크 바이데얼 월컬쓰/   햄버거를 먹는 건 위험할 수 있다고 판명났
다. 어쩌다 덜 익은 고기를 먹게 되면 대장균에 감염될 수 있고, 이는 '햄버거병'으로 불리는
HUS에 걸릴 수 있다—이는 생명을 위협하는 병이다. 그리고 패스트푸드점은 직원들의 실수일
지라도 자신들의 잘못을 부인할 것이다. (장애인이 되더라도 보상받기 어렵다.)

Even a mistake may turn out to be the one thing necessary to a worthwhile achievement.   /이븐어 미스테일크 메이 턴아웃 투비 디 원 띵 네쎄써리 투어 월
쓰와일 어취브먼트/   실수 하나 조차라도 어떤 성취를 위해 필요한 것이 될 수 있다.
[Henry Ford]

    We don't make mistakes. We just have happy accidents.
    우린 실수를 하지 않아요. 그저 반가운 사건을 맞이할 뿐이죠. [Bob Ross]

The whole purpose of education is to turn mirrors into windows.
/더 홀 펄포즈 오브 에듀케이션이즈투 턴 미럴쓰 인투 윈도우즈/
교육의 궁극적인 목적은 거울을 창문으로 바꾸기 위해서다. [Sydney J. Harris]

Things turn out best for those who make the best of the way things turn out.

좋은 결과가 나올 수 밖에 없도록 하는
사람에게 좋은 결과가 돌아온다.

MAKE

make - made - made

만들다　　　　행동을 하다　　　하게 만들다　　　돈을 벌다

만들다

I made it.　　/아이 메이딧/　　이거 내가 만들었어.

I think I can make it.　　/아 띵크 아캔 메잌킷/　　내가 해낼 수 있을 것 같아.

　　make it　=　be successful at it　=　성공하다

You can only go forward by making mistakes.　　/유캔 온리 고 포워드 바이 메이킹 미스테잌스/　　실수를 통해서만 나아갈 수 있다.　**[Alexander McQueen]**

Mistakes are good. It makes the thing better than before as you fix it.
/미스테잌쓰알 굳. 잇 메잌쓰 더 띵 베럴댄비포어 애즈유 픽쓰잇/
실수는 좋은 거야. 이를 고치면서 이전보다 더 나아지지.

A: Are you sure (about that) you really made it?　　/알유 슈얼 유 륄리 메이 딧?/　　진짜 네가 이걸 만들었다고?

B: No, I just made it up. But isn't it cool?　　/노 아 져스트 메이딧 업. 벋 이즌잇 쿨?/　　아니 그냥 지어낸 말이야. 근데 이거 진짜 멋지지 않아?

　　make 무엇 up　=　(사실이 아닌) 무엇을 지어내다, 꾸며내다

I'm wearing makeup today. /암 웨어링 메이컵 트데이/
나 오늘 화장했어. (makeup = 꾸며낸 것, 화장)

Do you want me to make some coffee? /두유 원미 투 메익썸 커픠?/
제가 커피 내릴까요?

Nah, go make your bed first. /나- 고메익 유얼 베드 펄스트/
아니, 가서 네 침대 정리부터 하렴.

> make the bed = 침대를 정리하다

I like your shoes! What make is it? /아이 라익 유얼 슈-즈! 왓 메익 이즈잇?/
네 구두 예쁘다! 어디 거야?

> make (명사) = 브랜드, 제조사 (maker = 만드는 사람, 만드는 회사)

I've made a spare room into a study. /아이브 메이더 스페어 룸 인투어 스터디/
남는 방 하나를 서재로 만들었어.

> make 무엇 into 무엇 = 무엇을 무엇으로 바꾸다

Will we make it in time for the reception? /윌 위 메익킷 인 타임 포더 뤼쎕션?/
우리 리셉션 제 시간에 도착 할 수 있을까?

It is not a lack of love, but a lack of friendship that makes unhappy marriage. /잇이즈 낫어 랙 오브 러브 벋 어 랙오브 프렌쉽 댓 메익스 언해피 메뤼지/
불행한 결혼을 낳는 것은 사랑의 부족이 아니라 우정의 결핍이다. [Friedrich Nietzsche]

Glass is made from sand. Sand melts at 1700°C.
/글라-쓰 이즈 메이드 프롬 쌘드. 쌘드 멜츠 앳 쎄븐틴 헌드뤠드 디그뤼즈 쎌씨어쓰/
유리는 모래로 만들어져. 모래는 1700도에 녹아.

> be made from 무엇 = 무엇으로부터 만들어진

Our body is mostly made of oxygen, hydrogen, carbon, nitrogen, calcium, and phosphorus. /아월 바디 이즈 모스틀리 메이드 오브 악씨젼 하이드로젼 칼본 니트로젼 캘씨움 앤 파스퍼러쓰/ 우리 몸은 대부분이 산소, 수소, 탄소, 질소, 칼슘 그리고 인으로 이루어져 있어.

> be made of 무엇 = 무엇으로 이루어진, 만들어진

Small things make perfection, but perfection is no small thing.
/스몰 띵스 메일 펄펙션 벋 펄펙션 이즈 노 스몰 띵/　　작은 것들이 완벽을 만든다.
그러나 완벽은 작은 일이 아니다. [Michelangelo] (small things = trifles)

> Whatever is rightly done, however humble, is noble.
> 무엇이든 제대로 해낸 일은 얼마나 소박하던지간에 고귀하다. [Henry Royce]

A great work is made out of a combination of obedience and liberty.
/어 그뤠잇 월크 이즈 메이드 아웃오브어 캄비네이션 오브 오비디언쓰 앤 리벌티/
대단한 업적은 복종과 자유의 공존 속에 이루어진다. [Nadia Boulanger]

> be made of　　=　　be made out of

The best thing a person can do is to make the most out of the things that have been given to them. This is called success, and no other.
/더 베스트 띵 어 펄쓴 캔 두 이즈투 메일 더 모숫트 아웃오브더 띵스 댓 해브빈 기븐 투 뎀. 디쓰 이즈 콜드 썩쎄스 앤 노 아더/　　한 사람이 할 수 있는 최고의 일은 그 자신에게 주어진 것들에서 최대한의 결과를 만들어내는 것이다. 다른 게 아니라 이게 바로 성공이다.

The best luck of all is the luck you make for yourself.
/더 베스트 럭 오브올 이즈더 럭 유 메일 포 유얼쎌프/
최고의 행운은 네 스스로가 만드는 행운이야. [Douglas MacArthur]

Make the best use of what is in your power, and take the rest as it happens. /메일더 베스트 유즈 오브 왓이즈 인 유얼 파워 앤 테일 더 뤠스트 애즈 잇 해픈즈/
당신이 할 수 있는 것들을 최선으로 활용하고, 그 후 생겨나는 것들을 취하라. [Epictetus]

Very little is needed to make a happy life; it is all within yourself, in your way of thinking. /베리 리틀 이즈 니-디드 투 메일 어 해피 라이프; 잇이즈 올 위딘 유얼쎌프 인 유얼 웨이 오브 띵킹/　　행복한 삶을 사는데 필요한 것은 매우 적다. 행복을 위해 필요한 모든 것은 다 우리 안에 있다. 우리의 생각하는 방법에. [Marcus Aurelius]

The universe is change; our life is what our thoughts make it.
/더 유니벌쓰 이즈 췌인지; 아월 라이프 이즈 왓 아월 쏱-츠 메일킷/
우주는 변한다. 우리의 인생은 우리의 생각이 만든다. [Marcus Aurelius]

Nurture your minds with great thoughts. To believe in the heroic makes heroes.　　/녈쳐 유얼 마인즈 위드 그뤠잇 쏱-츠. 투 빌리브 인 더 히로익 메일쓰 히어로즈/　　당신의 마음에 위대한 생각이란 양분을 주라. 영웅을 믿는 마음이 영웅을 만든다.
[Benjamin Disraeli]

My Law Professor taught us: If you assume, you make an ass out of yourself. Never assume. What is smart is to presume. The wise presume.
/마이 로- 프로페써 토-ㅌ 어쓰 이퓨 어쑴- 유 메잌 언 애쓰 아웃오브 유얼쎌프. 네벌 어쑴. 왓 이즈 스마트 이즈투 프리쥼-. 더 와이즈 프리쥼/   우리 법대 교수님이 가르치시길, 억측으로 판단하면 네 자신을 바보로 만든다. 절대로 억단하지 마라. 반면 사실에 근거한 가정은 똑똑하다. 현명한 사람은 사실에 근거해 조심스럽게 추정한다.

assume	=	근거없는 가정
presume	=	사실에 근거한 가정

The most rewarding part of life is when we make friends. Money comes and goes, work doesn't last, and love changes. But if you look back, what remains is the people we call friends. We can go on with new ventures, with the support of our friends. Friends are the reason for me to live on. Friends are the reason for me to work better, as I want to be a better friend for them.   /더 모스트 리월딩 팔트오브 라이프 이즈 웬 위 메잌 프렌즈. 머니 컴즈 앤 고즈 월크 더즌ㅌ 라스트 앤 러브 췌인쥐스. 벋 이퓨 룩 백 왓 리메인즈 이즈더 피플 위 콜 프렌즈. 위 캔 고온윌 뉴 벤철스 위더 썹폴트 오브 아월 프렌즈. 프렌즈 알더 뤼즌 폴미 투 리브온. 프렌즈 알 더 뤼즌 폴미 투 월크 베터 애즈 아이 원투비 어 베러 프렌드 폴뎀/   삶의 가장 보람된 부분은 친구를 얻을 때다. 돈은 있다가도 없고, 일은 그때뿐이고, 사랑도 변한다. 돌이켜보면, 지금까지 내 삶에 남아있는 건 내가 친구라 여기는 사람들이다. 그들이 있어 새로 무엇이든 할 수 있다. 친구들은 내가 삶을 살아가는 이유다. 그들에게 더 좋은 친구가 되고픈 마음이 내가 일을 더 잘하려는 이유다. (go on with 무엇 = 무엇을 계속하다)

Any fool can make a rule, and any fool will mind it.   /애니 풀 캔메잌어 룰 앤애니 풀 윌 마인딧/   그 어떤 바보도 법을 만들 수 있고, 그 어떤 바보도 이를 지킬 것이다.
[Henry David Thoreau]

The order of learning to draw: First of all, copy drawings by a good master; then from a relief; then from a good model, and of this you ought to make a practice.   /디 오덜오브 러닝투 드로- 펄스트오브올 카피 드로윙스 바이어 굳 마스터 덴 프롬어 릴리프 덴 프롬어 굳 마들 앤오브디쓰 유오웃투 메잌어 프랙티쓰/   드로잉을 배우는 순서: 먼저, 좋은 선생님의 드로잉을 따라 그린다. 그런 다음 부조를 보고 그린다. 그 다음으로 좋은 모델을 보고 그리는데, 이는 연습이 필요하다.   **[Leonardo da Vinci]**
(드로잉을 배우는 순서와 영어를 배우는 순서는 비슷하다.)

The wise make more opportunities than they find.   /더 와이즈 메잌 모얼 아폴튜니티즈 댄 데이 파인드/   현자는 찾는 기회보다 더 많은 기회를 만든다.

301

행동을 하다

I need to make a phone call. /아니-투 메익어 폰 콜/ 어디 전화좀 해야해.

I may have made a slip of the tongue. I apologise. /아이메이해브 메이더 쓸립 오브더 텅. 아이 어폴로좌이즈/ 제가 말실수를 한 것 같네요. 사과드립니다.

> a slip of the tongue = 말실수

I made a mistake. /아메이더 미스테일크/ 내가 실수했어.

> make a mistake = 실수하다

A person who never made a mistake never tried anything new.
/어 펼쓴 후 네버 메잇어 미스테일 네버 트롸이드 애니띵 뉴/
실수를 한 번도 하지 않은 사람은 새로운 일을 시도하지 않은 사람이다. [Albert Einstein]

Never interrupt your enemy when he is making a mistake. /네버인터럽트
유얼에너미 웬히이즈 메이킹어 미스테일/ 적이 실수를 하면 그를 방해하지 말라.
[Napoleon Bonaparte]

I made my way even with the odds anyway. /아이 메이드 마이 웨이 이븐 윌
디 앋-즈 애니웨이/ 나에게 불리한 상황들 속에서도 나는 아랑곳하지 않고 나아갔어.

> make 누구의 way = 누가 (어려움이 있어도) 나아가다

Knowing and not acting on it will not make a difference. /노잉 앤 낫 액
팅온잇 윌낫 메익어 디퍼런쓰/ 알기만 하고 행동하지 않는 건 아무런 소용이 없어.

> make a difference = 변화시키다, 큰 효과/파장을 일으키다, 중요한 일을 하다

It's easy to make a buck. It's a lot tougher to make a difference.
/잇츠 이-지투 메익어 벅. 잇츠 어랏 터퍼 투메익어 디퍼런쓰/
돈을 버는 건 쉬워. 그런데 세상에 영향을 주는 건 훨씬 어렵지. [Tom Brokaw]

Love and kindness are never wasted. They always make a difference.
/러브 앤 카인드니쓰알 네버 웨이스티드. 데이 올웨이즈 메익어 디퍼런쓰/
사랑과 친절은 절대 낭비되지 않아. 항상 중요한 일을 하지. [Helen James]

**A simple act of kindness can make a profound impact on a person's
life.** /어 씸플 액트오브 카인드니쓰 캔메익어 프로파운드 임팩트 온어 펄쓴스 라이프/
하나의 작은 친절이 한 사람의 인생을 바꿀 수 있다.

302

To make a difference in someone's life, you don't have to be brilliant, beautiful or perfect. You just have to care.　/투 메익어 디퍼런쓰 인썸원스 라이프 유돈ㅌ해브투비 브릴리언트 뷰티불 오얼 펄펙트. 유 져스트 해브투 케어/　누군가의 인생이 남다르려면 똑똑하거나 예쁘거나 완벽할 필요는 없어. 그냥 지극한 관심을 주면 돼.
[Mandy Hale]

하게 만들다

Art is a lie that makes us realise truth.　/알트 이즈 어 라이 댓 메익스 어쓰 뤼얼라이즈 트루-쓰/　예술은 진실을 깨닫게 하는 허구다. [Pablo Picasso]

What makes our life worthwhile is doing what makes others happy.
/왓 메익쓰 아월라이프 월쓰와일이즈 두잉왓 메익쓰 아덜스 해-피/
우리의 인생을 살만한 것으로 만드는 일은 다른 사람들을 행복하게 하는 일이다.

He made me do it.　/히 메이드미 두 잇/　걔가 날 하도록 했어.

　　　make 누구 do 무엇　　=　　누가 무엇을 하게 하다

She makes me be a better person.　/쉬 메익스 미 비 어 베러 펄쓴/
그녀는 내가 더 나은 사람이 되도록 해.

Thank you! You've made me very happy.　/땡큐! 유브 메이드 미 붸리 해피/
정말 고마워! 덕분에 정말 행복해.

I could just make out what he was saying.　/아쿧 져-스트 메익아웃 왓 히워즈 쎄잉/　그가 무슨 말을 하는지 대충 알아들었어.

　　　make 누구/무엇 out　　=　　누구/무엇을 알아보다, 알아듣다, 이해하다

Blowing out someone else's candle doesn't make yours shine any brighter.　/블로잉아웃 썸원엘쓰스 캔들 더즌ㅌ메익 유얼쓰 샤인 애니 브롸이터/
남의 촛불을 끈다고 너의 초가 더 밝게 빛나지는 않아.

Quick temper will make a fool of you soon enough.　/퀵 템퍼 월메익어 풀 오브유 쑨 이너프/　더러운 성질머리는 네 자신을 부끄럽게 만들지.

　　　quick temper　　=　　화를 잘 내는 성질

What does not kill us makes us stronger. /왓 더즈낫 킬어쓰 메일쓰 어쓰 스트롱-거/ 우리를 죽이지 않는 것은 우리를 더 강하게 한다. [Friedrich Nietzsche]

I cannot make my days longer so I strive to make them better. /아 캔 낫 메잌 마이 데이즈 롱거 쏘 아이 스트롸이브 투 메잌 뎀 베터/ 난 내가 가진 이 하루를 더 길게 만들 수 없다. 그래서 이 시간을 더 낫게 만드려한다. [Henry David Thoreau]

Reading makes a full man; conference a ready man; and writing an exact man. /뤼딩 메잌쓰어 풀 맨 컨퍼런쓰 어 뤠디맨 앤 롸이팅 언 이그잭트 맨/ 독서는 배운 사람을 만들고, 회의는 준비된 사람을 만들며, 글쓰기는 정확한 사람을 만든다. [Francis Bacon]

The harshness of life makes most people turn inward. /더 할쉬니스 오브 라이프 메잌쓰 모숫트 피플 턴 인월드/ 인생의 쓴맛은 대부분의 사람들을 자기 자신 속에 숨게 한다.

Magic is believing in yourself. If you can do that, you can make anything happen. /매쥑 이즈 빌리-빙 인 유얼쎌프. 이퓨 캔 두 댓 유 캔 메잌 애니띵 해픈/ 나 자신에 대한 믿음이 불가능을 가능하게 한다. 나 자신을 믿을 수 있으면, 무엇이든 해낼 수 있다. [Johann Wolfgang von Goethe]

Don't wait for extraordinary opportunities. Seize common occasions and make them great. Weak men wait for opportunities; strong men make them. /돈트 웨잇 폴 엑스트라올디너리 아폴튜니티즈. 씨-즈 카먼 엌케이션쓰 앤 메잌뎀 그뤠잇. 윜 맨 웨잇 포 아폴튜니티즈 스트롱 멘 메잌 뎀/ 특별한 기회를 기다리지 말라. 평범한 경우를 멋지게 만들라. 평범한 사람은 기회를 기다리고, 비범한 사람은 기회를 만든다. [Orison Swett Marden]

If you want to make the world a better place, take a look at yourself, then make that change. /이퓨워너 메잌더 월드어 베럴플레이쓰 테일어 룩앳 유얼쎌프 덴 메잌댓 췌인쥐/ 세상을 더 나은 곳으로 만들고 싶으면 자신을 바라보세요. 그리고 그 변화를 만드세요. [Michael Jackson]

Some people want it to happen, some wish it would happen, others make it happen. /썸피플 원잇투해픈 썸 위시잇우드해픈 아덜쓰 메잌킷해픈/ 어떤 이들은 일어나길 원하고, 어떤 이들은 일어나길 바라는데, 다른 이들은 일어나게 만든다. [Michael Jordan]

돈을 벌다

I made $5 an hour working at a restaurant. There's an indescribable satisfaction from doing honest jobs.   /아이 메이드 파이브 달럴쓰 언 아워 월킹 앳어 뤠스토랑트. 데얼즈언 인디스크롸이버블 쌔티스팩션 프롬 두잉 아니스트 좝스/   난 식당에서 일하며 시급 5천 원을 벌었어. 정직한 일을 하는데서 오는 특별한 만족감은 뭐라 형언할 수가 없네. (make = earn)

We make a living by what we get, but we make a life by what we give.
/위 메익어 리빙 바이 왓 위 겟 벋 위 메익어 라이프 바이 왓 위 기-브/   버는 걸로 부터 우리는 생활을 꾸리지만, 주는 걸로 우리는 삶을 만든다. [Winston Churchill]

      make a living   =   earn a living   =   생활을 위해 일을 하다/돈을 벌다

Don't let making a living prevent you from making a life.   /돈ㅌ 렛 메이킹 어 리빙 프리벤츄 프롬 메이킹 어 라이프/   일이 인생을 잡아먹게 내버려두지마. [John Wooden]

If you work for an investment bank, you can make north of $100K a year. But soon you will realise that you have neither a life nor a meaning in your life. A friend of mine did it though saying it's good for her CV.   /이퓨 월크 폴언 인베스트먼트 뱅크 유캔 메일 놀쓰 오브어 헌드레드 케이 어 이얼. 벋 쑨- 유 월 리얼라이즈 댓 유 해브 나이더 어 라이프 놀 어 미-닝 인 유얼 라이프. 어 프렌드 오브 마인 딛잇 도우 쎄잉 잇츠 굳 포 헐 씨브이/   투자은행에서 일한다면 연봉 1억 원 이상을 벌 수 있어. 그런데 머잖아 네 삶도 네 삶의 의미도 없어짐을 깨닫게 될 거야. 그럼에도 내 친구는 그게 자기 이력서에 좋다고 일했었어.

      north   =   북쪽, 위쪽, 그 이상

      neither 무엇1 nor 무엇2   =   무엇1도 아니고 무엇2도 아닌, 둘 다 아닌
      either 무엇1 or 무엇2   =   무엇1 또는 무엇2 중에, 둘 중 하나

      though   =   구어체에 습관처럼 쓰는 이 말은 "그런데" 라는 뜻

      CV   =   curriculum vitae (라틴어 : 'course of life'), résumé   =   이력서

Everyone makes stuff to make money; no one makes to change the world.   /에브리원 메일쓰 스터프 투메일 머니 노원 메일쓰 투 췌인지 더 월-드/   모두가 팔려고만 만들고, 세상을 바꾸려고 만들진 않는다.

Look up at the stars and not down at your feet. Try to make sense of what you see, and wonder about what makes the universe exist. Be curious.

발 아래를 내려보지 말고 저 위의 별들을 올려보라. 보는 것을 이해하려 해보고, 무엇이 이 우주를 존재하게 하는지 생각해보라. 호기심을 가지라.

[Stephen Hawking]

**But the sight of the stars
always makes me dream.**

그치만 별들은

날 항상 꿈꾸게 해.

[Vincent van Gogh, 10 July 1888]

break - broke - broken

부수다	끝내다	쪼개다	멈추다
damage	end	divide	interrupt

부수다

She is broke. /쉬스 브로크/   걔 돈 없어.

Break a leg! /브뤠익어 렉!/   잘해! 화이팅!

    break a leg　＝　good luck　＝　행운을 빌어
    (공연에서 다리가 부러지면 행운이 있다는 미신에서 비롯하여, 주로 공연 전에 하는 말)

She's always breaking things. /쉬즈 올웨이즈 브레이킹 띵스/   쟤는 맨날 뭘 부숴.

If you force it, it'll break. /이퓨 폴쓰잇 잇윌 브뤠일/   힘주면 부러질거야.

Sean broke open the jar. /션 브록 오픈더 쟐/   션이 병을 힘으로 열었어.

How do we break the ice? /하우두위 브레일디 아이쓰?/   어떻게 이 어색함을 깨지?

    break the ice　＝　처음 만나는 사람들 사이의 어색함을 깨다
    icebreaker　＝　잘 모르는 사람들 사이의 어색함을 없애는 게임이나 농담

My phone is broken down. /마이 폰이즈 브로큰 다운/   내 휴대전화 고장났어.

308

break down = 기계가 고장나다

You can't make an omelet without breaking eggs.
/유 캔ㅌ메익언 오블렛 위다웃 브레이킹 엑-스/ 희생없이 얻을 수 있는 건 없어.
(중요한 일을 해내는 데 어느 정도의 나쁜 일은 불가피해.)

This is a make-or-break moment. /디쓰이져 메잌 오얼 브뤠잌 모먼트/
이건 대박이냐 쪽박이냐의 순간이야.

make-or-break = 대단한 성공이거나 완전 실패거나 (형용사)

This innovation breaks new ground. /디쓰 이노베이션 브뤠잌쓰 뉴 그롸운드/
이번 혁신은 새로운 지평을 열거야.

break ground = 기초공사를 하다, 혁신적인 일을 하다
break new/fresh ground = 새로운 일을 하다, 새로운 것을 발견하다
groundbreaking = pioneering, innovative = 혁신적인, 획기적인, 선구적인

This approach to English education breaks the mould. /디쓰 어프로-취 투 잉글리쉬 에듀케이션 브뤠잌쓰 더 몰-드/ 영어교육에의 이러한 접근은 신선한 충격이야.

break the mould = (틀을 부수다) 기존과는 다르게 하다
novelty = new, original, unusual
= 완전히 새로움, 집에 새로움을 더할 장식품
People have no defence against novel things, whether it's virus or art.
사람들은 전혀 새로운 것에 무방비해, 그게 바이러스든 예술이든.

I really wanted to break the mould of what modern touring is right now.
/아 릴리 원티투 브뤠잌더 몰드 오브 왓 마던 투어링 이즈 롸잇 나우/
난 정말 지금까지의 콘서트 투어 방식을 깨부수고 싶었어. **[Lady Gaga]**

Being married means I can break wind and eat ice cream in bed.
/빙 매뤼드 민-즈 아캔 브뤠잌 윈드 앤 잍 아이쓰크림 인 베드/
결혼을 했다는건 내가 침대에서 아이스크림을 먹으면서 방귀를 뀔 수 있는거다. **[Brad Pitt]**

break wind = 방귀를 뀌다

I broke my back to work in that company, but the pay was too damn low.
/아이 브롴 마이 백 투 월크 인댓 컴퍼니 벋 더 페이 워즈 투- 댐 로-/
그 회사에서 쎄가 빠지게 일했는데 월급은 쥐꼬리만했어.

break 누구의 back　　＝　　누가 허리가 부러지도록 힘들게 일하다

He broke my heart when he left me.　　/히 브롴 마이 할트 웬히 레프트 미/
그는 날 떠나며 날 정말 힘들게 했지.

　　　break 누구의 heart　　＝　　누구를 아주 슬프게 하다
　　　He has broken a lot of girls' hearts.　그 남자 많은 여자를 울렸지.

It's heartbreaking to see the whales get killed by fishermen.
/잇츠 할트브레이킹 투씨-더 웨일스 킬드 바이 피셜멘/
어부들에게 죽임을 당하는 고래들을 보면 마음이 찢어져.

I've broken the back of it. Should be done soon.　　/아이브 브로큰 더 백오빗.
슏비단 순-/　　가장 어려운 부분을 끝냈어. 곧 완성될거야.

　　　break the back of 무엇　　＝　　무슨 일의 가장 힘든 부분을 마무리하다 (UK)

Her goal is to break through as an artist.　　/헐 골이즈투 브뤠일 쓰루- 애젼
알티스트/　　그녀는 예술가로서 성공하는게 목표야.

　　　break through 무엇　　＝　　무엇(장애물)을 뚫고 가다, 무슨 분야에서 성공하다
　　　They tried to break through the barrier.　그들은 그 장애물을 뚫고 지나가려 했다.

She got her lucky break when one of her works aired on television.
/쉬갓헐 럭키 브뤠잌 웬 원오브헐 윜쓰 에얼드온 텔레비젼/
그녀의 작품이 TV에 나온게 계기로 그녀는 상승세를 탔다.

　　　lucky break　　＝　　한줄기의 행운 (특히 성공이나 유명세를 타게 한)

You might want to break away from remarking on other people's
looks. It's rude, and can even make the victim commit suicide. Would
you want to be picked on?　　/유 마잇 워너 브뤠잌 어웨이 프롬 뤼말킹 온 아더 피펄
쓰 룩쓰. 잇츠 루-드 앤 캔 이븐 메잌더 빅팀 커밋 쑤어싸이드. 우쥬 워너비 픽드 온?/
다른 사람들의 외모에 대해 지적하는 걸 그만하는게 좋을거야. 그건 무례한 일이고, 심지어 그런
말을 듣는 사람이 자살을 하게까지 할 수 있어. 너라면 그런 괴롭힘을 받고 싶니?

　　　break away / break for　　＝　　escape　　＝　　도망가다, 관계를 끊다
　　　The rain stopped. Let's make a break for it.　비가 그쳤네. 여길 뜨자.

　　　remark on　　＝　　한마디하다
　　　remark　　＝　　comment　　＝　　의견, 견해, 비판, 단평, 촌평 (셀 수 있는 명사)
　　　She made some remarks about this.　그 여자가 이에 대해 몇 마디 의견을 말했어.

pick on	=	한 사람만 계속 괴롭히다 (주로 비판을 하며)

Sticks and stones may break my bones, (but words can never hurt me!)
/스틱쓰 앤 스톤즈 메이 브뤠잌 마이 본즈 벋 월즈 캔 네버 헐트미!/
너네가 뭐라고 하든 난 상처받지 않을거야! (자신을 놀리는 애들에 대해 아이들이 하는 말.)

Somebody has broken into my place.　　/썸바디즈 브로큰 인투 마이 플레이쓰/
누가 우리집 털었어.

break in/into	=	건물이나 차에 몰래 들어가다 (주로 훔치러)

After the initial success in the manufacturing business, he broke into hospitality, construction, and other areas.　　/아프털 디 이니셜 썩쎄쓰 인더
매뉴팩쳐링 비즈니쓰 히 브로크 인투 하스피탤러티 컨스트럭썬 앤 아덜 에어뤼아쓰/
제조업에서 첫 성공을 이룬 뒤에 그는 서비스와 건설 등의 다른 사업에서도 성공을 이뤘다.

break into	=	be successful	=	성공하다

I'm breaking in my new ride.　　/암 브뤠이킹 인 마이 뉴 롸이드/
내 새 자가용을 길들이는 중이야. (ride = 차든, 오토바이든, 자전거든 탈것 모두를 지칭)

break in 무엇	=	run 무엇 in	=	무엇을 길들이다

I want you to break in the new staff member.　　/아원츄 투 브뤠잌 인 더뉴
스태프 멤버/　　신입 사원을 네가 훈련시켰으면 좋겠어.

break in 누구	=	train	=	누구를 훈련하다, 익숙해지게 하다, 동물을 길들이다

She had a couple of glasses of wine and broke into song.　　/쉬해더 커플오
브 글라쓰스 오브 와인 앤 브롴 인투 쏭/　　그녀는 와인을 두 잔 마시더니 갑자기 노래를 불렀어.

break into 무엇	=	갑자기 무엇을 하다
He broke into a run.　그가 갑자기 뛰기 시작했다.		

It's meant to break down barriers between them.　　/잇츠 멘투 브뤠잌 다운
배리얼쓰 빗트윈뎀/　　이건 그들의 의견차를 좁히고 서로에 대한 이해를 높이기 위함이야.

break down barriers	=	서로 다른 의견을 가진 사람들 사이에 간격을 좁히다

One day our greenhouse gas emissions will break below the previous year's.　　/원데이 아월 그륀 하우쓰 개스 에밋쎤스 윌 브뤠잌 빌로우 더 프리비어쓰 이얼스/
언젠가는 우리의 온실가스 배출이 전년보다 낮아질거야.

break above/below 무엇 = 무엇의 수치보다 높게/낮게 생산하다

What happened? Break it to me. /왓 해픈드? 브뤠익잇 투미/
무슨 일 있었어? 나한테 털어놔 봐.

break it to 누구 / break the news to 누구 = 누구에게 안 좋은 일을 얘기하다

**She broke the news to her friends that her dad passed away from
cancer.** /쉬 브롴더 뉴-쓰 투헐 프렌즈 댓 헐 대-드 파쓰드 어웨이 프롬 캔써/
그녀는 그녀의 아버지가 암으로 돌아가셨다는 걸 친구들에게 알렸다.

break the news = 중대한 뉴스를 말하다

**When I was six, the Korean War broke out, and all the classrooms
were destroyed by war. We studied under the trees or in whatever
buildings left.** /웬아이워즈 씩스 더 코뤼안 워 브록 아웃 앤 올더 클라쓰룸스 월 디스
트로이드 바이 월-. 위 스터디드 언덜더 트뤼스 오얼 인 왓에버 빌딩스 레프트/ 내가 여섯살
때 한국전이 발발했고 모든 교실이 전쟁으로 파괴됐어요. 그래서 우린 나무 아래나 남아있는 건
물에서 공부했죠. [반기문]

break out = (전쟁, 싸움 같은 원치 않는 일이) 갑자기 일어나다

한국인으로서 영어로 소통하는 데 미국인처럼 발음할 필요는 없다. 강세만 잘하면 된다.

I broke out of the bad habit of sleeping in. /아이 브록 아웃오브더 배-드
해빗 오브 슬립핑 인/ 난 늦잠자던 나쁜 습관에서 벗어났어.

break out = break free = 탈출하다, 탈옥하다, 벗어나다
Pigs tried to break free from their sty. 돼지들이 우리에서 탈출하려 했다.

Nature never breaks her own laws. /네이처 네버 브뤠잌쓰 헐 오운 로-스/
자연은 절대로 자연의 법칙을 어기지 않는다. [Leonardo da Vinci]

끝내다

He broke a promise. /히 브롴어 프롸미즈/ 그가 약속을 깼어.

keep/break a promise = 약속을 지키다/어기다

I broke up with him, and broke down in tears.   /아이 브록업 윗힘 앤 브록다운인 티얼쓰/   나 그 사람이랑 헤어지고 펑펑 울었어.

    break up   =   end relationship   =   헤어지다 (연인 관계)
    break down   =   (육체적, 감정적으로) 무너지다. (무엇을) 분해하다
    breakdown   =   위의 명사형

You don't want to break the law.   /유 돈ㅌ 워너 브뤠익 더 로-/
법을 어기면 안 돼.

Dad has broken the habit of smoking after cancer operation.   /댇 해즈 브로큰더 해빗오브 스모-킹 아프터 캔써 아퍼뤠이션/   아빠가 암수술 뒤 담배를 끊으셨어.

    break a habit   =   어떤 습관을 끝내다

Two Koreas broke off diplomatic relations.   /투 커뤼아스 브로크 오프 딮플로매틱 륄레이션쓰/   남한과 북한이 우호적인 관계를 끊었다.

    break off   =   (주로 말하는 것을) 멈추다, 관계를 끊다, 떼어내다

    Korea와 career의 발음은 비슷하다.

The new leader has broken with traditions and does things his own way.
/더 뉴 리-더 해즈 브로큰 위드 트러디션스 앤 더즈 띵스 히즈 오운 웨이/
새 당수는 기존에 해오던 방식을 벗어던지고 자신의 방식으로 일을 한다.

    break with   =   말다툼하다, 관계를 끝내다, 이전/다른 사람들과 다르게 행동하다,
    전통과 다르게 하다

Break it up, you two!   /브뤠익잇업 유 투!/   그만 싸워, 너희 둘!

Lee Sang-hwa broke the world record for the fastest women's 500 metres speed skater.   /이상화 브록더 월드뤠콜드 포더 파스티스트 위민즈 파이브헌드뤨 미털쓰 스피드 스케이터/   이상화가 여자 500m 스피드스케이팅 세계 신기록을 세웠다.

It's the trend now to break ranks by speaking out women's rights.
/잇츠 더 트뤤드 나우투 브뤠익 뢩쓰 바이 스피킹아웃 위민스 롸잇츠/
그동안 억압당한 여성권리를 당당히 요구하는게 요즘의 추세다.

    break ranks   =   자기가 속한 집단에 대한 불만을 공개적으로 드러내다

쪼개다

Break it off.   /브뤠잌잇 오프/   떼어내버려. 끝내버려.

> break off   =   seperate   =   떼어내다, 헤어지다, 멈추다
> The handle broke off. 손잡이가 떨어졌어.

I dropped it and it broke into pieces.   /아이 드롭딧 앤잇 브로크 인투 피쓰스/
이걸 떨어트렸더니 산산조각났어.

He broke apart my Lego castle.   /히 브롴어팔트 마이 레고 카쓸/
쟤가 내 레고 성을 부셨어.

> break apart   =   부분 부분으로 떼어내다, 분해하다, 부수다

Microplastics are pieces of plastic debris that measure about the size of a sesame seed. Plastic does not biodegrade; instead, it breaks down into endless teeny-tiny pieces, known as microplastics. And it's found in every single organ in human body.   /마이크로플라스틱쓰알 피쓰스오브 플라스틱 데브리- 댓 메져어바웃더싸이즈오버 쎄서미 씨-드. 플라스틱 더즈낫 바이오디그뤠이드 인스텐 잇 브레잌쓰다운 인투 엔들리쓰 티-니타이니 피쓰스 노운애즈 마이크로플라스틱쓰. 앤 잇츠 파운드인 에브리 씽글 올건 인 휴먼바디/   미세플라스틱은 플라스틱의 참깨알만한 크기의 파편이다. 플라스틱은 자연분해되지 않는다. 대신, 끝없이 작디 작은 조각으로 부서지는데 이를 미세플라스틱이라고 부른다. 문제는 이게 우리 몸의 100%의 장기에서 발견됐다는 것이다.
[Sophie Hirsh, Green Matters] [American Chemical Society: acs.org]

We've just reached a break-even point this quarter.   /위브 져스트 뤼-취더 브뤠잌 이븐 포인트 디쓰 쿼터/   저희 이번 분기에 손익분기점에 도달했습니다.

> break even   =   투자한 금액과 같은 금액을 벌다
> break-even point   =   지출과 매출이 일치한 지점, 손익분기점 (경제)

The assets have been broken up and sold off.   /디 애쎗츠 해브빈 브로큰업 앤 쏠드오프/   그 자산들은 나누어져 팔려졌어.

> brake 무엇 up   =   무엇이 여러 조각으로 나누어지다

멈추다

Shall we take a coffee break?   /셸 위 테잌어 커픽 브뤠이크?/   쉬었다 할까?

coffee/tea break = 커피나 차를 마실 수 있을 정도의 짧은 쉬는 시간

lunch break = 점심시간

break time = 쉬는 시간

Let's break for lunch.   /렛츠 브뤠익 포 런취/   우리 점심 먹고 하자.

We get a tax break.   /위 겟어 택쓰 브뤠익/   우리 세금 감면받아.

She spoke, breaking the silence.   /쉬 스포크 브뤠이킹 더 싸일런쓰/
침묵을 깨고 그녀가 말했다.

Her joke broke the tension.   /헐 죠크 브롹더 텐션/   그녀의 농담이 긴장을 풀었다.

Don't break in when I speak.   /돈트 브뤠익인 웬아이 스픽-/   말할 때 끼어들지마.

break in = 누가 말하는데 끼어들다

Give me a break.   /김미어 브뤠익/   그만좀 뭐라해. (악플좀 그만 달아.)

give 누구 a break = 누구를 그만 비판하다

It's only $20. It won't break the bank.   /잇츠 온리 트워니 벅쓰. 잇 원트 브뤠익
더 뱅크/   이건 고작 2만원이야. 이걸 산다고 네 재산이 거덜날 일은 없어. (이정도는 사도 돼!)

break the bank = 돈을 다 쓰다, 감당하기 어려울만큼 비싸다, 은행이 가진 돈
보다 더 많은 돈을 이기다 (도박)

**Blackpink's How You Like That broke the Internet, with the video
becoming the biggest premiere on YouTube.**   /블랙핑쓰 하우유라익댓 브롴
디 인털넷 윋더 비디오 비커밍더 비거스트 프리미어 온 유-튭/   블랙핑크의 〈How You
Like That〉은 유튜브에서 가장 대박난 첫 공개 영상이 되며 큰 반향을 일으켰다.

break the Internet = go viral = 인터넷에 올린게 큰 여파가 있다
(The Internet은 이름이기 때문에 대문자 'I'로 쓰는게 원칙이다.)

I got here without breaking my stride.   /아이 갓 히얼 위다웃 브뤠이킹 마이
스트라이드/   여기까지 쉼없이 일정한 페이스로 도착했어.

not break 누구의 stride = 누가 멈추지 않고 같은 속도로 걷다/뛰다

STAND

stand - stood - stood

서다   그대로 있다   어디에 있다   받아들이다

Stand <u>up</u> when she comes in.   /스탠덥 웬 쉬 컴즈인/   그분 오시면 일어서.

Don't be afraid to stand <u>up to</u> bullies. They're actually weak. /돈ㅌ비 어프레
이투 스탠드업투 불리스. 데얄 액츄얼리 윜-/   양아치들에게 맞서는 걸 두려워마. 걔네 약자야.

Stand <u>up for</u> your rights to be respected. Likewise, respect others.
/스탠덥 포유얼 롸잇츠 투비 뤼스펙티드. 라잌와이즈 뤼스펙트 아덜쓰/
네가 존중받을 권리를 지켜. 마찬가지로, 남을 존중해.

I'm sorry I stood you up; I overslept.   /암쏘리 아 스투-드유업 아 쏠렙트인/   약
속을 못 지켜서 미안해, 나 늦잠잤어. (stand 누구 up = 연인과의 약속을 어기다, 특히 말없이)

Stand <u>still</u> and be quiet.   /스탠드스틸 앤 비 콰이엇/   조용히 가만히 있어.

It's time for me to <u>take a stand</u>. /잇츠타임폴미투 테익어 스탠드/ 내 의견을 말할 때
군. (take a stand = 의견을 표출하다, 입장을 고수하다)

I stood <u>aside</u> and let a more skilled person do the job.   /아스투드어싸이드
앤렛어 모얼 스킬드 펄쓴 두더좝/   더 잘할 수 있는 사람이 그 일을 하게 내버려뒀어.

Leave it to stand for half an hour, and stand <u>by</u> for the next step. /리-브
이 투 스탠드포 하프언아워 앤스탠드바이포더 넥쓰트스텝/ 30분 그대로 두고 다음 할걸 준비해.

This book stands <u>out</u> from the crowd.   /디쓰 북 스탠즈아웃 프롬더 크롸우드/
이 책은 뛰어나. (= outstanding)

I stand <u>out against</u> easy books, when we have the web. /아스탠드 아웃 어게인스트 이-지 북쓰 웬위해브더웹/ 인터넷이 있는 마당에, 난 쉬운 책에 반대해.

The debts stands <u>at</u> a trillion. We can't allow the current situation to stand. /더 데-츠 스탠즈 앳어 트릴리언. 위캔ㅌ 얼라우더 커런트 씨츄에이션투 스탠드/ 부채가 1조야. 이 상황을 그냥 내버려둘 순 없어.

They are to <u>stand trial</u> soon for their part in the crime. /데얄투 스탠드 트라이얼 쑨-포데얼 팔트 인더 크롸임/ 그 범죄에 가담한 혐의로 걔네 곧 법정에 설거야.

I hate to see paintings standing against the wall. They're supposed to be hung on the wall. /아헤잇투 씨-페인팅스 스탠딩어게인스트더월. 데얄 썹포즈투비 형 온더월/ 난 그림이 벽에 기대 세워져있는 꼴을 보는게 싫어. 그림은 벽에 걸려야 한다고.

I got a job and stood on my own two feet. /아갓어좝 앤스투드 온마이 오운 투 핏/ 난 일자리가 생겼고 이제 다른 사람의 도움없이 자급자족할 수 있게 됐어.

I can't stand him smoking. I can't even stand the smell. /아캔ㅌ스탠드힘 스모킹. 아 캔ㅌ이븐 스탠더 쓰멜/ 그가 담배피는 걸 참을 수 없어. 냄새조차 싫어.

If you read this up, you stand a good chance of acquiring English. /이퓨 뤼-드디쓰업 유스탠더 굳췐쓰오브 얼콰이어링잉글리쉬/ 이걸 정독하면 영어를 습득할 수 있어.

      stand a chance of   =   가능성이 있다

If ice at the poles melts, it stands to reason that the sea level will rise up to 90 metres. /이프 아이쓰 앳더폴스 멜츠 잇스탠즈투 뤼즌댓 더씨-레벨 윌롸이즈업투 나인티 미털쓰/ 극지방의 얼음이 녹으면 해수면이 90미터까지 차오를 거라는 건 팩트다.

      it stands to reason   =   분명한 사실이다

We better know where we stand <u>on</u> this issue. /위베럴노우 웨얼위스탠드 온디쓰 잇쓔/ 이 문제에 우리가 처한 상황을 아는게 우리 신변에 이롭다.

      know where 누구 stand   =   누구의 상황을 알다

If we stand our ground in the face of climate crisis, and not change our consumptions, we are doomed. /이퓌 스탠드아월 그롸운드 인더페이쓰오브 클라이밋 크라이씨스 앤낫 췌인지아월 컨썸션쓰 위알 둠-드/ 기후위기 앞에서 우리의 소비 습관을 바꾸지 않으면 우린 망한다. (특히 에너지 소비 습관)

      stand 누구의 ground   =   뒤로 물러서길 거부하다, 누구의 의견을 고집하다

work

work - worked - worked

일하다	작동하다	효과있다
labour	function	operate

일하다

I'm working on it.　/암 월킹 온잇/　그 일 지금 하고 있어.

I will get to work.　일에 착수할께.
It is in the works.　그 일 작업 중이야.
They are working closely on the case. 담당자들이 그 사건 열심히 해결하고 있어요.

work in progress　＝　작업 중, 미완성 (명사)

She is at work.　/쉬즈 앳 월크/　걔 지금 일하고 있어.

work　＝　보수를 받으며 하는 일, 직업, 일터, 일자리, 직장, 회사 (명사)

I work as a pilot.　/아 월크 애져 파일럿/　난 항공기 조종사야.

She works for a Swiss cosmetics company.　/쉬 월크 폴어 스위스 코즈메틱쓰 컴퍼니/　그녀는 스위스 화장품 회사에서 일해.

What time do you leave for work?　/왓타임 두유 리-브 포 월크?/ 몇 시에 출근해?

It's an hour's commute to work by subway.　　　/잇츠 언 아월스 컴뮷-투 월크 바이 썹웨이/　　출퇴근 지하철로 한 시간이야.

　　　지하철　=　the Tube (UK), subway (US), metro (France)

I'm on my way to work.　　/암 온마이 웨이투 월크/　　지금 출근하는 길이야.

I work from home.　　/아이 월크 프롬 홈/　　난 집에서 일해. (재택근무 해.)

She works in Seoul Square.　　/쉬 웕쓰 인 서울스퀘어/
그녀는 서울스퀘어에서 일해.

He works in the HR department.　　/히 웕쓰 인더 에이취알 디팔트먼트/
그는 인사팀에서 일해. (H 발음은 두 개다: /에이취/ 또는 /헤이취/)

　　　HR　=　human resources　=　인적 자원, 인사 (경영)

How's your work environment?　　/하우즈 유얼 월크 인바이런먼트?/
업무 환경은 어때?

I work long hours.　　/아이 월크 롱 아월쓰/　　난 근무시간이 길어.

It's a full-time/part-time work.　　/잇쳐 풀타임/팔타임 월크/
이 일은 정규직/알바야.

　　　regular work 정규직, temporary work 잠깐 하는 일/비정규직
　　　paid/unpaid work 보수를 받는/받지 않는 일, voluntary work 자원해서 하는 일
　　　office work 사무직, manual work 몸으로 하는 일

He is out of work at the moment.　　/히즈 아웃오브 월크 앳더모먼트/
그는 지금 실업 중이야. 지금 백수야.

I ended up taking work home.　　/아 엔디덥 테이킹 월크 홈/
결국 일을 다 못 끝내서 집에 가져갔잖아.

I work out.　　/아이 월카웃/　　나 몸 만들어.

　　　work out　=　(주로 헬스장gym에서) 근력운동 하다, 몸을 만들다

I'll try (to) work things out.　/아일 트롸이 웕 띵스 아웃/　내가 한번 처리해볼게.

　　work 무엇 out　＝　무엇을 처리하다, 알아내다, 해결하다, 합의하다
　　Let's work it out.　우리 함께 이걸 해결해보자. 우리 합의해보자.

I've been hard at work on The Book of English.　/아이브빈 할드 앳 웕크 온 더 북 오브 잉글리쉬/　난 지금까지 『영어책』에 정말 열심히 매진해왔어.

I still have a lot of work to do to ensure it works for one and all.
/아 스틸 해브 어랏오브 웕 투두 투 인슈얼 잇 웕쓰 포 원앤올/
이게 모든 사람에게 효과가 있도록 하기 위해 아직 많은 일이 남았어.

This encompasses very large areas to deal with, so I have my work cut out for me.　/디쓰 인컴파쓰스 베리 랄쥐 에어뤼아쓰 투 딜위드 쏘 아해브 마이 웕크 컷 아웃 폴미/　이 일은 굉장히 넓은 분야들을 다뤄야해서, 나로서는 도전적인 프로젝트야.

　　have 누구의 work cut out for 누구　＝　누가 하기 어려운 일을 짊어지다
　　be cut out for 무엇　＝　무엇을 하기 위해 태어나다, 무엇의 재능을 타고나다
　　(1600년대에서 온 이 말은 옷을 만들기 위해 잘려진 천을 암시한다.)

A special student of mine made me work up the idea for this book.
/어 스페셜 스튜던트 오브마인 메이드미 웕크업 디 아이디아 포디쓰 북/
나의 한 특별한 제자가 이 책에 대한 아이디어를 개발하게 했어.

　　work up 무엇　＝　세부사항을 검토하며 무엇을 개발하다

Only outstanding work survives.　/온리 아웃스탠딩 웕크 썰바이브즈/
훌륭한 작업만이 살아남지.

I work off stress by taking a long walk in nature.　/아이 웕오프 스트뤠쓰 바이 테이킹 어 롱 웕 인 네이쳐/　난 자연 속을 멀리까지 걸으며 스트레스를 해소해.

　　work off 무엇　＝　무엇(불쾌한 감정)을 다른 일을 함으로써 없애버리다

One must work and dare if one really wants to live.　/원 머스트 웕크 앤 데얼 이프 원 륄리 원츠투 리브/　살고 싶다면 일을 하고 들이대야 한다.　[Vincent van Gogh]

　　dare　＝　감히 뻔뻔하게도 무얼하다, 용기있다, 부딪쳐 가다, 두려워 않다
　　I dare you!　할 수 있으면 해봐!
　　You wouldn't dare.　너는 도저히 못할걸.

Don't you dare!   절대 그러면 안돼! (네가 그걸 하면 나 엄청 화날거야.)

How dare you!   너가 어떻게 그럴 수 있어!

How dare she takes my stuff!   감히 내 물건을 가져가다니!

Dare I say it, I like you ever since I've met you.
용기내 얘기할게, 널 처음 본 순간부터 나 널 좋아해.

I put my heart and soul into my work, and have lost my mind in the process.   /아이 풋마이 할트 앤 쏘울 인투마이월크 앤 해브 로스트 마이마인드 인더 프라쎄스/
난 내 작업에 전심과 영혼을 담는다. 그 과정에서 난 미쳐버렸다. **[Vincent van Gogh]**

If people knew how hard I worked to get my mastery, it wouldn't seem so wonderful at all. /이프 피플 뉴- 하우 할드 아 윏드 투겟마이 마스터뤼 잇 우든ㅌ 씸 쏘 원더풀 앳올/   내가 얼마나 힘들게 내 기술을 갈고 닦았는지 사람들이 알면 하나도 대단해 보이지 않을 것이다. **[Michelangelo]**

They also have works by Nam June Paik.   /데이 올쏘 해브 웕쓰 바이 남준백/
거기 백남준 작품들도 있어.

     work   =   artwork, work of art   =   작품 (미술, 음악, 문학 등 창작 작품)
     He bought a piece (of work) by Aureo Bae. 그는 아우레오 배의 작품을 한 점 샀어.

Inspiration comes from working rain or shine.   /인스피레이션 컴즈 프롬 월킹 레인 오얼 샤인/   영감은 비가오나 눈이오나 매일 일을 함에서 오는 거야.

We work to become, not to acquire.   /위 웕투 비컴 낫 투 엌콰이어/
우리는 되기 위해 일을 하지, 얻기 위해 일하지 않는다. **[Elbert Hubbard]**

He worked his way up to the Managing Director.   /히 웕드 히즈 웨이 업 투 더 매니징 디렉터/   그는 승승장구해서 대표이사까지 올라갔어.

     work 누구의 way up   =   누가 몸담은 단체에서 더 높은 지위에 오르다

     사장/대표이사   =   Managing Director (UK/AU), Chief Executive Officer (US)
     직함은 '이름'이기 때문에 각 단어의 첫 글자를 대문자로 쓴다.

You might want to do some work shadowing. /유 마잇 워너두 썸 월크 쉐도잉/
이 일을 잘하는 사람 옆에서 보고 배우는게 좋을거야.

     work shadowing   =   누군가를 관찰하며 그 사람이 어떻게 일하는지 배우는 일

I like his work ethic.   /아이 라익 히즈 월크 에띡/
난 그가 일에 있어서 반드시 지키는 행동 기준이 맘에 들어.

> work ethic   =   신뢰성, 생산성, 태도, 성격, 의사소통, 의지, 존중, 프로페셔널리
> 즘, 팀워크 등의 일에 임하는데 있어서의 도덕적 행동 지침을 아우르는 말. 열심히 일하는
> 행위에 도덕성이 내재되어 있다는 개념. ·
>
> To succeed in any field, you want to work with A players who have great work ethic.
> 어느 분야에서건 성공하려면, 일에 대한 높은 기준을 가진 1등급 인재들과 일해야 한다.

**Without work, all life goes rotten. But when work is soulless, life stifles
and dies.**   /위다웃 월크 올 라이프 고즈 로튼. 벋 웬 월크이즈 쏘울리쓰 라이프 스타이플즈
앤 다이즈/   일을 하지 않으면 모든 생명은 썩는다. 허나 영혼없이 일하면 숨이 막혀 죽는다.
[Albert Camus]

Work gives you meaning and purpose. Life is empty without it.
/월크 기브쥬 미-닝 앤 펄포즈. 라이프 이즈 엠터 위다웃잇/
일은 삶의 의미와 목적을 준다. 일 없는 삶은 무의미하다.   [Stephen Hawking]

There is no substitute for hard work.   /데얼이즈 노 썹스티튜트 폴 할드 월크/
열일을 대체할 수 있는 건 없다. [Thomas Edison]

All wealth is the product of labour.   모든 부는 노동의 산물이다. [John Locke]

Work is a necessity for man. Man invented the alarm clock.
/월크 이져 네쎄써티 포 맨. 맨 인벤티드 디 얼람 클락/
일은 인간에게 필수다. 알람시계를 발명한 건 인간이다. [Pablo Picasso]

It is your work in life that is the ultimate seduction.
/잇츠 유얼 월크 인 라이프 댓이즈 디 얼티밋 씨덕쎤/
너를 가장 매력적이게 하는 것은 바로 네가 하는 일이다. [Pablo Picasso]

What you do speaks so loudly that I cannot hear what you say.
당신이 하는 말보다 중요한 것은 당신이 하는 일이다. [Ralph Waldo Emerson]

**It's not the talented who achieve their dreams. It's those who keep
working everyday do.**   /잇츠 낫 더 탤런티드 후 어취-브 데얼 드림스. 잇츠 도즈 후
킵 월킹 에브리데이 두/   재능이 있는 사람이 꿈을 이루는 게 아니다. 매일 자신을 채찍질하
면서 자기 자신과 싸워나갈 수 있는 사람이 꿈을 이룬다.

There are many talented people who haven't fulfilled their dreams, because they over-thought it, or they were too cautious, and were unwilling to make the leap of faith. 꿈을 이루지 못한 재능있는 사람들이 많은데, 그 이유는 지나치게 생각을 많이 했거나 너무 조심스럽거나 모험을 하지 않아서다. [James Cameron]

Laziness may appear attractive, but work gives satisfaction.
/레이지니쓰 메이 어피어 어트뤱티브 벋 월크 기브즈 쌔티스팩션/
아무것도 안 하는게 달콤해보일지 몰라도, 만족감을 주는 건 일이다. [Anne Frank]

I can work my way through this job.   /아캔 월크 마이 웨이 쓰루- 디쓰 좝/
이 일을 내 힘으로 계속 해 나갈 수 있을 것 같아.

> work 누구의 way through   =   누가 노력하여 나아가다, 학비를 내기 위해 일을 하다
> Jieun is working her way through uni.   지은이는 등록금을 벌며 대학교를 다녀.

I tend to work till I drop.   /아이 텐-투 월크 틸 아 드뢉/
난 지쳐 쓰러질 때까지 일하는 편이야.

I'm working on my unromantic boyfriend to get me flowers.   /암 월킹온
마이 언로맨틱 보이프렌드 투 겟미 플라월스/   내 투박한 남친이 내게 꽃을 주도록 설득중이야.

> work on 누구   =   누구를 설득하다

He doesn't express himself much, but he is working up to becoming a romantic guy.   /히더즌트 익쓰프레쓰 힘쎌프 머취 벋 히즈 월킹 업투 비커밍어 로맨틱
가이/   무뚝뚝한 이 남자는 점점 낭만적으로 변하고 있어.

> work 누구의 way/oneself up to 무엇   =   누가 점진적으로 무엇을 준비하다
> I'm working myself up to becoming a great daddy. 멋진 아빠가 되려고 노력중이야.

To get something tangible, you need to work at it.   /투겟 썸띵 탱저블 유
니-투 월크 앳잇/   뭔가 눈에 보이는 결과를 이뤄내려면, 그를 위해 땀흘려야지.

> work at 무엇   =   무엇을 위해 열심히 일하다
> For a marriage to work, both of you must work at it.
> 결혼생활이 성공적이려면, 두 사람 모두가 노력해야해.

People who work together will win, whether it be sports or the problems of modern society. /피플 후 월크 투게더 윌 윈 웨덜잇비 스폴츠 오얼더 프라블럼스 오브
마던 쏘싸이어티/   스포츠든 현대사회의 과제들이든, 다함께 협력해 일하는 사람들이 이긴다.

Progress is not achieved by luck or accident, but by working on yourself daily. /프라그레쓰 이즈낫 어취-브드 바이 럭 오얼 액씨던트 벋바이 월킹 온유얼쎌프 데일리/   발전은 운이 좋거나 어쩌다가 이루어지는게 아니라 매일 네 자신을 다짐으로써 이루어진다. [Epictetus]

Work hard. Be kind. And amazing things will happen.
/월크 할드. 비 카인드. 앤 어메이징 띵스 윌 해픈/
열심히 일하고, 친절하세요. 그러면 좋은 일들이 생길거에요. [Conan O'Brien]

작동하다

It's working.   /잇츠 월킹/   이거 작동된다.

This won't work.   /디쓰 원ㅌ 월크/   이거 고장났어.

Do you know how to work a photocopier? /두유 노우 하우투 월커 포로카피어?/
복사기 만질 줄 아니?

It seems to work out well.   /잇 씸즈투 월카웃 웰/   그거 잘 되는 것 같아.

    work out   =   일이 잘 되다, 문제가 풀리다, 일이 진행되다

That can work against you.   /댓 캔 월크 어게인스츄/
그건 너에게 불리하게 작용될 수 있어.

We worked up an appetite making love vigorously.   /위 월드업 언 아페팃
메이킹 러브 빅고로쓸리/   격정적으로 사랑을 나눴더니 배고파졌잖아.

    work up   =   무슨 일을 통해 어떤 육체적/감정적 상태에 이르다

I can't work up any enthusiasm for going on this trip.   /아 캔ㅌ 월크업
애니 인쑤-지애즘 폴 고잉온 디쓰 트립/   이 여행을 갈 마음이 하나도 안 생기네.

효과있다

Does it work?   /더즈 잇 월크?/   그거 효과있어?

Doing your job well works like magic for all your troubles. /두잉유얼 좝
웰 웕쓰라일 매-쥑 포 올-유얼 트뤄블쓰/ 네가 하는 일을 잘 하면 인생이 편안해져.

work like magic / work like a charm = 놀랍도록 효과적이다, 잘 먹힌다

At least it worked on me. /앳리-스트 잇 웕드 온 미/ 적어도 나에겐 효과있었어.

WD-40 works wonders on all kinds of squeaky hinges. /더블유디 포티 웕쓰
원덜스 온 올 카인즈오브 스쿼키 힌쥐스/ WD-40은 오만가지 삐걱이는 경첩에 직방이야.

work wonders/miracles/a treat = 아주 효과적이다

Taking a walk in the forest works wonders for the immune system, as vitamin
D from the sun and phytoncides from trees improve it. 숲을 산책하면 면역체계
에 아주 효과적인데, 햇빛으로부터 생성되는 비타민 D와 나무들에서 나오는 피톤치드가
면역력을 높여주기 때문이야. In the UK, the doctors prescribe time in nature,
called 'green prescriptions.' 영국에서는 의사들이 자연에서의 힐링시간을 처방해줘.

Trust me, reading aloud English books really works. /트러스트미 뤼딩
얼라우드 잉글리쉬 북쓰 륄리 웕쓰/ 날 믿어봐, 영어책을 소리내 읽으면 진짜 영어가 좋아져.

**The way it works is that it works by training your muscles to get used
to the workings of this language, which is totally different from
Korean. Think of yoga.** /더 웨이 잇 웕쓰이즈댓 잇 웕쓰 바이 트뤠이닝 유얼 머쓸스
투 겟 유즈투더 월킹쓰오브 디쓰 랭귀지 위치이즈 토털리 디퍼런트 프롬 커뤼안. 띵코브 요가/
어떻게 효과가 있는거냐면, 네 근육이 한글과는 아주 다른 이 언어의 메카니즘에 익숙해지도록
훈련을 함으로써 효과가 있어. 요가를 떠올려봐.

**It works even better if you do it the last thing at night, and the first
thing in the morning.** /잇 웕쓰 이븐 베터 이퓨 두잇 더 라스트띵 앳 나잇 앤 더 펄스
트띵 인더몰닝/ 하루의 마지막과 시작에 하면 더 효과적이야.

Books are timeless. Great books are eternal. Fine philosophy is universal.
책은 늙지 않는다. 비범한 책은 영원하다. 성숙한 철학은 시공간을 초월하는 진리다.

first thing in the morning = 아침에 가장 먼저 할 일
I will email you first thing in the morning. 내일 출근하자마자 메일 드릴게요.

use - used - used

사용하다   소모하다   이용하다

사용하다

Use tools. It makes life easier. This book is one.　　/유-즈 툴스. 잇 메잌쓰 라
이프 이지어. 디쓰 북 이즈 원/　　도구를 써봐. 삶이 편해질거야. 이 책이 그런 도구야.

Get used to it.　　/겟 유즈드 투잇/　　그 일에 익숙해져봐.

　　used to 무엇　　=　　무엇에 익숙해지다 (활동/상태)
　　I'm getting used to the way he is.　그가 생겨먹은데에 익숙해지고 있어.
　　I'm not used to people saying nothing when I hold the door for them.
　　Shouldn't you at least say "gomabseumnida?"　문을 잡아줬는데 그 사람들이 아무
　　말도 하지 않는데 난 익숙치 않아. 적어도 "고맙습니다"는 해야 하지 않을까?

　　used to　　=　　예전엔 그랬었는데 지금은 그렇지 않다
　　I used to eat meat, but I am vegan now.　예전엔 고기를 먹었는데, 지금은 비건이야.
　　We used to stay up, but not anymore.　우린 밤을 새곤 했었는데 이젠 그러지 않아.

The smartphone has a variety of uses.　/더 스말폰 해져 버라이어티 오브 유즈스/
스마트폰은 많은 용도가 있어.

**Reusing is better than recycling, because recycling takes yet more
energy.**　　/뤼유징이즈 베럴댄 뤼싸이클링 비코즈 뤼싸이클링 테잌쓰 옛모얼 에널쥐/
재사용이 재활용보다 좋다, 재활용은 또 다시 에너지가 소요되기 때문이다. **[Bill Gates]**

Bioplastic is used for making bio-degradable things.
/바이오플라스틱 이즈 유즈드 폴 메이킹 바이오디그레이더블 띵스/
바이오플라스틱은 생분해되는 물건들을 만드는데 쓰여.

> Use는 '목적purpose'을 암시하는 말이다. 어떤 목적을 위해 쓰임을 말한다.
> Zillions of money are used for cleaning up the ocean because plastics don't
> degrade! You would loathe it if you were fish. 바다를 청소하는데 천문학적인 돈
> 이 들어, 왜냐면 플라스틱은 썩지 않거든! 네가 물고기라면 플라스틱을 극혐할걸?

This glass has been used. Can you get me a clean one? /디쓰 글라쓰 해즈
빈 유즈드. 캔유 겟미어 클린 원?/   이 유리잔 누가 쓴거같아요. 깨끗한 걸로 갖다주실래요?

**I use rainwater to wash my car. How do I do it? You simply let the car
get rained and you wipe the water.** /아유즈 뤠인워터 투 와쉬 마이 카. 하우두아
두잇? 유씸플리 렛더칼 겟뤠인드 앤유와잎더워터/   난 빗물로 세차해. 어떻게 하냐구? 그냥 차
를 비맞게 하고 물기를 닦아내면 돼.

Water is used for all kinds of cleaning. Water is the best cleaning agent.
/워터이즈 유즈드포 올 카인즈오브 클리닝. 워터이즈더 베스트 클리닝 에이젼트/
물은 오만가지를 씻는데 사용된다. 물은 최고의 세제다.

I could use some help hanging these pictures up, if you're not too busy.
/아쿤 유즈 썸 헬프 행잉디즈 픽철쓰업 이퓨알 낫 투- 비지/
많이 안 바쁘면 이 그림들을 거는 것 좀 도와줄래?

> could use 무엇   =   would like 무엇   =   무엇을 원하다, 필요하다
> I'm so jet-lagged—I could use a cup of coffee.
> 장시간 비행했더니 너무 피곤해. 커피수혈을 해야겠어.
> I'm so nervous to talk to her—I could use a liquid courage.
> 그녀에게 말하려니 너무 떨리네. 술의 힘을 빌어 볼까.

Everyone has power. But it doesn't help if you don't make use of it.
/에브리원 해즈 파워. 번 잇 더즌트 헬프 이퓨돈트 메일 유즈 오빗/
모든 사람에겐 능력이 있어. 그런데 이 능력을 사용하지 않으면 아무 쓸모가 없지.

> make use of 무엇   =   사용 가능한 무엇을 사용하다

**I don't throw plastic cups away. There are a lot of uses for it; it can be
sturdy penholders that I can personalise, a flowerpot if you make holes
on the bottom, and pretty much anything!**   /아돈ㅌ 쓰로우 플라스틱 컵쓰 어

327

웨이. 데얼알 어랏오브 유즈쓰 폴잇; 잇캔비 스털디 펜홀덜쓰 댓아캔 펼쓰널라이즈 어 플라월팟
이퓨 메익 홀즈 온더 바텀 앤 프리튀머취 애니띵!/   난 플라스틱 컵을 안 버려. 쓸모가 많거
든. 내 맘대로 커스텀할 수 있는 펜꽂이도 되고, 구멍을 뚫으면 화분도 되고, 뭐든 될 수 있어!

throw 무엇 away	=	무엇을 버리다
personalise	= customise	= 내 취향으로 꾸미다, 내 필요에 맞게 만들다

My steel cup is still in use. I like lasting materials.   /마이 스틸-컵이즈 스틸
인 유즈. 알라익 라스팅 머티어리얼쓰/   내 스탠컵을 아직도 쓰고 있어. 오래가는 재료가 좋아.

in use	=	사용되다
not in use	=	사용되지 않다
coming into use	= used more and more	= 점점 더 많이 사용되다

This is out of use.   /디쓰이즈 아우로브 유즈/   이건 이제 사용되지 않아.

out of use	=	지금은 거의 사용되지 않는다
going out of use	= used less and less	= 점점 사용되지 않다

I put my local library to good use.   /아 풋 마이 로컬 라이브러뤼 투 굿 유즈/
난 우리동네 도서관을 잘 이용해/했어. (Put은 현재형과 과거형이 똑같이 생겼으므로.)

put 무엇 to use	=	무엇을 사용하다

I don't have any use for this.   /아돈ㅌ해브 애니 유즈 포디쓰/   이건 내게 필요없어.

I don't see the use of it.   /아돈ㅌ씨더 유즈오빗/   이것의 쓸모를 모르겠어.

the use of 무엇	= 무엇의 쓸모, 무엇의 사용 허가
The use of electronic devices is forbidden.	전자기기 사용이 제한됩니다.

We make cups for commercial use rather than domestic.   /위메익 컵쓰포
커머셜유즈 롸더댄 도메스틱/   우린 가정용이 아니라 상업용으로 컵을 만들어요.

**The best way to tackle climate change is through innovation—the way
we use things and make things.**   /더 베숫트웨이투 택클 클라이밋췌인쥐 이즈쓰
루 이노베이션 더웨이 위 유즈띵스 앤메익띵스/   기후변화를 잡을 가장 좋은 방법은 혁신을
통해서야—우리가 어떻게 자원을 사용하고 어떻게 물건을 만드는지.

It is no use saying, 'We are doing our best.' You have got to succeed in doing what is necessary. /잇츠 노 유즈 쎄잉 위알 두잉아월 베스트. 유브갓투 썩 씨-드 인 두잉 왓이즈 네쎄써리/ '최선을 다 하고 있다'는 말은 불필요하다. 해야할 일을 해내야 한다. [Winston Churchill]

Great words will be of use to you when you need it most. /그뤠잇월즈 윌비오브유즈 투유 웬유니-딧 모스트/ 좋은 말은 네가 진짜 필요할 때 너에게 도움이 될 거야.

> be of use = 유용하다, 쓸모있다
> be (of) no use = 쓸모없다, 도움이 안 된다, 불가능하다
> It's no use trying to stop her from leaving. She's probably not for you.
> 떠나는 그녀를 잡으려 해봐야 소용없어. 아마 너의 짝이 아니겠지.
> It's no use crying over dropped ice cream. 이미 엎질러진 걸 후회해 봐야 소용없어.

She uses so many big words. It's hard to get what she means. Truly intelligent people use simple words. /쉬유즈스 쏘매니 빅 월즈. 잇츠할투겟 왓 쉬민-즈. 트룰리 인텔리젼트 피플 유즈 씸플 월즈/ 그 사람은 너무 거창한 단어로 말해. 그래서 무슨 말을 하려는건지 알 수가 없어. 진정한 지성인들은 단순하고 기본적인 단어로 말하지.

A great book can be useful, if you make use of it. /어그뤠잇북 캔비 유즈 풀 이퓨 메익 유즈오빗/ 좋은 책은 유익해, 네가 잘만 쓴다면.

> + ful = 많다
> It would be useful to have solar panels to power air-cons and heaters for free.
> 태양광 발전기가 있으면 에어컨이랑 히터를 공짜로 돌릴 수 있어 좋겠는데?

A bad book is useless. /어 배-드 북 이즈 유슬리쓰/ 못 쓰여진 책은 쓸모없어.

> + less = 없다
> useless = rubbish = bad = 질이 나쁘다, 안 좋다, 별로다
> I'm useless at cooking. 난 정말 요리에 소질이 없어.
> Petrol and diesel cars will become useless, as all cars will be electric soon.
> 가솔린과 디젤차는 쓸모없어질거야, 왜냐면 모든 차들이 곧 전기로 움직일거니까.

You use a glass mirror to see your face; you use works of art to see your soul. /유 유즈어 글라쓰 미러 투씨-유얼 페이스 유 유즈 웕쓰오브 알트 투씨-유얼 쏘울/ 내 얼굴을 보기 위해 거울을 보고, 내 영혼을 보기 위해 미술작품을 본다. [George Bernard Shaw]

When you design something, you are to think as the user.　/웬유 드쟈인 썸띵 유알 투 띵크 애즈더 유져/　뭔가를 디자인할 때, 그걸 사용할 사람이 되어 생각해야 한다.

> + er　＝　사람
>
> She is a <u>heavy user</u> of Instagram.　걔는 인스타그램 충이야.
> OREX seems to be good at understanding the needs of the <u>end users</u>.
> 오렉스는 실사용자의 필요를 잘 이해하는 것 같아.
> I'm a <u>light user</u> of off-the-shelf sanitary pads. I use EDC-free and reusable pads called HannahPad.　난 시중에서 파는 생리대를 별로 쓰지 않아. 환경호르몬이 나오지 않고 재사용할 수 있는 한나패드라는걸 써.

Use less material, make products that last longer, reuse or recycle them, or avoid using the service.　/유즈 레쓰 머테리얼 메익 프롸덕츠댓 라스트 롱거 뤼유즈 올 뤼싸이클뎀 올 어보이드 유징더 썰비쓰/　자원을 적게 쓰고, 오래가는 제품을 만들고, 재사용하거나 재활용하고, 아니면 사용하지 마.　**[Bill Gates on Sustainable Materials: With Both Eyes Open]**

There is no use (in) arguing with your companion.　/데얼즈 노 유즈 알규잉 위드 유얼 컴패니언/　너와 함께 있는 사람과 언쟁하는 건 쓸데없는 짓이야.

> be (of) no use　＝　쓸모없다, 도움이 되지 않다, 할 수 없다
> companion　＝　함께 밥을 먹는 사람, 식구　＝　동반자, 그런 사람/물건

The man who will use his skill and constructive imagination to see how much he can give for a dollar, instead of how little he can give for a dollar, is bound to succeed.　/더 맨 후윌 유즈 히즈 스킬 앤 컨스트럭티브 이매쥐네이션 투 씨- 하우 머취 히캔 기브 폴어 달라 인스태도브 하우 리틀 히캔 기브 폴어 달라 이즈 바운투 썩씨-드/　자신의 능력과 건설적 상상력을 활용해, 어떤 값어치에 대해 얼마나 조금 주려고 보다는, 얼마나 많이 줄 수 있는지를 고민하는 자는 성공할 수밖에 없다.
[Henry Ford]

I'm going to use all my tools, my God-given ability, and make the best life I can with it.　/암고잉투 유즈 올마이 툴-스 마이 갇기븐 어빌리티 앤메익더 베스트 라이프 아캔 위딧/　난 내가 가진 모든 자원과 신이 주신 능력을 모두 써서 내가 만들 수 있는 가장 멋진 인생을 살 것이다.　**[LeBron James]**

소모하다

We use home-grown veggies for our food.　　/위유즈 홈그로운 베쥐스 폴아월 푸-드/　우린 집에서 직접 기른 채소를 먹어.

The use of deadline promotes a more efficient use of time.
/더 유즈오브 데드라인 프로못츠 어모얼 이피션트 유즈오브타임/
마감기한을 두면 시간을 더 효율적으로 사용할 수 있어.

I used up all the earnings.　　/아 유즈드업 올 디 얼닝쓰/　　번 돈(월급) 다 써버렸어.

　　　　use up 무엇　　＝　　무엇을 모두 써서 남아있지 않다

You better use it before its use-by date.　　/유 베럴 유즈잇 비포얼 잇츠 유즈바이 데이트/　　유통기한 전에 쓰는게 좋을거야.

이용하다

I'd like to make use of it.　　/아이드라잌투 메잌 유즈오브잇/　　이걸 좀 쓰고 싶어.

I want to make good use of this book by reading it in bed every night.
/아원투 메잌 굳 유즈오브 디쓰북 바이 뤼딩잇 인 베드 에브리나잇/
매일 밤 침대 안에서 이 책을 읽어서 이 책을 잘좀 사용하고 싶어.

In a nutshell, the more you use English, the better you speak it.
/인어 넛 쉘 더 모얼 유 유즈 잉글리쉬 더 베럴 유 스픽 잇/
한 마디로 말해서, 영어를 많이 쓸 수록 영어를 더 잘 하게 돼.

She is using you to get what she wants.　　/쉬즈 유징유 투 겟 왓쉬 원츠/
그 여자는 널 이용해서 자기가 원하는 걸 챙기고 있는거야.

No worries. What's the use of worrying?　　/노 워리즈. 왓츠더 유즈오브 워링?/
걱정하지 말아요. 걱정해서 어디 쓰나요?

　　　호주와 뉴질랜드에선 "no worries"를 인사말처럼 사용한다. 말은 사고방식을 보여준다.

Time abides long enough for those who make use of it.　　/타임 어바이즈 롱이너프 폴도-즈 후메잌 유즈오빗/　　시간을 이용할 자에게 시간은 충분히 길다.
[Leonardo da Vinci]

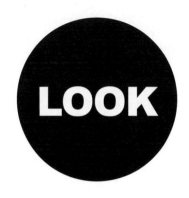

LOOK

look - looked - looked

(겉을) 보다	찾기위해 살펴보다	보이다
peer, peep, peek	search	seem
glance	try to find	appear
gaze	seek	
observe		
inspect		
consider		

향하다	희망하다	주목을 끌다
face	hope	alert
	aspire	notify
	aim	give notice

보다

Look at me.   /룩 앳 미/   나좀 봐봐.

We're just looking!   /위알 져슷트 룩킹!/   우리 그냥 구경중이에요. ("아이쇼핑")

=   We're just browsing. 그냥 훑어보는 중이에요.

Could you have a look at my writing? /쿠쥬해버 룩앳 마이 롸이팅?/
내 글 좀 봐줄래요?

have a look at 무엇 = examine, consider = 무엇을 보완할 게 없는지 자세히 보다

Can you look over this? /캔 유 룩 오벌 디쓰?/ 이거 좀 훑어봐줄래?

look over/have a look-see = quickly examine = 대강 훑어보다

Get a good look at it before you purchase second-hands. /겟어 굳 룩 앳 잇 비포얼 유 펄쉐쓰 쎄컨핸즈/ 중고물건을 사기 전에 잘 살펴봐.

Look around, everyone has their own problems. But they somehow live on, live on happily. /룩 어롸운드 에브리원 해즈 데얼 오운 프롸블럼쓰. 벋 데이 썸하우 리브온 리브온 해필리/ 주위를 둘러봐, 다들 자기만의 문제가 있어. 그런데 다들 어떻게든 살아가, 행복하게 말이야. (on = 계속)

look around = 둘러보다

My brother doesn't look after his family. /마이 브라더 더즌ㅌ 룩아프터 히즈 패밀리/ 우리 형/남동생은 우리 가족을 잘 보살피지 않아.

look after 누구 = 누구를 보살피다

An old man sneezed in the subway without blocking his mouth. She gave him a look of real dislike. /언 올드맨 스니즈드 인더 썹웨이 위다웃 블락킹 히즈 마우쓰. 쉬 게이브힘 어 룩 오브 뤼얼 디쓰라이크/ 어떤 아저씨가 지하철 안에서 입도 안 막고 재채기를 했다. 그 아저씨에게 그녀는 완전 정색했다.

a look of dislike = a black look, a dirty look = 정색, 혐오의 눈빛
A young couple made out in public, and people gave them a dirty look.
어떤 어린 커플이 공공장소에서 애정행각을 해서 사람들이 혐오스런 눈으로 쳐다봤다.
(make out = 공공장소에서 애정행각하다)

I had my GP look at it, and she said some paracetamol and rest will do.
/아해드 마이 쥐 피 룩 앳잇 앤 쉬쌔드 썸 패러씨타몰 앤 뤠스트 윌 두/
주치의에게 봐 달라고 했는데, 해열제 먹고 좀 쉬면 괜찮을거래.

GP = general practitioner = 일반의(사)
paracetamol = 진통 · 해열제 (아스피린aspirin같은 painkiller의 일종)

I look forward to seeing you again.　　/아 룩 포-워드 투 씽 유 어게인/
다시 보는 날을 기대할게.

　　　look forward to 명사　　　=　　　명사를 기대하다

If you are a teenager, you should look ahead and try to know what you want to do because you will take the responsibilities of your parents quite soon.　　/이퓨알어 틴에이져 유 슈드 룩 어헤드 앤 트롸이투 노우 왓츄 원투두 비코즈 유 윌 테익 더 뤼스판서빌리티즈 오브 유얼 패런츠 콰잇 쑨-/　　네가 십대라면, 앞을 내다보고 정말 하고 싶은 게 뭔지 알아야 해, 왜냐면 네가 부모님의 책임을 짊어질 날이 금방 올거거든.

　　　look ahead　　=　　미래에 일어날 일을 생각하고 그를 준비하다

　　　Childhood is a free demo game; adulthood is the official launch you have to pay taxes like subscription just for being.　　유년시절은 무료 체험판 게임이고, 성인으로서의 시간은 정식 발매판이야, 그냥 살아있는 것만으로도 구독료처럼 세금을 내야해.

Okay I will look into it.　　/오케이 아일 룩 인투잇/　　알았어 더 깊게 알아볼게.

　　　look into　　=　　investigate　　=　　조사하다

Do I regret my decisions? It'd be unprofessional to look back.
/두 아이 뤼그렛 마이 디씨젼쓰? 잇운비 언프로페셔널 투 룩 백/
내 결정들을 후회하냐구요? 프로는 뒤돌아보지 않죠.

It's not wise to look back on things that have caused you distress.
/잇츠 낫 와이즈 투 룩 백 온 띵스 댓 해브 코즈드 유 디슷트뤠쓰/
널 힘들게 했던 일들을 다시 생각하는 건 현명치 않아.

　　　look back on/at　　=　　think of　　=　　지난 일을 생각하다

Look on the bright side. We still have each other.　　/룩온더 브롸잇 싸이드. 위 스틸 해브 이-취 아더/　　좋은 쪽을 봐봐. 아직 우리에겐 서로가 있잖아.

I've spent my pivotal years in Melbourne, I look on it as my spiritual home.　　/아이브 스펜트 마이 피보털 이얼스 인 멜번 아이 룩온잇 애즈마이 스피리츄얼 홈/
나는 정말 중요한 시기를 멜번에서 보내서, 이 곳을 내 마음의 고향으로 여겨.

　　　look on 누구/무엇 as 무엇2　　=　　consider 누구/무엇 as 무엇2
　　=　　누구/무엇을 무엇2라고 여기다

Martin is a looker-on in this project, but his insight pretty much nails it.
/말틴 이져 룩컬온 인디쓰 프라젝트 벋 히즈 인싸이트 프리터머취 네일즈 잇/
마틴은 이 프로젝트에 직접 관여하는 사람은 아니지만, 그는 이게 뭔지 정확히 알고 있어.

> looker-on   =   구경꾼 (복수 : lookers-on)
> nail it   =   못을 박을 때 정확하게 박아야 하듯, 정확하다는 말 (속어) (= on point)

They were just looking on what he was doing.   /데이윌 져스트 룩킹온 왓히
워즈 두잉/   그들은 그가 하는 걸 지켜만 봤어.

> look on   =   구경하다
> onlooker   =   구경꾼
> That busker always attracts heaps of onlookers.
> 저 버스커에겐 항상 많은 구경꾼이 몰리네.

I thought I might look in on you on my way to the meeting.   /아 쏱ㅌ 아
이 마잇 룩 인 온 유 온마이 웨이 투더 미-팅/   미팅 가는 길에 잠깐 들렀어.

> look in   =   잠깐 들르다 (어디 가는길에)

Your vision will become clear only when you can look into your own heart. Who looks outside, dreams; who looks inside, awakes.   /유얼 비
젼 윌 비컴 클리어 온리 웬 유캔 룩 인투 유얼 오운 할트. 후 룩쓰 아웃싸이드 드립-스 후 룩쓰
인싸이드 어웨익스/   네 자신의 마음 속을 들여다 볼 수 있을 때 세상을 보는 눈 또한 밝아질
것이다. 바깥을 보는 사람은 꿈을 꾸고, 안을 보는 사람은 깨어난다. [Carl Jung]

If you suppress a desire, people want to do it more. This is why polite countries like Japan and Korea have more perverts. We have to look out for them.   /이퓨 썹프레쓰 어 드쟈이어 피플 원투 두잇 모어. 디스이즈 와이 폴라잇
컨츄리즈 라익 저팬 앤 커뤼아 해브 모얼 펄벌츠. 위 해브투 룩아웃 포뎀/   하지 말라고 하면
더 하고 싶어하는게 사람이야. 그래서 겉치레 예절이 중요한 일본이나 한국같은 나라에 변태가
더 많은거야. 우린 이런 사람들을 조심해야해.

> look out for 누구/무엇   =   watch out for 누구/무엇
> =   누구/무엇을 살피고 조심하다

I saw him at the bar but he looked right through me.   /아이 쏘- 힘 앳더
바 벋 히 룩드 롸잇 쓰루- 미/   바에서 그를 봤는데 나를 못 본 척하더라.

> look through   =   ignore, pretend not to see   =   못 본 척 무시하다

They might have overlooked this.   /데이 마잇해브 오벌룩드 디쓰/
거기서 이걸 아마 못 보고 그냥 지나쳤나봐.

    overlook   =   not notice   =   못 보고 넘어가다, 봐주다

In your busy days, don't forget to look up. Look up in the sky and the stars. The universe is vast, and our teeny weeny problems are not major.
/인 유얼 비지 데이즈 돈트 폴겟 투 룩 업. 룩 업 인더 스카이 앤 더 스탈스. 더 유니벌쓰 이즈 바스트 앤 아월 티-니위니 프롸블럼쓰 알 낫 메이져/   바쁘더라도, 하늘을 올려보는 걸 잊지마. 하늘과 별들을 올려다보렴. 이 우주는 광활하고, 우리의 문제들은 보잘것 없이 작단다.

Aureo looks at language education differently from other educators.
/오레오 룩쓰 앳 랭귀지 에듀케이션 디퍼런틀리 프롬 아더 에듀케이털쓰/
아우레오는 언어 교육을 다른 교육가들과는 다르게 생각한다.

    look at/on   =   regard in a specific way   =   여기다

I look up to Margaret. She's really admirable.   /아이 룩 업 투 말가렛. 쉬즈 륄리 어드마이어러블/   난 마가렛을 존경해. 정말 그럴만한 분이셔.

    look up   =   admire   =   존경하다

I don't hang out with those who look down on other people.
/아 돈트 행아웃 위드 도-즈 후 룩 다운 온 아더 피플/
난 다른 사람들을 깔보는 사람하곤 어울리지 않아.

    look down on 누구/무엇   =   look down on 자신의 nose at 누구/무엇
    =   누구/무엇을 깔보다, 천하게 여기다, 꼰대질하다 (= condescend)

No matter how cool you think you are, you're not cool enough to look down on anyone. Ever.   /노 매럴 하우쿨 유띵크유알 유알낫 쿨이너프 투 룩 다운 온 애니원. 에버/   얼마나 잘났건 간에, 누굴 내려볼 만큼 잘나진 않았다. 누구도.   **[Paul Walker]**

He looked at my girlfriend up and down.   /히 룩드앳마이 걸프렌드 업앤다운/
그 남자는 내 여자친구를 위아래로 훑어봤어.

Look before you leap.   /룩 비포얼 유 맆-/   결과를 생각해보고 행동해. [속담]

I looked him in the eye and said it's possible.   /아이 룩드힘 인디아이 앤쎄드 잇츠 파써블/   그 사람의 두 눈을 똑바로 쳐다보며 말했어, 가능하다고.

336

Change is the law of life. And those who look only to the past or present are certain to miss the future.   /췌인지 이즈더 로- 오브 라이프. 앤 도-즈 후 룩 온리 투더 파스트 오얼 프레젠트 알 썰튼 투 미쓰 더 퓨쳐/   변화는 삶의 법칙이다. 과거나 현재만 보는 자는 미래를 놓칠게 뻔하다. [John F. Kennedy]

look to 무엇   =   무엇을 바라보다, 무엇으로 시선을 돌리다, 무엇을 바라다, 무엇에 기대를 걸다, 무엇을 손꼽아 기다리다

Life may be uncertain now, but we can look to the future and work to make it certain.   /라이프 메이비 언썰튼 나우 벋위캔 룩투더 퓨쳐 앤 월크 투 메익킷 썰튼/ 지금의 삶이 불확실할지라도, 우린 앞날을 바라보고 그 날을 확실하도록 만들 수 있어.

You may want to take a close look at the company before you buy their shares. Trading according to its face value is not investing; that is gambling. Investing is lending your money to a company to do their business, and getting a portion of their profits in return.   /유메이 원투 테이어 클로-스 룩 앳더 컴퍼니 비포얼 유 바이 데일 쉐얼스. 트뤠이딩 얼콜딩 투 잇츠 페이스 밸류 이즈 낫 인베스팅 댓 이즈 갬블링. 인베스팅 이즈 렌딩 유얼 머니 투어 컴퍼니 투 두 데얼 비즈니쓰 앤 게팅 어 폴션 오브 데얼 프롸핏츠 인 뤼턴/   회사의 주식을 사기 전에 그 회사를 자세히 검토해보는 게 좋아. 주식의 액면가만으로 사고파는 일은 투자가 아니야. 그건 도박이야. 투자란 그 회사가 사업을 하도록 내 돈을 빌려주고, 그 사업 성과의 일부를 돌려받는거야.

take a close look at   =   examine   =   자세히 검토하다
shares   =   (영국/호주/뉴질랜드) 주식
stocks   =   (미국/캐나다) 주식

The art of being wise is the art of knowing what to overlook.
/디 알트오브 빙 와이즈 이즈디 알트오브 노잉 왓 투 오벌룩/
현명해지는 기술은 무얼 무시할지를 아는 기술이다. [William James]

overlook   =   1. 알아채지 못하다, 간과하다 2. 위에서 내려다 보다, 전망 (명사)

찾기 위해 살펴보다

I'm looking for my AirPods. I've looked everywhere and can't find it!
/암 룩킹 포 마이 에얼팔즈. 아이브 룩드 에브리웨어 앤 캔트 파인딧/
내 에어팟 찾고 있어. 다 찾아봤는데 안 보이네!

look for   =   찾다

For beautiful eyes, look for the good in others; for beautiful lips, speak only words of kindness; and for poise, walk with the knowledge that you are never alone. /포뷰리풀 아이즈 룩포더 굳 인 아덜스 포뷰리풀 립쓰 스픽온리월 즈오브 카인드니쓰 앤포 포이-즈 월 위더 날리쥐댓 유알 네버얼론/ 아름다운 눈을 갖고 싶다면, 사람들의 좋은 점을 바라봐. 예쁜 입술을 갖고 싶다면, 말을 항상 친절하게 하렴. 그리고 우아한 사람이 되고 싶다면, 넌 언제나 혼자가 아니라는 사실을 명심하고 걸으면 돼. [Audrey Hepburn]

Not preparing is looking for trouble. /낫 프리페어링 이즈 룩킹포 트러블/ 준비하지 않는 것은 문제를 자초하는 일이야.

We're looking at ways to fix this problem. /위알 룩킹 앳 웨이즈 투 픽스 디쓰 프롸블럼/ 이 문제를 해결할 방법들을 검토중이에요.

I looked it up. /아 룩드 잇 업/ 그거 찾아봤지.

  look 무엇 up = 무엇에 대해 알아보다 (사전찾기, 인터넷 검색 등)

Look us up next time you are in Korea. /룩 어쓰 업 넥쓰트 타임 유알 인 커뤼아/ 다음에 한국에 오면 우리에게도 들러.

  look 누구 up = visit 누구 = 못 본지 오래된 누구 근처에 들렀을 때 만나다

Always be yourself, express yourself, have faith in yourself, do not go out and look for a successful personality and duplicate it. /올웨이즈 비-유얼쎌프 익쓰프레쓰유얼쎌프 해브 페이쓰 인유얼쎌프 두낫고아웃 앤 룩폴어 썩쎄스풀 펄쓰낼리티 앤 듀플리케잇/ 어떤 성공한 사람을 찾아 그 사람을 따라하지 말고, 네 자신이 되고, 네 자신을 표현하고, 네 자신에 신념을 가져. [Bruce Lee]

Look for tolerance, if you want great friends. And be tolerant, if you want to be a great friend. /룩 포 톨러런쓰 이퓨 원트 그뤠잇 프렌즈. 앤 비 톨러런트 이퓨 원투비 어 그뤠잇 프렌드/ 진짜 좋은 친구를 원한다면, 관용을 지닌 사람을 만나. 그리고 정말 좋은 친구가 되고 싶다면, 관용이 있는 사람이 돼.

  look for = 찾아보다

  Tolerance는 다름을 인정하는 태도다. 미성숙할 수록 나와 다름을 인정하지 못해 증오를 표출하고 그로 인해 사회적 문제가 생긴다. 성숙한 사람일 수록, 성숙한 문화일 수록 다름을 용인한다. 개인과 개인은 다를 수 밖에 없음을 우리는 교육과 훈련으로 이해할 수 있고, 이를 인정하면 친구사이도, 연인사이도, 부부사이도, 사회도 평화로울 수 있다.

  Be tolerant with others and strict with yourself. 남에게 너그럽고 자신에게 철저하라.

I look for what needs to be done. After all, that's how the universe designs itself. /아룩포 왓니-즈투비단. 아프터롤 댓츠하우더 유니벌쓰 디쟈인스 잇쎌프/ 난 해결이 필요한 일들을 찾는다. 결국 그게 바로 우주가 자신을 디자인하는 방법이다.

[Richard Buckminster Fuller]

보이다

A: Ooh, that drink looks yummy. Bottoms up! /우- 댓 드링크 룩쓰 여미. 바텀즈 업!/ 우아- 술 맛있게 생겼네. 건배!

> bottoms up = 건배, 원샷

B: Ah, that one was good. Care for another? /아- 댓원 워즈 굳. 케어 포 어나더?/ 음 좋군. 한잔 더 할까?

Won Bin doesn't look his age. /원빈 더즌트 룩 히즈 에이쥐/ 원빈은 자기 나이로 보이지 않아.

> look 누구의 age = 누구의 나이처럼 보이다

From the looks of her, she's like a deity of ancient Greece. /프롬 더 룩쓰 오브헐 쉬즈 라잌어 데이티오브 에인션트 그뤼-쓰/ 겉만 봐선 그녀는 고대 그리스 여신같아.

> from/by the look(s) of 누구/무엇 = 누구/무엇의 겉모양으로 보건대

(It) Looks like someone has made an effort! /룩쓰 라잌 썸원 해즈 메이던 에폴트!/ 보아하니 누구는 노력을 좀 한거같네!

Lol I look like the back end of a bus in this one. /라프아웃라우드 아 룩 라잌 더 백엔드 오버 버쓰 인 디쓰 원/ 하하하 나 여기서 완전 못생기게 나왔네. (인터넷 댓글)

> lol = 'laugh out loud(박장대소)'의 약자로, 'ㅋㅋㅋ' 혹은 'ㅎㅎㅎ' 같은 채팅용어
>
> look like the back end of a bus = look unattractive, bad-looking, ugly
> = (내 차 앞에 버스가 있으면 앞도 안 보이고 못생겼듯) 비호감이다, 못생기다 (UK)
>
> 비슷한 말 :
> be no oil painting = ugly, unattractive, crude = 못생겼다
> That's no oil painting but it does its job. 저거 생긴건 저래도 제 기능은 해.

be not much to look at   =   not very much attractive   =   생긴건 별로다
This tangerine is not much to look at but rather sweet.   이 귤 못생겼지만 달아요.

a blot on the landscape   =   a hideous building   =   풍경에 오점
That skyscraper is a huge blot on the landscape.   저 고층빌딩은 경관을 망쳐놔.

Jeong-eup looks a picture at this time of the year.   /정읍 룩쓰어 픽처 앳디쓰
타임오브더 이어/   이맘때의 정읍은 그림처럼 예뻐.

look/be a picture   =   appealing, visually attractive
=   보기에 좋다, 예쁘다

**I'd invite you in for a cup of tea, but my place looks a fright at the
moment.** /아이드 인바잇츄인 폴어 컵포브티- 벋 마이 플레이스 룩쓰 어 프롸잇 앳더모먼트/
차한잔 하러 우리집에 널 오라하고 싶은데, 지금 우리집 꼴이 말이 아니야.

look a fright   =   어지럽혀지다, 헝클어지다, 지저분하다

You look smart in that jacket. You <u>look presentable</u>.   /유 룩 스맡 인 댓
재-켓. 유 룩 프리젠터블/   그 자켓 입으니 멋져 보인다 너. <u>말끔해 보여.</u> (어디 가도 되겠다.)

You look hot in that one.   너 그거 입으니 섹시해보여.

You look down. What's the matter? /유 룩 다운. 왓츠더 매터?/
너 침울해보여. 무슨 일 있어? (What's the matter?는 다정한 말이다—다정하게 발음한다.)

look down   =   1. 아래를 보다 2. 기운이 없어보이다

You look like a Harry Potter lookalike.   /유 룩 라일 어 해리폿터 룩어라잌/
너 해리포터 닮은 꼴 같아.

lookalike   =   닮은 꼴, 닮은 사람

It has the look of Louis Vuitton, but it could be fake.   /잇해즈 더 룩 오브
루이 뷔통 벋 잇 쿧 비 페잌ㅋ/   루이비통처럼 생겼을지라도 가짜일 수 있어.

have the look of 누구/무엇   =   누구/무엇처럼 생기다

He had a look of doubt.   /히 해더 룩 오브 다웃ㅌ/   그는 의심하는 듯 했어.

She looks as if butter wouldn't melt in her mouth.

/쉬룩쓰 애즈이프 버터 우든트 멜트 인헐 마우쓰/

아닌 것처럼 행동하더라. (자신은 아무것도 하지 않은 것처럼 속이려고 행동하다.)

She just sat there staring at me with a blank look on her face.

/쉬져스트 쌧데얼 스테어링앳미 위드어 블랭크 룩 온헐 페이쓰/

그 여자는 저기 앉아서 멍한 표정으로 날 쩌려보더라.

> blank look on 누구의 face　　=　　누구의 멍한 표정, 무표정
>
> I told her to quit smoking, and she gave me a blank look and kept puffing.
>
> 그녀에게 담배를 끊으라고 말했는데, 무표정으로 날 한번 보더니 계속 피더라.

Real rich people don't look the part, because true luxury is not wearing branded clothes—it's comfort.　　/뤼얼뤼치피플 돈트룩더팔트 비코즈 트루 럭셔리 이즈 낫 웨어링 브랜디드 클로-즈 잇츠 컴폴트/　　진짜 부자는 부자처럼 안 보여, 왜냐면 진짜 럭셔리는 명품을 입는게 아니거든. 진짜 럭셔리는 편안함이야.

> look the part　　=　　어떤 역할이나 직업에 어울리게 보이다

A tough looker is not necessarily a tough fighter.　　/어 터-프 룩커 이즈 낫 네쎄쩌릴리 어 터-프 파이터/　　터프해보이는 사람이 꼭 싸움을 잘 하는 사람은 아니다.

> be not necessarily　　=　　꼭 그런것만은 아니다
>
> looker　　=　　1. 보는 사람 2. 어떻게 보이는 사람 3. 매력적이게 생긴 사람 (속어)
>
> My gosh she's a real looker.　오마이갓 쟤 진짜 이쁘다.
>
> 영문화는 이성이 발달한 문화라 21세기엔 신의 존재를 믿는 사람보다 무신론자가 많다. 그래서 'God'이라는 단어는 많은 사람들을 불편하게 할 수 있으므로 오남용하지 않는게 지혜롭다. 따라서 "Oh my God"은 구세대의 말이다. 대신 **Oh my gosh!**

향하다

My place overlooks the ocean. Like with everything, it has its flaws: when storms come, it's quite fearful.　　/마이플레이쓰 오벌룩쓰 디 오션. 라익위드 에브리띵 잇해즈 잇츠 플로-스 웬 스톰스 컴 잇츠 콰잇 피얼풀/　　우리집은 바다 전망이야. 그치만 다른 모든 것들처럼, 단점이 있어. 태풍이 오면 정말 무서워.

> overlook　　=　　provide/have a view　　=　　전망이 있다

We don't look out for number one here. If everyone does, our community won't work. /위 돈ㅌ 룩아웃포 넘버원 히어. 이프 에브리원 더즈 아월 커뮤니티 원ㅌ 월크/ 우리는 자신만 챙기지 않아요. 모두가 자기만 생각하면, 우리 사회는 돌아가지 않을테니까요.

> look out for number one   =   be selfish, egocentric, self-centred
> =   다른 사람은 신경 안쓰고 자기 자신의 이익을 최우선으로 여기다, 이기적이다

There's a lookout called Wineglass Bay in Tasmania. From Dalmaji, Haeundae, the beach once looked like crescent moon, until insanely corrupt, ignorant, vulgar people came around and destroyed it with three ugly skyscrapers. Discerning eyes, fine tastes matter.   /데얼즈어 룩아웃 콜드 와인글라쓰베이 인 타즈매니아. 프롬 달맞이 해운대 더비-취 원쓰룩드라익 크레쎈트문 언틸 인쎄인리 코럽트 이그노런트 벌가 피플 케어어롸운드앤 디스트로이딧 윗 쓰리어글리 스카이스크레이펄쓰. 디썰닝 아이즈 파인테이스츠 매럴/   호주 타즈매니아에 가면 와인글라스 베이라는 와인잔을 닮은 바닷가를 볼 수 있는 전망대가 있다. 해운대도 달맞이에서 바라보면 크 레쎈트문 베이(초승달바닷가)였는데, 어떤 부패하고 무식하고 천한 취향을 지닌 인간들이 흉물 스런 빌딩을 세 개나 지어 이를 없애버렸다. 아름다움을 알아보는 눈, 눈이 보배다.

> lookout   =   viewpoint   =   전망대

Keep a lookout for procrastinating tendency in yourself. Everything we do takes man-hours. Even to automate things, you need to program it and constantly update it. So may as well do it now than later. /킵 어 룩아웃 폴 프로크라스티네이팅 텐던씨 인 유얼쎌프. 에브리띵 위 두 테익쓰 맨아월쓰. 이 븐 투 오토메잇 띵스 유 니투 프로그램잇 앤 칸스턴틀리 업데잇 잇. 쏘 메이에즈웰 두잇 나우 댄 레이터/   네 안의 미루고 싶은 욕구를 경계해. 우리가 하는 모든 것은 우리의 시간이 들어가 야 한다는걸 잊지마. 뭔가를 자동화 하기 위해서도 그걸 프로그램해야하고 계속 업데이트해야 돼. 그러니 나중에 하는 것 보다 지금 하는게 나아.

> keep a lookout for 누구/무엇   =   (주로 위험을 피하기위해) 누구/무엇을 주시하다
> procrastinate   =   delay   =   미루다, 연기하다, 꾸물대다, 질질 끌다
> tendency   =   inclination, trend   =   경향, 성향, 버릇, 체질
> lookout   =   망보는 사람, 감시인

It's your own lookout if you keep smoking and get cancer.   /잇츠 유얼 오운 룩아웃 이퓨 킵- 스모킹 앤 겟 캔써/   계속 담배 피고 암 걸리면 네 책임이지 뭐.

> It's your own lookout   =   네 잘못이야

342

I'm always on the lookout for great music. Music transcends my spirit.
/암 올웨이즈 온더 룩아웃 포 그뤠잇 뮤직. 뮤직 트렌쎈즈 마이 스피릿/
난 언제나 좋은 음악을 찾으려 예의주시해. 음악은 내 혼을 승화시키는 힘이 있어.

> be on the lookout for 누구/무엇　　=　　search for 누구/무엇
> =　　누구/무엇을 찾다

You'll never find a rainbow if you're looking down.
/유월 네버 파인더 뤠인보우 이퓨알 룩킹 다운/
고개를 떨구고 있으면 절대 무지개를 발견할 수 없어. [Charlie Chaplin]

> look down　　=　　아래를 보다

희망하다

We're looking to secure investments for our startup.　　/위알 룩킹투 씨큐어
인베스츠먼츠 폴아월 스탈트업/　　저희 신규사업에 투자를 받으려고 합니다.

> be looking to 동사　　=　　동사를 하려고 하다

We are looking to get married in spring.　　/위알 룩킹투 겟 매뤼드 인 스프링/
우린 봄에 결혼식을 올릴까해.

주목을 끌다

Look out! There's a motorbike coming!　　/룩 아웃! 데얼즈어 모톨바익 커밍!/
조심해! 오토바이 온다!

Look! There're a couple of cranes by the creek!　　/룩! 데얼알 어 커플오브 크
뤠인스 바이더 크릭-!/　　저기 봐! 시냇가에 학 두 마리가 있어!

> a couple of　　=　　'둘'을 'two'보다는 이렇게 더 말한다

> River 강 〉 creek 시내 〉 brook 개울 ― 물이 흐르는 곳을 통틀어 stream

Great things may be short on looks.　　/그뤠잇 띵스 메이비 숄트 온 룩쓰/
진정 좋은 것들은 겉모습이 화려하진 않아. (Short on looks = 보여지는 것이 대단하진 않다)

**Look, you have to make mistakes. That's how you learn and that's how
the world works.** /룩 유 해브투 메익 미스테익스. 댓츠 하우 유 런- 앤 댓츠 하우 더 월드
웕쓰/　　야, 실수는 당연한 거야. 실수를 하면서 배우는 거고, 그게 세상이 돌아가는 방법이야.
[Naomi Campbell]

Looking at life from a different perspective
makes you realise that
it's not the deer that is crossing the road,
rather it's the road that is crossing the forest.

세상을 다른 관점에서 바라보면
사슴이 도로를 건너는게 아니라
도로가 숲을 가로지른다는 걸 깨닫는다.

[Muhammad Ali]

**Look up and you will find it —
what is unsought will go undetected.**

구하라 그러면 얻을 것이다.

찾지 않은 것은 눈에 띄지 않는다.

[Sophocles]

see - saw - seen

(깊이) 보다	이해하다 understand	만나다 meet
고려하다 consider	알아보다 try discover	데려다주다 go with

보다

Close your eyes. What do you see? /클로-즈 유얼 아이즈. 왓 두유 씨-?/
눈을 감아봐. 무엇이 보이니?

I see me talking naturally with Caucasians. They should learn Korean one day, how brilliant Sejong the Great was. /아 씨-미 턱킹 내츄럴리 윋 코케이시안쓰. 데이 슈드 런- 커뤼안 원데이 하우 브릴리언트 세종 더 그뤠잇 워즈/ 백인들과 자연스레 얘기하는 내 모습이 보여. 이 사람들은 언젠가 한글을 배워야 해, 세종대왕의 천재성을.

I saw him in my dreams. /아이 쏘- 힘 인마이 드륍-스/ 꿈에서 그를 봤어.

I've seen that before. /아이브 씬- 댓 비포어/ 나 저거 본 적 있어.

I can't see straight. /아 캔ㅌ씨-스트뤠잇/ 제대로 앞을 볼 수가 없어. (취했거나 화났거나 등)

346

It'd be prudent to see how the land lies before you make any solid plans.   /잇운비 프루던투 씨 하우더 랜드 라이즈 비포얼 유메일 애니 쏠리드 플랜스/ 상황이 어떻게 돌아가는지 살핀 뒤에 확실한 계획을 세우는 게 좋아.

see how the land lies   =   행동에 옮기기 전에 상황이 어떤지 미리 알아보다

It has seen better days. But I like it this way.   /잇해즈 씬- 베러 데이즈. 번 아 라잌킷 디쓰웨이/   이거 좀 낡았지. 근데 난 이런 상태가 좋아.

have seen better days   =   오래되어 낡았다

You wouldn't see Jennie for dust. She likes you too much.   /유 우든트 씨 제니 폴 더스트. 쉬 라잌쓔 투- 머취/   제니가 도망가고 없을걸. 걔는 널 너무 좋아해.

not see 누구 for dust   =   누가 무얼 피하기 위해 줄행랑치다

We haven't seen hide nor hair of her.   /위 해븐ㅌ 씬 하이드 놀 헤얼 오브헐/ 그애 코빼기도 못봤어.

not see hide nor hair of 누구   =   누구를 전혀 보지 못하다

I wouldn't be seen dead walking around in pyjamas.   /아 우든ㅌ 비 씬 데- 드 워킹어롸운드 인 퍼자마쓰/   나는 잠옷 입고 밖을 절대로 돌아다니지 못할 거야.

not be seen dead   =   너무 부끄러워서 절대로 하지 않을거다

I would see you in hell before I'd agree to your marriage with that guy. /아운 씨 유 인 헬 비포얼 아드 어그뤼- 투 유얼 매리쥐 윗댓가이/ 그놈이랑 결혼은 내 눈에 흙이 들어가기 전까진 용납할 수 없다.

see 누구 in hell before 무엇   =   누구에게 무엇을 절대로 용납하지 않다
see you in another life   =   우리 앞으로 볼일 없겠지

At the military, I really saw life.   /앳더 밀리터리 아 륄리 쏘- 라이프/ 군대에서 난 인생을 배웠지.

see life   =   다양한 경험을 하다 (산전수전을 겪다)

Those who bully other people make me see red.   /도즈 후 불리 아더 피플 메 잌미 씨- 레-드/   다른 사람을 못살게 구는 사람들을 보면 난 화나.

see red   =   아주 화나다

Only through spending enough time with someone, we can begin to see their true colours. /온리 쓰루 스펜딩 이너프 타임위드 썸원 위 캔 비긴투 씨- 데얼 트루 컬럴쓰/ 누군가와 충분한 시간을 함께 해야만 그 사람의 본색을 알 수 있어.

> see 누구의 true colours = 누구의 본색을 보다

A: I can see myself in it. I will have one of those. /아캔 씨-마이쎌프 인잇. 아일 해브 원오브 도-즈/ 이거 나랑 어울릴 것 같아. 이거 하나 살게요.

B: Let me see the colour of your money first. /렛미 씨 더 컬럴오브유얼 머니 펄스트/ 살 돈이나 있는지 먼저 봅시다.

> see the colour of 누구의 money = 가격을 지불할 수 있는지 확인하다 (UK)

We were glad to see the back of the con man. /위월 글래-투 씨더 백오브더 칸 맨/ 그 사짜 냄새나는 놈이랑 더 이상 엮이지 않게 되어서 우린 살 것 같아.

> see the back of 누구/무엇 = 누구/무엇과 더이상 엮이지 않아도 되어 기쁘다
> con man = confidence man = con artist = 사기꾼

I saw the last of him. /아 쏘- 더 라슷트 오브힘/ 그 남자랑 끝냈어.

> see the last of 누구/무엇 = 누구/무엇을 다시 보지 않다

You might see stars if you hit that with your head. /유 마잇 씨 스탈스 이퓨 힛댓 윋 유얼 헤드/ 거기에 머리를 받히면 너 아마 별을 볼걸.

> see stars = (어디에 머리를 부딪혀서) 별이 보이다

What you see is what you get. /왓츄씨- 이즈 왓츄겟/ 보이는 게 다예요.

> 주로 온라인으로 물건을 거래할 때, 사진으로 보이는대로 받을 것이라는 말.
> Hassle free. 귀찮은 일 없음. (= no inconvenience 불편/어려움/귀찮음 없음)

Eventually, it sees the light of day. /이벤츄얼리 잇 씨즈 더 라잇오브데이/ 드디어 이게 세상에 나오는구나.

> see the light of day = 처음으로 세상의 빛을 보다, 처음으로 보여지다

Perhaps I'm seeing things.   /펄햅쓰 암 씽- 띵스/   아마도 내가 헛것을 보나봐.

　　　seeing things   =   실제로 일어나고 있지 않은데 일어나는 것처럼 상상하다

Art does not reproduce what we see; rather, it makes us see.
/알트 더즈낫 리프로듀쓰 왓 위 씨- 롸더 잇 메잌쓰 어쓰 씨-/
미술은 우리가 보는 것을 복제하지 않는다. 그보다는, 우리가 이해하게 한다. [Paul Klee]

Wow wow, I never thought Kate would do her homework, but seeing is believing!   /와우와우 아네벌쏱-트 케읻트 우드 두 힐 홈월크 벋 씽 이즈 빌리빙!/
우와 이거 좀 봐, 케이트가 숙제를 해 올 줄은 꿈에도 몰랐잖아. 해가 서쪽에서 뜨겠네!

　　　seeing is believing   =   전혀 예상하지 못한 일이 일어났을 때 하는 말

Really? She has done such thing? I need to see it with my own eyes.
/륄리? 쉬스 단 써취 띵? 아니-투 씨잇 윋 마이 오운 아이즈/
진짜 걔가 그런 걸 했단 말이야? 내 눈으로 직접 봐야 믿을 수 있겠어.

　　　see 무엇 with 누구의 own eyes   =   믿기지 않는 무엇을 누가 직접 보다

You see, she has a will to be good at it.   /유 씨- 쉬 해져 윌 투비 굳앳잇/
봐, 그녀는 이걸 잘하고 싶은 의지가 있어.

　　　you see   =   듣는 사람이 이해하길 바라며 하는 말

I see the potential in her.   /아 씨 더 포텐셜 인 헐/   난 그녀에게서 가능성을 봐.

　　　see 무엇 in 누구/무엇2   =   누구/무엇2이 무엇을 갖고 있다고 믿다

We saw the pandemic out and did what we could do in the meantime.
/위 쏘 더 판데믹 아웃 앤 딛 왓 위 쿧 두 인더 민-타임/
전세계적 전염병이 지나가길 기다리는 동안 우린 우리가 할 수 있는 일을 했어.

　　　see 무엇 out   =   어려운 상황이 끝나길 기다리다

I don't want to see any innocent lives suffer or lost, whatsoever.
/아돈트워너 씨 애니 이노쎈트 라이브즈 썹퍼 오얼 로스트 왓쏘에버/
그 어떤 무고한 생명도 고통을 받거나 목숨을 잃게 되는 걸 보고 싶지 않아.

　　　whatsoever   =   at all   =   강조하는 말

All who have accomplished great things have had a great aim, have fixed their gaze on a goal which was high, one which sometimes seemed impossible. /올 후 해브 얼컴플리쉬드 그뤠잇 띵스 해브핻 어 그뤠잇 에임 해브 픽스드 데얼 게이즈 온어 골- 윗치 워즈 하이 원 윗치 썸타임즈 씸드 임파써블/ 위대한 성취를 해낸 모든 이들은 대범한 목표를 품었고, 때로는 불가능해 보였던 높은 목표에 집중했다. [Orison Swett Marden]

> seem 무엇 = 무엇하게 보이다

Rarely encountered are those who we fall for at first sight; and we scarcely forget such people. This is due to the intuition within us. The awe from seeing the golden full moon is our intuition at work. There is a reason for attraction; and the orbit between stars or people hardly changes. A just right amount of pull from each entity is the cause of the persistent distance between them, sharing their fate together despite their apparent differences. /뤠얼리 인카운털드 알도-즈 후위폴-포 앳 펄스트싸잍 앤위 스케얼쓸리 폴겟 써취 피플. 디쓰이즈듀투디 인튜이션 위딘어쓰. 디 어ㅏ-프롬 씽더 골든 풀-문- 이즈아월 인튜이션 앳 월크. 데일이져 뤼-즌 폴 어트뢕션 앤디 올빗 빗트윈 스탈쓰 오얼 피플 하들리 췌인쥐스. 어 져스트롸잇 어마운트오브 풀- 프롬 이취 엔터티 이즈더 코-즈 오브더 펄씨스턴트 디쓰턴쓰 빗트윈뎀 쉐어링 데얼 페잇트 트게더 디스파잇 데얼 어패런트 디퍼런쓰/ 첫눈에 반한 사람은 쉬이 잊혀지지 않는다. 그것은 내 안의 직관 때문. 금빛 보름달을 보고 경외감이 듦은 수만년 동안 달빛을 경외한 내 안의 직관 때문이듯, 끌림엔 이유가 있고, 그렇게 공전의 궤도에 든 별과 별 사이, 사람과 사람 사이는 쉬이 좁혀지지도 멀어지지도 않는다. 이 적당한 끌림이 전혀 달라보이는 별과 행성, 개체와 개체가 그 표면적 다름에도 불구하고 평행을 유지하며 함께 살아가는 이유다.

> rarely / hardly / scarcely = 잘 없는, 흔치 않은, 거의 아닌 (= almost not)
>
> encounter = meet, run into/across, come across, stumble on, bump into = 우연히 마주치다
>
> intuition = 직관, 직감 ↔ intellect (이성, 지성)
>
> be at work = be in action = 작동/작용 중이다
>
> apparent = evident, obvious, clear, noticeable, recognisable, unmistakable = 겉으로 드러나는, 뻔히 보이는 (형용사)

It is during our darkest moments that we must focus to see the light.
/잇이즈 듀-링 아월 달키스트 모먼츠 댓 위 머숫트 포커스 투 씨-더 라잇/
우리가 가장 힘들 때 우린 빛을 보려 노력해야한다. [Aristotle]

Look up in the sky. What do you see?   /룩업 인더스카이. 왓두유 씨-?/
하늘을 봐봐. 뭐가 보이니?

이해하다

I see.   /아이 씨-/   이해해.

Do you see the joke?   /두 유 씨 더 죠크?/   저 농담 이해해? 저 농담 웃겨?

    see the joke (UK)   =   get the joke (US)   =   웃긴 무엇을 이해하다

I see that it's a matter of perceptions.   /아 씨 댓 잇처 매럴오브 펄쎕션쓰/
알거같아, 이건 인식의 문제야.

I don't see the point of doing that.   /아 돈ㅌ 씨-더 포인토브 두잉댓/
저걸 왜 하는지 이해할 수 없어.

Collecting evidences of bullies can make them see reason.
/컬렉팅 에비던쓰스 오브 불리스 캔 메일뎀 씨- 뤼즌/
괴롭힘의 증거자료를 모아두면 그 가해자가 정신을 차리게 할 수 있어.

    see reason/sense   =   잘못을 깨닫고 분별있게 행동하다, 합리적인 판단을 하다
    I explained how it works and they started to see sense.
    이게 어떻게 되는 건지 내가 설명하니 그 사람들도 이를 알아들었어.

I suddenly saw the light. It all made sense to me.   /아이 써든리 쏘- 더 라
잇. 잇 올 메이드 쎈스 투미/   갑자기 이해가 됐어. 모든 게 퍼즐처럼 들어맞았지.

    see the light   =   지금까지 이해하지 못했던 것을 갑자기 이해하다
    make sense   =   분명하게 이해할 수 있다

They didn't see the need to improve upon it.   /데이 디든 씨 더 니-드투 임프
루브 업폰잇/   그 사람들은 여기서 더 개선할 필요를 못 본 것 같아.

351

When I see people thoughtlessly wasting paper, it makes me think they can't see the wood for the trees. /웬아씨-피플 쏠리쓸리 웨이스팅 페이퍼 잇메이쿠 미 띵크 데이 칸ㅌ 씨-더 우-드포더 트뤼-스/　사람들이 생각없이 종이를 낭비하는 걸 보면 나무를 보고 숲을 보지 못하는 것 같아. (나무를 베면 기후가 변하고 그러면 재해가 오게 된다.)

　　　　can't see the wood for the trees (UK)　=　can't see the forest for the trees (US)
　　　　=　　작은 디테일에 빠져 큰그림을 못 보다

People are oblivious to the rising temperatures of Earth, while eating hanwoo, driving big cars, doing daily facial masks and using hand wipes which are made of plastics—they can't see beyond the end of their noses. /피플 알 오블리비어쓰 투더 롸이징 템퍼러철스 오브 어-쓰 와일 이-팅 한 우 드롸이빙 빅 칼쓰 두잉 데일리 페이셜 마슥쓰 앤 유징 핸드와잎쓰 위치알 메이도브 플라스틱 쓰 데이 캔ㅌ 씨-비욘디 엔도브 데얼 노-즈스/　사람들은 한우를 먹고, 큰 차를 타고, 플라스틱으로 만들어진 팩으로 1일 1팩을 하고 플라스틱으로 만들어진 물티슈를 쓰며 자기들이 지구 의 온도를 높이고 있는 것은 인지하지 못해. 자기 자신에 빠져 그 밖의 것들은 알아채지 못하지.

　　　　can't see beyond the end of 누구의 nose　=　can't see further than 누구의 nose
　　　　=　　누구 자신에게 심취해 다른 것들은 알아채지 못하다

I see what you mean. /아 씨- 왓츄민-/　네가 하는 말이 무슨 말인지 이해해했어.

If you want to see the true measure of a man, watch how he treats his inferiors, not his equals. /이퓨 워너 씨- 더 트루 메졀 오브어 맨 왓취 하우 히 트 륏츠 히즈 인피리어리얼쓰 낫 히즈 이퀄쓰/　어떤 사람의 진가를 알고 싶다면, 그 사람이 아 랫사람을 어떻게 대하는지를 유심히 보면 알 수 있다. [J. K. Rowling]

I can't see what difference it makes to just do it now and learn on the way instead of waiting until I become wiser. You have to do it now and not be afraid of making mistakes in order to learn, which makes you wiser. Life's short, and it's now or never. /아 칸ㅌ 씨- 왓 디퍼런쓰 잇 메이쿠 투 져스트 두잇나우 앤 런- 온더 웨이 인스테도브 웨이팅 언틸 아비컴 와이져. 유 해브투 두잇나 우 앤 낫 비 어프레이드 오브 메이킹 미스테잌쓰 인오더투 런- 윗치 메이쿠 유 와이져. 라잎쓰 쑐트 앤 잇츠 나우 오얼 네버/　지금 바로 시작해서 하면서 배우는거랑, 내가 현명해질 때까 지 기다리는 것의 차이를 모르겠어. 그냥 지금 해버리고 실수를 두려워하지 않아야 배울 수 있잖 아? 그래야 현명해질 수 있고. 인생은 짧아. 지금이 아니면 평생 아닌거야.

Painting is a blind man's profession. He paints not what he sees, but what he feels, what he tells himself about what he has seen. /페인팅 이져 블라인드 맨즈 프로페션. 히 페인츠 낫 왓 히 씨-즈 벋 왓 히 필-즈 왓 히 텔즈 힘쎌프 어바웃 왓 히 해즈 씬-/ 화가는 눈먼 자의 직업이다. 화가는 그가 보는 것을 그리지 않고, 그가 느끼고 그가 보았던 것을 그 자신에게 말하듯 그린다. [Pablo Picasso]

Always continue walking a lot and loving nature, for that's the real way to learn to understand art better and better. Painters understand nature and love it, and teach us to see. /올웨이즈 컨티뉴 워킹어랏 앤 러빙네이쳐 폴댓츠 더 뤼얼웨이 투 런- 투 언덜스탠드 알트 베럴앤베러. 페인틸쓰 언덜스탠드 네이쳐 앤 러브잇 앤 티-취어쓰 투 씨-/ 언제나 많이 걷고 자연을 사랑하라, 그게 미술을 더 잘 이해하는 법을 배우는 진짜 방법이니까. 화가들은 자연을 사랑하고 이해하며, 우리에게 그 사랑과 이해를 알 수 있게 가르쳐준다. [Vincent van Gogh, Jan 1874]

Talent hits a target no one else can hit. Genius hits a target no one else can see. /탤런트 힛츠어 탈겟 노 원 엘쓰 캔 힛. 지니어쓰 힛츠어 탈겟 노 원 엘쓰 캔 씨-/ 재능은 아무도 달성하지 못하는 목표를 달성한다. 천재는 아무도 보지 못하는 목표를 적중한다. [Arthur Schopenhauer]

만나다

See ya! = **See you!** /씨- 야!/ 또 봐! (= bye)

I'm seeing friends this weekend. /암 씽- 프렌즈 디쓰 윜켄드/ 나 주말에 친구만나.

I'm seeing someone. /암 씽- 썸원/ 나 만나는 사람 있어. (사귀는 사람 있어)

How long have you been seeing him? /하우 롱 해뷰빈 씽- 힘?/ 그 사람이랑 얼마나 만났어?

Mingyeong and Haeri see a lot of one another. /민경 앤 해리 씨 어랏오브 원 어나더/ 민경이랑 해리는 서로 굉장히 자주 만나. (one another = each other)

I don't bother seeing in the New Year. I find it silly. Time is relative! /아돈트 바더 씽 인더 뉴 이어. 아 파인딧 씰리. 타임 이즈 렐러티브!/ 12월 31일에 카운트다운을 해서 새해를 맞는 것엔 별로 관심없어. 어리석은 짓인거 같아. 시간은 장소마다 다르잖아!

The Internet allows us to see the world without getting on an airplane.
/디인털넷 얼라우즈어쓰 투씨-더월드 위다웃 겟팅온언 에얼플레인/   인터넷은 비행기를 타지 않고도 세계 방방곳곳을 여행할 수 있게 해. (see the world = travel around the world)

고려하다

We'll see.   /윌 씨-/   두고 보자. 좀 더 지켜보자.

will (have to) see   =   나중에 판단하자

We'll see about that.   /위일 씨 어바웃 댓/   저거 내가 가만두지 않겠어.

We will (soon) see about that   =   합당하지 않은 일에 화나서 그걸 막으려 하다

I will see what I can do.   /아윌씨- 왓아캔 두/   내가 할 수 있는 걸 알아볼게.

The way I see it, now is the moment we live.   /더웨이 아 씨잇 나우 이즈더 모먼트 위 리브/   내가 보기엔 지금이 바로 우리가 살아있는 그 순간이야. (지금을 살아.)

He doesn't see eye to eye with me about the matter.   /히 더즌트 씨- 아이투 아이 윗미 어바웃 더 매러/   그 문제에 대해서 그는 나랑 확실하게 동의하지 않아.

see eye to eye   =   두 사람이 서로 동의하다

Can you see your way to lending me your 3D printer?   /캔유씨- 유얼 웨이 투 렌딩미 유얼 쓰리디 프린터?/   나에게 3D 프린터 빌려줄 수 있어?

see your way (clear) to doing 무엇   =   무엇을 하는데 동의하다

I saw fit to quit school and study abroad.   /아 쏘- 핏 투 큇 스쿨 앤 스터디 어브로-드/   학교를 자퇴하고 유학을 가는 게 옳다고 생각했습니다.

see fit   =   무얼 하는게 필요하다고 생각하다 (격식을 갖춘 정중한 말)

알아보다

Everything has beauty. But not everyone sees it.   /에브리띵 해즈 뷰-티. 벗 낫 에브리원 씨-즈잇/   모든 존재는 아름답다. 다만, 모두가 그를 알아보진 못할 뿐이다.

I didn't see it coming. /아 디든ㅌ 씨-잇 커밍/ 이런 일이 일어날거라 예상치 못했어.

       see 무엇 coming　　=　　무엇이 일어날 것을 예상하다

He has piercing eyes that look like he sees through your intentions.
/히 해즈 피얼씽 아이즈 댓 룩 라일 히 씨-즈 쓰루 유얼 인텐션쓰/
그는 사람들의 속내를 꿰뚫어보는 듯한 날카로운 눈을 지녔어.

       see through 누구/무엇　　=　　누구/무엇을 꿰뚫어보다, 속셈을 알아보다

See if there's a loophole. /씨- 이프데얼즈어 룹-홀/ 법에 구멍이 있나 잘 살펴봐.

데려다주다

I'll see you off to the station. /아일 씨유 오프 투더 스테이션/ 역까지 바래다줄게.

       see 누구 off　　=　　누구를 배웅하다

I will see you out. This building is complicated. /아윌 씨유 아웃. 디쓰 빌딩
이즈 캄플리케이티드/ 입구까지 데려다줄게. 이 건물은 좀 복잡하거든.

       see/show 누구 out　　=　　공간의 손님을 문앞까지 배웅해주다
       see oneself out　　=　　혼자 나가다 (I'll see myself out. 내가 알아서 나갈게.)

Go to the Information Desk - the lady will see you right.
/고루디 인폴메이션 데스크 더 레이디 윌 씨유 롸잇/
안내소로 가보세요 - 그 곳의 여자분이 잘 도와드릴겁니다.

       see 누구 right　　=　　누가 제대로 도움받다

Margaret saw me through my reckless adventures. /마가렛 쏘- 미 쓰루
마이 뤠클리쓰 어드벤철쓰/ 마가렛은 나의 무모한 도전들을 지켜보고 도와주었지.

       see 누구 through 무엇　　=　　누구의 힘든 시기를 도와주다

**I haven't finished much in my life. So I am determined to see it
through.** /아 해븐ㅌ 피니쉬드 머취 인마이 라이프. 쏘 아엠 디털민투 씨잇 쓰루-/
난 내 인생에서 뭘 제대로 끝내본 적이 없어. 그래서 이것만큼은 끝까지 해볼 거야.

       see 무엇 through　　=　　무슨 일이 끝날 때까지 어렵더라도 계속 하다
       see 무엇 is done　　=　　무엇이 끝나는 걸 보다, 완성되길 확실히 하다

When I look up in the sky, I see stars.

I see how unfathomable the space is

and how absurd we are.

하늘을 올려보면 난, 별이 보여.
이 우주가 얼마나 헤아릴 수 없게 장엄한지
우리가 얼마나 보잘것없는지 깨달아.

Two things awe me most, the starry sky above me and the moral law within me.
내게 경외감을 주는 것은 두 가지인데, 하나는 별이 빛나는 하늘이고 다른 하나는 내 안의 도덕이다.

[Immanuel Kant]

**It's not what you look at that matters;
it's what you see.**

네가 무엇을 보느냐가 중요한 게 아니야.
얼마큼 알아보느냐지.

[Henry David Thoreau]

watch - watched - watched

(일정시간 동안 **조심하다**
움직이는 것을) 보다

보다

I'm watching OREX on YouTube. /암 왓칭 오렉쓰온 유-튭/ 오렉스 유튜브 보는 중.

He is watching me. /히즈 왓칭 미/ 그 남자가 날 지켜보고 있어요.

I got the feeling that I was being watched. /아갓더 필링 댓 아워즈 빙 왓취드/
누군가 나를 지켜보는 느낌이 들었어.

When I'm down, I sit by the window and watch the world go by. /웬암
다운 아씻 바이더 윈도우 앤 왓취 더 월드 고바이/ 난 울적할 때 창가에 앉아 사람들을 지켜봐.

> I'm down = 1. I want to, 2. I am sad = 1. 하고 싶어, 2. 슬퍼
> "Shall we go swimming?" "I'm down for it." "수영하러 갈래?" "좋아 그러자."
> watch the world go by = 사람들이 지나가는 걸 보다

**When I eat alone, I watch YouTube. There're more watchable stuff on
it than the telly. But it's a great time-waster, I must admit.** /웬아 잇 얼
론 아 왓취 유-튜브. 데얼알 모얼 왓쳐블 스터프 온잇 댄더 텔리. 벋 잇처 그뤠잇 타임웨이스터
아이 머스트 어드밋/ 혼자 밥 먹을 때 난 유튜브를 봐. 텔레비전보다 더 볼만한 게 많거든.
그런데 사실 이거 엄청 시간낭비긴 해.

358

Would you want to watch the sunset this evening?   /우쥬워너 왓취더 썬쎗 디쓰 이브닝?/   오늘 저녁에 저녁놀 볼래?

Nah, I would rather watch paint dry.   /나- 아우드 라더 왓취 페인트 드롸이/   아니, 차라리 멍때릴래.

> watch paint dry / watch grass grow   =   아주 지루한 일이라고 생각한다는 말

Can you watch over my kids for a couple of hours? I need to see someone.
/캔유 왓취 오벌 마이 킻즈 폴어 커플오브아월스? 아니-투 씨 썸원/
우리 애들 좀 두 시간만 봐줄래? 누굴 좀 만나봐야하거든.

> watch over 누구   =   누구를 안전하게 지켜주다

Watch how this watchband fastens.   /왓취 하우 디쓰 왓취밴드 파쓴스/
이 시곗줄이 어떻게 조여지는지 보세요.

She keeps a watchful eye on her boyfriend.   /쉬 킵쓰어 왓취풀 아이 온헐 보이프렌드/   걔는 남자친구를 지켜보는 중이야.

> watchful   =   주의를 기울여 문제가 발생하면 해결할 준비가 되어 있는 상태 (형용사)

Under the watchful eye of mum, I did pretty well in school.   /언덜더 왓취풀 아이 오브 맘 아 딛 프리티 웰 인 스쿨/   엄마의 감독 아래 난 공부를 꽤 잘했어.

> do well in school   =   학교 공부를 잘 하다

At a military base, soldiers keep a close watch on the comings and goings of everyone. And all soldiers get to do the night watch.
/앳어 밀리터리 베이쓰 쏠졀쓰 킵- 어 클로즈 왓취 온더 커밍쓰 앤 고잉쓰 오브 에브리원. 앤 올 쏠졀쓰 겟투 두더 나잇 왓취/   군부대에서 군인들은 오가는 사람들을 예의주시해.
그리고 모든 군인들이 야간경계근무를 서.

Keep a watch out for Kate. She should be here somewhere.   /킵어 왓취 아웃 포 케이트. 쉬 슈드비 히얼 썸웨어/   케이트가 오나 계속 지켜봐. 근처에 있을거야.

> a watch out   =   누군가나 무엇을 계속 찾는 일

Could you watch my bag for me, while I go to the loo? /쿠쥬 왓취 마이
백 폴미 와일 아이 고투더 루-?/   나 화장실 다녀올 동안 내 가방좀 봐줄래?

> Loo는 영국 속어로 'lavatory(UK) / toilet(US)'. 프랑스어 'gardez l'eau (watch out
> for the water)'에서 왔다. 500년에서 1500년 사이 중세시대 사람들은 방 안의 요강같
> 은 단지에 밤동안 볼일을 보고 아침에 창문 밖으로 부었는데, 거리를 지나는 사람들에게
> 이 물을 맞지 말라고 소리치던 말이다.

조심하다

Watch your language!   /왓취 유얼 랭귀지!/   말좀 곱게 쓸래?

Watch your step.   /왓취 유얼 스텝/   발 조심해.

> watch your step (US)   =   mind your step (UK)

Watch it—you nearly hit my eye with that thing!   /왓취 잇 유 니얼리 힛마
이 아이 윌댓띵!/   조심해—그걸로 내 눈을 칠 뻔 했잖아!

I have to watch my back at work. It's like the Running Man.   /아이 해브
투 워치마이백 앳 월크. 잇츠라잌더 러닝맨/   우리 업계에선 뒤를 조심해야돼. 런닝맨처럼.

> watch 누구의 back   =   누가 다른 사람들로부터 해를 당하지 않게 조심하다

I'm on a diet, as I have to watch my weight.   /암온어 다이엇 애쟈이 해브투
왓취 마이 웨잍/   나 다이어트 식단 중이야. 몸무게가 늘어나면 안되거든.

Watch (that) you don't get paper cuts from the box.   /왓취 유 돈ㅌ 겟 페이
퍼컷츠 프롬더 박쓰/   상자에 손을 베이지 않게 조심해.

You need to watch the second-hand dealers. /유니-투 왓취 더 쎄컨핸드 딜럴쓰/
중고상들을 조심해야해.

Watch the mozzies. They killed more men than anything else in history.
/왓취 더 모찌스. 데이 킬드 모얼 멘 댄 애니띵 엘쓰 인 히스토리/
모기 조심해. 역사상 사람을 가장 많이 죽인 녀석들이라고.

Just turn your brain off and mimic what they say. Watch what happens.

생각하지 말고 그들이 하는 말의
소리를 흉내 내봐.
그러면 어느 날 영어를 하게 될 거야.

show

show - showed - shown

보여주다	설명하다	증명하다
be seen	explain	prove
appear	demonstrate	

표현하다	눈에 띄다	전시 / 공연하다
express	noticeable	exhibit
		display

보여주다

He showed off his new ride.   /히 쑈드오프 히즈 뉴 롸이드/

걔 새로 뽑은 차 자랑하더라.

show off   =   자랑하다 (남들이 언짢아지게), 과시하다, 뽐내다

She was always showing off her flashy buys on social media and ended up losing her reputation. It was too late when she realised reputation is everything. 걔는 맨날 SNS에 자기가 산 비싼 물건들을 자랑질하더니 결국엔 평판이 나빠졌어. 평판이 전부라는걸 깨달았을 땐 이미 너무 늦었지.

She's such a show-off.   /쉬즈 써쳐 쑈오프/   걔 완전 관종이야.

show-off   =   습관적으로 관심받기를 좋아하는 사람

Gosh, she's a show-stopper.   /가쉬- 쉬겨 쑈 스탑퍼/   우와 저 언니 완전 인싸다.

    show-stopper   =   누가 파티에 입장했는데 너무 멋져서 사람들이 그 사람만 쳐다
볼 때—그런 사람을 일컫는 신조어

He showed up late.   /히 쑈드업 레잇/   그 녀석 늦게 나왔어.

    show up   =   나타나다 (주로 약속장소에 늦게 나타나거나 안 나타날 때)
    I invited 30 people, but a third of them didn't show up.
    서른 명을 초대했는데 3분의 1은 오지 않았어.

He showed me up in front of my parents by saying unnecessary things.
/히 쑈드미업 인프론트오브 마이 패런츠 바이 쎄잉 언네쎄서리 띵스/
그 남자는 우리 부모님 앞에서 쓸데없는 말로 내게 부끄러움을 줬어.

    show 누구 up   =   embarrass   =   함께 있는 누가 부끄럽게 행동하다

Let me know when you are coming to Seoul. I'll show you around.
/렛 미 노- 웬 유알 커밍투 서울. 아일 쑈유 어롸운드/   서울에 올 때 알려줘. 구경시켜줄게.

    show 누구 around (무엇)   =   누구에게 무엇을 구경시켜주다

Tesla has shown the way forward on electric cars.   /테슬라 해즈 쑈운 더
웨이 포워드 온 일렉트릭 칼스/   테슬라는 전기차 대중화의 선구자야.

    show 누구 the way   =   최초로 무엇을 시현하여 남들이 따라할 수 있게 하다

She made a show of reaching for her wallet at the counter.   /쉬 메이더
쑈 오브 뤼-칭 포헐 월렛 앳더 카운터/   계산대에서 그녀는 지갑을 꺼내는 척 했어.

Does this really work, or is it just for show?   /더즈디쓰 륄리 월크 오얼 이즈
잇 져스트 포 쑈?/   이거 진짜 작동하는거야 아니면 그냥 보여주기 위한거야?

It's all show and no go.   /잇츠 올 쑈 앤 노 고/   이거 겉만 그럴싸하고 속은 비었어.
(보기엔 좋은데 제대로 작동은 안 해.)

His specs are for show, so he can look smarter.   /히즈 스펙쓰알 폴 쑈 쏘히캔
룩 스말터/   쟤 안경은 그냥 똑똑해 보이기 위한 가짜야.

    be for show   =   그냥 보여주기 위한 것이고 진짜(genuine/authentic)가 아니다

I think we're ready to get this show on the road. /아띵크 위알 뤠디투 겟디 쓰 쑈 온더 로-드/ 이제 이걸 시작할 준비가 된 것 같아.

I have self-doubt. I have insecurity. I have fear of failure. I have nights when I show up at the arena and I'm like, 'My back hurts; my feet hurt; my knees hurt; I don't have it, I just want to chill.' We all have self-doubt. You don't deny it, but you also don't capitulate to it. You embrace it. /아이해브 쎌프다웃. 아해브 인씨큐러티. 아해브 피얼오브 페일류어. 아이브 나잇츠 웬아쑈업 앳디 아뤼-나 앤암라익 마이백 헐츠 마이핕 헐트 마이 니-즈 헐트 아돈ㅌ해빗 아져스트 워너 칠-. 위올 해브 쎌프다웃. 유돈ㅌ 디나이 잇 벋 유올쏘 돈ㅌ 커피츌레잇 투잇. 유 임브레이쓰잇/ 나도 자신감을 잃을 때가 있어. 나도 불안해. 나도 실패에 대한 두려움이 있어. 나도 경기장에 들어서며 '허리가 아프네, 발이 아프네, 무릎이 아프네, 뭐가 없네, 그냥 쉬고 싶다'하는 순간들이 있지. 우리 모두는 그럴 때가 있어. 아닌 척 하지 말고, 굴복하지도 마. 받아들여.

[Kobe Bryant]

설명하다

Could you show me the way to Starfield Library? /쿠쥬 쑈미 더 웨이투 스탈 필드 라이브러리?/ 별마당 도서관으로 가는 길 좀 알려주시겠어요?

Can you show me how it works? /캔 유 쑈미 하우 잇 웕쓰?/ 이거 어떻게 작동되는지 알려줄 수 있어?

Let me show you what I mean by that. /렛미 쑈유 왓아이 민- 바이댓/ 내 말이 무슨 의미인지 보여줄게.

Show me what you want. /쑈 미 왓츄 원트/ 네가 원하는 걸 보여줘봐.

We went to the show home last week, and it was okay. /위 웬투더 쑈 홈 라슷트 윅 앤 잇워즈 오케이/ 지난 주에 우린 모델하우스에 다녀왔는데, 그럭저럭 괜찮았어.

show home/house (UK) = model house (US) = 모델하우스

For every one of us that succeeds, it's because there's somebody there to show you the way out. /폴 에브리 원오브 어쓰 댓 썩씨-즈 잇츠 비코-즈 데얼즈 썸바디 데얼 투 쑈유 더 웨이 아웃/ 성공을 이뤄내는 모든 사람에게 그 성공이 가능한 이유는, 그 사람에게 방법을 알려주는 사람이 있기 때문이다. [Oprah Winfrey]

Show the new guy the ropes.   /쑈 더 뉴가이 더 롭-스/
새로 온 직원에게 일 좀 가르쳐줘.

> show 누구 the ropes   =   누구에게 일/활동을 어떻게 하는지 설명하다

증명하다

Your work shows you are good.   /유얼 월크 쑈즈 유알 굳/
너의 작업이 네가 잘 한다는 걸 증명하네.

His success just goes to show that contents are what matters.
/히즈 썩쎄-쓰 져스트 고즈투 쑈댓 칸텐츠 알 왓 매럴쓰/
그의 성공은 진짜 중요한 것은 알맹이라는 걸 증명해.

> just goes to show   =   사실임을 증명하다

Your choices in life show who you are.   /유얼 쵸이쓰스 인 라이프 쑈 후 유 알/
인생에서 너의 선택들이 네가 어떤 사람인지를 보여주지.

Stop showboating and show us what you really can do.   /스탑 쑈보-팅
앤 쑈어쓰 왓츄 륄리 캔 두/   묘기 그만 부리고 너의 진짜 실력을 보여줘.

> showboating   =   거슬리는 행동 (주로 스포츠에서, 보여주기 위한 기교)

Words may show a man's wit, but actions his meaning.
/월즈 메이 쑈 어 맨즈 윗 벋 액쎤스 히즈 미-닝/
말은 그 사람의 지성을 보여주나, 행동은 그 의미를 보여준다. [Benjamin Franklin]

When I get on stage, my first goal is not to show my expertise, but on the contrary, to give a bit of happiness, of joy, of cheerfulness. I am firmly convinced that in order to sing well, you must love your neighbour and be passionate about life.   /웬 아이 겟온 스테이지 마이 펄스트 골 이즈 낫투 쑈 마이 엑스펄티-즈 벋 온더 칸트라리 투 기-브 어빗오브 해피니쓰 오브 죠이 오브 취얼풀니-쓰. 아엠 퓜리 컨빈쓰드 댓 인오더투 씽 웰 유 머스트 러브 유얼 네이붤 앤 비 패써닛 어바웃 라이프/   무대에 올라갈 때 내 첫 번째 목표는 나의 전문성을 보여주는게 아니에요. 반면 즐겁고 밝은 기운을 전해주는 것이죠. 노래를 잘하기 위해선 내 이웃과 인생을 사랑해야 한다고 나는 굳게 믿어요. [Andrea Bocelli]

표현하다

Friends show their love in times of trouble, not in happiness.
/프렌즈 쑈 데얼 러브 인 타임스 오브 트러블 낫 인 해피니쓰/
진정한 친구는 행복할 때가 아니라 어려울 때 정을 나누지. [Euripides]

It shows how much you love them.　/잇 쑈-즈 하우 머취 유 러-브뎀/
이게 네가 그 사람들을 얼마나 사랑하는지 보여주는 것 같아.

I have no idea how to show my gratitude for your help.　/아 해브 노 아이
디아 하우투 쑈 마이 그래티튜드 폴 유얼 헬프/　어떻게 감사를 표해야 할 지 모르겠네요.

I went to dad's office to borrow some money and he showed me the door.
/아 웬투 대-즈 오피스 투 바로우 썸 머니 앤 히 쑈드미 더 도얼/
아빠 사무실에 가서 돈을 빌려달라고 했는데 아빠가 됐다고 하셨어.

>　　show 누구 the door　　=　　누구에게 나가라고 분명히 표현하다

We made a compromise by a show of hands.　/위 메이더 캄프로마이즈 바이
어 쑈 오브 핸즈/　우린 손을 들어서 타협안을 결정했어.

>　　show of hands　　=　　여럿이 있을 때 손을 들어서 의사를 표현하는 일

Show respect to all people, but grovel to none. /쑈 뤼스펙투 올 피플 벋 그러블
투 난/　모든 사람을 존중하라, 그러나 그 누구에도 굽실대지는 말라. [Tecumseh]

눈에 띄다

Does it show?　/더즈 잇 쑈?/　티나?

It shows that you lack magnesium.　/잇 쑈-즈댓 유 랙 마그니-지움/
(눈 밑이 떨리는 걸 보니) 너 마그네슘이 부족한 게 보여.

**I know you've been on this for a while. Have you got anything to show
for it?**　/아 노우 유브빈 온 디쓰 폴어 와일. 해뷰갓 애니띵 투 쑈 폴잇?/
네가 이 일에 매진해 온 거 나는 잘 알지. 뭔가 보여줄 만한거 없어?

He shamelessly showed his face despite the scandal.
/히 셰임리쓸리 쑈드 히즈 페이스 디스파잇 더 스캔들/
그 녀석은 뻔뻔하게도 스캔들에도 불구하고 사람들에게 얼굴을 내비췄어.

> show 누구의 face　　=　　잘못을 해서 자숙해야 할 때에 사람들 앞에 나타나다

She made a great show of sighing, to show how annoyed she was at having to do it again.　/쉬 메이더 그뤠잇 쑈오브 싸잉 투 쑈 하우 어노이드 쉬워즈 앳 해빙투 두잇 어게인/　갠 그 일을 다시 해야 하는 짜증을 티내려고 대놓고 크게 한숨을 쉬었어.

> make a great show of 무엇　　=　　무엇을 굉장히 드러내보이며 하다

전시 / 공연하다

I'm doing a show.　/암 두잉어 쑈-/　나 전시/공연해.

Most artists show their works in galleries.　/모슷트 알티스츠 쑈 데얼 웕쓰 인 갤러리즈/　대부분의 미술작가들은 갤러리를 통해 자신의 작품을 전시해.

Fame comes with responsibilities in show business.　/페임 컴즈 위드 뤼스 판서빌리티즈 인 쑈 비즈니쓰/　연예계에서 유명해지면 그만큼의 책임 또한 따라오지.

> show business　=　entertainment business　=　영화/음악 등의 대중 예술산업, 대중을 위한 오락산업, 연예계

Some articles show people in a bad light.　/썸 알티클스 쑈 피플 인어 배드 라잇/
일부 기사들은 사람들을 나쁜 사람처럼 보이게 해.

> show 누구 in a bad light　　=　　누구를 좋지 않아 보이게 하다

She works as an interpreter at the trade show.　/쉬 웕쓰 애젼 인터-프리터 앳더 트뤠이드 쑈/　그 여자는 박람회에서 통역사로 일해.

Works of Korean dansaekhwa artists are currently on show at Galerie Perrotin.　/웕쓰 오브 커뤼안 단색화 알티스츠 알 커뤤틀리 온 쑈 앳 갤러리 페로탱/
한국의 단색화 작가들의 작품들이 페로탱 갤러리에서 지금 전시 중이다.

> on show　=　사람들이 볼 수 있게 전시 중이다

hear - heard - heard

들리다   (말/정보를) 듣다

Hear와 Listen은 비슷하지만 다르다. Hear는 저절로 들리는 상황이고,
Listen은 의식적으로 듣는 행동이다.

I hear you.   /아이 히얼 유/   네 목소리 들려.

I can't hear you. Can you speak up?   /아캔ㅌ히얼유. 캔유스픽업?/
잘 안 들려. 크게 좀 말해줄래?

Can you hear this noise?   /캔유 히얼 디쓰 노이즈?/   이 소리 들려?

I can't hear myself think.   /아캔ㅌ 히얼마이쎌프 띵크/   시끄러워서 생각할 수가 없네.

I could hear someone calling my name.   /아쿧 히얼 썸원 콜링마이 네임/
누가 내 이름 부르는걸 들었어.

Keep a personal space, do you hear?   /킵어 펄쓰널 스페이쓰 두유히어?/
너무 가까이 오지마, 알겠니?

I wanted to pay but he wouldn't hear of it.   /아 원티투 페이 벋히 우든ㅌ 히얼
오빗/   내가 계산하고 싶었는데 그가 절대 하지 못하게 했어.

I'd love to hear more from you.   /아드러브투 히어 모얼프롬유/   네 소식 더 듣고 싶어.

368

I don't want to hear about it. /아돈ㅌ워너 히얼어바우릿/ 그거 더이상 듣고 싶지 않아.

I haven't heard from her for ages. /아해븐ㅌ 헐드프롬헐 폴 에이쥐스/
걔 소식 안 들은지 너무 오래됐어.

hear from 누구 = 누구로부터 소식을 듣다

Do you hear from Kiley much these days? 요즘 카일리 소식 들었어?
I'm still waiting to hear from them. 아직 거기 연락 기다리는 중이야.
Wait until you hear from them before making a decision.
결정을 내리기 전에 연락을 기다려봐.

I hear that you've started a business. /아히얼댓 유브 스탈티드어 비즈니쓰/
너 사업 시작했다고 들었어.

Hear me out. /히얼미 아웃/ 내 말좀 끝까지 들어.

At least hear me out before making up your mind.
결정하기 전에 적어도 내 말을 들어봐.

Have you heard what's happened? /해뷰헐드 왓츠 해픈드?/
무슨 일이 일어났는지 들었어?

Most people have never heard of it, but saving energy is our best chance of survival. /모슷트 피플 해브 네버 헐도빗 벋 쎄이빙 에널쥐 이즈아월 베슷트 챈쓰 오브 썰바이벌/ 대부분의 사람들은 들어보지 못했겠지만, 우리가 생존할 수 있는 최선의 방법은 에너지를 아끼는거야. (석탄화력발전과 자동차, 배, 비행기의 연소가 지구의 온도를 높이니까.)

He has offered to empty the bins—I must be hearing things. /히즈 오펄 투 엠티더 빈스 아머슷비 히어링 띵스/ 그가 휴지통을 비워주겠다고 했어. 환청이 들리나아~

If she gets the job, we'll never hear the end of it. /이프쉬 겟츠더 잡 위일 네버히얼디 엔도빗/ 걔가 그 회사에 취직하면 우린 그 자랑을 귀가 닳도록 듣겠지.

Do I hear wedding bells? /두아히얼 웨딩벨스?/ 너네 결혼하니?

His ex turned up at the wedding. Honestly, you could have heard a pin drop. /히즈 엑쓰 턴덥 앳더 웨딩. 아니쓸리 유쿠드해브헐더 핀 드랍/
걔 전여친이 결혼식에 왔대. 바늘 떨어지는 소리도 들리겠다야.

LISTEN

listen - listened - listened

귀기울여 듣다

언어를 배우는 첫 번째 원칙은 귀기울여 듣기다. 언어학자 Stephen Krashen은 이를 'comprehensible input(이해할 수 있는 입력데이터)'이라고 불렀는데, 쉬운 말로, 쓰이는 말을 아는 것이다. 쓰이는 말, 영어다운 영어 문장들을 알면 영어가 들리지 않을 수가 없다.

Listen to me. /리쓴투미/ 내 말을 잘 들어.

What kind of music do you listen to? /왓카인도브뮤직 두유 리쓴투?/ 어떤 음악 들어?

Listen, it's not your fault. /리쓴 잇츠낫 유얼 폴트/ 들어봐, 이건 네 잘못이 아냐.

He was listening in on our conversations. /히워즈 리쓰닝인 온아월 칸벌쩨이션쓰/ 그 남자 우리 대화를 엿듣고 있었어.

    listen in on 누구/무엇 = 누구/무엇을 엿듣다

Can you listen out for the phone while I take a shower? /캔유 리쓴아웃 포더 폰 와일 아테잌어 샤워?/ 나 샤워하는 동안 전화벨 울리는지 좀 들어줄래?

    listen out for 무엇 = 곧 들려올 무엇의 소리를 들으려하다

He won't listen to reason. /히 원ㅌ 리쓴투 리-즌/ 그는 충고를 듣지 않으려 해.

    listen to reason = see reason = 충고를 듣고 그를 따르다

370

Listen to many, speak to a few. /리쓴 투 매니 스픽투 어퓨/
많은 사람들의 말을 경청하고, 소수에게만 말을 하라. [William Shakespeare]

If you wish to know the mind of a man, listen to his words. /이퓨 위시 투 노- 더 마인드오브어 맨 리쓴투 히즈 월즈/ 어떤 사람의 정신세계를 알고 싶다면, 그 사람의 단어를 잘 들으라. [Johann Wolfgang von Goethe]

Listen with your eyes for feelings. /리쓴 위듀얼 아이즈 포 필링즈/
눈으로 감정을 들어라. [Stephen Covey]

It is not the language of painters but the language of nature which one should listen to, the feeling for the things themselves, for reality is more important than the feeling for pictures. /잇츠낫더 랭귀지 오브 페인털쓰 번더 랭귀지 오브 네이쳐 위치 원슈드 리쓴투 더필링포더띵스 뎀쎌브즈 포 뤼앨리티이즈 모어임폴턴트 댄더 필링 포 픽쳘쓰/ 화가의 시각적 언어가 아니라, 자연의 언어, 그 본연의 느낌을 들어야 한다. 그림의 느낌보다 자연의 본성이 더 중요하니까. [Vincent van Gogh]

Listen with the intent to understand, not the intent to reply. /리쓴 윋 디 인텐투 언덜스탠드 낫디 인텐투 뤼플라이/ 답하려 듣지 말고, 이해하기 위해 들으라.

Talk to a man about himself and he will listen for hours. /톡투어맨 어바웃 힘쎌프 앤히윌 리쓴포 아월쓰/ 듣는 사람 본인에 대한 이야기를 하면 몇 시간이고 네 말을 들을 것이다. [Benjamin Disraeli]

When you watch English films, listen to the film without subtitles. It may take several months to years, depending on people, to understand. But this is how we learn a language. Turn off subtitles.
/웬유 워취 잉글리쉬 핌쓰 리쓴 투더 핌 위다웃 썹타이틀쓰. 잇메이테잌 쎄브럴 먼-쓰 투 이얼쓰 디펜딩온 피플 투 언덜스탠드. 벋 디쓰이즈 하우 위 런어 랭귀지. 턴 오프 썹타이틀쓰/
영어 영화를 볼 때 자막 없이 들어야 해. 이해하는데 사람마다 다르게 몇 달에서 몇 년이 걸리는데, **이게 바로 인간이 언어를 습득하는 원리야.**(직관의 마법) 그러니 자막은 끄고 봐.

I don't listen to what art critics say. I don't know anybody who needs a critic to find out what art is. /아돈ㅌ리쓴투 왓 알트 크리틱쓰 쎄이. 아돈노-애니 바디 후 니-즈어 크리틱 투 파인다웃 왓 알트 이즈/ 난 미술비평가들의 말은 듣지 않아. 예술이 뭔지 알아내기 위해 비평가가 필요해? [Jean-Michel Basquiat]

Listen to what you know instead of what you fear. /리쓴투 왓츄노- 인스테도브 왓츄피어/ 네가 두려운 것 말고, 네가 아는 것에 귀기울이라. [Richard Bach]

Listening is often the only thing that's needed to help someone.

누군가를 잘 들어주는 것,
그건 누군가를 도울 수 있는 유일한 행동이다.

The best thing a human being can do is to help another human being know more.
인간이 다른 인간에게 해줄 수 있는 최선의 손길은 그 사람이 더 많이 알도록 도와주는 것이다.
[Charlie Munger]

I like to listen. I have learned a great deal from listening carefully. Most people never listen.

난 듣는 걸 좋아해. 주의 깊게 듣는 데서 난 꽹장히 많은 걸 배웠어. 대다수의 사람들은 듣질 않아.

[Earnest Hemingway]

say - said - said

말하다	생각하다	정보를 주다
speak	think	give information

Say와 Tell은 비슷하지만 다르다. Say는 말한 '단어'에 초첨을 두는 반면, Tell은 누가 한 말의 '내용'에 초점을 둔다. 그래서 Say는 간접목적어(누구에게)와 함께 말하지 않고, Tell은 간접목적 어와 함께 말한다. 쉽게 말해, "He said", "He said to me"라고 말하고 "He said me"라고는 말하지 않으며, "He told me"라고 말하고 "He told", "He told to me"라고는 말하지 않는다.

말하다

(Could you) say that again?   /쎄이댓 어게인?/   다시 말해줄래?

한글은 단어의 의미로 소통하는 반면, 영어는 **소리**로 소통하기 때문에 다시 말해달라는 말을 많이 하게 된다. 영어는 대체로 그 상황에서 **하는 말**을 한다. 한국식 표현을 영어로 그대로 옮겨 말하면 영문화 사람들이 잘 못 알아듣는다. 영어식 표현이 따로 있기 때문. 그러므로 영어를 잘하는 방법은 영어로 하는 말을 아는 것이고, **강세**를 아는 것이다. 혀를 굴릴 필요는 없다. 나쁜 발음은 어색한 발음이고, 좋은 발음은 자연스러운 발음이다.

(I beg your) pardon? What did you say?   /팔든? 왓 디쥬 쎄이?/   뭐라구요?

I beg your pardon?   =   방금 한 말 다시 한번 말해줄래요?

"What did you say?"는 비꼬는 말투로 하면 "너 방금 뭐라고 했냐?"하며 시비를 거는 말이 될 수 있으므로 주의하자.

374

What did you say to her?   /왓디쥬 쎄이투헐?/   걔한테 뭐라고 했는데?

Who says like that?   /후 쎄즈 라일댓?/   누가 저렇게 말하냐?

영어도, 한국어도, 어느 언어도, 다들 쓰는 말을 한다. 무슨 의미를 표현할 때 말하는 양식이 있다. 단어와 문법을 안다고 영어를 잘할 수 없는 이유가 바로 이것이다. 따라서 문장을 배우는 게 효과적이고 효율적이다.

A: I think he is into me.   /아띵크 히즈 인투 미/   그 남자가 날 좋아하는 것 같아.

B: Says who?   /쎄즈 후?/   누가 그래?

What do you reckon the artist said in the painting?   /왓두유 렉컨 디 아티스트 쎄드 인더 페인팅?/   이 회화작품을 통해 작가가 무슨 얘길 하려고 한 것 같아?

Say는 언어를 사용하지 않고 하는 소통에도 사용한다—예를 들어 예술.

reckon   =   think   =   생각하다 (격식 없는 말)

I said, it's great that you are making a progress.   /아쎄-ㄷ 잇츠 그뤠잇 댓유알 메이킹어 프롸그뤠쓰/   내가 뭐라 말했냐면, 네가 발전하고 있는 것 같아 보기 좋아.

I must say (that) reading this far shows the strength of your will.
/아이 머숫트 쎄이 뤼딩 디쓰 팔 쑈즈 더 스트뤵쓰 오브유얼 윌/
그래 인정, 여기까지 읽은 걸 보니 네 의지가 얼마나 강한지 알 것 같아.

I must say   =   I must admit   =   인정할 건 인정해야겠어

You should never forget to say "thank you" and "please." It shows your level of education.   /유 슈드 네버 폴겟투 쎄이 땡큐 앤 플리즈. 잇 쑈즈 유얼 레벨오브 에듀케이션/   항상 "고맙습니다"와 "부탁드립니다"를 입에 달고 살아야 해. 왜냐면 이 말은 너의 교육 수준을 드러내거든.

Your attitude, not aptitude, will determine your altitude.
능력이 아니라 태도가 당신의 수준을 결정한다.

I said to myself, 'This culture is more polite than Korean.'
/아 쎄-투 마이쎌프 디쓰 컬쳐 이즈 모얼 폴라잇 댄 커뤼안/
혼자 생각했지, '이 문화는 한국보다 더 예의바르다'고.

say 무엇 to oneself   =   무엇을 생각하다

375

I said goodbye to friends.   /아쎄드 굳바이 투 프렌즈/   친구들에게 작별인사를 했어.

You only have to say the word, and I'll come and help you.   /유 온리 해 브투 쎄이더 월드 앤 아일 컴앤 헬퓨/   언제든 말만 해, 그럼 내가 바로 가서 도와줄게.

      say the word   =   도와달라고 말만 해

It would be weird, not to say crazy, to lend me $100K for renting an apartment.   /잇운비 위얼드 낫투 쎄이 크레이지 투 렌미 어 헌드뤠드케이 포 뤤팅언 아팔 ㅌ먼트/   아파트 임대를 위해 1억원만 빌려달라고 하면 그건 이상하다 못해 미친짓이겠지?

      not to say   =   and possibly even   =   아마도 심지어는 그러하겠지

A: Would you like another pint of beer?   /우쥬라잌 어나더 파인트 오브 비어?/
맥주 한 잔 더 할래?

B: I wouldn't say no to that.   /아 우든ㅌ 쎄이 노 투댓/   거절하지 않겠어.

      Pint는 잔의 크기로, 0.5리터정도 된다.

(I'm) just saying, it could have been done a little more carefully, that's all.
/져스트쎄잉 잇 쿨해브빈단 어 리를 모얼 케어풀리 댓츠 올/
그냥 하는 말인데 조금만 더 조심해서 했었으면 좋았을 뻔했어. 큰건 아니고, 그게 다야.

      I'm just saying   =   비판이나 불평을 할 때 듣는 사람이 덜 기분 나쁘도록 하는 말

I'm not saying you are chubby. But I think you'd be better off lose some weight for your longevity.
/암낫쎄잉 유알 쳐비. 벋아띵크 유드비 베럴오프 루즈썸 웨잇 포유얼 롱쥐-비티/
네가 통통하다는 말이 아냐. 단지 네가 조금만 살을 빼면 오래 살 수 있을 것 같아서!

      Fat은 심각하게 뚱뚱한 상태이고, 사실 그렇다 하더라고 그 단어 보다는 chubby가 낫다.

      I'm not saying   =   누군가에게 비판을 할 때 상대가 기분이 나쁘지 않도록 하는 말
우리나라 사람들은 남에 대해 자기 의견/편견을 거리낌 없이 말하곤 하는데, 영문화에선 굉장히 무례한rude 행동이다. 남에 대한 판단은 되도록 입 밖에 꺼내지 않도록 하자.

You have to not comment on someone's appearances, if you see what I'm saying.   /유해브투 낫 커멘트온 썸원스 어피어런쓰스 이퓨 씨- 왓암 쎄잉/
다른 사람의 외모에 대해서 언급하면 안돼. 무슨 말인지 알지?

see/know what I'm saying   =   see what I mean
=   듣는 사람이 내 말을 이해하는지 떠보는 말

It's Kate's idea and what Kate says goes.   /잇츠 케일츠 아이디아 앤 왓 케잍 쎄
즈 고-즈/   그건 케이트 생각이고 케이트 말이 법이지.

what/whatever 누구 says goes   =   누가 말하는대로 해야 한다

Never say never. Just keep putting time in, and you will see your
growth.   /네버 쎄이 네버. 져스트 킵 풋팅 타임인 앤 유윌 씨- 유얼 그로우쓰/
불가능할거라 말하지마. 그냥 계속 시간을 들이다보면 어느새 네가 성장한 모습을 보게 될거야.

never say never   =   nothing is impossible, anything can happen

A: Sorry, I went back on my word.   /쏘뤼 아 웬백 온마이 월드/   미안 널 실망시켰어.

B: What do you have to say for yourself?   /왓두유 해브투 쎄이포 유얼쎌프?/
왜 이런 짓을 했는지 변론해보시지?

Say no more! He has a lot to say for himself.   /쎄이 노 모얼! 히 해즈 어랏투
쎄이 폴 힘쎌프/   말도 마! 걘 너무 자기 주장이 강해.

have a lot to say for oneself   =   말이 너무 많다, 자기 주장이 강하다

I have nothing to say for myself.   /아 해브 낫띵 투 쎄이 폴 마이쎌프/
난 말을 아낄게. (노코멘트)

have nothing to say for oneself   =   자기 의견을 말하고 싶지 않다

As you grow old, you say goodbye to drinking too much.   /애즈유 그로우
올드 유쎄이 굳바이 투 드링킹 투-머취/   나이들면서 지나친 음주는 빠이빠이하게 돼.

Drinking the good stuff is good, that is to say drinking clean water
and tea. But teabags are terrible—they release loads of microplastic.
/드링킹 더 굳스터프 이즈 굳 댓이즈투쎄이 드링킹 클린 워터 앤 티-. 벋 티-백쓰 알 테러블 데
이 릴리-즈 로-즈오브 마이크로플라스틱/   좋은 걸 마시는건 좋아, 정확히 말하자면 깨끗한
물과 차 말야. 근데 티백은 최악이야—엄청나게 많은 미세플라스틱이 나와.

that is to say   =   or more exactly   =   더 정확히 말하자면

I can't say it enough that learning how to learn is one of the greatest skills anyone can have.   /아 캔트 쎄이잇 이너프 댓 러닝 하우투 런- 이즈 원오브더 그뤠이티스트 스킬스 애니원 캔 해브/   배우는 방법을 배우는 게 누구든 가질 수 있는 가장 위대한 능력이라고 입아플 정도로 난 강조한다. [Mark Cuban]

Don't use words too big for the subject. Don't say 'infinitely' when you mean 'very'; otherwise you'll have no word left when you want to talk about something really infinite.   /돈트 유즈 월즈 투-빅 포더 썹젝트. 돈트 쎄이 인피니틀리 웬유민 붸리 아덜와이즈 유일해브 노 월드 레프트 웬유워너톡어바웃 썸띵 륄리 인피닛/   어떤 대상에 대해 너무 큰 단어를 말하지 말라. 실은 '아주'라고 말해야 할 것에 '무한히'라고 말하지 말라. 그러지 않으면 진짜 무한한 것을 얘기하고 싶을 때 쓸 단어가 없을 것이다. [C. S. Lewis]

It is not enough to say we don't want climate crisis. It is necessary to do our part; saving energy, ending coal plants, and the use of petroleum. /잇츠 낫 이너프 투 쎄이 위돈트원트 클라이밋 크라이씨스. 잇츠 네쎄써리투 두 아월 팔트 쎄이빙 에널쥐 엔딩 콜-플란츠 앤더 유스 오브 퍼트롤리움/   기후위기를 원치 않는다는 말만으로는 부족하다. 우리의 실천이 필요하다—에너지를 아끼고, 석탄화력발전소와 석유 사용을 중단하기.

When all is said and done, you are the one who has to make a change for yourself.   /웬 올 이즈 쎄드 앤 단 유알디원 후해즈투 메익어 췌인쥐 포 유얼쎌프/   가장 중요한 건 말야, 너 자신을 위한 변화를 만들어 낼 사람은 바로 너 자신이라는거야.

My father used to say that it's never too late to do anything you wanted to do. And he said, 'You never know what you can accomplish until you try.'   /마이 파더 유즈투 쎄이댓 잇츠 네버 투-레잇 투두 애니띵 유 원트투 두. 앤히쎄드 유 네벌노우 왓츄캔 억컴플리쉬 언틸 유 트롸이/   우리 아버지는 내가 하고 싶은 것이 무엇이던지 그걸 시작하기에 지금도 늦지 않았다고 말씀하곤 하셨다. 그리고 '시도해보기 전에는 내가 무엇을 이뤄낼 수 있는지 절대 알 수 없다'고 하셨다. [Michael Jordan]

        you never know   =   알 길이 없다, 결코 확신할 수 없다 (주로 미래에 대해)

You are not only responsible for what you say, but also for what you do not say.   /유알 낫온리 뤼스판써블 포 왓츄 쎄이 벋 올쏘 폴 왓 유 두낫 쎄이/   네가 한 말에 대한 책임도 물론 네가 지지만, 네가 말하지 않은 말에 대한 책임도 네가 진다. [Martin Luther]

I've never heard my dad say a bad word about anybody. He always keeps his emotions in check and is a true gentleman. I was taught that losing it was indulgent, a selfish act. /아이브 네버헐드 마이댇 쎄이어 배드 월드 어바웃 애니바디. 히 올웨이즈 킵쓰 히즈 이모션스 인쳌 앤이즈어 트루- 젠틀맨. 아워즈 토-ㅌ 댓 루징잇 워즈 인덜견트 어 쎌피쉬 액트/ 난 우리 아빠가 누구에게라도 나쁜 말을 뱉은 적을 본 적이 없어요. 아빠 항상 자기 감정을 제어하시는 진정한 신사죠. 이를 잃는 것은 무른 것이고 이기적인 행동이라고 배웠어요. [Hugh Jackman]

An intellectual says a simple thing in a hard way. An artist says a hard thing in a simple way. /언 인텔렉츄얼 쎄즈어 씸플띵 인어 할드웨이. 언알티스트 쎄즈어 할드 띵 인어 씸플 웨이/ 지성인은 단순한 것을 어렵게 말하고, 예술가는 어려운 것을 단순하게 말한다. [Charles Bukowski]

First say to yourself what you would be; and then do what you have to do.
/펄스트 쎄이투 유얼쎌프 왓 츄 운-비 앤덴 두 왓츄 해브투 두-/
먼저 어떤 사람이 될 것인지 생각하라. 그리고 그를 위해 해야 할 일을 하라. [Epictetus]

생각하다

I say, that colour looks good on you. /아쎄이 댓 컬러 룩쓰 굳 온 유/
와, 그 색깔 너에게 정말 잘 어울린다.

> say = 놀라움이나 즐거움을 표현하거나, 말을 하기 전에 주의를 끌기 위해 하는 말
> Say, you buy me this, and I'll buy you that. 너가 이거 사줘 그럼 내가 저거 사줄게.
>
> Good on you /굳 온 유/ = 잘됐네 (강세를 on에 하면 의미가 달라진다.)

If you get down and quarrel everyday, you're saying prayers to the devil, I say. /이퓨 겟다운 앤 쿼럴 에브리데이 유알 쎄잉 프레이얼쓰 투더 데빌 아쎄이/ 맨날 나가서 시비나 걸면 기도를 악마한테 하는 거라고 난 생각한다. [Bob Marley]

Let's say, you love this person and don't know how to let him/her know about it. /렛츠쎄이 유 러-브 디쓰 펄쓴 앤 돈노우 하우투 렛 힘오얼헐 노우어바우릿/ 이렇게 생각해 보자, 네가 이 사람과 사랑에 빠졌는데 어떻게 그/그녀에게 네 마음을 알릴지 모른다고 말이야.

Give me a moment and let me have my say. /김미어 모먼트 앤 렛미 해브 마이 쎄이/ 내 의견을 생각하게 시간을 좀 줘봐.

In our relationship, my girlfriend has the final say. /인아월 릴레이션쉽 마이 걸프렌드 해즈더 파이널쎄이/ 우리 관계에서 최종결정은 내 여자친구가 내려.

> have a say (in 무엇) = 무엇에 대한 의사결정에 관여하다

I have no say in giving discounts. /아해브 노 쎄이 인 기빙 디스카운츠/ 제겐 깎아드릴 수 있는 권한이 없네요.

A: Melbourne is so liveable! /멜번 이즈 쏘 리버블!/ 멜번은 정말 살기 좋다!

B: I'll say! /아일 쎄이!/ 완전 (그렇게 생각해)!

A: Can we breathe clean air? /캔위 브리-드 클린에어?/ 우리 맑은 공기를 마실 수 있을까?

B: Who can say? /후 캔 쎄이?/ 누가 알아?

If every choice you make comes from an honest place, you're solid. And nothing anybody can say about you can rock you or change your opinion. /이프 에브리 쵸이쓰 유 메이크 컴즈프롬언 아니스트 플레이쓰 유알 쏠리드. 앤 낫띵 애니바디 캔 쎄이어바웃츄 캔 롹유 오얼 췌인지유얼 오피니언/ 네가 내린 모든 선택들이 정직하다면 넌 문제없어. 그리고 다른 사람들이 너에 대해 어떤 평가를 하든 간에 넌 흔들리지 않을 거야. [Angelina Jolie]

People say smog somehow comes from China. But this belief is a form of xenophobia. We humans tend to believe bad things come from outside of us. In fact, much of the smog comes from our choices. /피플 쎄이 스목 썸하우 컴즈 프롬 촤이나. 벋 디쓰 빌리프 이져 폼오브 제노포비아. 위 휴먼스 텐-투 빌리브 배드띵스 컴프롬 아웃싸이드오브어쓰. 인팩트 머춰오브더 스목 컴프롬 아월 쵸이쓰스/ 사람들은 미세먼지가 중국발이라고 생각해. 그런데 이런 믿음은 외국인 혐오증의 한 형태야. 인간은 나쁜 것들이 외부에서 온다고 믿는 경향이 있어. 사실 미세먼지의 많은 부분은 우리의 선택에서 와. (석탄발전으로 얻은 전기를 펑펑쓰고, 석유를 태우고, 석유화학제품을 사고, ..)

> People/they say = 사람들은 말한다/생각한다

Recycle and our homeland will be clean, so they say. But not all we put in the recycling bins are recycled—only about 9% are. We have to stop using plastics. /뤼싸이클 앤 아월 홈랜드 윌비 클린 쏘데이쎄이. 벋 낫 올 위 풋인더 뤼

380

싸이클링 빈즈 알 뤼 싸이클드 온리어바웃 나인 펄쎈트알. 위 해브투 스탑 유징 플라스틱쓰/ 분리수거해라, 그러면 우리땅이 깨끗할 것이라고 말하는데, 분리수거함에 넣는 것들 전부가 분리수거가 되지는 않아—고작 9% 정도만 돼. 우리가 플라스틱을 안 쓰는 방법 밖에 없어.

so they say　　=　　that's what people are saying　　=　　사람들은 말한다

Some might say beef and milk are good for you. It's wrong. Methane from cows is worse for climate crisis—the cause of our planet getting hotter. And milk is for cows' babies, not us! /썸마잇쎄이 비-프 앤 밀크 알 굳폴유. 잇츠 뤙. 메떼인 프롬 카우즈 이즈 월스 포 클라이밋 크롸이씨스 더 코-즈 오브 아월 플래닛 게팅 핫터. 앤 밀크 이즈포 카우즈 베이비즈 낫 어쓰!/　　혹자들은 소고기와 우유가 우리 몸에 좋대. 틀렸어. 소가 배출하는 메탄은 기후위기의 더 큰 요인이야—우리 지구가 뜨거워지는 원인이라구. 그리고 우유는 소의 새끼들을 위한거지, 우리가 아니고!

some might say　　=　　혹자들은 생각하다

Some less-informed people are so self-absorbed, eating beef and buying too much clothes. Who is to blame for the climate change? I'd rather not say. /썸 레쓰 인폶드 피플 알 쏘 쎌프업쏠브드 이-팅 비-프 앤 바잉 투-머취 클로즈. 후이즈투 블레임 포더 클라이밋 췌인지? 아드 롸더 낫 쎄이/　　세상 돌아가는 일에 대해 잘 모르는 몇몇 사람들은 자기 자신에게만 빠져있어, 소고기를 먹고 지나치게 많은 옷을 사고 말이야. 기후변화가 누구의 책임이냐고? 굳이 말하지 않겠어.

What do you say we install solar panels? /왓두유 쎄이 위 인스톨 쏠라패널스?/ 우리 태양광 발전기 설치하는거 어떻게 생각해?

It is said that you get free electricity, for decades. Most electricity we use come from coal and nuclear. Coal is the biggest reason why we get smog. /잇츠 쎋댓 유겟 프리 일렉트리씨티 포 덱케이즈. 모슷트 일렉트리씨티 위유즈 컴 프롬 콜- 앤 뉴클리어. 코올 이즈더 비거스트 뤼즌 와이 위 겟 스목-/ 수십 년 간 전기를 공짜로 쓸 수 있다고 해. 우리가 쓰는 전기의 대부분은 석탄과 원자력에서 와. 석탄은 우리가 미세먼지를 겪는 가장 큰 이유야.

One may say the eternal mystery of the world is its comprehensibility. /원 메이 쎄이 디 이터널 미스터뤼 오브더월드 이즈 잇츠 캄프리헨써빌리티/　　우리 세계의 영원한 신비는 이 세계를 이해할 수 있는 것이라고 누군 그러겠지. [Albert Einstein]

You can say that again. /유캔 쎄이 댓어게인/　　네가 한 말에 동의해.

381

You can't say fairer than that. /유 칸트 쎄이 페어러댄댓/ 괜찮은 제안/조건이군.

People often say that motivation doesn't last. Well, neither does bathing. That's why we recommend it daily. /피플오픈쎄이댓 모티베이션 더즌트 라스트. 웰 나이더더즈 베이딩. 댓츠와이 위 뤠커멘드잇 데일리/ 사람들은 동기부여가 오래가지 않는다고 말해요. 음, 그건 목욕도 마찬가지예요. 그래서 매일 하라고 하는 거예요.
[Zig Ziglar]

Chimpanzees, gorillas, orang-utans have been living for hundreds of thousands of years in their forest, living fantastic lives, never overpopulating, never destroying the forest. I would say that they have been in a way more successful than us as far as being in harmony with the environment. /침팬지쓰 고륄라쓰 오랑우탄쓰 해브빈리빙포 헌드뤠즈 오브 싸우전즈 오브 이얼쓰 인데얼 포레스트 리빙 판타스틱 라이브즈 네버오버파퓰레이팅 네버디스트로잉 더 포레스트. 아우드쎄이댓 데이해브빈 인어웨이 모얼 썩쎄스풀 댄 어쓰 애즈팔애즈 빙-인 할모니 위드디 인바이런먼트/ 수십만 년 동안 침팬지와 고릴라와 오랑우탄은 인구가 지나치게 많아지지도 않고 숲을 파괴하지도 않으며 자신들의 숲에서 꿈같은 삶을 살아왔어요. 이들은 자연과의 조화로운 삶에 있어서 인간보다 더 성공적이었다고 말하고 싶네요.
[Jane Goodall]

If you hear a voice within you say, 'You cannot paint,' then by all means paint. And that voice will be silenced. /이퓨 히얼어 보이쓰 위드인유 쎄이 유 캔낫 페인트 덴 바이 올 민-즈 페인트. 앤 댓 보이쓰 윌비 싸일런쓰드/ 머릿 속에서 '그림을 그릴 수 없어'라는 소리가 들린다면, 무슨 일이 있더라도 그림을 그리세요. 그러면 그 소리는 사그라들겁니다. [Vincent van Gogh]

by all means = 무슨 일이 있더라도, 무슨 짓을 해서라도

What old people say you cannot do, you try and find that you can. Old deeds for old people, and new deeds for new. /왓 올드 피플 쎄이 유 캔낫 두 유 트롸이 앤 파인댓 유 캔. 올드 디-즈 폴 올드피플 앤 뉴 디-즈 폴 뉴/ 옛 시대 사람들이 불가능하다는 일을 우린 시도해보고 가능하다는걸 알아낸다. 낡은 행동은 늙은 사람들의 것이고, 젊은 사람들은 새로운 일을 해야 한다. [Henry David Thoreau]

I say there is no darkness but ignorance. /아이쎄이 데얼이즈 노 달크니쓰 벋 이그노런쓰/ 이 세상에 어둠이란 없고, 무지가 있다고 난 생각한다. (귀신은 없다.)
[William Shakespeare] (영어에서 dark는 ignorant를 의미한다.)

정보를 주다

Let's see what they say. /렛츠 씨- 왓데이 쎄이/ 걔네들이 뭐라고 하는지 한번 보자.

Can you read what that sign says? /캔유 뤼드 왓댓 싸인 쎄즈?/ 저 표지판 보여?

The look on her face said what she felt. /더룩 온헐 페이스 쎄드 왓 쉬 펠트/
그녀의 표정이 그녀가 어떻게 느꼈는지를 말해줬어.

It says on the bottle to take a tablet a day. /잇 쎄즈 온더 바틀 투테일어 타블
렛 어데이/ 하루에 한 알 먹으라고 통에 써 있어.

**It says on the label that it's made of cotton 100%. You should avoid
polyester and other synthetic fibres which are made from petrochemicals,
because it comes back to us and we eat them.** /잇쎄즈 온더 레이블댓 잇츠
메이드오브 카튼 원헌드뤠드펄쎈트. 유슈드 어보이드 폴리예스터 앤 아더 신떼틱 파이벌스 위
치알 메이드 프롬 페트로케미칼쓰 비코-즈 잇 컴즈 백투어쓰 앤 위 잍뎀/ 면 100%라고 상
표에 쓰여있어. 폴리에스터를 비롯한 석유화학제품으로 만든 합성섬유는 피해야 해, 왜냐면 이
게 우리에게 돌아와서 우리가 먹게 되거든.

It does what it says on the tin. /잇더즈 왓잇쎄즈 온더 틴/ 이거 제 기능에 충실해.

> do what it says on the tin (UK) = 본래의 기능을 잘 행하다

**Petroleum has made our life easier, but having said that, it also has
ruined our planet.** /페트롤리움 해즈메이드 아월 라이프 이지어 벋 해빙 쎄드댓 잇 올
쏘 해즈 루인드 아월 플래닛/ 석유는 우리의 삶을 편리하게 해주었지만, 지구를 망가트렸어.

> having said that = 방금 한 말에도 불구하고, 그럼에도 불구하고
> Having said that, pulling the dead dinosaur juice out from the ground is
> probably bringing death to us. 공룡 사체물을 땅에서 끌어내는 건 아마도 우리에게
> 죽음을 가져오는 일일 것이다.

**It goes without saying that unnatural things will cause troubles we do
not yet know.** /잇 고-즈 위다웃 쎄잉 댓 언내츄럴 띵스 윌 코-즈 트러블쓰 위 두낫 옛 노우/
당연한 말이지만, 자연의 순리에 어긋나는 것들은 우리가 아직 모르는 문제들을 일으킬 거야.

> It goes without saying = obviously = 당연한 말이지만

It says a lot for Sir David Attenborough's dedication that he allocates his last days into passing down his wisdom to the future generations.
/잇쎄즈 어랏포 썰 데이빗 아텐보로우스 데디케이션 맷 히 얼로케일츠 히즈 라스트 데이즈 인투 파씽다운 히즈 위즈덤 투더 퓨쳐 제너레이션쓰/   당신의 생의 마지막 날들을 다음 세대들에게 당신의 지혜를 물려주는데 사용하는 점은 데이비드 아텐보로우 경의 헌신을 입증한다.

It says a lot for 누구/무엇   =   누구/무엇의 어떤 부분을 잘 보여준다

영국에선 사회에 좋은 영향을 끼친 사람들에게 여왕 등이 기사작위(Knight/Dame)를 하사하는데, 다섯 가지의 기사작위 중 상위 두 개의 기사작위만 Sir/Dame의 직함을 이름 앞에 붙일 수 있다. 이러한 존중과 경의honour의 문화는 사회를 더 문명화civilize한다.

The way someone talks says a lot about the person.   /더 웨이 썸원 톡쓰 쎄즈 어랏어바웃 더 펄쓴/   누가 어떻게 말하는지는 그 사람에 대해 많은 걸 알려주지.

say 어떤 about 누구/무엇   =   누구/무엇이 어떠하다는 걸 보여주다

Did you know the best performing athletes are vegan? There's something to be said for going vegan.   /디쥬노우 더 베스트 펄포밍 애쓸릿츠 알 비건? 데얼즈 썸띵 투비 쎄드 포 고잉 비건/   1등을 하는 운동선수들이 채식주의자란걸 아니? 채식에는 분명 이점이 있어.

there is something/a lot to be said for 무엇   =   무엇에 이점이 있다

I think there's little to be said for meat-based diets.   /아띵크 데얼즈 리틀 투비 쎄드 포 밑베이쓰드 다이엇츠/   육식 위주의 식단은 손해가 많다고 생각해.

there is little to be said for 무엇   =   무엇에 불리한 점이 있다

You need to take supplements for a start, to say nothing of the cost.
/유니-투 테일 쎠플리먼츠 폴어 스탈트 투 쎄이 낫띵 오브더 코스트/
영양제를 섭취해야 함은 시작에 불과하고, 그에 들어가는 비용은 말할 것도 없지.

to say nothing of 무엇   =   그에 더해 무엇이 있다

You are more likely to get diseases, to say the least.   /유알 모얼 라이클리 투겟 디지-즈스 투쎄이 더 리-스트/   빙산의 일부만 말하자면, 병에 더 잘 걸려.

to say the least   =   지금 말하는게 사실은 훨씬 더 중대하다

What you say affects those who you meet. You are the average of those who you meet.

당신의 언어가 당신과 시간을 함께하는 사람에게
영향을 준다. 그리고 당신은 당신이 어울리는
사람들과 같은 수준의 사람이다.

tell - told - told

말하다	알다	보여주다
speak	know	show
say		have an effect
order		

말하다

I'll tell you a story about a boy who lived.   /아일텔유어 스토뤼 어바웃어 보이 후 리브드/   살아남은 한 소년에 대한 이야기를 들려줄게.

Tell me what you think.   /텔미 왓츄 띵크/   네가 어떻게 생각하는지 말해줘.

Don't tell anyone about it.   /돈텔 애니원 어바우릿/   아무에게도 얘기하면 안돼.

Did you tell anyone (that) I'm your girlfriend?   /디쥬텔 애니원 암유얼 걸프 렌드?/   내가 너의 여자친구란걸 누구에게 얘기했어?

Tell me who admires and loves you, and I will tell you who you are.   /텔미 후 어드마이얼즈 앤 러브쥬 앤아윌 텔유 후 유 알/   너를 존경하고 사랑하는 사람이 누군지 말해봐, 그러면 네가 어떤 사람인지 말해주지. [Antoine de Saint-Exupery]

She is always telling lies.   /쉬즈 올웨이즈 텔링 라이즈/   걔는 맨날 거짓말해.

Trust me, I don't tell a lie.   /트러스트미 아돈ㅌ텔어라이/   날 믿어, 난 거짓말 안해.

386

I'm telling you, he has lied to you. /암텔링유 히즈 라인투유/
그가 너에게 거짓말했다니까!

> I'm telling you = 내가 하는 말이 사실이라는 걸 강조하는 말 (좀 믿으라고!)

You should tell it like it is. /유슈드 텔잇 라익 잇이즈/ 있는 그대로 말해.

We don't trust those who tell tales. /위 돈ㅌ트러스트 도즈 후 텔 테일즈/
우린 남을 험담하는 사람을 신뢰하지 않아.

> tell tales = 다른 사람이 한 나쁜 행동에 대해 얘기하고 다니다 (주로 어린이가)

My father always told me: never trust anyone whose TV is bigger than their bookshelf. /마이 파더 올웨이즈 톨미 네버 트러스트 애니원 후즈 티브이 이즈 비걸댄데얼 북셸프/ 우리 아빠는 항상 말씀하셨어, 책장보다 TV가 더 큰 사람을 절대로 신뢰하지 말라고. [Emilia Clarke]

If you tell the truth, you don't have to remember anything. /이퓨텔더트루쓰 유돈해브투 뤼멤버 애니띵/ 그냥 사실을 말하면 아무것도 기억하지 않아도 돼.

When in doubt, tell the truth. /웬인다웃 텔더 트루쓰/ 고민되면 그냥 사실을 말해.

To tell (you) the truth, there aren't a lot of truths we know in this world.
/투텔더트루쓰 데얼안ㅌ 어랏오브 트루쓰 위노우 인디쓰 월드/
사실을 얘기하자면 말야 이 세상에서 우리가 아는 진실은 그렇게 많지 않아.

The doctor told me to avoid fried chicken; it's the worst for colon cancer.
/더 닥톨 톨미투 어보이드 프라이드 췌킨 잇츠더 월스트 포 콜론 캔써/
의사선생님이 치킨을 먹지 말라고 하셨어. 그게 대장암을 가장 유발한대.

Tell you what—let's split the bills. /텔유왓 렛츠 스플릿더 빌즈/
우리 그럼 이렇게 해—나눠서 계산하자.

> (I'll) tell you what = 계획을 제안할 때 하는 말

She told me off for skipping meals. /쉬톨미오프 폴 스킵핑 밀즈/
그녀는 내가 끼니를 거른다고 혼냈어.

> tell 누구 off = 누가 잘못한 일을 혼내다, 화내며 비판하다

Her reputation told against her when she tried to make a comeback.
/헐 레퓨테이션 톨드 어게인스트헐 웬쉬 트롸이투 메이크어 컴 백/
그녀가 다시 일을 시작하려 했을 때 그녀의 평판은 도움이 안 됐어.

> tell against 누구/무엇 = 누구/무엇이 잘 안되게 하다

Don't tell on me, okay? /돈트 텔온미 오케이?/ 이르지마, 알았지?

> tell on 누구/무엇 = 누구/무엇에 대한 좋지 않은 정보를 주다, 이르다

I told my staff to head off an hour early today. /아톨드 마이 스태프 투헤도프 언 아월 얼리 트데이/ 오늘 직원들에게 한 시간 일찍 퇴근하라고 말했어.

I told you to do it when you have time. /아톨쥬투 두잇 웬유 해브 타임/
시간있을 때 하라고 했잖아.

If you tell a joke in the forest, but nobody laughs, was it a joke? /이퓨 텔어죠크 인더 포레스트 벝 노바디 랖-스 워즈잇 죠크?/ 아무도 없는 곳에서 농담을 했는데, 아무도 웃지 않았어. 그럼 이게 과연 농담이었을까? [Steven Wright]

Tell your heart that the fear of suffering is worse than the suffering itself. And no heart has ever suffered when it goes in search of its dreams. /텔유얼할트댓 더피얼오브 써퍼링 이즈 월스댄더 써퍼링 잇쎌프. 앤 노 할트해즈 에버 써펄드 웬잇고즈 인쎌취 오브잇츠 드림-스/ 고통에 대한 두려움이 고통 그 자체보다 더한거야. 그리고 그 누구도 자신의 꿈을 좇으며 고통을 느끼진 않았어. [Paulo Coelho]

To tell you what it truly is to be a man, there's absolutely nothing to do with money, achievements, skills, accomplishments, degrees, professions, or positions. A real man loves his wife. A real man is faithful to his wife. A real man puts his wife and his children as his most important thing in his life.
/투텔유 왓잇 트룰리 이즈 투비어 맨 데얼즈 앱쏠루틀리 낫띵투두윋 머니 어취브먼츠 스킬쓰 억컴플리쉬먼츠 디그뤼스 프로페쎤스 올 포지션스. 어 뤼얼맨 러브즈 히즈 와이프. 어 뤼얼맨 이즈 페이쓰풀 투히즈와이프. 어 뤼얼맨 풋츠 히즈 와이프 앤 히즈 췰드런 애즈히즈 모슷트 임폴턴트 띵 인히즈 라이프/
진정한 남자가 되기 위해 무엇이 필요하냐면, 돈도, 업적도, 능력도, 교양도, 학위도, 직업도, 직책도 모두 전혀 아니다. 진정한 남자는 아내를 사랑한다. 진정한 남자는 아내만을 사랑한다. 진정한 남자는 아내와 자녀를 자기 인생에서 가장 중요한 것으로 여긴다. [Frank Abagnale]

알다

I can tell.   /아캔텔/   알 것 같아.

Can you tell?   /캔유텔?/   알겠어?

How can you tell?   /하우캔유텔?/   어떻게 알아?

I could tell (that) you were nervous.   /아쿠텔 유윌 널버쓰/   너 긴장한거 다 보였어.

I can't tell the difference between a beef burger and an Impossible burger.   /아칸ㅌ텔더 디퍼런쓰 빗트윈어 비-프 버거 앤언 임파써블 버거/
소고기 햄버거랑 임파서블 햄버거의 차이를 모르겠어. (Impossible은 상표―이름이므로 대문자)

Only the makers can tell them apart.   /온리더 메이컬쓰 캔 텔덤 어팔트/
그걸 만든 사람들만이 그 둘을 구분할 수 있어.

> tell 누구/무엇 apart   =   비슷한 두 사람/무엇을 구분하다

There is no telling what makes the satisfying taste of meats. But as the human population has reached 8 billion, it's time to depart from livestock farming.   /데얼이즈노텔링 왓 메익쓰 더 쌔티스파잉 테이스트오브 밑츠. 번 애즈더 휴먼 파퓰레이션 해즈 뤼-치드 에잇 빌리언 잇츠 타임투 디팔트프롬 라이브스탁 팔밍/
고기의 만족감이 어디서 오는건지 알 길이 없어. 그런데 인간 개체수가 80억 명이 되었고, 이제는 축산업을 그만둬야 할 시점이야.

> there is no telling 무엇   =   there is no way of knowing 무엇   =   무얼 알 길이 없다

Who knows—you can never tell.   /후 노우즈 유캔 네버텔/   누가 알아. 알 수 없지.

보여주다

He has worked really hard on it and it's starting to tell.
/히해즈 웕드 뤼리 할드온잇 앤 잇츠 스탈팅투 텔/
그 사람은 이 일에 진짜 열심히 매진해왔는데 이제 그게 좀 드러나는 것 같아.

He patiently waited for me for days on end. It tells how much he respects and loves me.   /히 페이션틀리 웨이티드폴미 폴데이즈온엔드. 잇텔즈 하우머취 히 뤼스펙츠 앤 러브즈미/   그는 며칠이고 연이어 날 기다려줬어. 이게 그가 나를 얼마나 존중하고 사랑하는지 보여주는 것 같아.

speak - spoke - spoken

말하다   어떤 언어로 말할 수 있다   공식적인 자리에서
말하다

Speak과 Talk은 비슷하지만 다르다. Speak은 공식적formal, Talk은 비공식적informal이다.
Speak은 격식을 차려야 하는 자리에서 쓰는 말이고, Talk은 격식 없는 상황에서 쓰는 말이다.
Speak은 말을 하는 사람에게 초점을 둔 말이고, Talk은 말하는 사람과 듣는 사람도 있어
'대화를 나누다have a conversation'는 의미를 품은 말이다.

말하다

I need to speak to you.   /아니-투 스픽투유/   당신과 얘기좀 해야겠습니다.

공식적이고 공적인 용건으로 말을 할 때 speak을 쓴다. (직장, 학교 등.) 말하는 사람이
나를 잘 모르거나, 중요하고 진지한 이야기를 하고 싶어 하는 상황이다.

Can I speak to you confidentially?   /캔아이스픽투유 칸피덴셜리?/
조용히 얘기좀 나눌 수 있을까요?

speak to 누구   =   누가 무슨 잘못을 해서 그에 대해 이야기하다

Can I speak to Kate, please? (UK) = Can I speak with Kate, please? (US)
/캔아이 스픽투 케잍 플리즈?/   케이트 좀 바꿔주시겠어요? 케이트랑 얘기 할 수 있을까요?

(This is Kate) speaking.   /스피-킹/   네 (케이트) 전화받았습니다.

Think before you speak.　　/띵크 비포얼 유 스픽-/　　말하기 전에 생각을 해.

James spoke of the impact of greenhouse gases.　　/제임스 스포크오브 디임
팩트 오브 그륀 하우쓰 개쓰스/　　제임스는 온실가스의 막대한 영향에 대해 말했다.

　　　speak of 무엇　　=　　speak about 무엇　　=　　무엇에 대해 말하다

No one spoke a word.　　/노원 스폭어 월드/　　아무도 말을 하지 않았다.

He speaks highly of the new intern.　　/히 스픽쓰 하일리오브 더 뉴 인턴/
그가 새로온 인턴을 칭찬하더라.

　　　speak highly of 누구　　=　　says good things about 누구
　　=　　speak in 누구의 favour　　=　　누구를 좋게 말하다

A: Did he get you anything from his trip to Italy?　　/딛히겟츄 애니띵 프롬
히즈 트륍투 이틀리?/　　이탈리아 여행에서 그가 널 위해 뭘 사왔니?

B: None to speak of. Just a keyring, that's all.　　/난 투 스픽오브. 져슷어 키-
륑 댓츠올/　　별로 없어. 그냥 열쇠고리 하나 사왔어.

Sorry if I spoke out of turn, but I thought you knew already.
/쏘리 이프 아 스폭 아웃오브 턴 벋아쏱 유 뉴- 올뤠디/
쓸데없는 말을 했다면 미안해, 그런데 난 네가 이미 아는 줄 알았어.

　　　speak/talk out of turn　　=　　말하지 않아야 할 것을 말하다

A: I think he's kind of a nice guy.　　/아띵크 히즈 카인도브어 나이쓰 가이/
그 남자 괜찮은 사람인 것 같아.

B: Speak for yourself. He's a womaniser.　　/스픽폴유얼쎌프. 히즈어 우머나이져/
그건 네 생각이지. 그는 바람둥이야.

　　　speak for oneself　　=　　다른 사람이 아니라 자기 자신의 의견을 얘기하다

My daughter is old enough to speak for herself.　　/마이도터이즈 올드이너프
투 스픽포 헐쎌프/　　내 딸은 자기 의견을 피력할 나이가 됐어요.

　　　speak for oneself　　=　　say what one thinks　　=　　자기 의견을 말하다

I can speak for my boyfriend. He didn't intend to offend anyone.
/아캔 스픽포 마이 보이프렌드. 히디든트 인텐투 오펜드 애니원/
내 남자친구 입장을 내가 대신 말할게요. 이 친구는 누굴 건드리려는 의도는 없었어요.

speak for 누구   =   누구를 대변하다

Amber is not afraid to speak her mind.   /앰버 이즈낫 어프레이드투 스픽 헐 마인드/   앰버는 자기 생각을 표현하는데 거리낌이 없어.

speak 누구의 mind   =   (속마음을 말하다) 누구의 생각을 직접적으로 이야기하다

My husband and I speak with one voice most of the time.   /마이 허즈밴드 앤다이 스픽위드 원 보이쓰 모스트오브더 타임/   나랑 남편은 대체로 의견이 같은 편이에요.

speak with one voice   =   하나의 일치된 의견을 말하다

He doesn't say much, but his eyes speak volumes.   /히 더즌트 쎄이머취 벋 히즈 아이즈 스픽 볼륨스/   그는 말 대신 그의 눈빛으로 말해.

speak volumes   =   (소리를 내지 않는 무엇이) 말을 하지 않고 소통하다

A picture speaks for itself. An image is so universal that it doesn't need words to describe what's on the image.   /어 픽쳐 스픽쓰폴 잇쎌프. 언이미쥐 이즈 쏘 유니벌설댓 잇 더즌트니-드 월즈투 디스크롸이브 왓츠 온디 이미쥐/ 사진은 말이 필요없지.

무엇 speaks for itself   =   무엇이 너무나 분명해서 더이상의 부연설명이 필요없다

universal   =   보편적인 (우리나라 사람들은 '일반적'인 것에 '보편적'이라는 말을 잘못 사용하곤 하는데, 시간과 공간을 초월하여 모든 것에 공통되는 것을 보편이라 하고, 특정 집단 안에서의 전체, 전반, 보통, 마찬가지의 상태를 일반이라 한다. 동서고금을 망라하면 보편, 한 문화에만 공통하면 일반이다.)

Speaking of which, let's talk about photography. Within 30 years, it came from a luxury item to a universal tool: Everybody has one in their pocket. Let's not forget that Instagram was originally a retro photography app, until it became a social medium.   /스피킹오브윗치 렛츠 톡어바웃 포토그래피. 위딘 서티 이얼스 잇케임프롬어 럭셔뤼 아이템 투어 유니벌설 툴 에브리 바디해즈원 인데얼 폭켓. 렛츠낫 폴겟댓 인스타그램워즈 오뤼지널리 어 레트로 포토그래피앱 언틸잇비케임어 쏘셜미디엄/   말이 나온 김에 사진에 대해 얘기해볼까. 30년 안에 카메라는 사치품에서 어디에나 있는 물건이 되었어. 모두가 하나쯤 손에 들고 있지. 그리고 인스타그램은 SNS가 되기 전까지 원래 레트로 사진앱이었다는걸 잊으면 안돼.

speaking of 누구/무엇   =   on the subject of 누구/무엇
=   누구/무엇에 대한 얘기가 나온 김에

Speaking as a professional photographer, all you need for a good photograph is decent lighting.   /스피킹애져 프로페셔널 포토그래퍼 올유니드폴어 굳 포토그라프 이즈 디쎈트 라이팅/   전문 사진작가로서 말하는데, 좋은 사진을 위해 필요한 건 좋은 빛이야.

Strictly speaking, you need to be born with a sense of composition, and have a clear intention of what you want to say with the picture.
/스트릭틀리 스피-킹 유니-투비 본위더 쎈스오브 캄포지션 앤해버 클리어 인텐션오브 왓유워 너쎄이 위더 픽쳐/   엄격히 말하자면 말야, 구도 감각은 타고나야 돼. 그리고 그 사진으로 무슨 말을 하고 싶은지 의도가 분명해야하지.

Generally speaking, we all have good cameras.   /제네럴리스피킹 위올해브 굳 캐머롸스/   일반적으로 우리 모두는 좋은 카메라를 갖고 있어.

To take good photos, your eyes have to be filters, so to speak. You need to train your eyes to know what photos are good and what are not.
/투 테익 굳 포토스 유얼아이즈 해브투비 필털스 쏘투스픽. 유니-투 트뤠인 유얼 아이즈 투노우 왓 포토즈알 굳 앤 왓알 낫/
좋은 사진을 담기 위해서는, 말하자면 네 눈이 필터가 되어야 해. 어떤 사진이 좋은 사진이고, 어떤 사진이 좋지 않은 사진인지 알아볼 수 있는 눈을 훈련해야하지.

so to speak   =   말하자면 그래 (일반적이지 않은 은유적 표현 뒤에 하는 말)

It took me two years to learn how to speak, yet it took me 60 to not speak.
/잇 툭미 투-이얼쓰 투런- 하우투스픽 옛잇툭미 씩스티 투 낫 스픽/   말하는 걸 배우는 데는 2년이 걸렸지만, 말하지 않는 법을 익히는 데는 60년이 걸렸습니다. [이병철]

Knowledge speaks, but wisdom listens.   /날리쥐 스픽쓰 벋 위즈덤 리쓴즈/
지식은 말하나, 지혜는 듣는다. [Jimi Hendrix]

Don't speak with your mouth full of food.   /돈트스픽위드유얼 마우쓰 풀오브 푸-드/   입에 음식이 있을 때 말하는거 아니야.

I'm not on speaking terms with her yet.   /암낫 온 스피킹팀즈 위드헐 옛/
그녀랑 아직 얘기나눌 사이는 아니야.

be on speaking terms   =   누구와 이야기를 나눌 만큼 아는 사이다

393

First learn the meaning of what you say, and then speak.
/펄스트 런더 미닝오브 왓츄쎄이 엔 덴 스픽/
하고자 하는 말의 의미를 배운 다음에, 그 다음에 말하라. [Epictetus]

Confidentially, the type of male I find most enjoyable for a friend is one who has enough fire and assurance to speak up for his convictions. /칸피덴셜리 더 타잎오브 메일 아파인드 모스트 인죠이어블 포어 프렌드 이즈원후해즈 이너프 파이어 앤 어쓔어런쓰투 스픽업 폴히즈 컨빅션스/ 이건 비밀인데, 내가 끌리는 남자는 자기 신념을 밖으로 꺼낼 수 있을 만큼 가슴에 열정이 있는 남자다.
[Marilyn Monroe]

> speak up/out = 내 의견을 공개적으로 말하다 (특히 강한 감정을 가진 주제에 대해)
> If nobody has the courage to <u>speak out against</u> fossil fuels and deforestation, humanity may not survive. 화석 연료와 숲 파괴에 대해 목소리를 낼 용기있는 사람이 아무도 없다면, 인류는 아마 살아남지 못할거야.

Artists have a responsibility to speak out and to act when governments fail, and if we don't do that, we really deserve the world we get.
/알티스츠 해버 뤼스판써빌리티투 스픽아웃 앤투 액트 웬 거벌먼츠 페일 앤 이프 위 돈트두댓 위 륄리 디졀브 더월드 위 겟/ 예술가는 국가가 실패할 때 나서서 행동할 의무가 있다. 그러지 않으면 우리가 겪는 건 다 우리 책임이다. [Alice Walker]

> speak out = 법이나 공적인 계획에 대해 내 생각을 공개적으로 말하다

Treat a work of art like a prince. Let it speak to you first.
/트륏 어 월크오브알트 라잌어 프린쓰. 렛잇 스픽 투유 펄스트/
작품을 왕자처럼 대하라. 작품이 당신에게 먼저 말을 걸게하라. [Arthur Schopenhauer]

> 무엇 speaks to 누구 = 무엇이 누구에게 특별한 의미가 있다
> This painting speaks to me, as it reminds me of the value I appreciate.
> 이 회화작품은 나에게 특별한 의미가 있어, 내가 가치있게 생각하는 걸 상기시키거든.

I can't relate to lazy people. We don't speak the same language.
/아캔트 륄레잇투 레이지 피플. 위돈트 스픽더 쎄임 랭귀지/
난 게으른 사람을 이해할 수 없다. 그런 사람과 난 말이 안 통한다. [Kobe Bryant]

> speak the same language = 말이 통하다, 비슷하게 생각하다

People generally express more in between their sentences when they're not speaking. Words are usually there to disguise who someone is or what they're feeling. /피플 제네럴리 익쓰프레쓰 모얼인빗트윈 데열 쎈텐쓰스 웬데얄 낫 스피킹. 월즈알 유쥬얼리데얼투 디스가이즈 후 썸원 이즈 오얼 왓데얄 필-링/ 사람들은 문장과 문장 사이에 말을 하지 않을 때 더 많은 걸 표현해. 말은 그 사람이 진짜 누구인지, 뭘 느끼고 있는지를 감추는 수단이곤 하지. [Heath Ledger]

어떤 언어로 말할 수 있다

Roseanne can speak two languages. So she is bilingual. /로제안 캔 스픽- 투 랭귀지스. 쏘 쉬즈 바이링구얼/ 로제안은 두 언어로 말할 수 있어.

Lisa speaks three languages. She's trilingual. /리싸스픽쓰 쓰뤼 랭귀지스. 쉬즈 트라이링구얼/ 리사는 세 언어를 유창하게 구사할 수 있어.

Jennie speaks with a Kiwi accent. She sounds classy. /제니 스픽쓰위더 키위 액쎈트. 쉬 싸운즈 클라-씨/ 제니는 뉴질랜드 억양으로 말해. 정말 세련되게 말하지.

I couldn't speak a word of English when I got here. /아 쿠든ㅌ 스피어 월 드오브 잉글리쉬 웬아갓히얼/ 내가 여기 왔을 때 나는 영어로 한 마디도 할 수 없었어.

공식적인 자리에서 말하다

Will you be speaking at the conference? /월유비 스피킹 앳더 칸퍼런쓰?/ 회담에서 연설을 할건가?

Sihyeon speaks tonight at the graduation ceremony. No wonder he was invited to have lunch with the principal. /시현 스픽쓰 트나잇 앳더 그뤠듀에이션 쎄러모니. 노 원더 히워즈 인바이틀투 해브 런취 윋더 프린씨플/ 시현이는 졸업식 연사를 맡았어. 어쩐지 교장선생님과의 점심 식사에 초대받더라.

(It is) no wonder = 의심하거나 놀랄 여지가 없다, 당연하다 ("어쩐지 ~하더라")

The author has many speaking engagements with the readers. /디 오-써 해즈 매니 스피킹 인게이쥐먼츠 위더 뤼-덜스/ 그 작가는 많은 강연 요청을 받았어.

speaking engagement = 강연 요청

395

talk - talked - talked

이야기하다   의논 / 협상하다

have a conversation   discuss

이야기하다

I need to talk to you.   /아 니-투 톡투유/   너에게 할 말이 있어.

주로 비공식적informal이고 사적인personal 이야기를 할 때 talk을 쓴다.
말하는 사람이 내 친구거나, 말하는 내용이 너무 심각하지 않은 내용이다.

I want to have a conversation with you.   너랑 대화좀 하고 싶어.

We were talking about you.   /위월 턱킹 어바웃츄/   너 얘기 하고 있었어.

I talk to her on the phone every day.   /아 톡투헐 온더폰 에브리데이/
난 걔랑 매일 전화해.

A: Why don't we go out tonight?   /와이돈위 고아웃 트나잇?/
오늘 밤 나가 노는 거 어때?

B: Now you're talking.   /나우 유알터-킹/   이제야 말이 통하네.

We had a talk with the landlord about the leakage.   /위햇어 톡 위더
랜-롤드 어바웃더 리-키쥐/   집주인과 물새는거에 대해 얘기했어.

We need to have another talk on this matter.   /위니-투해브 어나더 톡 온디쓰
매러/   우리 이 일에 대해 한번 더 얘기해야겠어.

He is all talk when it comes to household chores.   /히즈 올 톡 웬잇컴즈투
하우쓰홀드 쵸얼쓰/   그는 집안일에 대해선 말뿐이야.

    be all talk (and no action)　　=　　be all mouth (and no trousers)
    =　　be just talk　　　　=　　말만 하고 행동은 안 한다

Kiley can clearly talk the talk. She knows what she's talking about.
/카일리 캔 클리얼리 톡 더 톡. 쉬 노우즈 왓 쉬즈 턱킹어바웃/   카일리는 전문가야.

    talk the talk　　=　　어떤 분야에 대해 많이 알고 있고 자신있게 이야기 할 수 있다
    know what 누구 is talking about 무엇　　=　　누가 무엇에 대해 잘 알다

He talks the talk but doesn't walk the walk.   /히 톡쓰 더 톡 벋 더즌트 웍 더 웍ㅋ/
그는 말빨은 화려한데 행동을 안해.

Her divorce is the talk of the neighbourhood.   /헐 디볼쓰 이즈더 톡 오브더
네이벌후-드/   이웃들은 그녀의 이혼에 대해 쑥덕거리고 있어.

    be the talk of 어디　　=　　어디에서 사람들이 하는 이야기다
    be the talk of the town　　=　　그것에 대해 모두가 이야기하고 있다

Nobody wants to be talked about their private matters.   /노바디 원츠투비
톡드어바웃 데얼 프라이빗 매럴쓰/   그 누구도 자기 사생활이 남의 입에 오르는 걸 원치 않아.

    be/get talked about　　=　　남의 입에 오르내리다

He kept talking round the subject.   /히 켑트 터킹 롸운더 썹젝트/
그는 빙빙 둘러 말했어.

    talk round (UK) / talk around (US)　　=　　무엇에 대해 직접적으로 얘기하는걸 꺼리다

You were not talking to me; you were talking at me!   /유월낫 톡-킹 투미
유월 톡-킹 앳미!/   넌 나랑 대화를 나누지 않았어. 네가 일방적으로 말했잖아!

    talk at 누구　　=　　누구에게 일방적으로 얘기하다 (누구 말은 듣지 않고)
    Most problems will disappear if we talked to each other, instead of talking at

one another.   우리가 내 얘기만 하지 말고 서로 이야기를 나누면, 대부분의 문제는 없어진다.

He talked my head off.   /히톡드마이 헤드오프/   그는 귀아플 정도로 얘기했어.

> talk 누구의 head off (UK) / talk 누구의 ear off (US) =   시끄럽게 오랫동안 이야기하다

Someone's finally talking sense. /썸원즈 파이널리 톡킹 쎈쓰/
이제야 좀 제대로된 얘기를 하네.

> talk sense   =   분별력있게 이야기하다

He's not getting it. Can somebody talk some sense into him?   /히즈 낫
게링잇. 캔 썸바디 톡 썸 쎈쓰 인투힘?/   얘가 이해를 못하네. 누가 얘한테 설명좀 해줘.

> talk some sense into 누구 =   누가 어떤 상황에 대해 분별력있게 생각하도록 하다

Jason gave a talk to an audience of uni students.   /제이쓴 게이버 톡투언
오디언쓰오브 유니 스튜던츠/   대학생들 앞에서 제이슨이 강연을 했어.

You shouldn't talk back to your teacher.   /유 슈든ㅌ 톡 백투유얼 티-처/
선생님에게 말대꾸하는 거 아니야.

> talk back   =   말대꾸하다, 무례하게 대답하다 (아이들에게 하는 말)

An unassuming guy as he is, Jae-suk talks down his achievements.
/언 언어쓔밍 가이 애즈히즈 재석 톡쓰다운 히즈 어취-브먼츠/
겸손한 재석은 자기가 이룬 성공을 낮춰 말해.

> talk down 무엇   =   무엇이 별로 중요하지 않다고 이야기하다

**I wish sales people wouldn't talk down to us, as if we knew nothing
about it.**   /아위쉬 세일즈피플 우든ㅌ 톡 다운투어쓰 애즈이프 위 뉴- 낫띵어바우릿/
판매직원들이 우릴 깔보며 얘기 안 했으면 좋겠어, 우리가 아무것도 모르는 것도 아니고 말야.

> talk down to 누구   =   누가 자기만큼 이해를 못할까봐 단순하게 이야기하다,
> 누구를 자기보다 모른다고 여기며 말하다(condescend—꼰대), 깔보며 말하다

> My maths teacher never talked down to us.
> 우리 수학선생님은 절대 우리가 어려서 모를거라고 무시하며 이야기하지 않으셨어.

398

Boyan was talking up his new project, how important it is to reduce plastic bag wastes, which emits 23 million tons of carbon dioxide into the air and makes up a whopping 80% of ocean pollution. /보얀워즈 톡킹업 히즈 뉴 프롸젝트 하우 임폴턴트 잇이즈투 리듀쓰 플라스틱백 웨이스츠 윗치 에밋츠 트웬티쓰뤼 밀리언 톤즈 오브 칼본 다이옥싸이드 인투디에어 앤 메잌쓰업 어 왑핑 에이티 펄쎈트 오브 오션 폴루션/ 보얀은 새 프로젝트에 대해 열변을 토하더라, 비닐봉지를 줄이는게 얼마나 중요한지에 대해서 말이야. 비닐봉지가 글쎄 연간 2300만 톤의 이산화탄소를 배출하고 바다오염의 80%나 차지한대.

talk up 무엇 = 무엇에 대해 열정적으로 이야기하다

Can you talk me through the plan? /캔유 톡미 쓰루더 플랜?/
그 안에 대해 설명해주시겠어요?

talk 누구 through 무엇 = 누구에게 무엇에 대해서 이해하도록 설명하다

Do you still have to talk shop? /두유 스틸 해브투 톡 샵?/ 아직도 일얘기야?

talk shop = 일에 대해 이야기하다 (특히 직장 밖에서)

What she said didn't make sense. She was talking through her hat.
/왓쉬쎄드 디든ㅌ 메잌쎈스. 쉬워즈 톡킹 쓰루 헐 햇/
그 사람이 하는 말은 앞뒤가 안 맞더라. 잘 모르고 하는 말이었어.

talk through 누구의 hat (UK) = 누가 무엇에 대해 이해하지 않고 그에 대해 말하다

He often talks in riddles, but that's probably because he's too bright.
/히오픈 톡쓰 인 뤼들쓰 벋 댓츠 프롸버블리 비코-즈 히즈 투-브롸잇/ 그가 하는 얘기는 가끔 갸우뚱하게 해. 그런데 그건 아마도 그가 너무 머리가 좋아서 그런걸거야.

talk in riddles = 헷갈리게 이야기하다

Mediocre galleries sweet-talk the visitors into buying the works, without any sincere explanations about the art. /미디오커 갤러뤼스 스윗톡더 비지톨스 인투 바잉더 웕쓰 위다웃 애니 씬씨어 익스플러네이션쓰 어바웃디 알트/
2류 갤러리들은 작품에 대한 진정어린 설명도 하지 않고 손님에게 작품을 사라고 부추겨.

sweet talk = 달콤한 말 (누구를 설득하기 위한 아첨 또는 연인간의 달달한 말)

Baby talk is most beneficial when it's one-on-one between parent and child. She or he needs to feel they are loved and cared for. /베이비 톡
이즈모슷트 베네피셜 웬잇츠 원온원 빗트윈 패런트앤촤일드. 쉬오얼히 니즈투 필 데얄 러브드
앤 케얼드포/　　유아 언어는 부모와 아이간 1:1 대화에 가장 효과적이다. 아이는 자기가 사랑
을 받고 있다고 느끼게 해주는게 필요하다.

　　　baby talk　=　아기들이 쓰는 말, 애같은 말투, 혀짧은 말 (연인 사이의 애교스런 말)
　　　Someone's in the mood of baby talks.　누가 달달한 얘길 하고 싶나보네?

의논 / 협상하다

Mark and Jason talk business whenever they are together. /말크 앤 제
이쓴 톡 비즈니쓰 웬에버 데알 트게더/　　마크랑 제이슨은 만나면 일얘기야.

　　　talk　=　discuss　=　의논하다

The company broke off talks about the contract. /더컴퍼니 브록오프 톡쓰
어바웃더 칸트랙트/　　그 회사가 계약에 대해 얘기를 꺼냈어.

　　　talks　=　중요한 사안에 대한 공식적인 의논; 회의, 회담, 협의

　　　That labour union strikes for pay talks all the time.
　　　저 노동조합은 시도 때도 없이 임금문제로 파업해.
　　　They are in talks about a merger.　그들은 합병에 대해 의논 중이야.
　　　We held talks with the government.　정부와 의논했어.
　　　Talks between them resulted in a new deal.　그들의 회담으로 새 협약이 맺어졌어.

She talked her ex into buying her a Chanel bag. You should stay away from such gold diggers. /쉬 톡드힐 엑쓰 인투 바잉헐어 샤넬 백. 유슈드 스테이어
웨이 프롬 써취 골드 디걸쓰/　　그 여자는 전남친에게 샤넬백을 받아냈어. 사람을 호구로 이용
하는 요물은 피해야해.

　　　talk 누구 into 무엇　=　누가 무엇을 하도록 설득하다

　　　If you can't afford it, you don't deserve it.　네가 살 능력이 없으면, 가질 자격도 없어.

Martin talked me out of quitting the job. /말틴 톡드미 아웃오브 퀴팅더 좝/
마틴이 내가 그 일을 그만두지 못하게 설득했어.

talk 누구 out of 무엇　　　=　　　누가 무엇을 하지 않도록 설득하다

She somehow talked her way into the job.　　　/쉬 썸하우 톡드헐웨이 인투더 좝/
그녀는 어떻게 한건지 말로 그 일을 얻어냈어.

talk 누구의 way into/out of 무엇　　　=　　　누가 설득해서 무엇을 하게/안 하게 하다
You won't be able to talk your way out of cleaning your bedroom this time.
이번엔 네 방 청소에서 빠져나가지 못할거야.

As I was going to sign up for the subscription, he talked me down.
/애즈 아이 워즈 고잉투 싸인업포더 썹쓰크립션 히 톡드미 다운/
내가 그걸 구독하려고 하는데 그가 못하게 했어.

talk 누구 down　　　=　　　누구의 판단이 잘못됐으니 하지 말라고 설득하다

My dad didn't approve of our marriage, but it may be possible to talk him round because I think there's no one else like you for me.
/마이대-드 디든트 어푸르브 오브아월 매리쥐 벗잇 메이비 파써블투 톡힘롸운드 비코-즈 아띵크 데얼즈 노원 엘쓰 라잌유 폴미/　　　우리 아빠가 우리 결혼을 반대하셨는데, 아빠 마음을 바꿀 수 있을 것 같아. 왜냐면 나에게 너같은 사람은 둘도 없을 것 같거든.

talk 누구 round/around　　　=　　　반대했던 누구를 돌아서게 설득하다

We need to get together and talk this over.　　　/위니-투 겟투게더 앤 톡디쓰 오버/
우리 한번 만나서 이 일을 의논해보자.

talk over 무엇　　　=　　　무엇에 대해 의논하다
I'll have to talk it over with my wife before making a decision.
결정을 내리기 전에 아내와 상의를 해야할 것 같아요.

Angeline and I were talking out the plans to travel Australia.
/엔젤린앤다이 월 톡킹아웃 더플랜스투 트래블 오스트뤠일리아/
나랑 엔젤린은 호주 여행 계획을 짜고 있었어.

talk out 무엇　　　=　　　무엇의 세부사항을 의논하다, 해결책/타협안을 찾기 위해 의논하다
You guys need to talk out the differences between you.
너네들 서로 다른 점에 대해 얘기해보고 타협점을 찾아야 할 것 같다.

401

feel - felt - felt

느끼다	의견 / 태도	만지다
(육체적/감정적으로		
경험하다)		
experience	opinion/attitude	touch

느끼다

How are you feeling?　/하우알유필링?/　아픈 건 좀 어때?

I'm feeling okay.　/암필링 옥케이/　좀 괜찮아.

I'm not feeling well today.　/암낫 필링 웰 트데이/　오늘 컨디션 별로야.

A: Did it hurt?　/딛잇 헐트?/　아팠어? (주사를 놓거나 한 대 때린 뒤)

B: I don't feel a thing.　/아돈필어띵/　아무 느낌도 없어.

Never in my life had I felt so happy.　/네벌인마이라잎 핻아이펠ㅌ쏘해피/
살면서 이렇게 행복했던 적은 처음이야.

I feel bad about not showing up.　/아필배드 어바웃 낫 쑈잉업/
거기 안 간거 좀 찜찜하네.

　　feel bad　=　잘못한 것처럼 느끼다, 죄책감을 느끼다

I can't work as hard as I used to, and I feel my age. /아캔트 월크 애즈할드
애즈 아유즈투 앤아필 마이 에이쥐/   예전만큼 일할 체력이 안되네, 나 나이 든 거 같아.

I feel like (having) a cool glass of chardonnay. /아필라익어 쿨 글라쓰오브
샤도네이/   시원한 샤르도네 한 잔 마시고 싶네.

> feel like 무엇   =   desire 무엇   =   무엇을 원하다
>
> I feel like (going for) a walk. Would you want to join in? 좀 걷고 싶어. 같이 갈래?
>
> The place was awful. I felt like leaving immediately. 거기 완전 별로였어. 빨리 나
> 오고 싶었어.
>
> I feel like Thai food. 태국음식 먹고싶다.

I feel like a new person after a hot bath. /아필라익어 뉴 펄쓴 아프털어 핫 바쓰/
뜨거운 목욕하고 나니 새 사람이 된거같아.

> feel like 무엇   =   seem to be 무엇   =   무엇인 것 같다
>
> It feels like rain. 비가 올 것 같네.
>
> I felt like an idiot when I forgot her Birthday. 그녀의 생일을 잊다니 나 바본가봐.

Just came back from a long day—I don't feel up to going out tonight.
/져스트케임백프롬어롱─데이 아돈필 업투 고잉아웃 트나잇/
힘든 하루를 보내고 막 집에 들어왔어. 오늘은 나가 놀 기분이 아니야.

> feel up to 무엇   =   무엇을 할 힘이 있다

Feel free to help yourself to more beer. /필프리투 헬프유얼쎌프 투모얼 비어/
맥주 얼마든지 더 드세요.

His criticism left me feeling a bit deflated. /히즈크리티씨즘 레프트미 필링
어빗 디플레이티드/   그의 비판에 기운이 빠졌어.

**I feel sorry for dolphins and whales; they don't have pollution masks
and air purifiers like we do. They have to drink plastic and petroleum.**
/아이필 쏘리포 돌핀스 앤 웨일즈 데이 돈ㅌ해브 폴루션마슥쓰 앤 에어퓨리파이얼쓰 라익위두.
데이해브투 드링크 플라스틱 앤 퍼트롤리움/   돌고래와 고래들이 너무 안쓰럽다. 걔네들은
마스크도 없고 공기청정기도 없잖아. 어쩔 수 없이 플라스틱과 석유를 들이마셔야해.

> feel for 누구   =   누구의 고통과 아픔을 공감하다
>
> I feel for you. 너의 아픔을 알것같아.

I feel right at home when I'm with them. /아필 롸잇앳홈 웬암 윌뎀/
그 사람들하고 있을 때 난 정말 편해.

> feel at home = 아주 편안하게 느끼다 (어떤 집단에 소속하는 것처럼, 인정받는
> 것처럼, 집에 있는 것 처럼) ↔ feel out of place
> I always felt out of place in school, like I was there by mistake.
> 난 학교가 항상 불편했어, 마치 어쩌다 거기 떨어진 것처럼.
> You might feel a little out of place hanging out with these people.
> 이 사람들하고 어울리면 네가 좀 불편할지도 몰라.

We can solve climate crisis together—I can feel it in my bones.
/위캔쏠브 클라이밋 크롸이씨스 트게더 아캔 필잇 인마이 본즈/
우리 다 함께 기후 위기를 극복해나갈 수 있을 거야. 그냥 그럴 수 있을 거라는 느낌이 들어.

> feel it in my bones = 뭐라고 설명하기 어렵지만 확실히 그럴거라고 직감하다

When I became a painter from a photographer, I started to feel the pinch.
/웬아 비케임어 페인터 프롬어 포토그래퍼 아 스탈티투 필더 핀취/
내가 사진작가에서 순수회화작가가 되었을 때 배고픔을 느끼기 시작했지.

> feel the pinch (UK) = 돈을 전보다 못 벌어서 힘들다

We had a blackout last night and I had to feel my way out to find a candle.
/위해더 블랙아웃 라슷나잇 앤아해투 필마이 웨이아웃 투파인더 캔들/
어젯밤 정전이 나서 손으로 더듬어 촛불을 찾아야했어.

> feel 누구의 way = 눈으로 보지 않고 손의 감각으로 어디로 가는지 판단하다,
> 무얼 어떻게 해야하는지 확신이 없어서 조심스럽게 움직이다 (새로운 일 등)
> At the beginning, I was feeling my way. 처음엔 나도 아무것도 몰랐어.

I could feel that he still has feelings for me. /아쿠드 필댓 히스틸해즈 필링스
폴미/ 그 남자가 아직 날 좋아하는 걸 느꼈어.

> feelings for 누구 = 누구에 대한 끌림/사랑의 감정
> Obviously you don't want to marry someone you have no feelings for.
> 당연한 말이지만 아무 감정도 없는 사람과 결혼하고 싶지는 않지.

His cafe is nice—it's got an industrial feel to it. /히즈 카-페이즈 나이쓰 잇
츠갓언 인더스트리얼 필-투잇/ 그의 카페 근사해. 공장같은 느낌이 있어.

I came out too early and I didn't get the feel of the place. /아케임아웃
투-얼리 앤아디든트 겟더 필오브더 플레이쓰/ 너무 빨리 나와서 그 공간을 제대로 못 느꼈어.

get the feel of 무엇 = 무엇을 감각으로 알다, 무엇을 어떻게 하는지 배우다
Once you get the feel of it, playing tennis is joyful. 일단 감을 잡으면 테니스는 재밌어.

Michael has a feel for music. /마이클 해져 필 포 뮤-직/
마이클은 음악에 타고난 감각이 있어.

a feel for 무엇 = 무엇에 대한 타고난 능력/이해

You feel a hole in your heart when you are pining for something or someone. /유필-어 홀인유얼 할트 웬유알 파이닝포 썸띵 올 썸원/
그리움의 대상을 마음에 품으면 가슴에 빈 공간이 생기는 것 같다.

그리워하다 = miss (없어진 빈자리를 알아채다―후회), yearn for (무엇을 갈망하다
―슬픔), long (금방 얻을 수 있는 사소한 걸 원하다), pine for (잃어버린 누구/무엇을
그리워하다―pine: 그래서 앓아눕다), hanker for/after (막연한 바램―격식없는 말)

의견 / 태도

How would you feel about going back to that place? /하우 우쥬 필어바웃
고잉 백투댓 플레이쓰?/ 거기로 돌아가는 거 어떻게 생각해?

I feel good about going to work, although I feel pressure to produce results. /아필 굳어바웃 고잉투 월크 올도우 아필 프레써 투 프로듀쓰 뤼졀츠/
난 일하러 가는 거 좋아, 결과를 내야 하는 게 좀 부담이긴 하지만.

I feel (that) we should have more time together. /아필 위슏해브 모얼 타임
트게더/ 우리 좀더 오래 같이 시간을 보내야해.

I feel certain (that) I'm right. /아 필 썰튼 암롸잇/ 내가 맞다고 확신해.

That ugly books are not something I feel strongly about. /댓어글리북쓰
알 낫 썸띵 아필- 스트롱리 어바웃/ 글쎄 저런 못 생긴 책들이 존재할 필요가 있을까.

feel strongly about = 강한 의견을 갖고 있다

I had always felt myself (to be) good at language. /아핻 올웨이즈 펠트마이
쎌프 굳앳 랭귀지/ 난 항상 내가 언어에 소질이 있다고 생각했어.

I'm feeling hard done-by because I do all the cleaning and cooking, while he doesn't do much at home. /암필링 할드단바이 비코즈 아두올더 클리닝 앤 쿠킹 와일 히더즌ㅌ 두 머춰 앳홈/　내가 청소도 하고 요리도 하는데 그는 집에서 그다지 하는게 없어서 불공평한 것 같아.

feel hard done-by (US)　=　feel hard done-to (UK)　=　불공평하다고 느끼다

The more I think about it, the more I feel that there's nothing more genuinely artistic than to love people. /더모얼아띵커바우릿 더모얼아필댓 데얼즈 낫띵모얼 제뉴인리 알티스틱 댄투 러-브 피플/　더 많이 생각할 수록 더 맞는 것 같아— 사람들을 사랑하는 것보다 더 진정으로 예술적인 일은 없어. [**Vincent van Gogh, letter on 18 Sept 1888**]

만지다

Feel how soft it is.　/필 하우 소프트 잇이즈/　얼마나 부드러운지 한번 만져봐.

I love the natural feel of this material. /알러브더 내츄럴 필 오브디쓰 머티어리얼/ 이 재질의 자연스러운 촉감이 정말 맘에 들어.

Let me have a feel.　/렛미해버 필/　한번 만져보자.

I thought I felt a drop of rain.　/아쏱 아펠트어 드랍오브 뤠인/ 비 한 방울 맞은 것 같은데.

He's so upset today because he has been felt up on the subway by someone.　/히즈 쏘 업쎗 트데이 비코즈 히해즈빈 펠트업 온더 썹웨이 바이 썸원/ 그는 오늘 기분이 안 좋아, 왜냐면 지하철에서 누가 그를 만졌거든.

feel 누구 up　=　일방적인 성적 만족을 위해 모르는 누구를 만지다

I'm going to feel him out to see if he has prepared a present for me. /암고나 필힘아웃 투씨이프 히즈 프리페얼드 어 **프레젠트** 폴미/ 그가 내 선물을 준비했나 한번 떠보려구.

feel 누구/무엇 out　=　누구로부터 정보를 얻다 (직접적으로 물어보지 않고)

We think too much and feel too little.

우리는 너무 많이 생각하고 너무 덜 느낀다.

[Charlie Chaplin]

think - thought - thought

생각하다

consider   decide   reason   have opinion   remember

(I'm) thinking of you.   /띵킹오뷰/   너 생각 중이야. (= I miss you.)

I've been thinking about you.   /아이브빈 띵킹어바웃츄/   널 생각해왔어.

I'm thinking of taking up yoga.   /암띵킹오브 테이킹업 요가/   요가를 해볼까 해.

I'm thinking of moving to somewhere less crowded.   /암띵킹오브 무빙투
썸웨어 레쓰 크롸우딛/   덜 복잡한 곳으로 이사갈까 고민하고 있어.

I'm thinking about growing fruits and veggies in my balcony.   /암띵킹
어바웃 그로잉 프룻츠엔베쥐스 인마이발코니./   발코니에서 과일야채를 길러볼까해.

**I know it's exciting, but you should think twice before you drive for
fun polluting the air you breathe.**   /아노우 잇츠 익싸이팅 벋 유슏 띵크트와이쓰
비포얼유 드롸이브폴펀 폴루팅디에어 유 브리드/   재밌는 건 알지만, 그냥 재미로 드라이브를
하기 전에 한번 더 생각해보는 게 좋을 것 같아—네가 마시는 공기를 더럽히는 일이니까.

It's the thought that counts.   /잇츠 더 쏱트 댓 카운츠/   마음이 중요한거지~

I couldn't think <u>why</u> she left me.   /아쿠든띵크 와이쉬 레프트미/
걔가 왜 날 떠났는지 모르겠어.

> could not think   =   cannot think (UK)   =   do not know
> I can't think <u>wh</u>at to do next.   다음에 뭘 해야할지 모르겠어.

The trouble with most people is that they think with their hopes or fears or wishes rather than with their minds.   /더 트러블윋 모스트 피플 이즈댓 데이 띵크 윋데얼 홉쓰 오얼 피얼쓰 오얼 위쉬스 롸덜댄 위드데얼 마인즈/   대다수 사람들의 문제는 자신의 희망과 두려움과 소망으로 생각하고, 머리로는 생각하지 않는다는 거야.
[Will Durant]

Think big and grow rich. But remember, those rich with love and wisdom are much happier than those with pots of money.   /띵크빅 앤 그로우 뤼치. 벋 뤼멤버 도즈 뤼치위드 러브앤 위즈텀 알 머취해피어 댄 도즈위드 팟츠오브 머니/   원대하게 생각하고 풍부한 사람이 되어라. 허나 기억하라, 돈이 많은 사람보다 사랑과 지혜가 많은 사람이 훨씬 행복하다.

> think big   =   대단한 성공을 이루어 낼 계획을 갖다

To be highly successful, you must think outside the box.   /투비하일리 썩쎄스풀 유머슷트 띵크 아웃싸이더 박쓰/   굉장한 성공을 이루어 내려면, 남들과 다르게 생각해야 한다. 기존에 해오던 방식을 따라하지 말고, 새로운 길을 개척해야 한다.

> think outside the box   =   기존에 해오던 방식을 따라하기 보다는, 상상력을 사용해 새로운 방법을 고안하다

Think ahead and make plans for the future. The next 80 years are the Age of the Environment. It's a matter of life or death for all of humanity.   /띵커헤드 앤 메일 플랜스포더퓨처. 더넥스트 에이티이얼스 알디 에이쥐오브 디 인바이런먼트. 잇츠어매럴오브 라이프 오얼 데쓰 포 올오브휴매니티/   앞을 내다보고 미래를 위한 계획을 세우라. 앞으로의 80년은 환경의 시대다. 인류의 생사가 걸린 문제다.

> think ahead   =   미래에 일어날 일들에 대해 신중히 생각하다, 할 일을 계획하다

It's a pleasure when you use a product that is well thought out.
/잇쳐 플레져 웬유 유즈어 프롸덕트 댓이즈 웰 쏟아웃/
작은 디테일까지 신경써 만든 완성도 높은 제품을 사용하는 일은 정말 만족스럽다.

> think 무엇 out   =   무엇의 온갖 디테일까지 신경쓰다

People should think things out fresh and not just accept conventional terms and the conventional way of doing things. /피플슈드 띵크 띵스 아웃 프레쉬 앤 낫 져숫트 익쎕트 컨벤셔널 텊즈 앤더 컨벤셔널 웨이오브 두잉띵스/ 일반적인 방식을 아무런 생각없이 받아들이기 보다는, 작은 것까지 새롭게 고안해야한다. [Richard Buckminster Fuller]

I think Harry's bright, but also down-to-earth. So he doesn't want to appear bright. 아띵크 해리즈 브롸잇 벋올쏘 다운투 얼쓰. 쏘히더즌워너 어피어 브롸이트/ 해리는 굉장히 머리가 좋은 거 같아. 그리고 (잘난체 하지 않고) 인간적이야. 그래서 그는 남들 앞에서 영리해 보이고 싶어 하지 않아.

> I think　　=　　내 생각엔, 내 의견인데
> Bright은 '밝다/영민하다', dim은 '어둡다/멍청하다'.

I think of Jason as a man of integrity. /아띵코브 제이쓴 애져 맨오브 인테그리티/ 제이슨은 정말 겉과 속이 같은 사람이라고 생각해.

> think of 누구/무엇　　=　　누구/무엇에 대해 어떻게 생각하다
> What do you think of this tie?　이 넥타이 어떻게 생각해?
> I think of Melbourne as my home now.　멜번은 이제 나에게 집같아.

I thought of you when they wanted someone who could translate English flawlessly in the context of art. /아쏘오브유 웬데이원티드 썸원 후쿨 트랜슬레잇 잉글리쉬 플로-리쓸리 인더 칸텍스트오브 알트/　미술에 관한 영어를 완벽하게 통번역할 수 있는 사람을 찾는다길래 널 생각했지.

Just forget what they did to you—they're not worth thinking about. /져스트폴겟 왓데이 딛투유 데알 낫 월쓰 띵킹어바웃/ 걔네들이 너에게 한 짓을 그냥 잊어버려. 생각해줄 가치도 없는 애들이야.

When I was younger, I thought nothing of staying up three nights in a row. /웬아워즈 영거 아쏠 낫띵오브 스테잉업 쓰리나잇츠 인어 로-/ 좀더 젊었을 땐 삼일밤 새는 것 쯤은 아무것도 아니었는데.

> think nothing of 무엇　　=　　무엇이 별것 아니라고 여기다

I'll think it over and give you an answer next week. /아일띵킷오버 앤 기뷰언 앤써 넥스트윅/　좀 생각해보고 다음 주에 알려줄게.

> think over/through　　=　　신중하게 생각하다, 심사숙고하다

I can't make a decision until I have thought through the different possibilities. /아캔트메익어 디씨젼 언틸 아해브 쏱 쓰루더 디퍼런트 파써빌리티즈/ 다른 대안들을 생각해보기 전에는 결정을 내릴 수 없어.

Let me have a think about it before I decide. /렛미해버띵크어바우릿 비포얼 아 디싸이드/ 좀더 생각해볼게요. (무언가를 사기 전에)

If you think you can buy it later, you've got another think coming. /이퓨띵크 유캔바이잇 레이터 유브갓 어나더 띵크 커밍/ 나중에 살 수 있을 거라 생각한다면 오산이에요.

> have another think coming = 한 번 더 고민해야한다 (네 생각은 틀렸다)

It was something I saw for the first time and I had to think on my feet. /잇워즈 썸딩아쏘- 포더펄스트타임 앤아해투 띵크 온마이 핏-/ 그런 건 생전 처음봐서 빨리 판단해야했어.

> think on 누구의 feet = 재빠르게 결정내리다, 바르게 답변하다

We nearly bought it but we thought better of it. /위니얼리 봍잇 벋위쏱 베럴 오빗/ 우리 그거 살 뻔했는데 생각을 바꼈어.

> think better of 무엇 = 무엇이 좋은 생각이 아니라고 결정하다

A: Will you break my daughter's heart? /윌 유 브뤠익마이 도털즈 할트?/ 내 딸을 슬프게 할건가?

B: I think not, sir. /아띵크 낫 썰/ 그러지 않을 겁니다, 아버님. (격식을 갖춘 'No')

A: I came to apologise. That was a stupid thing to do. I wasn't thinking straight. /아케임투 어폴로좌이즈. 댓워져 스튜핏띵투두. 아워즌트 띵킹 스트뤠잇/ 사과하려고 왔어. 그건 정말 바보같은 짓이었어. 제정신이 아니었나봐.

> not think straight = 생각을 제대로 하기 어렵다 (피곤하거나 술에 취하거나 등)

B: I thought as much. It's alright. It's not the end of the world if you make a mistake. You should think twice before you act, though. /아쏱 애즈머취. 잇츠올롸잇. 잇츠낫디엔도브더월드 이퓨메이어 미스테익. 유슈드 띵크 트와이쓰 비포얼 유 액트 도우/ 그럴 줄 알았어. 괜찮아, 실수를 할 수도 있지뭐. 그래도 넌 좀더 신중하게 행동해야해.

411

think twice　=　think long and hard　=　결정을 내리기 전에 신중히 생각하다

To my way of thinking, he is just shy in front of you.　/투마이웨이오브띵킹
히즈져스트 샤이 인프론토브유/　내 생각엔 그는 그냥 네 앞에서 쑥쓰러움이 많아지는 것 같아.

to 누구의 way of thinking　=　누구의 의견으로는

He fell in love with you. Who would have thought it?　/히 펠인 럽위듀. 후
우드해브 쏱잇?/　그가 너랑 사랑에 빠지다니, 누가 생각이나 했겠어?

I think of myself as his friend, though.　/아띵코브 마이쎌프 애즈히즈 프렌드
도우/　그런데 난 내가 그의 친구라고 생각하는데 말이야.

I can't think of anything to say right now.　/아캔ㅌ띵코브 애니띵투 쎄이 롸잇
나우/　지금 뭐라 말해야 할지 모르겠어.

I can't stop thinking about him.　/아 캔ㅌ 스탑 띵킹어바웃힘/
그 남자 생각이 끊이지 않아.

We will have to think of a new way of doing it.　/위일해브투 띵코브어 뉴
웨이 오브 두잉잇/　우리 이 일을 하는 새로운 방법을 찾아봐야겠어.

think of　=　새로운 아이디어를 생각해내다

**When I recall how badly I behaved to my parents, it makes me think
again about having children of my own.**　/웬아 리콜 하우 배들리 아이 비헤이
브드 투마이 패런츠 잇 메익쓰미 띵크 어게인 어바웃 해빙췰드런 오브마이 오운/
내가 얼마나 못 s되게 부모님께 굴었는지 떠올리면, 내 자식을 갖는 게 조심스러워져.

Think well to the end, consider the end first.　/띵크 웰 투디 엔드 컨씨더 디
엔드 펄스트/　끝까지 잘 생각하라. 끝에서부터 생각하라. [Leonardo da Vinci]

**Great many people think they are thinking, when they are merely
rearranging their prejudices.**　/그뤠잇매니피플 띵크 데얄띵킹 웬데얄 미얼리 뤼어
뤠인징 데얼 프레져디쓰스/　굉장히 많은 사람들이 자기가 생각을 한다고 생각하는데, 알고보
면 편견들을 재조합하는 것에 불과하다. [William James]

Birds born in a cage think flying is an illness.　/벌즈 본-인어 케이쥐 띵크 플
라잉 이즈언 일니쓰/　새장에서 태어난 새는 나는게 병이라고 생각한다. [A. Jodorowsky]

If you think the economy is more important than the environment, try holding your breath while counting your money. /이퓨띵크 디 이코노미 이즈모얼 임폴턴트 댄디 인바이런번트 트롸이 홀딩유얼 브뤠쓰 와일 카운팅 유얼 머니/ 경제가 자연보다 중요하다고 생각한다면, 숨을 참고 네 돈을 세봐라. [Guy McPherson]

Thinking back to when I was at school, what English teachers said 'important' were useless. They didn't really know what they were teaching. /띵킹백투 웬아이워즈앳 스쿨 왓 잉글리쉬 티쳘스쎄드 임폴턴트 월 유슬리쓰. 데이 디든트 륄리노- 왓데이월 티-칭/ 내 학창 시절을 생각해 보면, 영어선생님들이 '중요하다'고 했던 것들은 쓸데없는 것들이었지. 그분들은 자기가 가르치는 게 뭔지 정확히 몰랐어.

> think back = 과거의 일을 기억하다

If you want to be somebody, you have to learn to think for yourself. /이퓨 워너비 썸바디 유 해브투런투 띵크 포유얼쎌프/ 무언가가 되고 싶다면, 스스로 생각하는 법을 배워야 한다.

> think for yourself = 남에게 의지하기 보다는 스스로 판단하여 결정내리다

Those who know how to think need no teachers. /도즈 후 노우 하우투 띵크 니드 노 티쳘스/ 스스로 생각할 줄 아는 사람은 선생이 필요없다. [Mahatma Gandhi]

One who learns but doesn't think is lost. One who thinks but doesn't learn is in danger. /원 후 런-즈 벋 더즌트 띵크 이즈 로스트. 원 후 띵스 벋 더즌트 런- 이즈인 데인져/ 배우기만 하고 생각하지 않는 사람은 어디로 가야할 지를 모른다. 생각할 줄만 알고 배우지 않는 사람은 위험에 처한다. [Confucius]

Think like a Queen. A Queen is not afraid to fail. Failure is another stepping stone to greatness. /띵크라잌어 퀸. 어 퀸 이즈낫어프레이투 페일. 페일류어 이즈 어나더 스텝핑스톤 투 그뤠잇니쓰/ 여왕처럼 생각해. 여왕은 실패를 두려워하지 않아. 실패는 위대함으로 향하는 징검다리일 뿐이야. [Oprah Winfrey]

Design is a funny word. Some people think design means how it looks. But if you dig deeper, it's really how it works. /디쟈인이즈어 퍼니월드. 썸피플띵크 디쟈인 민즈 하우잇룩쓰. 벋 이퓨 딕 딥-퍼 잇츠 륄리 하우잇 웕쓰/ 디자인은 웃긴 단어다. 어떤 사람들은 디자인이 겉모습이라고 생각한다. 그런데 더 깊이 파보면, 디자인은 어떻게 작동하느냐다. [Steve Jobs]

**The size of a man is determined by
the magnitude of his thoughts.**

한 사람의 수준은

그 사람의 생각의 스케일이 결정한다.

[Aureo Bae]

What we think, we become.

사람은 생각하는 대로 된다.

[Buddha]

know

know - knew - known

알다	확신하다	익숙하다
have information	feel certain	be familiar with

알다

What do you know for sure? /왓두유노-포슈얼?/ 네가 안다고 확신할 수 있는 게 있어?

I don't know anything about this. /아던노애니떵어바웃디쓰/ 난 이걸 전혀 몰라.

Ask Kate. She'll know. /아스크 케잍. 쉬일노우/ 케이트에게 물어봐. 그녀는 알거야.

We don't know when she's arriving. /위돈노 웬쉬즈 어롸이빙/
그분이 언제 도착할지 몰라.

I don't know what all the fuss is about. /아돈노-왓올더 퍼쓰이즈 어바웃/
왜들 난리인지 모르겠네.

You knew (that) she's famous. /유뉴-쉬즈 페이머쓰/ 그 사람 유명한 거 알잖아.

   famous는 '많은 사람들에게 알려지다', popular는 '많은 사람들이 좋아하다'.

Forest bathing is known to boost our immune system. /포레슷트베이딩 이즈
노운투 부스트아월 이뮨 씨스템/ 산림욕은 우리 면역체계를 향상시키는 것으로 알려져있어.

416

They know me to be eccentric, you know.   /데이노우미 투비 익쎈트릭 유 노-/
내가 별난 건 걔네도 알아.

> you know   =   1. 별 의미없이 생각할 시간을 벌기 위해 하는 말   2. 무슨 말인지 알겠지?

You know what? I think you wouldn't know a good man if you fell over one.
/유노왓? 아띵크 유우든ㅌ노우어 굳 맨 이퓨펠 오벌원 /
그거 알아? 너는 좋은 남자가 코앞에 떨어져도 모를 거야. (뻔한 걸 알아채지 못하다.)

> you know 무엇   =   어떤 정보나 내 의견을 말하기 전에 그냥 하는 말
>
> wouldn't know 무엇 if 누구 fell over it/one   =   wouldn't know 무엇 if it
> hit 누구 in the face   =   누구의 코앞에 무엇이 떨어져도 모를 거다

Shh! Only those who are in the know know about this.   /쉬- 온리도즈
후알인더노- 노우 어바웃 디쓰/   쉿! 이거 아는 사람만 알아.

> be in the know   =   대부분의 사람들은 모르는 지식을 알다
> This artist is considered by those who are in the know to be on his track to
> be the most expensive artist from Korea. 미술계에 발을 담고 있는 사람들만 아는
> 건데, 이 작가는 앞으로 한국에서 나온 가장 비싼 작가가 될 거야.
> Ask Kate—she's always in the know about the good stuff.
> 케이트에게 물어봐. 그녀는 항상 핫한 걸 알고 있어.

Do you know the time?   /두유노우더타임?/   지금 몇 신지 알아요?

Do you know of a good doctor?   /두유노-오브어 굳 닥털?/   잘하는 병원 알아?

I don't know the first thing about electric circuit.   /아돈노-더 펄스트 띵
어바웃 일렉트릭 썰킷/   난 전기회로에 대해 아는 게 전혀 없어.

Well, what do you know!   /웰 왓 두 유 노-!/   그것도 몰라? 아는 게 뭐야?

> 1. 그걸 알다니!   2. 그것도 몰라!

But I know the tweed from Chanel. /번아노- 더트위드 프롬 샤넬/
그치만 패션은 내가 좀 알지.

> know 무엇 from 무엇2   =   무슨 분야에 대해 아주 잘 알다

I wish people didn't think money can change their lives. Money is useless when you don't know how to use it. /아워쉬 피플 디든띵크 머니캔 췌인지 데얼 라이브즈. 머니이즈 유슬리쓰 웬유돈ㅌ노우 하우투 유즈잇/ 사람들은 돈만 있으면 신분을 바꿀 수 있다고 생각하는 게 안타까워. 어떻게 쓸 줄 모르는 돈은 없느니 못해.

> For the wise regard wealth as a slave, the fool as a master.
> 현자는 부를 노예라 여기는데, 우매한 자는 주인으로 여긴다. [Seneca]

It will be finished before you know it. /잇윌비피니쉬드비포얼유노잇/ 금방 끝나.

> before you know it   =   very soon

He knows his stuff. /히 노우즈 히즈스터프/
그는 자기 분야의 전문가야.

> know 누구의 stuff   =   누구 know all there is to know about 무엇
> =   know what 누구 is doing   =   know what 누구 is talking about
> =   누구 has done 누구의 homework
> =   누가 하는 일에 대해 좋은 기술과 지식이 있다, 누가 무엇을 잘 알다

He knows what he is talking about. /히노우즈 왓히즈 톡킹어바웃/
그는 그걸 알고 말해.

Dr. Lee Kukjong knows all there is to know about surgery. /닥톨리-국종 노우즈 올 데얼이즈 투 노우어바웃 썰져리/ 이국종 교수님은 수술에 대해서 모르는 게 없으셔.

When it comes to open wounds, he knows best. /웬잇 컴즈투 오픈 운즈 히노우즈 베스트/ 외상에 관해선 그분이 최고권위자야.

> know best   =   책임을 지고 중대한 결정을 내리기에 가장 적합한 사람이다

It's surprising to see how adults treat righteous men so badly. They ought to know better than to swear and bully at other people. /잇츠 썰프라이징 투씨 하우 어덜츠 트릿 롸이셔쓰멘 쏘 배들리. 데이오우투노-베터 댄투 스웨어 앤 불리 앳 아더피플/ 어른이나 된 사람들이 이치에 맞는 사람을 나쁘게 대하는 걸 보면 놀라워. 다른 사람을 못 살게 굴기엔 충분히 사리를 분별할 수 있는 사람들일텐데 말이야.

> know better (than 무엇)   =   무얼하지 <u>않기에</u> 충분히 사리 분별력이 발달하다
> Amber is only three, but she's old enough to know better than to make a frog suffer.
> 앰버는 겨우 3살인데, 개구리를 괴롭히지 않아야 한다는걸 알 만큼 공감능력이 발달했어.

You know the score—you have to obey what the authority tells you to.
/유노-더 스코어 유 해브투 오베이 왓디 오쏘리티 텔즈유투/
잘 알잖아, 권력이 있는 자가 하라는 대로 따라야 한다는 거.

> know the score　　=　　중요한 사실을 다 알다 (특히 별로 달갑지 않은 사실도)

He has been in the business for 30 years. Obviously he knows what's
what.　　/히즈빈인더비즈니쓰 폴 써티이얼스. 아비어쓸리 히노우즈왓츠왓/
그분은 업계에 30년이나 있으셨어. 경험이 아주 많으시지.

> know what's what　　=　　경험이 많아 사람과 상황을 판단할 능력이 있다

Prof. Lee knows what it's like to get refused for treatments because
you're poor and from a less respected class.　　/프로페써 리- 노우즈 왓잇츠 라
익투 겟 리퓨즈드 폴 트릿먼츠 비코즈 유알푸어 앤프롬어 레쓰 뤼스펙티드 클라-쓰/
가난하고 천대받는 계층이라고 치료를 거부 받는 게 어떤 느낌인지 이 교수님은 아신다.

> know what it is (like)　　=　　어떤 느낌인지 알다

Know which side your bread is buttered and act accordingly—you
know what I mean?　　/노우 윗치 싸이드 유얼 브뤠드 이즈 버털드 앤 액트 억콜딩리
유노-왓아민?/　　네가 잘 보이면 득이 될 사람에게 잘해야지. 무슨 말인지 알지?

> know which side your bread is buttered (on)　　=　　누구에게 잘보여야 하는지 알다
> you know what I mean　　=　　더이상 부연설명이 필요없게 이해했는지 물어보는 말

Not that I know of.　　/낫댓아노-오브/　　제가 알기론 아니에요.

> not that I know of　　=　　내가 가진 정보로 판단컨데 대답은 'No'

Medical ethics? He doesn't know the meaning of the word. /메디칼 에띡스?
히더즌노-더미닝 오브더 월드/　　의사의 도의? 저 사람은 그게 뭔지 몰라.

> not know the meaning of the word　　=　　그 일에 대한 자질이나 경험이 전혀 없다

Yet, Dr. Lee's devotion knows no bounds.　　/옛 닥톨리-즈 디보션 노우즈 노 바
운즈/　　그치만 이 선생님의 헌신은 대단해.

> 무엇 knows no bounds　　=　　누가 지닌 무엇이 엄청나다

There's no knowing whether in our generation Korea becomes
corruption-free.　　/데얼즈 노 노윙 웨더인아월제너레이션 커뤄아 비컴즈 코럽션 프리/
우리 세대에 한국이 부정부패없는 나라가 될지 누가 알아?

there is no knowing　　=　　확실히 알 길이 없다

I got so drunk and made silly mistakes in front of my crush. I really didn't know where to put myself. But then the next day she texted me if I'm okay.　　/아갓쏘-드렁크 앤 메이드 씰리 미스테잌스 인프론토브마이 크러쉬. 아륄리 디든트노-웨얼투 풋마이쎌프. 벗덴 더넥쓰트데이 쉬 텍스티드미 이프암오케이/　　너무 취해서 내가 좋아하는 사람 앞에서 바보같은 실수를 저질렀지 뭐야. 정말 쥐구멍이라도 찾고 싶더라. 그런데 그 다음날 그녀에게 괜찮냐고 문자왔어.

not know where to put oneself　　=　　부끄러워서 숨을 곳을 찾다

How was I to know you had beef intestines when I kissed you?
/하우워쟈이투노우 유해드 비프인테스틴스 웬아이 키쓰쥬?/
너에게 키스를 했을 때 너가 곱창을 먹었는지 내가 어떻게 알겠어?

how was I to know　　=　　정보가 없어서 그랬지 내 잘못이 아니다

I don't know whether to laugh or cry.　　/아돈노 웨더투 라-프 오얼 크롸이/
웃어야 할지 울어야 할지 모르겠다.

You never know, she might have found you cute.　　/유네벌노- 쉬마잇해브 파운쥬 큣트/　　혹시 알아, 그녀가 네게 매력을 느꼈을지.

you never know　　=　　좋은 일이 생길지 혹시 알아

I don't know about you but I like warm lights.　　/아돈노어바웃츄 벋아이라일 웖 라잇츠/　　넌 어떤지 모르겠지만, 난 따뜻한 조명이 좋아.

I don't know about you　　=　　네가 뭐라고 생각하던지간에, 네가 뭘 하던지간에

I don't know how you can live with cold fluorescent lights or overly bright LEDs.　　/아돈노-하우 유캔 리브위드 콜드 플로쎈트 라잇츠 오얼 오벌리 브롸잇 엘이디-즈/　　차가운 형광등이나 너무 밝은 LED로 어떻게 살 수 있는지 난 알 수가 없다.

I don't know how/why/what/when/where/who　　=　　강조하는 말

I know—fluorescent lights make me feel depressed.　　/아노우- 플로레쎈트 라잇츠 메잌미 필 딥프레쓰드/　　맞아맞아, 형광등 아래에 있으면 난 우울해져.

I know　　=　　동의하는 말, 갑자기 좋은 생각이 떠올랐을 때 하는 말

420

She seems clumsy, but she'll have you know, she's got High Distinction for nearly all subjects. /쉬 씸즈 클럼지 벋 쉬일해뷰노우 쉬즈갓 하이 디스팅션 폴 니얼리 올 썹젝츠/ 　개는 좀 맹해 보여도 거의 모든 과목에서 최고 점수를 받았단 걸 알면 놀랄걸.

> clumsy　　=　　손재주가 없는 (똥손), 어색한, 잘 모르는 것 같은
> will have you know　　=　　강조하는 말

She knows Year 12 Accounting back to front. /쉬노우즈 이어 트웰브 억카운팅 백투 프론트/　개는 고3 회계에 대해 모르는 게 없을 정도야.

> know 무엇 back to front (UK) / know 무엇 backwards and forwards (US)
> =　　know 무엇 like the back of your hand
> =　　무엇을 속속히 아주 잘 알다

I just get on with my job and do as I'm told. I know my place.
/아져스트 겟온위드마이좝 앤 두 애즈암톨드. 아노우 마이플레이쓰/
난 그냥 출근해서 시키는 대로 할 뿐이야. 내 본분을 알지.

> know 누구의 place　　=　　사회/조직/가족에서의 누구의 위치를 인정하고 더 욕심
> 내지 않다, 본분을 지키다

No man should escape our universities without knowing how little he knows. /노 맨 슈드 이스케잎 아월 유니벌씨티즈 위다웃 노잉 하우 리틀 히 노우즈/
그 누구도 자신의 무지를 깨닫지 않은 채로 대학교를 나와선 안 된다.
[J. R. Oppenheimer]

I don't know why people are so keen to put the details of their private life in public. They forget that invisibility is a superpower. /아돈노-와 이피플알 쏘 킨투 풋더 디테일즈오브데얼 프라이빗라이프 인퍼블릭. 데이폴겟댓 인비져빌리티 이져 수퍼파월/　왜 사람들은 자기 사생활을 대중에 공개하고 싶어하는지 모르겠다. 투명 인간이 초능력인 걸 까먹었나 보다. [Banksy]

Know how to listen, and you will profit even from those who talk badly.
/노우 하우투 리쓴 앤 유윌 프라핏 이븐프롬 도즈 후 톡 배들리/
듣는 법을 배우라, 그러면 험담을 하는 사람에게까지도 득을 볼 것이다. [Plutarch]

확신하다

I know (that) you'll speak fantastic English after this book.
/아노-유일 스픽 판타스틱 잉글리쉬 아프터 디쓰 북/
이 책을 읽은 뒤로 네가 근사한 영어를 할거라 확신해.

People don't know whether they should take classes or try learn by themselves when it comes to foreign languages. One on one tutoring is the most efficient if you find a good tutor. And reading a great book is very effective. Remember how Harry Potter made the world's literacy better? This book takes the best from both worlds. /피플돈노 웨더데이슈 드 테익클라쓰스 오얼 트롸이런바이뎀쎌브즈 웬잇컴즈투 포린랭귀지스. 원온원 튜토링 이즈더 모스트 이피션트 이퓨 파인어 굳 튜터. 앤 뤼딩어 그뤠잇 북 이즈 베리 이펙티브. 뤼멤버하우 해뤼폿터 메이더월즈리터러씨 베터? 디쓰북 테익쓰 더베스트 프롬 보쓰 월즈/
외국어를 배우기 위해 학원을 다녀야 할지 독학을 해야 할지 잘 모르는데, 좋은 선생님을 찾을 수 있다면 1:1 과외가 가장 효율적이야. 그리고 정말 좋은 책을 읽는 건 굉장히 효과적이고 말이야. 해리포터가 세계의 문맹률을 개선한 거 기억해? 이 책은 과외와 정말 좋은 책 두 가지의 장점을 함께 담았어.

As far as I know, you need to spend your time with the language in order to get used to it. Children take 4 years to learn the basics of their first language. /애즈팔애즈아노- 유니-투 스펜드유얼타임 위더 랭귀지 인오더투 겟유-즈투잇. 췰드런 테일 포 이얼스 투런더베이직쓰 오브데얼 펄스트 랭귀지/ 배우는 언어와 시간을 보내어 익숙해져야 해. 아이들이 첫 언어의 기본기를 익히는 데에는 4년이 걸려.

> as far as I know = so far as I remember
> = 내가 아는대로라면, 내가 아는 한

Only by joy and sorrow does a person know anything about themselves and their destiny. They learn what to do and what to avoid. /온리바이 조이앤 쏘로우 더즈어펄쓴 노우애니띵어바웃 뎀쎌브즈 앤데얼 데스티니. 데이런- 왓투두 앤 왓투 어보이드/ 기쁨과 슬픔을 통해서만 나 자신과 내 운명에 대해 알 수 있다. 이를 통해 무얼 하고 무얼 안 해야 할지 배우니까. [Johann Wolfgang von Goethe]

익숙하다

Do you know about coding?   /두유노어바웃 코딩?/   프로그램 할 줄 알아?

Do you know how to play poker?   /두유노우 하우투플레이 포커?/   포커할 줄 알아?

I know my way around it.   /아노우마이웨이 어롸운딧/   나 여기 잘 알아.

Rosé grew up in Melbourne. She knows it well.   /로제그루업인멜번. 쉬노우 짓 웰/   로제는 멜번에서 자랐어. 여길 잘 알지.

I've known her since we were at school together.   /아이브노운헐 씬쓰 위월 앳 스쿨 트게더/   학교 다닐 때부터 걔랑 친구야.

Knowing her, she'll get the job done professionally. It's funny how Jennie is the one who's laid-back.   /노잉헐 쉬일겟더 좝 단 프로페셔널리. 잇츠 퍼니 하우 제니이즈디원 후즈 레이드백/   그 애를 잘 알아서 하는 말인데, 걘 자기 일을 프로답게 해 낼거야. 웃긴 건 말이야 느긋한 사람이 제니라는 거야. (호주인의 태도가 laid-back한 편)

I know Jisoo only by name.   /아이노- 지수 온리바이네임/   지수는 이름만 알아.

I've read Harry Potter so many times that I know it by heart.
/아이브 뤠드 해뤼폿터 쏘 매니 타임즈 댓 아노-잇 바이 할트/
해리포터를 너무 많이 읽어서 달달 외우고 있어.

He knows his subject inside out. He's the best in his field.
/히 노우즈 히즈 썹젝트 인싸이드아웃. 히즈더 베슷트 인히즈 필드/
그는 자기 일에 빠삭해. 그 분야의 최고라 할 수 있지.

I know him by sight.   /아 노-힘 바이 싸잇/   나 저 사람 어디서 본 적 있어.

Let's get to know each other.   /렛츠 겟투 노우 이-취아더/   우리 서로 알아가보자.

      get to know 누구/무엇   =   누구/무엇과 시간을 보내어 그를 알아가다

A friend is one who knows you and loves you just the same.
/어 프렌드 이즈원후 노우쥬 앤 러브쥬 져스트 더 쎄임/
친구란 당신을 잘 알고 그럼에도 여전히 당신을 사랑하는 사람이다. [Elbert Hubbard]

mind - minded - minded

명사

마음 / 머리

동사

성가시다	조심하다	신경쓰다 / 보살피다
be annoyed	be careful	take care of

마음 / 머리

I have made up my mind. /아해브 메이덥 마이마인드/   나 결심했어.

make up 누구의 mind   =   누가 결심하다
You are as happy as you make up your mind to be. 마음먹은 만큼 행복해진다.
Happiness depends on you. 행복은 너에게 달렸어.

Mind over matter—my father survived a serious cancer with his strong will for life. I admire him, and I want to make him proud of his son.
/마인드 오버 매럴 마이파더 썰바이브드어 씨리어쓰 캔써 위드히즈 스트롱 윌 포 라이프. 아이 드마이얼힘 앤아워너 메익힘 프롸우드 오브히즈 썬/   마음이 몸을 지배하잖아, 우리 아버지는 삶에 대한 강한 의지로 심각했던 암을 이겨내셨어. 난 정말 당신을 존경하고, 아버지께서 당신의 아들을 자랑스러워하셨으면 좋겠어.

mind over matter　　=　　육신이나 물질적인 것을 통제하는 정신적 힘의 우월함

His mindset is mind-boggling.　　/히즈 마인쎗이즈 마인보글링/

그의 마인드는 굉장해.

mind-set　　=　　set of attitudes or opinions　　=　　삶의 경험에 비롯해 형
성된 어떤 사람의 태도나 의견

There are fixed mindsets and growth mindsets. Growth mindsets think skills
can be improved with persistent effort. Fixed mindsets think the opposite;
skills are set in stone, cannot be changed.　고정마인드를 가진 사람이 있고, 성장
마인드를 가진 사람이 있다. 성장마인드는 끊임없는 노력으로 더 나은 능력을 계발할 수
있다고 생각하고, 고정마인드는 반대로 능력은 절대 변화할 수 없다고 생각한다.

mentality　　=　　way of thinking　　=　　어떤 사람의 사고방식

I can't understand the mentality of those who throw things away in public,
like leaving their single-use coffee cups in a public garden.

공원에 자기가 마시던 일회용 커피컵을 두고 가는 식으로 공공장소에 쓰레기를 버리는
사람들의 사고방식을 이해할 수 없어.

He thought his mentality was fragile, but it turned out depression was learned.

그는 자기가 유리 멘탈인 줄 알았는데, 알고 보니 우울증은 학습된 것이었어.

Yuna Kim is strong-minded.　김연아는 멘탈이 강해. 강한 정신력을 지녔어.

mind-boggling / mind-blowing　　=　　very surprising　　=　　굉장히 놀라운
mind-numbing　　=　　very boring　　=　　굉장히 지루한

I can't put her out of my mind. Our memories are still fresh in my mind.

/아캔ㅌ 풋헐 아웃오브마이마인드. 아월 메모리즈알 스틸 프레쉬 인마이마인드/

그녀에 대한 생각이 마음을 떠나질 않아. 우리의 추억들이 아직 내 기억 속에 생생한걸.

If you change your mind about going on holiday, let me know.

/이퓨 췌인지 유얼마인드어바웃 고잉온 할러데이 렛 미 노-/

어딘가로 떠나는 데에 대해 마음이 바뀌면 알려줘.

Holiday는 영국에서 말하는 '휴가', vacation은 미국에서 쓰는 같은 의미의 말이다.
Holiday는 셀 수 있는 단어로 쓸 수도 있고, 셀 수 없는 단어로 쓰기도 하는데, 이 둘은
쓰임에 따라 다르다. 'Go for a holiday'라 하면 하나의 여정 전체를 말하고, 'go on
holiday (for a few days)'라고 말하면 일상에서 떠나는 시간을 말한다. (며칠 떠날까?)

425

Age is an issue of mind over matter. If you don't mind, it doesn't matter.
/에이쥐 이즈언 이쓔 오브 마인드 오버 매러. 이퓨돈ㅌ마인드 잇더즌ㅌ 매러/　나이는 몸의 문제라기보다는 마음의 문제다. 별 신경 쓰지 않으면 별로 문제 되지 않는다. [Mark Twain]

The feeling of getting old is all in your mind.　/더필링오브 게팅올드 이즈 올인유얼 마인드/　나이 들어간다는 느낌은 네 머릿속에 있는 허상이야.

　　all in the mind / all in 누구의 mind　=　문제는 실존하지 않고 상상속의 것이다

Keep in mind that it's never too late. RedBull was founded by a 40 year old. And he's now one of the richest men on earth.　/킵인마인댓 잇츠 네버 투-레잇. 레드불워즈 파운디드바이어 포티이얼올드. 앤히즈 나우 원오브더 뤼치스트맨온 얼쓰/　지금이라도 늦지 않았다는 걸 기억해. 레드불은 41살인 사람이 설립했어. 그리고 그 사람은 지금 지구상 가장 부자 중 하나야.

　　keep/bear 무엇 in mind　=　무엇을 기억하다 (결정을 내리거나 무얼 생각할 때)

　　Bearing in mind how poor the circumstances were, Yuna Kim's feats are incredible.　상황이 얼마나 열악했는지 생각해 보면 김연아의 성취는 경이롭다.

You can do anything if you put your mind to it.　/유캔 두 애니띵 이퓨풋츄얼 마인투잇/　마음만 먹으면 넌 무엇이든 할 수 있어. [Christian von Koenigsegg]

It doesn't help to go over your past mistakes in your mind. Move on. Do better next time.　/잇더즌ㅌ헲투 고오벌유얼 파스트미스테잌쓰 인유얼마인드. 무브온. 두베터넥스트타임/　지난 실수를 상기하는건 별로 도움이 안돼. 잊어버려. 다음에 더 잘하면 돼.

　　go/turn over 무엇 in 누구의 mind　=　누가 무엇(일어난 일)에 대해 계속 생각하다

How would I know what you think? I'm not a mind reader.
/하우 우다이 노- 왓츄 띵크? 암 낫어 마인드 뤼더/
네가 무슨 생각을 하는지 내가 어떻게 알겠어? 난 독심술이 없어.

Empty minds tend towards extreme opinions.　/엠티 마인즈 텐드투월즈 잌쓰트림- 오피니언즈/　속이 빈 머리들이 극단적인 의견을 갖는 경향이 있다. [W. B. Yeats]

성가시다

Do you mind?   /두유마인드?/   이렇게 해도 괜찮을까요?

A: Do you mind if I take a photo of you? /두유마인드 이프아테잌어 포토오브유?/
네 사진을 담아도 괜찮을까?

B: No, I don't (mind if you take photos of me). **Go ahead.**
/노 아돈ㅌ. 고 어헤드/   괜찮아. 찍어.

> A photo(graph) of me   =   나를 담은 사진 (of : 무엇/누구의)
> A photo(graph) by me   =   내가 담은 사진 (by : 무엇/누구에 의한)
> 사진은 빛(photo)의 그림(graph)이라서 'photograph'가 완전한 단어다.

Do you mind me smoking?   /두유 마인미 스모킹?/   나 담배펴도 돼?

**Yes I do. Don't ever smoke. It kills you miserably. Quit for your own
dignity.**   /예쓰아두. 돈ㅌ 에벌 스모크. 잇킬쥬 미져러블리. 큇 폴유얼 오운 딕-니티/
아니 안돼. 다시는 피지마. 담배는 널 비참하게 죽게 할거야. 너 자신의 품위를 위해 끊어.

I'd rather see someone else, if you don't mind.   /아드 롸더 씨 썸원엘쓰 이퓨
돈ㅌ마인드/   나 그냥 다른 사람 만날래, 그래도 괜찮아?

Mind if I cut in?   /마인드이프아컷인?/   끼어들어도 돼? (영어도 말이 짧을수록 반말)

A: What would you want to have?   /왓우쥬워너해브?/   뭐 먹고 싶어? (메뉴판보며)

B: I don't mind whichever you have. You decide.   /아돈마인드 위치에버 유
해브. 유 디싸이드/   뭘 먹든 상관없어. 네가 골라.

> whatever   =   선택지가 정해져 있지 않을 때 '무엇이든'
> whichever   =   선택지가 정해져 있을 때 '무엇이든'

A: There's plenty more rice if you'd like more.   /데얼즈 플렌티모어 롸이쓰
이퓨드라잌모어/   더 먹고 싶으면 밥 충분히 더 있으니 맘껏 먹어도 돼.

B: I don't mind if I do.   /아돈마인드잎아두/   사양하지 않겠어.
(음식 제안을 공손히 수락하는 말)

Would you mind turning the volume down a little, please?   /우쥬마인드
털닝디 볼륨다운 어리틀 플리즈?/   소리 좀 줄여줄래?

Do you mind if I ask you a personal question?   /두유마인드 이프아이 아슥유어 펄쓰널 퀘스쳔?/   개인적인 질문 해도 돼? (개인적인 질문은 하지 않는게 예의)

Do you have a girlfriend, if you don't mind me asking?   /두유해버 걸프렌드 이퓨돈ㅌ 마인미 아스킹?/   이런 거 물어봐도 되나 모르겠는데, 여자친구 있니?

I mind. It's not your business.   /아이마인드. 잇츠낫유얼 비즈니쓰/   안돼. 네가 알 바 아니잖아?

A: What do you think about the soup?   /왓두유띵커바웃더숲?/   국 어때?

B: If you don't mind me saying, I think it's a bit thin.   /이퓨돈ㅌ마인미쎄잉 아띵크 잇츠어빗 띤/   기분 나쁘게는 듣지 마 그냥 내 생각이니까—좀 밍밍한 거 같아.

I don't mind what you wear, as long as you are healthy and safe. But I do mind what you eat and drink, because I care about your health.   /아돈마인왓츄웨어 애즈롱애즈 유알 헬씨 앤 쎄이프. 벋아두- 마인드 왓츄잍 앤드륑크 비코즈 아케얼어바웃 유얼 헬쓰/   네가 뭘 입든 난 상관 안 해, 너만 건강하고 안전하다면. 그런데 네가 뭘 먹는지는 좀 관여해야겠어 왜냐면 너의 건강은 내 관심사니까.

조심하다

Mind your head. This corner is rather low.   /마인쥬얼헤드. 디쓰코-너 이즈 롸더 로-/   머리 조심해. 이 모서리가 좀 낮아.

She is untidy about the house. Mind you, I'm not much better.
/쉬이즈 언타이디 어바웃더 하우쓰. 마인쥬 암낫 머취 베터/
걔는 집 정리를 잘 안 해. 근데 말이야, 나도 별로 나을 건 없어.

mind (you)   =   방금 한 말이 덜 심각하게 들리도록 하는 말

What the heck are you doing? You're in my house—you'd better mind your manners.   /왓 더 헥 알유 두잉? 유알 인마이 하우쓰 유드 베럴 마인쥬얼 매널쓰/
뭐하는 짓이야? 여긴 우리집이야. 예의를 좀 지켜.

Be mindful of the road conditions, it's icy cold out.   /비 마인풀 오브더 로드 컨디션쓰 잇츠 아이씨 콜드아웃/   밖에 꽁꽁 얼정도로 추우니까, 도로 상태 잘 보고 운전해.

mindful   =   주의하는, 잊지 않으려 조심하는 (형용사)

Meditation helps you be mindful and keep you calm. Mindfulness can alleviate the feelings of anxiety and depression. /메디테이션 헲쓰유 비 마인풀 앤 킵 유 캄-. 마인풀니쓰 캔 얼리비에이트 더필링쓰오브 앵자이어티 앤 딮프레썬/ 명상은 내 몸과 마음을 자각하는데 도움을 줘. 이는 불안과 우울감을 완화해줄 수 있지.

mindful   =   의식적으로 현재의 내 몸과 마음의 상태를 인지하는 (aware)

Mindless uses of paper and tissues make more trees cut down, resulting in damaging our climate. We must realise that we are mere mortals against Mother Nature. /마인들리쓰 유즈스오브 페어퍼 앤 팃쓔스 메익 모얼트뤼스 컷다운 뤼졀팅인 데미징아월 클라이밑. 위머숫트 뤼얼라이즈댓 위알미얼몰탈스 어게인스트 마더네이쳐/ 종이와 휴지를 생각 없이 사용하면 더 많은 나무를 베어야 하고, 이는 우리 기후에 악영향을 끼친다. 우린 대자연 앞에 나약한 존재임을 깨달아야 한다.

신경쓰다 / 보살피다

A: Meet someone nice.   /밑 썸원 나이쓰/   좀 괜찮은 사람을 만나.

B: Mind your own business!   /마인쥬얼 오운 비즈니쓰!/   너나 잘해!

mind your own business   =   사적인 걸 묻지 말라고 하는 말 (privacy 사적자유)

I'm going to Spain next month. Would you mind my plants while I'm away? You just need to water them once. /암고잉투 스페인 넥스트먼쓰. 우쥬 마인드 마이 플란츠 와일암어웨이? 유져숫트 니-투 워럴뎀 원쓰/   나 다음 달에 스페인가. 나 없는 동안 내 식물들 좀 봐줄래? 그냥 한 번만 물 주면 돼.

Could you mind my bag? I need to take a leak.   /쿠쥬마인마이백? 아니-투 테일어 릭-/   내 가방 좀 봐줄래? 나 쉬좀 하고 올게. (take a leak = 화장실 다녀온다는 친구끼리 하는 속어)

Don't mind me—I just need to take some stuff with me.   /돈ㅌ마인미 아져스트 니-투 테익썸 스터프 윋미/   나 신경쓰지 마. 뭐좀 챙길게 있어서 그래.

Don't mind me   =   방에 있는 사람을 방해하고 싶지 않은데 잠시 들어가야할 때 하는 말

mean - meant - meant

동사

의미하다 / 표현하다	의도하다	어떤 결과가 되다
convey	intend	have as a result
express	have in mind	have as a consequence
imply		result in
		lead to
		bring about
		give rise to

명사

수단 / 방법	돈 / 수입	평균 / 중간 / 중도

의미하다 / 표현하다

What do you mean by that?   /왓두유 민- 바이댓?/   그게 무슨 말이야?

I mean, just put some time in it, and you can do it too.
/아민- 져스트 풋썸 타임인잇 앤 유캔 두잇 투-/
그러니까 내 말은, 여기에 시간을 좀 투자해 그러면 너도 할 수 있어.

430

I mean   =   1. 방금 한 말을 정정하거나 덧붙여 말할 때   2. 말을 시작하거나 말하는 중에 그냥 하는 말 (말과 말 사이의 공백을 어색해해서 이를 메꾸는 추임새가 많다.)

(Do you) see what I mean?   /씨왓아민?/   무슨 말인지 알겠지?

What does the word 'enthusiasm' mean?   /왓더즈더월드 인쑤-지애즘 민-?/
'Enthusiasm'이 무슨 의미야?

It means passion, from Latin meaning 'possessed by a God.' /잇민-즈 패썬
프롬 라틴 미-닝 포제-쓰드 바이어 갇/   열정을 말해, '신이 지닌 것'이라는 라틴어에서 왔어.

You mean the Greek Gods? Oh, wow.   /유민- 더 그뤽 갇즈? 오우와우/
그리스 신들을 말하는거야? 우와. (God은 항상 대문자로 시작해 쓴다.)

I want to grow old with you. I mean it.   /아워너 그로우 올드 위듀. 아민-잇/
난 너랑 함께 늙어가고 싶어. 진심이야.

I mean it   =   하는 말을 강조하기 위해 하는 말

Thanks a lot. It means a lot to me.   /땡스어랏. 잇민-즈 어랏투미/
정말 고마워. 이건 나에게 큰 의미가 있어. (호주에서 "Ta"는 'Thanks a lot'의 줄임말.)

**Those girls mean nothing to me. You are my love of life. I'll make sure
you don't get jealous from now on.**   /도즈걸즈 민- 낫띵투미. 유알 마이 러브오
브라이프. 아일메익쓔어 유돈ㅌ 겟 젤러쓰 프롬 나우온/   그 여자애들은 나에게 아무런 의미
가 없어. 내 인연은 바로 너라구. 앞으로는 네가 질투심을 느끼지 않게 내가 잘할게.

His career means everything to him, which makes him a bit boring.
/히즈 커뤼아 민-즈 에브리띵 투힘 윗치 메익쓰힘 어빗 보-링/
일은 그의 전부야. 그게 그를 좀 지루한 사람으로 만들긴 하지.

Winning means the world to Sanghwa.   /위닝 민-즈 더 월드 투 상화/
이기는 건 상화에게 세상 무엇보다 중요해.

mean the world to 누구   =   누구에게 엄청나게 중요하다

Silence means consent.   /싸일런쓰 민-즈 컨쎈트/   침묵은 곧 동의다.

반대를 표명하지 않으면 이는 그를 동의한다는 의미. (불의를 방관하는 것도 잘못이다.)

To be a writer does not mean to preach a truth; it means to discover a truth. /투비어 롸이터 더즈낫 민-투 프리-취어 트루쓰 잇 민-즈투 디스커벌어 트루쓰/ 작가가 된다는 건 진리를 전도하는 게 아니라, 진리를 찾는 것이다. [Milan Kundera]

Being yourself means you like who you are. Being yourself means living life how you want to live it, regardless of other people's opinions. Being yourself means you respect yourself. Don't worry about what others think. You can't control them; but you can control yourself. /빙유얼쎌프 민즈 유라익 후유알. 빙유얼쎌프 민즈 리빙라이프 하우유워너리빗 뤼갈들리쓰오브 아덜 피플스 오피니언즈. 빙유얼쎌프 민즈 유뤼스펙트 유얼쎌프. 돈ㅌ워리어바웃 왓아덜쓰 띵크. 유캔ㅌ컨트롤덤 벋유캔 컨트롤 유얼쎌프/ 나 자신이 되라는 말은 나 자신을 좋아한다는 의미야. 나 자신이 되라는 말은 다른 사람들의 의견과 상관없이 내가 살고 싶은 대로 내 인생을 산다는 의미야. 나 자신이 되라는 말은 나 자신을 존중한다는 의미야. 다른 사람들이 어떻게 생각하든 신경 쓰지 마. 외부요인은 우리가 어떻게 할 수 없어. 그렇지만 우리 자신은 우리 마음대로 할 수 있지.

As far as we can discern, the sole purpose of human existence is to kindle a light of meaning in the darkness of mere being. /애즈 팔 애즈 위캔 디썬 더 쏠 펄포즈 오브 휴먼 이그지스턴쓰 이즈투 킨들어 라잇오브 미-닝 인더 달크니쓰 오브 미얼 빙/ 우리가 분별할 수 있는 한, 인간 존재에 단 하나의 목적이 있다면 이는 무의미한 존재의 어둠에 의미라는 빛을 지피는 것이다. [Carl Jung]

의도하다

I am meant to be reading this book on the bed every night before sleep. /아엠 멘투비 뤼딩디쓰북 온더베드 에브리나잇 비포얼 쓸립/ 난 매일 밤 이 책을 읽어야 해.

> be meant to 동사 = 동사하려고 의도하다, 동사해야 하다
> It's meant to save resources for the world. 이건 세상의 자원을 아끼기 위한거야.

I meant no offense by what I said. It just came out like that. /아이 멘트 노 오펜쓰 바이 왓아이쎄-드. 잇져스트 케임아웃 라익댓/ 내가 한 말로 기분을 나쁘게 할 의도는 없었어. 그냥 말이 그렇게 나와버렸는걸.

He meant you no harm. /히 멘츄 노 할/ 그는 네 기분을 상하게 할 의도는 없었어.

I know she means well, but she just gets in the way. /아노우 쉬민-즈 웰 벋쉬 져스트 겟츠 인더웨이/ 그래 그 친구가 도움이 되려고 하는 건 아는데, 자꾸 내가 하는 일에 방해가 돼.

mean well   =   도움이 될거라 생각하는 일을 하지만 의도치않게 문제를 일으키다

She doesn't really mean it. Don't take it personally. I don't think she's a mean person.

/쉬 더즌트 륄리 민-잇. 돈ㅌ테이킷 펄쓰널리. 아돈ㅌ핑크 쉬즈어 민-펄쓴/

그 친구는 진짜 자기가 그러려고 그러는 게 아니야. 너무 개인적으로 받아들이지 말아. 난 걔가 나쁜 사람이라고 생각하지 않아.

> 마지막 문장의 'mean'은 형용사로 '쩨쩨한/인색한/구두쇠의(not generous, stingy), 불친절한(unkind)'을 뜻하는데, 형용사로서 무엇을 '잘하는'의 의미로 쓰일 때도 있으며, '질 낮은'의 의미로 쓰기도 한다.
>
> She is no mean aesthete.   그녀는 대단한 미술애호가야. (탐미주의자)
> Finishing what you've started is no mean feat.   시작한 일을 끝내는 건 대단한거야.
> Don't be mean to her.   이 친구에게 못되게 굴지마.

This book is meant for mainly adults from 20 to what have you.

/디쓰북 이즈 멘트폴 메인리 어덜츠 프롬 트웬티 투 왓해뷰/

이 책은 주로 스무 살부터 나이가 어떻게 되던지 성인을 위해 쓰여졌어.

You are meant to read aloud the bold English sentences, not just read through.

/유알 멘투 뤼드얼라우드 더 볼드 잉글리쉬 쎈텐쓰스 낫 져스트 뤼드 쓰루/

그냥 책을 읽어 나가기 보다는 굵은 글씨의 영어 문장을 소리내 읽어야 해.

I've been meaning to ask you out. May I be brave today?

/아이브빈 미-닝투 아슥유 아웃. 메아이 비 브레이브 트데이?/

그동안 너에게 데이트 신청을 하고 싶었어. 오늘 내가 용기를 내도 될까?

These tulips are meant to mark this day as our new beginning.

/디-즈 튤립스 알 멘투 말크디쓰데이 애즈아월 뉴- 비기닝/

이 튤립들은 오늘을 우리의 새로운 시작으로 기념하기 위한 거야.

We are meant for each other, remember?   /위알 멘트 포 이-취 아더 뤼멤버?/

우린 정말 잘 어울리는 한 쌍이잖아, 기억해?

James means business. He's very serious about making things work better.

/제임쓰 민즈 비즈니쓰. 히즈 붸리 씨리어쓰 어바웃 메이킹띵스 월크 베터/

제임스는 진국이야. 그는 물건들이 더 잘 작동되도록 만드는데 남다른 집념이 있어.

> mean business   =   무슨 일을 해내기 위해 아주 진지하다
> 영문화에서 가장 많이 팔리는 차인 도요타는 내구성이 가장 좋다는 평판이 널리 퍼지면서 그렇게 되었는데, 그런 도요타의 광고문은 'Toyota means business'다.

어떤 결과가 되다

**Boss is coming to work early. It means we've got a tough day ahead of
us.**   /보쓰이즈커밍투 월크 얼-리. 잇 민-즈 위브갓어 터프데이 어헤도브어쓰/
사장님/상사가 오늘 일찍 나오신대. 오늘 빡쎈 날이 되겠어.

If we have a 7.30 flight to catch, that will mean leaving the house at 5.
/이퓌해버 쎄븐 써티 플라잇투 캣취 댓윌민- 리-빙더 하우쓰 앳 파이브/
7시반 비행기라면 집에서 5시에는 나가야해.

Freedom means responsibilities.   /프리덤 민즈 뤼스판써빌리티즈/
자유엔 책임이 따르지.

Health to the ocean means health for us.   /헬쓰 투디 오션 민-즈 헬쓰 폴어쓰/
바다의 건강은 우리의 건강이다. [Sylvia Earle]

그 밖의 의미들

Why are you so mean?   /와이알유 쏘 민-?/   넌 왜 이렇게 못됐니?

> mean   =   불친절한, 못된 (형용사)

> He is usually a chilled out guy, but gets a mean streak when drunk.
> 그는 평소엔 괜찮은 사람인데 술에 취하면 잔인한 기질을 드러내.

It's believed that the end justifies the means.   /잇츠 빌리브드댓 디엔드 져스
티파이즈 더민-즈/   사람들은 결과가 수단을 정당화한다고 믿지.

> means   =   수단, 방법

> Just a few decades ago, we didn't have much means of communication but to
> meet in person. 불과 2~30년 전에는 실제로 보기 말고는 딱히 소통의 수단이 없었어.
> I apologised by means of a small gift with words. 작은 선물과 편지로 사과했어.

**Having that day job is just a means to an end to do what I really want
to do.**   /해빙댓 데이좝 이즈져숫어 민-즈투언엔드 투두 왓아이 륄리 워너두/
그 일은 내가 진짜 하고 싶은 일을 하기 위한 수단일 뿐이야.

> means to an end   =   더 큰 목표를 얻기 위한 수단

By all means, we should do it.   /바이올민즈 위슏 두잇/   어떻게든지 우린 그걸 해야해.

by all means   =   어떻게 해서든지, (제안을 승낙하며) 물론이지

"Should we go to the movies?" "By all means." "영화보러 갈까?" "그러자"

I don't want to cheat by any means. I just want to make great products that can make people's lives better with it.   /아돈워너 췻- 바이애니민즈. 아져스트워너 메익 그뤠잇 프롸덕츠 댓캔 메익 피플스 라이브즈 베터 위딧/   난 꼼수를 부리고 싶진 않아. 난 그냥 진짜 좋은 제품을 만들어 그 제품이 사람들의 생활을 더 좋게 했으면 좋겠어.

by any means / by no means   =   절대 아니다 (부정), 어떻게든 (의문)

Live below your means, and you will be happy.   /리브 빌로우 유얼민-즈 앤 유윌비 해피/   수입 내에서 생활하면 행복할거야.

means   =   돈, 수입, 재산

It'll be a terribly meaningless life to just meet <u>a man of means</u>.
그냥 <u>돈 많은 남자</u>를 만나는건 정말 극도로 의미없는 인생일거야. (= woman of means)
If I had the means, I should be living in my own house.
좀 넉넉했으면 내 소유의 집에 살텐데.

There is a mean in everything. We are to find the golden mean.
/데얼이즈어 민- 인 에브리띵. 위알투 파인더 골든 민-/
모든 것엔 중도가 있다. 그 적당한 중간을 찾는게 우리의 일이다.

mean   =   평균 (수학), 중도, 중용

In life, we often have to find a mean between two very different things.
인생에서 우리는 아주 결이 다른 두 가지의 중용을 찾아야 한다.
As long as you follow the golden mean, you'll be just fine.
극에 치우치지 않고 적당한 선을 지키면 넌 괜찮을거야.

In the mean time, let's have some fun.   /인더민-타임 렛츠 해브썸 펀/
그러는 동안에 우리 재밌는 것 좀 하자.

in the mean time   =   동안에 (무슨 일이 일어나기 전, 끝나기 전의 시간)

435

call

call - called - called

이름을 붙이다 이름을 부르다	전화하다 부르다 요구하다	어떻게 생각하다 무엇이라 여기다
name	phone	consider
entitle	send for	regard as
	ask for	

이름을 붙이다 / 부르다

What's his exhibition called?   /왓츠히즈 익쓰비션 콜드?/   그의 전시회 제목이 뭐야?

What do you call your pet?   /왓두유 콜유얼 펫?/   네 반려동물 이름이 뭐야?

　　pet　　=　　반려동물 (명사), 쓰다듬다 (동사)

I call my cat Wing, as in wings to help me out of hardships.　　/아이콜마
이캣 윙 애즈인 윙스투 헬미아웃오브 할드쉽스/　　우리 고양이 이름은 윙이야. 힘든 시간에서
벗어나도록 도와주는 날개라는 의미에서 그렇게 지었어. (as in = in the sense of)

My name is Sihyeon, but you can call me Aureo.　　/마이네임이즈 시현 벋 유
캔콜미 오-레오/　　내 이름은 시현이야. 그런데 오레오라고 불러줘.

You call yourself what you want to call yourself. /유 콜 유얼쎌프 왓츄 워 너 콜 유얼쎌프/ 그냥 네가 부르고 싶은 대로 너 자신을 부르는거야. [Bob Dylan]

Yeah, my friends call me Mike, Michael or just my last name. /예아 마이 프렌즈콜미 마일 마이클 오얼져스트 마이 라스트네임/ 그래, 내 친구들은 나를 마이크라 부르기도 하고, 마이클이라 부르기도 하고, 그냥 내 성을 부르기도 해. [Michael Phelps]

I wish people don't call me "sensei"—it's patronising.
/아위쉬 피플돈ㅌ 콜미 센세이 잇츠 패트로나이징/
사람들이 나를 '선생님'이라고 안 불렀으면 좋겠어. 나를 업신여기는 것 같거든.

> patronise = 겉으로는 친절한 척 하며 속으로는 자신이 우월하다고 생각하다
> (condescend), 단골로 어디를 드나들다

It isn't what they call you; it's what you answer to.
/잇 이즌ㅌ 왓데이 콜유 잇츠 왓츄 앤썰 투/
사람들이 널 뭐라고 부르는지가 중요한 게 아니라, 네가 무엇에 대답하는지가 중요해.

Some politicians waste a lot of time calling each other names.
/썸 팔리티션쓰 웨이스트 어랏오브타임 콜링 이취아더 네임스/
몇몇 정치인들은 서로를 욕하고 헐뜯으며 시간을 낭비해.

> call 누구 names = 누구를 모욕하다

This artwork calls to mind the trauma in my youth. /디쓰알트월크 콜즈 투마인더 트로-마 인마이 유-쓰/ 이 작품은 내 어린시절의 트라우마를 떠오르게 해.

> call to mind = bring to mind, evoke, recall, remember = 떠올리다

These are not three seperate devices. This is one device. And we're calling it iPhone. /디즈알낫 쓰리쩌퍼릿 디바이쓰스. 디쓰이즈원디바이쓰. 앤위알콜링 잇 아이폰/ 이들은 세 가지의 각기 다른 장비가 아닙니다. 하나의 장비죠. 우린 이걸 아이폰이라고 이름지었어요. [Steve Jobs]

전화하다 / 부르다 / 요구하다

What's your calling? /왓츠 유얼 콜링?/ 넌 뭘 하기 위해 태어난 것 같아?

437

누구의 calling   =   누구의 운명, 태어난 목적, 누가 뭘 해야 할 것 같은 강한 직감

That last piece of pizza is calling me. May I?

마지막 피자조각이 나를 부르네. 먹어도 돼?

I hear the call of nature.   /아히얼더 콜오브네이쳐/   대자연이 날 부른다. (화장실)

Steve would call me up at 3 in the morning to discuss things.

/스티브운콜미업앳쓰리인더몰닝 투 디스커쓰 띵스/

스티브는 새벽 3시에 나에게 전화 걸어 이것저것 의논하곤 했어.

    call 누구 up   =   누구에게 전화걸다 (US)

    call 무엇 up   =   컴퓨터 화면에서 무엇을 찾아 보여주다

I tried calling you, but couldn't get through.   /아트롸이드 콜링유 쿤쿠든트

겟 쓰루/   너에게 전화했는데 연결이 안 됐어.

Call me back.   /콜미백/   다시 전화줘.

I was cold-called by a marketing company.   /아워즈 콜드콜드 바이어 말케팅

컴퍼니/   어떤 마케팅 회사에서 광고 전화 왔었어.

    cold call   =   광고전화, 수신자의 동의없이 무엇을 팔기 위해 거는 전화나 방문

    courtesy call   =   회사가 고객에게 하는 감사전화, 서비스가 어땠는지 묻는 전화

    conference call   =   여러명이서 함께 하는 회의전화

    toll call   =   일반 전화보다 비싼 장거리 전화 (국제전화)

I'd call back later to pick this up.   /아이드 콜 백 레이터 투 픽디쓰 업/

나중에 이거 가지러 다시 올게.

    call back   =   어떤 장소에 다시 오다 (뭘 가지러, 누굴 보러)

I'll call for you at six.   /아일 콜포유 앳 씩스/   6시에 널 데리러 올게.

    call for 누구   =   누구를 데리러 가다

Your completion of PhD calls for a celebration!   /유얼 컴플리션오브 피에이

치디 콜즈폴어 쎌러브레이션!/   네가 박사학위를 취득했으니 축하파티를 해야겠어!

    call for 무엇   =   무엇을 받을 만하다 (deserve), 요구하다 (demand), 필요로 하다
    (ask for)

    call forth 무엇   =   무엇이 발생하도록 야기하다 (격식을 갖춘, 더 딱딱한 말)

The accident of Yoon Chang-ho has called forth a more aggressive legal enforcement.   윤창호 사건은 더 강력한 법적 조치 마련을 불가피하게 했다.

Don't call out in the office.   /돈ㅌ콜아웃인디오피쓰/   사무실에서 소리치지 마.

call out   =   yell out   =   크게 소리치다

Call은 명사로서 사람이 외치는 소리나 동물이 내는 소리를 말한다.
The dolphin's call.   돌고래 소리.
Did you hear that? Was that a call for help? 들었어? (누가) 도와달라는 소리였어?
We had a lot of calls for vegan materials for our car. 동물을 학대하지 않는 재료를 우리 차에 사용해달라는 요청이 많았어요.
I don't think there'll be any call for that sort of cruel products in near future.
그런 (동물에게) 잔혹한 제품들이 앞으로 사람들이 찾을 것 같지는 않아.

Desperate times call for desperate measures.   /데스퍼릿 타임즈 콜포 데스퍼릿 메절스/   극박한 상황은 극박한 조치를 요한다.

Do not call for black power or green power. Call for brain power.
/두낫콜포 블랙파워 오얼 그린파워. 콜포 브레인파워/
흑인의 힘, 친환경 힘을 부르짓지 말고, 지성의 힘을 갈구하라. [Barbara Jordan]

I thought I'd call by on my way to a meeting.   /아쏱 아드 콜바이 온마이 웨이 투어 미-팅/   회의 가는 길에 들를까 해서.

call by   =   어디를 잠깐 들르다 (다른 곳으로 가는 길에)

I thought I might call in on you since I was going to Melbourne.
/아쏱아마잇 콜인 온유 씬쓰 아워즈 고잉투 멜번/   멜번에 가는 김에 너에게 들를까 봐.

call (in) on 누구   =   누구를 잠깐 들르다

Call the police.   /콜더 폴리-쓰/   경찰불러.

Police officers were called in to mitigate the dispute.   /폴리쓰 오피쎨스 월콜드인 투미티게잇더 디스퓻/   분쟁을 중재하기 위해 경찰관들이 투입되었다.

call 누구 in/into/over   =   누구를 부르다
call in   =   (은행이) 빌려준 돈을 갚으라고 정식으로 요구하다

He called me over to his side. /히콜드미오벌투히즈싸이드/ 그가 그 옆으로 불렀어.

Jason called me into his office and gave me private lessons. In my five different uni experiences, I've never had a dedicated lecturer like Jason. /제이쓴콜드미 인투히즈오피쓰 앤 게이브미 프라이빗레쓴스. 인마이 파이브디퍼런트 유니익쓰피어리언쓰스 아이브 네버해더 데디케이티드 렉쳐러 라일 제이쓴/ 제이슨은 그의 연구실로 나를 불러 과외를 해주었어. 다섯 군데의 대학교 경험 중에 제이슨처럼 헌신적인 강사는 처음 봐.

He passed out and we had to call out an ambulance. /히파쓰드아웃 앤위 해투 콜아웃 언 앰뷸런쓰/ 그가 의식을 잃어서 우린 바로 앰뷸런스를 불렀어.

> call 누구 out = 무슨 일을 위해 누구를 부르다 (특히 긴급한 상황에서)
> The doctors are on call 24/7. 의사들은 일년내내 밤낮없이 대기중이야.

She is the one who calls the shots. /쉬즈 디원 후 콜즈더 샷츠/
결정권을 가진 사람은 그녀야.

> call the shots/tune = 결정을 내릴 자리에 있다 (지휘관이 발사명령을 내리듯)

Call은 명사로서 '결정'을 의미하기도 한다.
It was a tough call, not doing what I used to love. But we have to go with the flow, and this time is respecting nature. 어려운 결정이었어, 내가 좋아하던 일을 하지 않기로 한 거 말이야. 그렇지만 바뀌는 시대에 맞춰 가야만 하지. 지금 시대는 자연을 존중하는 시대야.
That's a good call. 그거 좋은 결정이다.
I went there just before the infected came in, so didn't get the virus. It was a close call. 감염자가 오기 직전에 거길 다녀와서, 난 안 걸렸어. 큰일 날 뻔했지.

The plan has been called off. /더플랜 해즈빈 콜드오프/ 계획이 취소됐어.

> call 무엇 off = cancel = 무엇을 취소하다
> call 누구 off = 누구(개/사람)에게 다른 사람이나 어떤 것을 그만 공격하라고 명령하다
> call a halt to 무엇 = 무엇을 중지하다

Either you can do what others want, or do what you want to do. That's an easy call. /아이더 유캔두 왓 아덜스 원트 오얼 두 왓츄 워너두. 댓츠언 이-지콜/ 다른 사람들이 원하는 일을 하던가, 네가 원하는 일을 하던가. 참 쉬운 결정이야.

The City Office called on volunteers. /더 씨티 오피쓰 콜드온 발런티얼쓰/ 시청에서 자원자를 모집했다.

>   call on 누구   =   누구에게 정중하게 부탁하다
> I now call on everyone to raise a glass to this lovely couple.
> 이제 이 사랑스러운 한 쌍를 위해 우리 다 같이 잔을 들어 건배를 합시다.

The bride and groom will have to call on their love, wisdom and tolerance to live together happily ever after. /더브라이드앤그룸 윌해브투 콜온데얼 러브 위즈덤 앤 톨러런쓰 투 리브투게더 해필리 에벌 아프터/ 신랑신부는 서로의 사랑과 지혜 그리고 서로의 다름을 이해하고 용인하는 마음으로 살아야 해피엔딩을 맞이할 수 있을 것입니다.

>   call on 무엇   =   무엇을 사용하다 (주로 사람의 능력)

어떻게 생각하다 / 무엇이라 여기다

I think it's time to call it a day. /아띵크 잇츠타임투 콜잇어 데이/ 오늘은 이만하면 된 것 같아.

>   call it a day   =   하던 일을 (충분히 했다고 생각하여) 그만하다

Let's call it a night. /렛츠 콜잇어 나잇/ 오늘밤은 여기까지만 놀고 이제 자러 가야겠어.

>   call it a night   =   저녁/밤에 하던 걸 그만하고 자러가다

Well, I don't call this a night out. Let's go to the second round in another place. /웰 아돈ㅌ콜디쓰어나잇아웃. 렛츠 고-투더 쎄컨롸운드 인 어나더 플레이스/ 이게 논거라구? 야, 2차가자.

>   night out   =   밤에 집 밖을 나가 놀기 (놀러나가거나 외박하거나)

I paid for lunch, and you paid for coffee. So let's call it quits. /아페이드 포 런취 앤유 페이드포 커피. 쏘렛츠 콜잇 큇츠/   내가 점심샀고 네가 커피샀으니 쌤쌤인걸로.

call it quits (UK) / even (US)   =   서로 빚진 것 없이 공평하다 (equitable)

I have quite a few acquaintances. But I don't call them my close friends. /아해브 콰잇어 퓨 얼퀘인턴스스. 벋아돈트 콜뎀 마이 클로즈 프렌즈/ 난 지인이 많아. 그치만 모두가 나에게 친구는 아니야.

He's good looking but not what I'd call handsome.   /히즈 굿 룩킹 벋낫 왓 아드콜 핸썸/   그 남자는 훈남이긴 한데 존잘은 아니야.

She's attractive but not what I'd call gorgeous. 그 여잔 얘쁜데 섹시하진 않아. (영문화에서는 사람의 생김새에 대해 얘기를 안 한다. 무례한 행동이다.)

I call my girlfriend Princess. If you treat your loved one like royalty, she or he will treat you the same. /아콜마이 걸프렌드 프린쎄스. 이퓨트릿유얼 러브드원 라일 로열티 쉬오얼히 윌트릿-츄 더쎄임/   난 내 여자친구를 공주님으로 불러. 네 가 사랑하는 사람을 왕족처럼 대하면, 그 사람도 널 똑같이 대해줄 거야.

What a man can be, he must be. This need we call self-actualisation. /왓어맨 캔비 히머슷비. 디쓰니-드 위콜 쎌프액츄얼리제이션/   한 사람이 될 수 있는 것을 그 사람은 되어야만 한다. 이 욕구를 우린 자아실현이라고 말한다. [Abraham Maslow]

I just wish to have a house that I call my own.   /아져스트 위쉬투해버 하우 쓰 댓아 콜마이 오운/   난 그냥 내 집을 갖고 싶어.

call 무엇 누구의 own   =   무엇을 누구의 소유라 여기다

If society fits you comfortably enough, you call it freedom. /이프 쏘싸이어티 핏츠유 컴포터블리 이너프 유 콜잇 프리-덤/ 사회가 우리에게 잘 맞으면, 우린 그걸 자유라고 부르지. [Robert Frost]

When people realised ionisers produce ozone, the quality of the product was called into question. /웬피플리얼라이즈드 아이오나이절스 프로듀쓰 오-존 더 퀄러티오브 더프롸덕트워즈 콜드인투 퀘스천/   이오나이저가 오존을 발생한다는걸 사람들 이 알게 되고는 그 제품의 품질이 의혹에 빠졌어. (오존은 사람 몸에 해롭다.)

call into question   =   의혹을 야기하다

What we call man's power over Nature turns out to be a power exercised by some men over other men with Nature as its instrument. /왓위콜 맨즈 파워 오벌 네이쳐 턴즈아웃투비어 파워 엑썰싸이즈드 바이썸멘 오벌 아덜멘 위드 네이쳐 애즈잇츠 인스트루먼트/　우리가 자연을 지배하는 인간의 힘이라고 여기는 것은 알고 보면 몇몇 인간이 다른 인간에게 자연을 도구로 권력을 행사하는 것이다. [C. S. Lewis]

> Nature를 대문자로 시작해 쓰면 God을 대문자로 쓰듯 자연을 신격화한다.
> Call it Nature, Fate, Fortune: all these are names of the one and selfsame God. 자연이든, 운명이든, 점이든 뭐라고 부르던지 이는 다 같은 하나의 신을 부르는 말이다. [Lucius Annaeus Seneca]

We should call ourselves to account every night: Do I regret if today was the last day of my life?　/위슈드 콜아월셀브즈 투억카운트 에브리나잇 두아뤼 그렛 이프 트데이워즈더 라슷데이 오브마이 라이프?/　우리는 매일 밤 나 자신을 반성해야 한다: 내 인생에서 오늘이 마지막이라면, 난 오늘 보낸 시간에 후회하지 않는가?

> call 누구 to account　　=　　누구의 잘못을 직시하다, 누구의 잘못에 책임을 지다

So much of what we call management consists in making it difficult for people to work.　/쏘머취오브 왓위콜 매니쥐먼트 컨씨스츠인 메이킹잇 디피컬트 포 피플투 월크/　우리가 경영이라고 여기는 것들의 대부분이 사람들을 일하기 힘들게 한다. [Peter Drucker]

I call architecture frozen music.　/아이 콜 알키텍쳐 프로즌 뮤직/ 난 건축을 얼어붙은 음악이라고 생각한다. [Johann Wolfgang von Goethe]

Architecture is a service business. An architect is given a program, budget, place, and schedule. Sometimes the end product rises to art—or at least people call it that.　/알키텍쳐이즈어 썰비쓰비즈니쓰. 언알키텐트 이즈기븐어 프라그램 버짓 플레이쓰 앤 스케쥴. 썸타임즈 디엔드프라덕트 롸이즈스 투 알트 오얼 앳리-스트 피플 콜잇 댓/　건축은 서비스직이에요. 건축가에게는 계획, 예산, 장소, 그리고 일정이 주어져요. 간혹 결과물이 예술로 승화되죠—적어도 사람들이 그렇게 여겨요. [Frank Gehry]

The world is full of fathers, but there're very few men worthy of being called daddy by their child.　/더월드이즈 풀오브 파덜쓰 벋데얼알 베뤼 퓨 멘 월디 오브 빙 콜드 대디 바이데얼 촤일드/　세상엔 아버지가 많습니다. 그렇지만 정말 소수의 남자들만 자식에게 아빠라고 불려질 자격이 있습니다. [Frank Abagnale]

wish - wished - wished

바라다   안타깝다

바람   그랬으면 좋겠다

바라다

We wish you a Merry Christmas.   /위 위쉬유어 메리 크리쓰마쓰/
행복한 성탄절이 되길 바래요.

Make a wish before you blow out the candles.   /메일어 위쉬 비포어 유 블로
아웃더 캔들스/   촛불을 끄기 전에 소원을 빌어.

I do wish I could spend more time with you.   /아두 위쉬 아쿤 스펜모얼 타임
위듀/   나도 정말 너랑 더 많은 시간을 같이 보냈으면 좋겠어.

I have no wish to be losing you.   /아해브 노 위쉬 투비 루-징유/   널 잃고 싶지 않아.

**I wish I could find the time to do more reading. Then I'd be wiser, so
that I could avoid unnecessary conflicts.**   /아위쉬 아쿤 파인더 타임투 두모얼
뤼딩. 덴아드비 와이져 쏘댓 아쿤 어보이드 언네쎄써리 칸플릭츠/   책을 읽을 시간이 더 있었
으면 좋겠어. 그러면 더 현명해질테고, 불필요한 충돌을 피할 수 있겠지.

      Wish는 별다른 노력을 하지 않으면서 막연히 바라기만 한다는 의미를 품은 말.

I wish you'd be more gentle with me.   /아위쉬 유드비모얼 젠틀윗미/
네가 나에게 좀더 부드러웠으면/신사적이었으면 좋겠어.

As you wish, ma'am.　　/애즈 유 위쉬 맘/　　당신이 바라는 대로 하겠어요.

남자를 존칭할 때 'sir'라 부르고, 여자를 존칭할 때 'madam', 줄여서 'ma'am'이라 한다.
영국식 발음은 /맘/, 미국식 발음은 /맴/.

The disease caused by the virus is severe. You wouldn't wish that on your worst enemy.　　/더 디지-즈 코즈드바이더 바이러쓰이즈 씨비어. 유우든ㅌ 위시댓 온유얼 월스트 에너미/　　그 바이러스가 일으키는 병은 무서워. 절대 걸리고 싶지 않을거야.

People tend to wish viruses will go away. But that's just wishful thinking. If we don't work together to bring the balance back on our planet, deadly viruses will keep coming at us.　　/피플텐-투위쉬 바이러쓰스 윌 고어웨이. 벋댓츠 져스트 위쉬풀 띵킹. 이퓌돈ㅌ월크투게더 투브링더 밸런쓰 백 온아월 플래닛 대들리바이러쓰스 윌 킵 커밍 앳어쓰/　　사람들은 마냥 바이러스가 없어지길 바라는 경향이 있어. 그런데 그건 부질없는 생각이야. 우리가 함께 지구의 균형을 바로잡지 않으면, 사람죽이는 바이러스는 계속 다시 올거야.

wish 무엇 away　　=　　아무것도 하지 않으면서 무엇이 사라지길 소망하다
wishful thinking　　=　　부질없는 생각/기대/희망

I wish to keep the girl/boy in my heart.　　/아이 위쉬투 킵더 걸/보이 인마할-트/
항상 소녀/소년처럼 살고 싶다.

Many lose small joys in the hope for big happiness.
/매니 루-즈 쓰몰 죠이스 인더 홒-ㅍ 폴 빅 햅피니쓰/
많은 사람들이 큰 행복에 대한 희망으로 소소하지만 확실한 행복을 잃는다.

Wish가 막연한 소망인 반면, hope는 기대할 수 있는 희망을 말한다.

Industry need not wish.　　/인더스트뤼 니드낫 위쉬/　　노력엔 소망이 필요없다.
[Benjamin Franklin]

Be content with what you are, and wish not change.　　/비 컨텐트 위드 왓츄알 앤 위쉬낫췌인지/　　네 자신이 어떤 사람인지에 대해 만족하고, 바꾸려 하지 말라.
[Marcus Aurelius]

Best wishes,
Aureo　　　　편지의 마지막에 쓰는 인사말 (이름 옆에 마침점을 찍지 않는다)

안타깝다

I wish they would only take me as I am.　　/아위쉬 데이우드 온리 테일미 애즈
아이엠/　　사람들이 날 생긴 대로 받아들여 줬으면.. [Vincent van Gogh]

I wish we could be content with what we have.　　/아위쉬 위쿠드비 컨텐트윌
왓위 해-브/　　우리가 가진 걸로 만족할 수 있었으면 좋을 텐데 말이야.

I wish we could eat a pallet that has all the nutrients for the day.
/아위쉬 위쿤 잍어 팔렛 댓해즈 올더 뉴트리언츠 포더데이/
알약 하나로 하루의 모든 영양을 먹을 수 있으면 좋겠다.

　　　　'그랬으면 좋겠다'는 의미로 wish를 말할 땐 과거시제의 동사와 함께 말한다.

I only wish that someone would try it.　　/아온리 위쉬댓 썸원 우드 트롸이잇/
누군가 시도해 보길 바랄 뿐.

I wish I was a bit thinner.　　/아위쉬 아워즈 어빗 띠너/　　내가 좀 더 날씬했으면.

I wish I hadn't overindulged last night. /아위쉬 아해든ㅌ 오벌인덜쥐드 라슷나잇/
아, 어젯밤 좀 덜먹을 걸.

　　　　indulge 무엇　　=　　무엇을 마음껏 즐기다, 지나치게 빠지다, 과음/과식하다

**I wish I hadn't gone to a Korean primary school. Most of the teachers
were incompetent. They were more conscious of themselves than their
students. My Year One teacher didn't allow me to go to lavatory, and
guess what happened!**　　/아위쉬 아해든ㅌ간투어 커뤼안 프라이머뤼스쿨. 모스트오
브더 티쳘스 월 인컴피턴트. 데이월 모얼 칸셔스오브 뎀셀브즈 댄 데얼 스튜던츠. 마이 이얼원
티-쳐 디든ㅌ 얼라우미투 고투 라바토리 앤게쓰 왓 해픈드!/　　한국에서 초등학교를 안 다녔
으면 좋았을걸. 대부분의 교사들이 무능했어. 학생들보다 자기 자신에게 빠져있었지. 1학년 때
선생님은 화장실을 못 가게 했어, 무슨 일이 일어났겠어?

　　　From the errors of others, a wise man corrects his own.
　　　현자는 다른 사람들의 잘못을 반면교사로 삼는다. [Publilius Syrus]

I wish I knew better.
/아이위쉬 아이 뉴- 베터/
내가 더 잘 알았으면 좋을 텐데.

If you wish to reach the highest, begin at the lowest.

가장 높은 곳에 다다르고 싶다면,
가장 낮은 곳에서 시작하라.

[Publilius Syrus]

want - wanted - wanted

원하다   필요하다

원하다

I don't want it.   /아돈ㅌ 원잇/   원치 않아.

Who wants fifty of petty ugly books? One great book does the job better.
/후 원츠 피프티오브 페티 어글리 북쓰? 원 그뤠잇 북 더즈더 좝 베터/
오십 권의 찌질하고 못생긴 책을 누가 원해? 진짜 잘 쓰여진 하나의 책이면 돼.

I've been wanting to innovate. That's what educated young people do.
/아이브빈 원팅투 이노베일. 댓츠 왓 에듀케이티드 영 피플 두-/
난 항상 혁신을 하고 싶었어. 그게 좋은 교육을 받은 젊은 사람들이 하는 일이지.

You are everything I'd ever want in a woman.   /유알에브리띵 아이드 에벌원ㅌ
인어 워먼/   넌 내가 바라던 모든 걸 가진 여자야.

**We have about 30 years we can actively work. What do you want to do
with your lifetime?**   /위해브어바웃 써티이얼쓰 위캔 액티블리 월크. 왓두유원투두 위
드유얼 라이프타임?/   우리에겐 30년 정도 제대로 일할 수 있는 시간이 쥐어졌잖아. 넌 너의
시간으로 무얼 하고 싶니?

I want to sleep in.   /아워너 쓸립 인/   늦잠 자고 싶어.

Do you want the coffee hot?   /두 유 원ㅌ더 커피 핫?/   커피 뜨겁게 줘?

448

I wanted to make a difference.　/아원티투메익어디퍼런쓰/
뭔가 중요한 일을 하고 싶었어.

Do you want me to take you to the work?　/두유원미투 테익유 투더월크?/
내가 회사에 데려다줄까?

I don't want you getting squeezed on a jammed subway. Just hold my hand all the way, okay?　/아돈트원츄 게팅 스퀴즈드 온어 잼드썹웨이. 져스트 홀드 마이핸드 올더웨이 오케이?/　난 네가 만원철에 끼어가길 바라지 않아. 그냥 내내 내 손을 잡아줘, 알았지?

Youth is doing whatever you want to do regardless of age.
/유-쓰 이즈 두잉 왓에버 유워너두 리갈드리스 오브 에이쥐/
젊음이란, 나이와 상관없이 정말 하고 싶은 일을 하는 거야.

Hyori does not want for anything. She just wants a private life.
/효리 더즈낫 원트포 애니띵. 쉬져스트 원츠어 프라이빗 라이프/
효리는 기본적인 것 외엔 바라는게 없어. 그저 사생활이 보장된 삶을 원할 뿐이지.

I want out of the wrong circle of friends before it's too late. We are the average of the five people we spend the most time with.　/아원트아웃오브 더 륑 썰클오브 프렌즈 비포얼잇츠투-레잇. 위알디 에버리쥐오브더 파이브피플 위스펜더 모스트 타임위드/　더 늦기 전에 잘못된 친구 무리에서 벗어나고 싶어. 우리가 가장 시간을 많이 보내는 다섯 명의 평균이 우리 자신이잖아.

Discipline is choosing between what you want now and what you want most.　/디씨플린이즈 츄징빗트윈 왓츄원트나우 앤 왓츄원트 모스트/　훈련이란 네가 지금 원하는 것과 네가 가장 원하는 것 중 선택하는 거야. **[Abraham Lincoln]**

There have to be reasons that you get up in the morning and you want to live.　/데얼해브투비 뤼즌스댓 유겟업 인더몰닝 앤유워너 리브/
살고 싶은 이유가 있어야해. **[Elon Musk]**

The last thing any sensible human being should want is immortality. As it is, life lasts too long for most of us.　/더 라스트띵 애니 쎈써블 휴먼빙 슏 원트이즈 임모탤러티. 애즈잇이즈 라이프 라슷츠 투-롱 포 모스트오브어쓰/
정상적인 사람이 결코 원치 않는 것이 영생이다. 대다수의 우리에게 인생은 너무 길다.

[Joseph Heller]

필요하다

I want you to come home early.   /아원츄투 컴 홈 얼리/   집에 빨리와.

Am I wanted?   /엠아이 원티드?/   내가 필요해?

> be wanted   =   1. 다른 사람들에게 필요하다   2. 경찰이 수배중이다
> Did you miss me?   내 빈자리가 허전했니?

In big cities, heaps of people want for shelters. We have to be grateful that we have a secure and warm place we can stay in.   /인빅 씨티즈 힙스 오브피플 원트포쉘털스. 위해브투비 그레잇풀댓 위해버 씨큐어 앤 웚 플레이쓰 위캔 스테이 인/ 대도시에는 많은 사람들이 거처가 없어. 우린 안전하고 따뜻한 집이 있는 것에 감사해야 해.

> want for 무엇   =   필요한 무엇이 부족하다

The university programs were found wanting.   /디 유니벌씨티 프롸그램스 월 파운드 원팅/   대학교 과정은 그닥 기대에 미치지 못했어.

> found wanting   =   필요한 것들이 부족하다, 효과적이지 않다

For want of anything better to do, I rode my bicycle.   /폴 원트오브 애니띵 베럴투두 아 로드 마이 바이씨클/   심심해서 자전거탔어.

> Want를 명사로 말하면 '부족함a lack of something' 그리고 '원함desire'이다.
> For want of a better view, we moved to the window seats.
> 더 좋은 전망을 위해 창가 자리로 옮겼어.
> The goal is the want in the minds of the readers that you want to buy two of this book; one to read, the other to keep and display in its pristine condition, because its contents are great while the cover is aesthetically pleasing.   목표는 이 책이 예뻐서 두 권을 사고 싶은 마음이 들게 되는 현상이다. 한 권은 맘편히 읽을 책, 한 권은 깨끗이 소장하고 당당히 전시할 책, 왜냐면 내용이 진국이니까.

Mum looked old and in want of a dye.   /맘 룩드 올드 앤인 원트오브어 다이/ 엄마가 염색을 안 하셨더니 나이들어 보이셨어.

My wants are few; a job to serve my calling, and a lover. /마이 원츠알 퓨 어좝 투썰브마이 콜링 앤어 러버 / 내가 필요한 건 몇 개 없어—내가 태어난 목적을 실현할 일과 사랑하는 사람, 그 뿐이야.

All I want now is quality sleep.   /올아원트나우이즈 퀄러티쓸립/ 지금 내게 진짜 필요한 건 숙면이야.

No one wants to die. Even people who want to go
to heaven don't want to die to get there. And yet
death is the destination we all share. No one has
ever escaped it. And that is as it should be,
because death is very likely the single best
invention of life. It is life's change agent.
It clears out the old to make way for the new.

그 누구도 죽고 싶지 않아. 천국에 가고 싶은 사람도 죽어서 그
곳에 가고 싶지는 않아. 그치만 죽음은 우리 모두가 함께하는
하나의 결말이야. 그 누구도 빠져나오지 못했지. 그래야만 해,
왜냐면 죽음은 인생의 단 하나의 중대한 발명일테니까.
죽음은 삶을 바꾸는 힘이야. 늙은이를 없애고 새로운
인생을 위해 자리를 내어주지.

[Steve Jobs]

NEED

need - needed - needed

필요하다

꼭 있어야 하다

꼭 해야 하다

I need you. /아니-쥬/ 내겐 네가 필요해.

A cup of tea is what is needed to make me happy.
/어 컵포브 티- 이즈 왓츠 니-디드 투메잌 미 햅피/
차 한 잔이면 나의 기분이 좋아지지.

I need some new undies. /아닡-썸뉴 언디스/ 새 속옷이 좀 필요한데.

I need you to help me with the project. /아니쥬투 헲미위더 프롸젝트/
그 프로젝트에 네가 좀 도와줬으면 좋겠어.

You need to take precautions. /유 니-투 테잌 프리코션쓰/ 예방조치를 취해. (피임해.)

You don't need any more clothes. /유돈ㅌ니드 애니모얼 클로-즈/
너에겐 더 이상의 옷은 필요 없어.

You don't need to eat meats. /유돈ㅌ니-투잍 밑츠/ 고기 안 먹어도 돼.

What do you really need? /왓두유 륄리 니-드?/ 네게 진짜 필요한게 뭐야?

452

Who needs these stupid apps?   /후니즈 디즈 스튜핏 앱쓰?/   이따위 앱이 뭔소용?

Need I say, they steal your personal info and sell it to advertisers.
/니다이쎄이 데이 스틸- 유얼 펼쓰널 인포 앤 쎌잇투 애드벌타이졀스/
당연한 말인데, 그런 것들은 너의 개인정보를 훔쳐서 광고주들에게 팔아 넘겨.

> need I say (UK) / needless to say   =   obviously   =   당연히

Privacy is one of our basic needs. And there's a growing need for it.
/프라이버씨이즈 원오브아월 베이직 니-즈. 앤데얼즈어 그로윙 니-드폴잇/   사생활을 간섭
받지 않을 권리는 사람의 기본적 필요조건이다. 그런데 이는 갈수록 더 침해당하고 있다.

Young people need models, not critics. Existing books on English condescend their readers, telling we are wrong and they know better.
/영피플니드마들스 낫 크리틱쓰. 이그지스팅 북쓰온 잉글리쉬 칸디쎈드 데얼 뤼덜스 텔링위알
룅- 앤데이노우베터/   젊은 사람들은 비평가 말고 롤모델이 필요해. 기존의 영어에 관련된 책
들은 독자들이 틀렸고 지들이 더 잘 안다고 깔봐.

There is no need to "correct" people. Learning is supposed to be as delightful as reading <Harry Potter>.   /데얼즈 노니-투 코렉트 피플. 러-닝이즈
썹포즈드투비 애즈 딜라잇풀 애즈뤼딩 해뤼폿터/   사람들을 "교정"할 필요따윈 없어. 배움이
란 〈해리포터〉를 읽는 것처럼 즐거운거야.

When I have the terrible need of - shall I say the word - religion, then I go out and paint the stars.   /웬아이해브더 테러블니드오브 쉘아쎄이더월드 뤼리젼
덴아이 고아웃 앤 페인더 스탈스/   그게 절실히 필요할 때 - 굳이 그 단어를 말하자면 - 종교
가 필요할 때, 난 밖에 나가 별을 그려. [Vincent van Gogh]

You don't need anybody to tell you who you are or what you are. You are what you are.   /유돈트니드 애니바디 투텔유 후 유 알 오얼 왓 츄 알. 유알 왓 츄
알/   누가 나보고 내가 누군지 내가 어떤 사람인지 정의해 줄 필요는 없어. 난 나야.
[John Lennon]

We don't need to share the same opinions as others, but we need to be respectful.   /위돈트니투 쉐얼더 쎄임오피니언즈 애즈아덜스 벗위니-투비 뤼스펙풀/
우린 다른 사람들과 의견이 같을 필요는 없어. 그렇지만 다름을 존중해야할 필요는 있어.
[Taylor Swift]

Energy is what is needed to create change. /에널쥐이즈 왓츠니-디드 투크리에잇 췌인쥐/ 변화를 주기 위해 필요한 것은 에너지다.

No alarm clock needed. My passion wakes me up. /노 얼람 니-디드. 마이 패션 웨익쓰미업/ 알람따윈 필요없다. 내 열정이 나를 깨운다. [Kyrie Irving]

No coffee needed. A kiss from her/him will do. /노 컵퓌 니-디드. 어 키쓰 프롬 헐/힘 윌두/ 커피따윈 필요없어. 그/그녀의 뽀뽀면 잠이 확 깨.

Integrity has no need of rules. /인테그리티 해즈 노 니드 오브 룰스/ 정직하면 법이 필요없다. [Albert Camus]

If you have a garden and a library, you have everything you need. /이퓨해버 갈든 앤어 라이브러뤼 유해브 에브리띵 유니-드/ 정원과 서재가 네가 필요한 전부다. [Marcus Tullius Cicero]

> A home without books is a body without soul.
> 책이 없는 집은 영혼이 없는 몸뚱이와 같다. [Cicero]
> Cultivation to the mind is necessary as food to the body.
> 머리를 계발하는 일은 몸에 음식을 주는 것 만큼 필수적이다. [Cicero]

Canada has always been there to help people who need it. /캐나다해즈 올웨이즈빈 데얼투헬프 피플후니드잇/ 캐나다는 언제나 도움이 필요한 사람들을 위해 있었죠. [Justin Trudeau]

I cannot think of any need in childhood as strong as the need for a father's protection. /아캔낫띵코브 애니 니-드 인촤일드후드 애즈스트롱애즈더 니-드 폴어 파덜쓰 프로텍션/ 아이에게 가장 필요한 것은 아버지의 보호다. [Sigmund Freud]

If you think of Goo Hara, a mother's love is definitely needed for a person to be strong. /이퓨띵코브 구하라 어 마덜쓰 러브 이즈 데퍼너틀리 니디드 폴어 펄쓴 투비 스트롱/ 구하라를 생각하면, 한 사람이 강한 사람이 되기 위해 어머니의 사랑은 정말 필요해.

There is no need for temples, no need for complicated philosophies. My brain and my heart are my temples; my philosophy is kindness. /데얼즈 노니드포 템플스 노니드포 캄플리케이티드 필로쏘피즈. 마이브레인 앤마이할트알 마이템플스 마이필로쏘피이즈 카인니쓰/ 사원도 필요없고, 복잡한 철학도 필요없다. 내 뇌와 내 심장이 사원이요, 내 철학은 친절이다. [Dalai Lama]

It's not more vacation we need—it's more vocation. /잇츠낫 모얼 베케이션
위니-드 잇츠 모얼 보케이션/ 우리에게 더 많은 휴가가 필요한 게 아니라 더 많은 사명감이
필요하다. [Elenor Roosevelt]

**Obviously Tesla is about helping to solve the consumption of energy in
a sustainable manner, but you need the production of energy in a
sustainable manner.** /아비어쓸리 테슬라 이즈어바웃 헬핑투 쏠브더 컨썸션오브 에널
쥐 인어 써스테이너블 매너 벋 유니-더 프로덕션오브 에널쥐 인어 써스테이너블 매너/
당연히 테슬라는 지속가능한 방법으로 에너지 소비를 돕는 회사죠. 그렇지만 그 에너지 또한 지
속가능한 방법으로 생산해야해요. [Elon Musk]

**Some people don't like to change, but you need to embrace change if
the alternative is disaster.** /썸피플 돈ㅌ라익투 췌인지 벋유니-투 임브레이쓰 췌인
지 이프디 얼터너티브이즈 디쟈스터/ 어떤 사람들은 변화를 싫어하는데, 변화하지 않음의
댓가가 재앙이라면 변화를 받아들여야 하죠. [Elon Musk]

**I need hardly remind you of the seriousness of the situation we're in
now.** /아니드 하들리 뤼마인쥬오브더 씨리어쓰니쓰 오브더 씨츄에이션 위 알 인 나우/
지금 우리가 처한 상황이 얼마나 심각한지는 두말할 나위가 없어요.

You never know Nature is all you need until Nature is all you have.
/유네벌노우 네이쳐이즈 올유니-드 언틸 네이쳐이즈 올 유 해브/
자연이 네가 가진 전부이기 전까진 네게 필요한 건 자연이 전부라는 걸 깨닫지 못할 거야.

Animals and trees need us to speak for them. /애니멀쓰 앤 트뤼-즈 니드어쓰
투 스픽포뎀/ 동물들과 나무들에겐 우리가 필요해, 그들을 대신해 목소리를 내어 줄 우리가.

We all need each other. /위올 니-드 이취아더/ 우리 모두에겐 서로가 필요해.

All of us need to grow continuously in our lives. /올오브어쓰 니-투그로우
컨티뉴어쓸리 인아월 라이브즈/ 우리는 인생동안 끊임없이 성장해야 한다. [Les Brown]

No need to hurry. No need to sparkle. No need to be anybody but oneself.
/노니-투허뤼. 노니-투 스파클. 노니-투비 애니바디 벋 원쎌프/ 서두를 필요 없다. 뛸 필요
도 없다. 내 자신이 아닌 다른 누군가가 될 필요도 없다. [Virginia Woolf]

We don't need much but love and wisdom. /위 돈ㅌ 니-드 머취 벋 러브 앤 위
즈덤/ 우리에게 진정 필요한 건 사랑과 지혜 그 뿐.

455

We need to end the poverty of our previous generations, and their poor ways of thinking. Doing things just to spend the money you've never had, for instance: eating beef, driving inefficient SUVs, and buying unnecessary clothes. These are what poor people do whenever they have money.

우리 앞 세대의 가난과 그 가난에 비롯한 생각은 대물림되지 않아야 한다. 돈이 없어서 못 했던 것들을 막 하는 일 말이다. 소고기를 먹는다든지, 석유를 비효율적으로 태워 자연재앙을 부르는 SUV를 탄다든지, 불필요하게 옷을 많이 산다든지. 이게 다 가난한 사람들이 돈이 생길 때마다 하는 일이다.

The planet doesn't need us to survive—we need the planet.
지구는 우리가 필요 없어—우리가 지구를 필요하지. [Gisele Bündchen]

Everything you need
is within you.

네가 필요한 모든 것은
네 안에 있어.

live - lived - lived

살다 / 살아있다

exist

I live alone. /아리브얼론/ 나 혼자 산다.

I live in Carlton. Where do you live? /아리브인 칼튼. 웨얼 두유 리브?/
난 칼튼에 살아. 넌 어디 사니?

I used to live with two other people in a shared flat. /아유즈투리브위드
투-아더피플 인어 쉐얼드플랫/ 난 쉐어 아파트에서 두 명의 다른 사람들과 살곤 했지.

Aureo lives by teaching people how to talk in English. /오-레오 리브즈
바이 티-칭피플 하우투 턱인 잉글리시/ 아우레오는 영어로 소통하는 방법을 알려주며 살아.

Jeremy lives off his inheritance. /제레미 리브즈 오프 히즈 인헤리턴쓰/
제레미는 상속받은 재산으로 먹고 살아.

My grandma hopes to live to see her grandchildren. /마이그랜마 홉쓰투
리브투씨헐 그랜드췰드런/ 우리 할머니는 손주를 볼 때까지 살고 싶으셔.

Did the uni live up to your expectations? /딛 디 유니 리브업투 유얼 익쓰펙테
이션쓰?/ 대학교가 너의 기대에 부응했니?

live up to 무엇 = 무엇이 기대에 부응하다

I like her because she's lively and talkative. We went to a live concert the other night and it was good. /아이라익헐 비코-즈 쉬즈 라이블리 앤 톡커티브. 위웬투어 라이브 칸썰트 디아덜나잇 앤잇워즈 굳/ 난 그녀가 밝고 말이 많아서 좋아. 며칠 전에 우리가 라이브 콘서트 보러 갔었는데 괜찮더라.

lively	=	활기찬, 밝은 (형용사)
live	=	살아 있는, 실제로 연주하는 (형용사)

The life of the dead lives on in the memory of the living. /더라이프오브 더 데드 리브즈 온 인더 메모리 오브더 리빙/ 망자의 생명은 남은 자의 기억 속에 살아있다.

live (on) in the memory	=	오랫동안 기억되다

As long as you live, keep learning how to live. /애즈롱애즈유리브 킵 러-닝 하우투리브/ 살아있는 한, 어떻게 살아야 하는지 계속 배우라. [Lucius Annaeus Seneca]

We must learn to live together or perish together. /위머스트 런-투 리브투 게더 오얼 페리쉬 트게더/ 우리는 다같이 죽던지, 함께 살아갈 방도를 마련해야한다.
[Martin Luther King, Jr]

Learn from yesterday, live for today, hope for tomorrow. The important thing is not to stop questioning. /런-프롬예스털데이 리브 포 트데이 호-프 포 투 모로. 디임폴틴트띵이즈 낫투스탑 퀘스쳐닝/ 어제로부터 배우고, 오늘을 살며, 내일을 위해 꿈꾸라. 중요한 것은 질의하기를 멈추지 않는 것이다. [Albert Einstein]

> 영문화에선 질문이 중요하다. 질문에서 그 사람의 생각과 이해가 드러나기 때문이다.
> 그래서 신선한 질문을 했을 때 "That's a good question"이라 한다.
> Judge a man by his questions, rather than by his answers.
> 사람의 답변보다는 그 사람의 질문으로 그 사람을 판단하라. [Voltaire]

The world is a dangerous place to live; not because of the people who are evil, but because of the people who don't do anything about it. /더 월드이져 댕져러쓰 플레이스 투리브 낫비코즈 오브더 피플 후알 이블 벋 비코즈 오브더 피플 후 돈투두 애니띵 어바우릿/ 세상은 위험한 곳이다—나쁜 사람들 때문이 아니라, 그 나쁜 일을 묵언하는 사람들 때문이다. [Albert Einstein]

The mystery of human existence lies not in just staying alive, but in finding something to live for. /더 미스터리오브 휴먼이그지스턴쓰 라이즈 낫 인 져스트 스테잉 얼라이브 벋 인 파인딩 썸띵 투 리브 포/ 인간 존재의 신비는 그저 살아있는 데 있는 게 아니라 살 이유를 찾는데 있다. [Fyodor Dostoevsky]

459

Sometimes even to live is an act of courage.

때로는 사는 것 자체가 용기다.

[Lucius Annaeus Seneca]

The whole future lies in uncertainty; live now.
미래는 전혀 예상할 수 없다. 지금을 살자.

The greatest wealth is to live
content with little.

가장 큰 부는
작은 것에 만족하며 사는 삶이다.

[Plato]

happen - happened - happened

일어나다 / 발생하다

occur

take place

What happened?　　/왓 해픈드?/　　무슨 일 있었어?

What happens if we decide not to do it?　　/왓해픈즈 이퓌 디싸이드 낫투 두잇?/
우리가 이걸 안 하기로 하면 어떻게 되는거야?

Did you hear what happened to Irene?　　/디쥬히얼 왓해픈투 아이린?/
아이린에게 무슨 일이 있었는지 들었어?

What's happening in the world right now?　　/왓츠해프닝 인더월드 롸잇나우?/
지금 세상에 무슨 일들이 일어나고 있는걸까?

There was a happening in the street.　　/데얼워져 해프닝 인더스트릿/
길거리에서 무슨 일이 있었어.

　　　happening　　=　　예상치 않게 일어난 일

As it happened, I was walking by it and filmed it on my phone.
/애즈잇해픈드 아워즈 워킹바이잇 앤 퓚드잇온마이폰/
공교롭게도 내가 그 옆을 지나고 있었고 그 걸 폰영상으로 담았지.

462

I happen to be the origin.   /아이해픈투비 디오리진/   어쩌다보니 내가 시발점이 됐어.

Love is like a virus. It can happen to anybody at any time.
/러브 이즈라익어 바이러쓰. 잇캔 해픈투 애니바디 앳 애니타임/
사랑은 바이러스같다. 언제든 누구에게나 일어날 수 있으니까. [Maya Angelou]

**You may not control all the events that happen to you, but you can
decide not to be reduced by them.**   /유메이낫 컨트롤 올디이벤츠댓 해픈투유 벋유
캔 디싸이드 낫투비 리듀쓰드 바이뎀/   네게 일어나는 일들을 모두 다 통제할 수는 없지만, 그
일들에 굴복하지 않는 건 너의 선택이야. [Maya Angelou]

**We can't drive our SUVs and eat as much as we want and keep our
homes on 72 degrees at all times. And then just expect that other
countries are going to say OK. That's not leadership. That's not going
to happen.**   /위캔ㅌ드라이브아월에쓰유브즈 앤잍애즈머취애즈위원트 앤킵아월홈즈온쎄
븐티투디그뤼-즈 앳올타임즈. 앤덴 져스트익스펙트댓 아덜컨츄리즈알 고잉투쎄이 오케이. 댓
츠낫 리덜십. 댓츠낫고잉투해픈/   우린 SUV를 타고, 먹고 싶은 만큼 먹고, 항상 집 온도를 22
도로 맞춰 놓을 수는 없어요. 그러고는 다른 나라들이 그게 괜찮다고 말해주길 바랄 수는 없죠.
그건 리더십이 아니에요. 그런 일은 일어나지 않을 겁니다. [Barack Obama]

The only reason for time is, so that everything doesn't happen at once.
/디온리 뤼즌 폴타임즈 쏘댓 에브리띵 더즌ㅌ 해픈 앳 원쓰/   시간이 존재하는 유일한 이유
는, 모든 일이 한 번에 일어나지 않기 위해서다. [Albert Einstein]

Once you make a decision, the universe conspires to make it happen.
/원쓰 유 메익어 디씨젼 더 유니벌쓰 컨스파이얼즈투 메익잇 해픈/
그냥 결심을 하면 온 우주가 그 일이 일어나도록 도모한다. [Ralph Waldo Emerson]

Things do not happen. Things are made to happen.   /띵스두낫해픈. 띵스알
메이투해픈/   일들은 저절로 일어나지 않아. 일어나도록 만들어지지. [J. F. Kennedy]

**Magic is believing in yourself. If you can do that, you can make
anything happen.**   /매쥑이즈 빌리빙 인유얼쎌프. 이퓨캔두댓 유캔메익 애니띵 해픈/
마법이란 네 자신을 믿는거야. 그럴 수 있으면 무슨 일이든 해낼 수 있어.
[Johann Wolfgang von Goethe]

Make it happen.   /메익킷 해픈/   일어나게 해.

stop - stopped - stopped

멈추다 / 서다

pause

cease

Stop it. It's ticklish.   /스탑핏. 잇츠 틱클리쉬/   그만해. 간지러워.

Stop smoking. It's a poison. You will die miserably.   /스탑스모킹. 잇쳐 포이즌. 유월 다이 미져러블리/   담배 끊어. 독이야. 비참하게 죽게 될 거야.

Put a stop to the habit that kills you inside out.   /풋어스탑 투더해빗 댓 킬즈 유 인싸이드아웃/   너를 안으로부터 죽이는 나쁜 습관과 끝을 내.

Does this bus stop at the National Library?   /더즈디쓰버쓰 스탑앳더 내셔널라 이브러리?/   이 버스 국립중앙도서관 앞에 서나요?

What does it feel like to be a Jobs and stop at a stop light, you see people crossing and wearing white earbuds?   /왓더즈잇필라잌투비어 좝스 앤 스탑 앳어 스탑라잇 유씨 피플 크로씽 앤웨어링 와잇 이얼버즈?/   잡스의 가족으로서 운전하다 빨간불에 섰는데 사람들이 길을 건너며 하얀색 이어폰을 하고 있는 모습을 보면 어떤 기분인가요?

Next stop, 1 Infinite Loop.   /넥스트스탑 원 인피닛 룹/   다음 정거장은, 1 인피닛 루프.

Shall we stop at a cafe?   /쉘위 스탑앳어 카페이?/   카페에 들렀다 갈까?

I need to stop by a bookstore.   /아니-투스탑 바이어 북 스토얼/
나 서점 좀 들러야 해.

Medical professionals are trying to stop the virus from spreading.
/메디컬 프로페셔널스알 트롸잉투 스탑더 바이러쓰 프롬 스프레딩/
의학계인들이 바이러스가 더 퍼지지 않도록 노력 중이야.

The spread has come to a stop.   /더스프레드 해즈컴투어 스탑/   퍼지던 게 멈췄어.

You can take advantage of flight routes with stopovers to travel more.
/유캔테익어드밴티쥐오브 플라잇룻-츠 위드 스탑 오벌쓰 투 트래블 모어/
몇 군데 멈췄다 가는 비행편을 이용해 여행을 더 많이 할 수도 있어.

> stopover   =   환승(transfer)/경유(transit)지에서 24시간 이상 머무는 것,
> layover   =   환승/경유지에서 24시간 이내로 머무는 것
> (경유지의 비자가 있다면 공항 밖에 나갔다 다시 들어올 수 있다.)

**Stop setting goals. Goals are pure fantasy unless you have a specific
plan to achieve them.**   /스탑쎄팅골즈. 골즈알 퓨어팬터지 언레쓰 유해버 스페씨픽
플랜투 어취-브뎀/   목표 세우는 걸 그만둬라. 정확한 계획이 없는 목표는 순전히 허상이다.
[Stephen Covey]

If you stop struggling, then you stop life.   /이퓨 스탑 스트러글링 덴유 스탑
라이프/   발버둥치는 걸 멈춘다는 건 살기를 멈추는 일이다. [Huey Newton]

**All graffiti is low-level dissent, but stencils have an extra history.
They've been used to start revolutions and to stop wars.**   /올 그래피티이
즈 로레벨 디쎈트 벋 스텐씰스 해번 엑스트라 히스토리. 데이브빈유즈투 스탈트 레볼루션쓰 앤
스탑 월-스/   모든 그래피티는 저질 반항이다. 그런데 스텐실은 좀 다르다. 스텐실은 혁명을
시작하고 전쟁을 끝내기 위해 쓰여졌다. [Banksy]

I personally have stopped eating seafood.   /아이펄쓰널리해브 스탑드 이-팅 씨
푸드/   난 개인적으로 해산물을 먹는 걸 그만뒀다. [Sylvia Earle]

I don't stop until I see the end.   /아돈트스탑 언틸아 씨- 디엔드/
난 끝을 보기 전까진 멈추지 않아.

> There's not much of a difference in people's intellectual capacity. Genius is
> how much one can concentrate for how much longer. 사람들의 지적 능력은 거
> 기서 거기다. 천재는 얼마나 몰입할 수 있고, 얼마나 오랫동안 몰입할 수 있는지다.

You only fail
when you stop trying.

실패할 때는 단 한 번 뿐이야—
시도를 멈출 때.

Stop complaining.
Start doing.

그만 불평해.
할 수 있는 일을 해.

pass - passed - passed

지나가다

go past

성공하다

succeed

건네주다

give

지나가다

I passed Suzy in the corridor.   /아이 파쓰드 수지 인더 코리도어/
복도에서 수지를 지나쳤어.

**An opportunity is passing you by. Go speak to them and practice your
English.**   /언아폴튜니티 이즈 파씽 유 바이. 고 스픽투뎀 앤 프랙티쓰 유얼 잉글리쉬/
기회가 날아가겠다. 가서 저 사람들한테 말을 걸어, 영어 연습해야지.

> pass 누구 by   =   누가 그냥 지나치다 (행사나 기회를)

The wise pass on the chance to become President, and the fools take it.
/더와이즈 파쓰온더 췐쓰투 비컴 프레지던트 앤더 풀-스 테익잇/
현자는 대통령직을 거절하고, 백치가 그 자리를 차지하네.

> pass on 무엇   =   무엇을 거절하다, 무엇에 동참하지 않기로 하다
> I'll have to pass. I'm not prepared.   거절해야할 것 같아. 나 준비가 안됐어.

A cloud passed over the sun, and gave us shades.   /어 클라우드 파쓰드오벌
더 썬 앤게이브어쓰 쉐이즈/   구름이 태양을 가리고는 우리에게 그늘을 주었어.

If you pass a pharmacy, could you get me painkillers?   /이퓨 파쓰어 팔머
씨 쿠쥬겟미 페인킬럴쓰?/   혹시 약국을 지나거든 진통제 좀 사다 줄래?

468

I was just passing by, so I thought I'd drop in for a chat. /아워즈 져스트
파씽바이 쏘 아쏱 아드 드랍인 폴어 췟/　　그냥 지나는 길에 얘기나 나눌까 해서 들렀어.

We were just passing the time of the day. /위월 져스트 파씽더 타임오브더 데이/
우린 그냥 이것저것 수다나눴어.

　　　　pass the time of the day　　=　　수다떨다, 중요하지 않은 주제의 이야기를 나누다

It passes all belief that you guys have met again after a year of cold war.
/잇파쓰스 올 빌리-프 댓 유가이즈 해브 멧 어게인 아프털어 이얼오브 콜드 월/
너네들 일 년여의 냉전 끝에 결국 만나다니 믿을 수가 없다 정말.

　　　　pass (all) belief　　=　　믿을 수가 없다

　　　　'You guys'는 '너희들'이란 말로 남녀 모두를 부르는 말이다. 그렇지만 여자들만을 부를
　　　　땐 ladies나 girls라고 부르는게 센스있기는 하다.

Guys, could you do me a favour and pass these around? /가이즈 쿠쥬 두
미어 페이버 앤 파쓰 디즈 어롸운드?/　　얘들아, 부탁 하나만 하자. 이것들 좀 나눠줄래?

　　　　pass 무엇 around　　=　　무엇을 나눠주다

This yogurt has passed its use-by date. Would it be okay to eat it?
/디쓰 요걸트 해즈 파쓰드잇츠 유즈바이데잇. 욷잇비 오케이투 잍잇?/
이 요거트 유통기한 지났네. 먹어도 괜찮을까?

So are you going to pass the hat around? /쏘 알유거나 파쓰더 햇어롸운드?/
그럼 가서 사람들에게 돈 걷을거야?

　　　　pass the hat around　　=　　(거지가 모자로 돈을 구걸하듯) 사람들에게 돈을 걷으
　　　　려 하다

Our turnover this year is expected to pass the $100m mark.
/아월 턴어롸운드 디쓰이얼 이즈 익스펙티투 파쓰디 헌드뤠드 밀리언달러 말크/
올해 매출은 1000억 원의 고지를 넘길 것으로 보입니다.

I passed out.　　/아이 파쓰드 아웃/　　나 의식을 잃었었어.

　　　　pass out　　=　　의식을 잃다, 쓰러지다

**The government passed a law to ban the use of plastics that do not
biodegrade.** /더거벌먼트 파쓰드어 로- 투 밴더 유즈오브 플라스틱스 댓 두 낫 바이오
디그뤠이드/　　정부는 생분해가 되지 않는 플라스틱을 금지시키는 법안을 통과시켰다.

Has that health supplement been passed as safe for human consumption?   /해즈댓 헬쓰써플먼트 빈 파쓰드 애즈 쎄이프 포 휴먼 컨썸션?/
그 건강식품 식품안전검사 통과했어?

Before the surgery, you are required to pass water. If you pass blood, you should let your doctor or nurse know.   /비포열더 썰져리 유알 뤼콰이얼투
파쓰 워러. 이퓨 파쓰 블러-드 유슏 렛츄얼 닥털 오얼 널쓰 노-/   수술에 들어가기 전에 미리
용변을 보셔야 합니다. 혹시 변에서 피가 보이신다면 담당 의사나 간호사에게 알려주세요.

pass water	=	urinate	=	오줌누다는 말의 정중하고 공손한 표현
pass blood	=	소변(urine)이나 대변(faeces)에 피가 나오다

Sulli passed away leaving no notes behind. So the police asked the family for consent to an autopsy.   /설리 파쓰드어웨이 리-빙 노 놋츠 비하인드.
쏘더 폴리쓰 아슥더 패밀리 포 컨쎈트 투언 오-텁씨/   유서를 남기지 않고 설리가 세상을 떠
났다. 그래서 경찰은 가족에게 부검 허가를 구했다.

pass away (UK) / pass (US) / pass on   =   die   =   죽다, 별세하다

consent   =   permission, agreement   =   허가, 승낙
This book is very good by common consent.
이 책이 좋다는 건 대부분의 사람들이 인정하는 부분이야.
We decided on a new rule by mutual consent.
우린 서로 합의해서 새로운 규칙을 정했어.
I gave Gabriela my consent to the sale of the painting.
가브리엘라에게 그 그림을 팔아도 된다고 했어.

Everyone in their eventful lives experiences depression. Everyone. So do not worry, it will soon pass. Look at the sun, and the shadow will fall behind you. If the sun is too dazzling, look at the moon, which symbolises hope in times of darkness.   /에브리원 인데얼 이벤풀 라이브즈 익쓰
피어리언스스 딥프레션. 에브리원. 쏘 두 낫 워리 잇윌 쑨 파-쓰. 룩앳더 썬 앤더 쉐도우 윌 폴
비하인쥬. 이프더썬이즈 투- 대즐링 룩앳더 문- 윗취 씸볼라이즈스 호-프 인타임즈오브 달크
니쓰/   모든 사람들이 인생을 살아가며 우울감을 겪어. 모.든. 사람이. 그러니 너무 걱정 마,
곧 지나갈 거야. 저 빛나는 태양을 바라봐, 그러면 그림자는 네 뒤로 질 거야. 태양이 너무 눈부
시면, 달을 바라봐. 달은 어둠의 시간 속 희망을 상징한단다.

pass   =   시간을 보내다

Life isn't about waiting for the storm to pass; it's about learning to dance in the rain. /라이프 이즌ㅌ 어바웃 웨이팅포더 스톰 투 파-쓰 잇츠 어바웃 러-닝투 댄쓰 인더 뤠인/   삶이란 태풍이 지나가길 기다리는 게 아니라, 빗속에서 춤추는 법을 배우는 것이다.

Time passes irrevocably.   /타임 파쓰스 이리보커블리/
시간은 돌이킬 수 없이 흘러간다. [Virgil]

Pain passes, but beauty lasts.   /페인 파쓰스 벗 뷰-티 라-스츠/
고통은 사라지지만, 아름다움은 영원하다.

All things must pass.   /올 띵스 머스트 파-쓰/   모든 것은 결국 끝이 난다.

성공하다

I've passed my driving test!   /아이브 파쓰드 마이 드라이빙 테스트!/
나 운전면허시험 통과했어!

I passed in Korean but failed in math.   국어는 합격했는데 수학은 떨어졌어.
I passed the exam and came first, obviously.   시험 내가 1등했어, 당연한거아냐?

It's a pleasure when a barman doesn't think I'd pass for 19. My ID card needs to get out of wallet sometimes.   /잇쳐 플레져 웬어 발맨 더즌ㅌ 띵크 아이 드파쓰포 나인틴-. 마이 아이디칼드 니즈투 겟아웃오브 월렛 썸타임즈/   바텐더가 나를 미성년자라고 생각하면 난 그저 흐뭇하지. 민증이 지갑에서 가끔 좀 나와줘야 한다구.

pass for 누구/무엇   =   pass as 누구/무엇   =   누구/무엇인 것처럼 보이다

I passed Jin-gyeong off as my wife so she could pass the security.
/아이 파쓰드 진경 오프 애즈마이 와이프 쏘쉬쿧 파쓰더 씨큐리티/
진경이를 내 부인이라 하고 보안을 통과했어.

pass 누구/무엇 off as 다른 누구/무엇   =   pretend, disguise
=   누구/무엇을 다른 누구/무엇인 척 하다, 속이는데 성공하다
There are dodgy guys passing counterfeits off as real things.
가짜를 진짜인 것 처럼 속여 파는 비열한 인간들이 있어.
(sincerity   =   absence of pretence   =   무슨 척하지 않음, 진정성)

He was arrested for passing bad cheques. /히워즈 어뤠스티드 포 파씽 배드 췍쓰/ 위조 수표를 사용한 죄로 그는 붙잡혔어.

It's hard to believe someone would try pass that rubbish off as English phrase book. That's full of empty spaces and large font sizes as if the author's mind is empty. /잇츠 할-투 빌리-브 썸원우드 트롸이 파쓰댓 러비쉬 오프 애즈 잉글리쉬 프레이즈 북. 댓츠 풀오브 엠티 스페이쓰스 앤 랄쥐 폰트 싸이즈스 애즈이프 디 오-쏠스 마인드이즈 엠티/ 저만 걸 영어회화책이라고 내는 사람이 있다니 믿을 수가 없다. 마치 저자의 머릿속을 보는 듯 공백과 큰 글씨뿐이잖아?

> pass 무엇 off as 무엇2   =   무엇이 무엇2가 아닌데 무엇2인 것처럼 가장하다
> (pretend)

We have strict quality standards, and don't sell things if they don't pass muster. /위해브 스트릭트 퀄러티 스탠달즈 앤돈트 쎌띵스 이프데이 돈트 파쓰 머스터/ 저희 회사엔 엄격한 품질기준이 있어서 이를 충족시키지 못하는 제품은 판매하지 않습니다.

> pass muster   =   be good enough   =   받아들일 수 있는 기준을 통과하다
> I gave the interview my best, but I guess it didn't pass muster.
> 그 면접에 난 최선을 다했지만, 그걸로 충분하진 않았나봐.

The event passed off peacefully, despite the heavy smog.
/디 이벤트 파쓰드오프 피-쓰풀리 디스파잇 더 헤비 스목/
심각한 미세먼지로 걱정했지만, 그 행사는 무사히 개최되었어요.

> pass off   =   happen   =   일어나다

건네주다

Could you pass me the water bottle? /쿠쥬 파쓰미더 워터바틀?/
물병 좀 나한테 전달해줄래?

Pass it to me. /파쓰잇 투미/ 그거 줘봐.

Pass me your phone, I'll take photos of you. /파쓰미 유얼 폰 아일 테익 포토 즈 오브유/ 네 폰 줘봐, 사진 찍어 줄게.

He made a pass at my girlfriend, when I invited him over to our house.
Can you believe it? /히 메읻어 **파-쓰** 앳마이 **걸**프렌드 웬아이 인바이틴힘 오버 투아월
하우쓰. 캔유 빌리-빗?/   그 남자는 우리집에 초대받아 왔을 때 내 여자친구에게 작업을 걸었
어. 믿어지니?

> make a pass at 누구   =   flirt with 누구, hit on 누구   =   누구에게 작업
> 을 걸다 (연애romantic나 성적sexual 관계relationship를 위해)
> Do you think he was making a pass at me, or was he just being nice?   네 생각
> 엔 그 남자가 나에게 관심이 있어서 작업을 걸었던 걸까, 아님 그냥 친절한 걸까?
> I'm tired of strangers making a pass at me when I go out.   나갈 때마다 모르는
> 사람들이 나에게 치근덕대는데 이젠 지친다 정말.

Pass on my regards to your parents.   /**파쓰**온 마이 뤼갈즈 투유얼 **패**런츠/
너희 부모님께 안부 전해줘.

> pass 무엇 on   =   tell   =   다른 사람이 나에게 한 말을 전해주다
> Did you pass on my message to Irene?   아이린에게 내가 한 말 전달했니?
> When you are provided with any information, do pass it on.
> 어떤 정보라도 들어오면 꼭 좀 내게 전해줘.
> Would you pass these instructions to your colleagues?
> 동료들에게 이 지시사항을 전달해 주겠니?

I wish to pass my notebooks on to my children.   /아이위쉬투 **파쓰**마이 **놋**북쓰
언투마이 **췰**드런/   난 자손들에게 내 공책들을 물려주고 싶어.

It's my family tradition to write thoughts on notebooks, passed down
from generation to generation. Both my father and mother keep a
library of notebooks filled with beautiful calligraphy and philosophy.
You'll not be surprised to hear my grandfather was a scholar and
teacher.   /잇츠마이 **패**밀리 트러디**쎤** 투롸잇 쏱츠 온 **놋**북쓰 **파**쓰드다운프롬 제너레이션
투 제너레이션. 보쓰마이 **파**더앤 **마**더 킵어 **라**이브러리오브 **놋**북쓰 **필**드위드 뷰-리풀 캘리그라
피 앤 필로쏘피. 유월 **낫**비 썰프**라**이즈투 히얼마이 그**랜**파더 위즈어 스**칼**라 앤 **티**-쳐/
공책에 생각을 적는 건 우리 가족의 대를 이어오는 전통이야. 아버지 어머니 두 분 모두 아름다
운 서예와 철학이 담긴 공책을 아주 많이 갖고 계셔. 우리 할아버지께서는 학자이자 훈장님이셨
다는 걸 들으면 납득이 될 거야.

> pass 무엇 down   =   물려주다 (가르침이나 물건을)

end - ended - ended

끝나다 / 끝내다 / 끝

finish

conclude

terminate

She and I ended up marrying.   /쉬앤다이 엔디덥 매륑/   그녀와 난 결국 결혼했어.

end up   =   결국 어떻게 되다

He ended up a beloved artist.
/히 엔디덥 어 빌러빗 알티스트/
그는 결국 사랑받는 예술가가 되었어.

At the end of the day, we all want to be loved and respected. Becoming an adult means being able to feel for others and our environment.
/앳디엔도브더데이 위올원투비 러브드 앤 뤼스펙티드. 비커밍언 어덜트 민-즈 빙에이블투 필포 아덜스 앤 아월 인바이런먼트/
결국 중요한 건 우리 모두는 사랑받고 싶고 존중받고 싶다는 거야. 어른이 된다는 건 다른 사람 들의 감정과 우리 환경을 인지할 수 있게 되는 거지.

at the end of the day   =   ultimately   =   모든 걸 고려할 때, 결국엔

The story has come to an end.   /더스토뤼 해즈컴투언 엔드/   이야기가 끝이 났어.

have come to an end　　=　　be finished, conclude　　=　　끝나다, 결말을 짓다

I'm at the end of my patience.　　/암 앳디 엔도브마이 페이션쓰/
내 인내가 한계에 다달았어.

　　be at the end of 무엇　　=　　무엇이 더이상 없다, 무엇이 거의 동나간다

You really are the end.　　/유 륄리알 디엔드/　　넌 정말 끝판왕이구나?

　　be the end　　=　　참을 수 있는 한계다

Don't be arrogant, or you will come to a sticky end.　　/돈ㅌ비 애로간트 오얼
유월 컴투어 스틱키엔드/　　자만에 빠지지 마, 아니면 비참한 최후를 맞게 될거야.

　　come to a sticky end　　=　　자신의 행동으로 인해 망하거나 원치 않게 죽다

Love raises a child strong. Over-love spoils and ruins a child. End of story.
/러브 레이즈스어 촤일드 스트롱. 오벌러브 스포일즈 앤 루인즈어 촤일드. 엔도브스토뤼/
사랑은 아이를 강한 사람으로 자라게 한다. 지나친 사랑은 아이를 버릇없게 만들고 망쳐버린다.
끝. (미국에선 'end of story'를 마침점을 뜻하는 'period'라고 말하기도 한다. 마침점을 영국영
어로는 'a full stop'.)

　　end of story　　=　　방금 한 말에 더이상 덧댈게 없다고 강조하는 말

He ended his days in Salzburg, Austria.　　/히 엔디드 히즈데이즈 인 쌀즈벌그
오스트리아/　　그의 마지막 여생을 그는 오스트리아 찰츠부르크에서 보냈어.

　　end 누구의 days/life　　=　　누구 인생의 마지막을 어느 장소나 상태에서 보내다

Making money is not an end in itself.　　/메이킹머니 이즈 낫언 엔드 인 잇쎌프/
돈 버는게 전부가 아냐.

　　an end in itself　　=　　다른 목표들과는 별개로 이것만으로서 추구하는 목표

When people are seriously depressed, they feel the urge to end it all, because without the soul there's no body. But if you persevere and survive, you will have a stronger soul that can do greater things.　　/웬 피플알 씨리어쓸리 딥프레쓰드 데이필디 얼쥐투 엔드잇올 비코-즈 위다웃더 쏘울 데얼즈 노 바 디. 벋이퓨 펄스비어 앤썰바이브 유월해버 스트롱거쏘울 댓캔 두 그뤠이터 띵스/　　사람들은 심각하게 우울증에 빠지면 자살 충동을 느껴, 왜냐면 영혼이 없이는 몸도 있을 수 없으니까. 그 런데 버텨내고 살아남으면, 더 강한 영혼으로 거듭나고 더 훌륭한 일들을 할 수 있게 돼.

end it all   =   commit suicide   =   자살하다

If you come across someone depressed, just listen to what he or she has to say. Never judge, just give them a humane hug. That act of kindness saves a life. 우울한 사람에게 가장 큰 힘이 되는 것은, 그냥 들어주는 거야. 아무런 판단의 잣대로도 막말하지 말고, 그저 따뜻한 마음으로 안아줘. 이런 작은 친절이 사람의 목숨을 살린단다.

Even the darkest night will end and the sun will rise. 칠흙같이 어두운 밤에도 끝이 있고 태양은 반드시 떠오른다. [Victor Hugo]

The heart of man is very much like the sea; it has its storms, it has its tides and its depths, and it has its pearls too. 사람의 마음은 너무나도 바다와 같아. 마음도 바다처럼 폭풍이 있고, 밀물과 썰물이 있고, 깊은 곳이 있고 낮은 곳이 있는데다 진주도 있어. (진주는 고통이 만들어 낸 보석이란거, 알지?)
[Vincent van Gogh, letter on 3 Nov 1876]

The life of Sulli ended in tears. But there's nothing we can do about the lost. All we can do is to be kind and tolerant.   /더라이프오브설리 엔디드인 티얼스. 벋데얼즈 낫띵위캔 두어바웃 더로스트. 올위캔두 이즈투비 카인드 앤 톨러런트/ 설리의 인생은 슬프게 막을 내렸어. 이미 떠난 이에게 우리가 할 수 있는 일은 없어. 그렇지만 우린 친절해지고 다름을 용인할 넓은 마음을 가질 수는 있지.

end in tears   =   불행한 결과를 갖다

교육 수준이 높은 문화일수록 다름을 포용하는 관대함이 다르다. 세계 어디에나 극단적으로 사고하는 무지한 자들은 있다. 그렇지만 나부터 나와 다르게 행동하는 사람을 질타하기보다는 그 다름을 인정하면 그 사회는 살기 좋은 곳이 된다. (Tolerance)

We rise by lifting others. 다른 사람들을 끌어올려주며 우리 자신이 올라간다.

You sound like the end justifies the means, but your greed makes your children suffer from unliveable planet.   /유싸운라일 디엔드 져스티파이즈 더 민즈 벋유얼 그뤼드 메익쓰유얼 췰드런 썹퍼프롬 언리버블 플래닛/   목적이 수단을 정당화한다고 말하는 것 같은데, 네 지나친 욕심이 너의 후손들이 살 수 없는 행성을 만들어.

the end justifies the means   =   결과가 수단을 정당화하다, 전체적인 결과가 좋다면 잘못된 방법도 서슴지 않다

If there are no fish and no salt without micro-plastic in it, it can be the end of the road for everyone including you. /이프데얼알 노피쉬앤노쏠트 위다웃 마이크로플라스틱 인잇 잇캔비디 엔도브 더로드 폴에브리윈 인클루딩 유/ 미세플라스틱이 들어 있지 않은 물고기와 소금이 전혀 없다면, 그건 우리 모두의 절망일 겁니다. (지금 바다는 미세플라스틱 천지에요. 우리 몸속도요.)

      the end of the road/line   =   진전이나 생존이 불가능한 지점

I'm at the end of my tether. So sick of nasty plastics! /암앳디 엔도브마이 테더. 쏘 씩오브 나스티 플라스틱스!/ 더 이상 못 참겠어. 역겨운 플라스틱이 너무 싫어!

      the end of 누구의 tether/rope   =   무얼 감당하기가 버겁다, 인내심이 한계에 다다르다

Some would say it's not the end of the world. But it could be.
/썸운쎄이 잇츠낫디 엔도브더월드. 벋잇 쿠드비/
혹자는 이런다고 세상이 멸망하는 게 아니라고 말할지도 모르겠지만, 진짜 그렇게 될 수도?

      the end of the world   =   이 세상의 종말, 재앙

They parked the cars end on with incredible skill. /데이 팕드 더칼 엔드 온 위드 인크레더블 스킬/ 주차를 절묘하게 바짝 붙여 해놨네.

      end on   =   서로 끝이 닿게

Well, it's not so smart to collect reusable bottles so many that you have to keep it end to end. /웰 잇츠낫쏘스말투 컬렉트 리유져블 보틀쓰 쏘매니 댓유해브 투 킵잇 엔투엔드/ 음, 재사용이 가능하더라도 텀블러를 지나치게 많이 모으면, 그건 별로 똑똑한 행동이 아니야. (그걸 생산하고 유통하는데 탄소가 배출되잖아.)

      end to end   =   물건들이 서로 닿도록 한 줄로 늘어지다

In the end, people will realise what's wrong and try fix it. The question is when. /인디엔드 피플 윌 뤼얼라이즈 왓츠뤙 앤 트라이픽쓰잇. 더 퀘스천이즈 웬/ 결국에는 사람들이 무엇이 잘못됐는지를 깨닫고 고치려 하겠지. 문제는 언제 그럴 거냐는 거야.

      in the end   =   eventually, finally   =   결국에는

I had to keep my end up. /아해-투 킵마이 엔드업/ 꾸역꾸역 살아남아야 했지.

      keep/hold 누구의 end up   =   어려운 상황에서 잘 해내다

If we don't make an end of plastics in our economy, our children may not have a planet to live in. /이퓌돈ㅌ메익언 엔드오브 플라스틱쓰 인아월 이코노미 아월 췰드런 메이냣해브어 플래닛투 리브인/　우리 경제에서 플라스틱을 없애지 않으면, 우리의 자식들이 살 행성이 없을 거야.

　　　make/put an end of　＝　없애다, 죽이다

We need to put an end to single-use plastics. They last 500 years. /위니-투 풋언 엔드투 씽글유즈 플라스틱스. 데이 라스트 파이브 헌드뤠드 이얼쓰/ 우린 일회용 플라스틱을 그만 써야해. 이것들은 500년이나 간다고.

She struggled to make ends meet.　/쉬 스트러글투 메익 엔즈 밋/ 그녀는 먹고살기 버거웠어.

　　　make ends meet / make both ends meet　＝　겨우 살아갈 정도의 돈을 벌다
　　　회계에서 유래한 이 말은 수입과 지출이 끝에서 일치하는지를 표현하는 말이다.

In Korea, we never hear the end of shocking news.　/인커뤼아 위네버히얼디 엔도브 샥킹 뉴쓰/　한국에선 충격적인 뉴스가 끊이질 않아. (좀 밝은 뉴스좀 내보내주면 안돼?)

　　　never/not hear the end of　＝　별로 달갑지 않은 것에 대해 계속 알게되다

If there is a law for news agencies to broadcast a half of their news to be positive and pleasing news, the people will be so happy no end. /이프데얼이져 로- 폴 뉴쓰에이젼씨즈 투 브로-드카스트 어하프오브데얼 뉴쓰투비 파지티브 앤 플리징 뉴쓰 더피플윌비 쏘-해피 노엔드/　신문방송사들이 뉴스의 절반을 긍정적이고 기쁜 뉴스로 내보내게 하는 법안이 있다면 사람들은 행복할 거야.

　　　no end　＝　very much　＝　아주

Subconscious influences can cause no end of problems. /썹칸셔쓰 인플루언쓰스 캔 코-즈 노엔도브 프롸블럼쓰/　무의식적 영향은 굉장히 많은 문제를 일으킬 수 있어.

　　　no end of　＝　a great deal of　＝　굉장히 많은, 커다란

Sometimes we drink to forget for days on end.　/썸타임즈 위 드링크 투폴겟 포 데이즈 온엔드/　때로는 우린 잊기 위해 며칠이고 연이어서 (술을) 마시지.

　　　on end　＝　멈추지 않고 계속하다

478

The pebble stood still on end!   /더 페블 스투-드 스틸 온엔드!/   조약돌이 섰어!

    on end   =   서다

We are living at the sharp end of the Age of Environment.   /위알리빙앳더 샬프엔드오브 디에이쥐 오브 인바이런먼트/   우린 환경 시대의 가장 중요한 시기를 살고 있어.

    the sharp end   =   어떤 활동이나 과정에서 가장 중요한 부분

Steve made a phone to end all phones.   /스티브 메일어 폰 투엔드 올 폰-즈/ 스티브는 정말 중대한 휴대전화를 만들었어.

    a 무엇 to end all 무엇s   =   무엇이 얼마나 대단한지 강조하기 위해 하는 말

Every science begins as philosophy and ends as art.   /에브리 싸이언쓰 비긴즈 애즈 필로쏘피 앤 엔즈 애즈 알트/   모든 과학은 철학으로 시작해서 예술로 끝이 난다. [Will Durant]

    Civilisation begins with order, grows with liberty, and dies with chaos.
    문명은 질서로 시작해서 자유로 성장하며 혼란으로 죽음을 맞는다. [Will Durant]

There is no such thing as a lifestyle without end. We are all bound by nature and the laws of nature.   /데얼즈 노 써취띵 애져 라이프스타일 위다웃 엔드. 위알 올 바운드바이 네이쳐 앤더 로-즈오브 네이쳐/   중도를 모르는 라이프스타일 같은 건 있을 수 없어. 우리 모두는 자연에 속해 살고 자연의 법칙에 지배받으며 살아.

    without end   =   한계가 없는

We adapt to our changing environments. If we all realise our situation and act accordingly all together, humanity will survive, world without end.   /위 어댑투 아월 췌인징 인바이런먼츠. 이퓌올 뤼얼라이즈 아월 씨츄에이션 앤 액트 억콜딩리 올 트게더 휴매니티 윌 썰바이브 월드 위다웃 엔드/   우린 변화하는 환경에 적응해. 우리가 처한 상황을 자각하고 다함께 행동하면 인류는 영원히 생존할거야.

    world without end   =   forever, infinitely, eternally   =   영원히

    Extinction is the rule. Survival is the exception.   멸종은 법칙이고, 생존은 예외다.
    [Carl Sagan]

Things happen to everyone. Life is fair when it comes to trials. However not everyone becomes tormented by it. Not everyone becomes a thorn in the flesh. The difference is how you react to the happenings. This reveals the character of a person. The weak end up a thug; strong ones realise they do not become impure with dirty streams, like the sea.

상처는 누구나 받아. 인생은 이런 부분에선 공평해. 그렇지만 누구나 가시 돋친 사람이 되진 않지. 다른 점은 그 '상처'에 네가 어떻게 반응하느냐야. 여기서 사람의 그릇이 드러나. 소인배는 투덜투덜 욕지거리나 하는 불량배가 되고, 대인배는 오염된 물줄기를 받고도 자신은 오염되지 않는 바다가 자신이라는 걸 깨닫지.

thorn in the flesh / thorn in 누구의 side
= 누구의 가시같은 존재, 계속 문제를 일으키는 원인

We are all born for love.
It is the principle of existence,
and its only end.

우리는 사랑을 위해 태어났다.
이는 존재의 법칙이며,
단 하나의 결말이다.

[Benjamin Disraeli]

Time
is one of the few things men cannot influence:
It gives each of us a beginning and an end.
And this makes us question how we use what
comes between. We all have a desire to create
something that will show we were here,
and did something of a value;
to create something timeless.

For something to endure it must be unique,
yet so universal anyone can appreciate it.
The one thing that is universal is the search for
purpose.
It is the essence of the human spirit to seek
a reason for being.

Ferdinand Porsche

시간은
인간이 영향을 끼칠 수 없는 몇 안 되는 것 중 하나다.
시간은 우리에게 시작과 끝을 쥐여 준다.
그러고는 우리가 그 중간의 시간을 어떻게 쓰는지
생각하게 한다. 우리 모두에겐 우리가 이곳에 있었다는
흔적을 남기고 싶은 욕구가 있다. 우리가 뭔가
가치있는 일을 했다는 증거 말이다. 바로,
영원한 무언가를 창조해내는 일.

무언가가 시간을 이겨내려면 독특해야 하되,
너무나 보편적이어서 누구나 그 가치를
알아볼 수 있어야 한다. 그 단 하나의 보편성은
목적을
찾는 일이다. 이 세상에 태어난 목적을 찾는 일은
인간 정신의 본질이다.

페르디난트 포르쉐

Simplify.

핵심, 본질, 필수 요소

복잡한 시스템을 묶는 하나의 법칙

복잡한 세계에도 일관적인 패턴들

자연의 법칙은 단순하다.

The dim complicate.

The bright simplify.

복잡화하는 사람들은 사실 바보다.

잘 모르는 사람이 복잡하게 생각한다.

진정 아는 사람은 단순한 본질을 본다.

말을 배우는 본질은 흉내내기다.

조동사

do / does - did - done

동사

하다	이루다	행동하다	적합하다
perform	achieve	act	be suitable
work on	complete	behave	be acceptable

조동사

동사 앞에 쓰여 의문 / 부정	앞서 말한 동사를 다시 말함	동사의 의미를 강조	부사절의 의미를 강조하기 위해 주어 동사와 어순 전도
Do you? I do not.	I do.	I do love you.	Only did I know, you love me too.

[동사]
하다

Just do it.   /져숫트 두잇/   그냥 해. (뭔 생각을 해. 그냥 해. 하면 돼.)

I can do it.   /아 캔 두잇/   난 할 수 있어.

I am fearless, therefore powerful.   난 겁이 없다. 고로 강하다.

How are you doing? = How do you do?   /하왈유 두잉?/   어떻게 하고 있니/지내?

Meh, I'm doing not so well.   /메- 암 두잉 낫 쏘 웰/   쳇, 그다지 잘 못하고 있어요.

Do what you love doing.   /두 왓츄 러-브 두잉/   네가 좋아하는 일을 해.

It isn't what you do, but how you do it.   /잇 이즌ㅌ 왓유두 벋 하우 유 두잇/
네가 뭘 하느냐가 중요한게 아니라, 어떻게 하느냐가 관건이야.

Don't bite off more than you can chew. /돈ㅌ 바잇오-프 모얼댄 유캔 츄-/
너무 욕심부리지 마. (너무 어려운 일을 하려 하다—idiom)

I would love to do it!   /아우드 러브투 두잇/   정말 하고 싶어요!

I'd like to do this for you.   /아드 라잌투 두디쓰 폴 유/   널 위해 해주고 싶어.

The wise does at once what the fool does at last. /더 와이즈 더즈 앳 원쓰 왓
더 풀 더즈 앳 라스트/   현자는 즉시 할 것을 우자는 마지막에 한다. [Baltasar Gracian]

     do at once   =   do right away   =   즉시 하다

I am doing it.   /아이엠 두잉잇/   나 지금 하고 있어.

Can you do this for me?   /캔유 두 디쓰 폴 미?/   이것 좀 해줄래?

     부탁을 할 때 좋은 말이다. 영어에선 'K'소리가 귀와 뇌에 박히는 소리다. 다른 말들 :
     Can you do me a favour and do this? (부탁하나만 할게, 이거좀 해줄래?)
     Could you help me with this? (과거형으로 말하면 좀더 부드럽고 공손한 어감)
     May I ask you for this? (May가 가장 공손한 말)
     Will/Would you help me with this? (주로 만만한 친구나 가족에게 하는 말)

Do you do OPIc?   /두유두 오픽?/   혹시 오픽 가르치시나요?

Do you do IELTS <u>as well</u>?   /두유두 아이엘츠 애즈웰?/   아이엘츠<u>도</u> 가르치시나요?

     do   =   provide   =   제공하다

I was doing sums of all that in the basket.   /아이워즈 두잉 썸스 오브 올댓인
더 바스켓/   장바구니에 있는 모든 것들의 가격을 더하고 있었어.

     do   =   solve, work out   =   풀다, 해결하다

What do you do for a living?　　/왓두유두 폴어 리빙?/　　무슨 일을 하시나요?

영어의 아름답고 따뜻한 말. 직업이 뭐냐는 실례가 될 수 있는 말을 'for a living'(생활을 꾸려가기 위해)을 넣어 인간적으로down to earth 말한다. What do you do? 라고만 물어볼 수도 있지만, 'for a living'이 빠진 이 말은 직접적이다. 대답도 "I do 무엇 for a living"으로 하는게 인간적이고 듣기 좋다. "I'm a 직업"은 딱딱하게 들릴 수 있다.

그러니 I run a small restaurant for a living (식당운영해요—여기서 'small'은 중소기업이라는 말인 small business에서 왔다)라고 말하는게 인간관계를 원활하게 한다.
I make upcycled goods for a living. 업싸이클 제품 만드는 일을 해요.
I provide zero waste products for our community. 제로웨이스트 제품 팔아요.
I run a vegan restaurant for a living. 비건 레스토랑 운영하며 먹고 살아요.
I work at a family business for a living. 가족이 운영하는 회사에 일해요.
I teach at a public school for a living. 국립학교 교사에요.
기업을 크게 두 가지로 분류한다: public(공기업)과 private(민간기업).

성숙한 사람은 다른 사람을 그 사람의 직업으로 판단하지 않는다. 직업은 생활을 꾸려가기 위한 사회적 활동일 뿐이라고 생각하는게 성숙한 생각이다. 〈터미네이터〉, 〈어비스〉, 〈타이타닉〉, 〈아바타〉 등을 직접 쓰고 디자인하고 감독까지 한 제임스 카메론은 〈터미네이터〉의 저작권을 영화제작사에 넘기는 대신 그 영화를 감독할 권리를 얻으며 영화감독이 되기 전까지 트럭운전으로 'make a living' 했다.
I used to make a living by driving trucks. 트럭운전으로 생계를 꾸리곤 했지.

When something is important enough, you do it even if the odds are against you.　　/웬썸띵이즈 임폴턴트 이너프 유 두잇 이븐이프 디앗-즈 알 어게인스츄/
무언가가 정말로 중요하면, 무슨 일이 있더라도 당신은 한다. **[Elon Musk]**

against (all the) odds　　=　　모든 변수에 맞서다, 해결해야 할 문제가 너무 많아 성공할 확률이 희박하다

Ability is what you are capable of doing. Attitude determines how well you do it.　　/어빌리티이즈 왓츄알 케이퍼블오브 두잉. 애티튜드 디털민즈 하우웰 유 두잇/
능력이란 얼마나 할 수 있는지를 보여주고, 태도는 그걸 얼마나 잘할 수 있는지를 결정한다.

Correction does much, but encouragement does more.　　/코렉션 더즈머취 번 인커리쥐먼트 더즈 모얼/　　교정도 어느 정도 효과가 있지만, 북돋아주는 건 더 큰 효과를 가져온다. **[Johann Wolfgang von Goethe]**

Knowing is not enough; we must apply. Willing is not enough; we must do.
/노윙이즈 낫 이너프 위머스트 어플라이. 윌링이즈 낫 이너프 위머숫 두-/
아는 것만으로는 부족하다: 실행해야 한다. 의지만으로는 부족하다: 실천해야 한다.
[Johann Wolfgang von Goethe]

Strive for perfection in everything you do.　　　/스트라이브 포 펄펙션 인 에브리
띵 유 두/　　　당신이 하는 모든 일에 완벽을 추구하라.　[Henry Royce]

　　　Accept nothing nearly right or good enough.
　　　대충 괜찮은 것이나 적당히 괜찮은 것을 거부하라.　[Henry Royce]

이루다

We did it!　　/위 딛잇!/　　우리가 해냈어!

I'm done.　　/암 단/　　나 다했어.

　　　do　　=　　finish　　=　　끝내다 (목적어 필요없이)

I'm done with him.　　/암 단 위드힘/　　나 그 사람이랑 끝냈어.

　　　be done with 누구/무엇　　=　　have done with 누구/무엇
　　　=　　누구/무엇에 대한 신경을 끊다, 누구/무엇과 끝내다.

My car did 100,000km.　　/마이 칼 딛어 헌드레드 따우전 킬로미털스/　내 차 10만km 뛰었어.

　　　do　　=　　travel (간 거리)

Uh oh. I was doing 120km when passing the speed camera.
/어 오 아워즈 두잉 어헌드레드 트워니 킬로미털스 웬 파싱 더 스피드 캐머라/
이럴수가. 아까 과속단속카메라 지날 때 120km 밟고 있었어.

　　　do　　=　　travel at (가는 속도)

You only live once, but if you do it right, once is enough.
/유 온리 리브 원쓰 벋이퓨 두잇 롸잇 원쓰이즈 이너프/
우리 인생은 한 번 뿐이야. 그치만 제대로 살면, 한 번으로 족해.　[Mae West]

Great things are done by a series of small things brought together.
/그레잇띵스알 단바이 어씨리즈오브 스몰띵스 브롯 트게더/
위대한 일은 작은 일들이 하나로 모여졌을 때 일어난다. [Vincent van Gogh]

> For the great doesn't happen through impulse alone, and is a succession of little things that are brought together. 위대한 일은 한 순간의 번쩍이는 열정으로 일어나지 않는다. 작은 것들이 한데 모여 이어진게 바로 비범한 일이다.
>
> And the great isn't something accidental; it must be willed. 그리고 대단한 일은 결코 우연히 일어나지 않는다. 의도되는 것이다.
>
> [Vincent van Gogh, letter on 22 Oct 1882]

The people who are crazy enough to think they can change the world are the ones who do.   /더피플 후알 크레이지 이너프 투띵크 데이캔 췌인지 더월드 알 디월즈 후 두/   세상을 바꿀 수 있을 거라고 생각할 만큼 미친 사람들이 진짜 세상을 바꾸는 사람들이다. [Steve Jobs]

행동하다

You did well to comfort her.   /유 딛 웰 투 컴폴트 헐/
그녀를 편안하게 해주기 위해 잘 한 행동이야.

> Speak not but what may benefit others or yourself. 말하지 말라 그 말이 타인이나 내 자신에게 이로울 것이 아니라면. 100달러 미국지폐에 오를 정도로 존경받는 벤자민 프랭클린이 매일같이 지키려고 노력한 열 세 가지 덕목virtue 중 하나다. 말을 안 하는게 상대와 나를 배려하는 경우가 많다. 이 점이 한국문화와 영문화의 차이점이다. 한국은 말이 너무 많다. 그래서 우린 타인의 시선에 굉장히 신경을 쓴다. 서양은 그렇지 않다. 편안한casual 자리에서도 다른 사람을 판단하는 말은 하지 않는다. 개인주의Individualism 의 개념은 굉장히 큰데, 먼저 언어적으로는 in (= no) + divi (= divide 나누다) + al (명사화) + ism (사상), '더이상 나눌 수 없는 것에 대한 사상' 즉 개인에 관한 생각이다. '나' 는 세상에 단 하나뿐이고unique 다른 사람 또한 그러하다. 개인적인 관점에서 개인주의 의 의미는 **나 자신에게 의지함**self-reliance을 말하고, 사회적인social 관점에서는 집단 이나 국가의 통제control에 반하여 **개인의 행동의 자유**freedom of action를 말한다. 그런데 문화적으로는 개인이 멋대로 행동하는게 아니라, 나와 타인의 다름을 인정함으로 써 나의 다름을 존중받고 싶은 만큼 타인의 다름을 존중함이다. 난 이런데 넌 왜그러냐 고 판단judging의 화살을 던질 이유가 없다. 영문화의 교육체계에선 이렇게 가르친다: **Don't judge.**

What would you do if your boyfriend/girlfriend goes off the grid for some days? /왓 우쥬 두 이프유얼 보이프렌드/걸프렌드 고즈 오프더그뤼드 폴썸 데이즈?/ 남친/여친이 며칠동안 잠수타면 너라면 어떻게 할거야?

> '잠수타다'는 한글숙어처럼 하나의 영어숙어만 있는게 아니고 상황에 따라 말한다:
> Here he goes hibernating again. 얘 또 잠수탔네. (hibernate = 겨울잠자다)
> This guy is away from keyboard. 얘 어디 갔나봐. (게임 중 채팅 잠수탔을 때)
> She has disappeared on me. 얘 연락이 안돼.

Well done is better than well said. /웰 단 이즈 베럴댄 웰 쩨드/
잘 해낸 일이 잘 한 말보다 낫다. [Benjamin Franklin]

We're not going on our journey to save the world, but to save ourselves. But in doing that you save the world. /위알 낫 고잉온아월 졀니투 쩨이브더월드 벋투 쩨이브아월쩰브즈. 번인 두잉댓 유 쩨이브더 월-드/ 우린 세상을 구하는 게 아니라 우리 자신을 구하는 여정에 있다. 그런데 그 과정에서 세상을 구한다. [Joseph Campbell]

We're what we repeatedly do. Excellence, therefore, is not an act, but a habit. /위알 왓위 뤼피-티들리 두. 엑쎌런쓰 데얼포어 이즈낫언 액트 벋어 해빗/ 우린 반복적으로 하는 일의 산물이다. 따라서 탁월함은 행동이 아니라 습관이다. [Will Durant]

The way to get started is to quit talking and begin doing.
/더 웨이투 겟 스탈티드 이즈투 퀏 털킹 앤 비긴 두잉/
꿈을 실현하는 방법은 말로만 하지 말고 뭔가를 하기 시작하는 것이다. [Walt Disney]

적합하다

It'll do. /잇일 두/ 이거면 돼.

Thoughtful words did for a nice Birthday present. /쏱풀 월즈 딛 포어 나이쓰 벌쓰데이 프레젼트/ 사려깊은 말 몇 마디가 근사한 생일선물이 됐다.

그 밖의 의미들

You're done. /유알 단/ 너 끝장이야. (위협: **You are finished.**)

Listening to music will do me good.   /리스닝투 뮤직 월 두미 굳/
난 음악을 들으면 좋아질거야.

　　　do　=　have an effect on　=　어떤 영향을 주다

Reading aloud English sentences did a huge improvement on my English over the years.   /뤼딩 얼라우드 잉글리쉬 쎈텐쓰스 딛어 휴-쥐 임프루브먼트 온마이 잉글리쉬 오벌더이얼스/   지난 몇 해 동안 영문장을 소리 내어 읽는 것이 내 영어실력에 엄청난 발전을 이루어냈어.

　　　do　=　result in　=　결과를 내다

[조동사]
동사 앞에 쓰여 의문 / 부정

Do I care (about stuff like that)?   /두 아 케얼?/   내가 그런거 신경쓰니?

What do/did you study at uni?   /왓 두/딛 유 스터디 앳 유니?/   대학교 전공이 뭐야?
(지금 대학생에겐 do, 졸업한 사람에겐 did) (Major는 미국 영어.)

What kind of life do you want to lead?   /왓 카인도브 라이프 두유워너 리-드?/
어떤 인생을 살고 싶어?

Does she know that you are running late?   /더즈쉬 노우댓 유알 러닝 레잍트?/
너가 늦는 걸 그 친구도 알아?

　　　running late　=　약속시간에 늦게 가고 있다

Her whole demeanour is a facade. Don't be fooled (by that).   /헐 홀 디미노얼 이져 퍼사-드. 돈트 비 풀드 바이댓/   걔의 모든 행동이 가짜야. 속지마.

　　　facade　=　건물의 도로쪽 면, 앞면, '껍데기'　=　veneer

I don't subscribe to the belief that you have to study grammar to speak English.   /아돈트 썹스크라이브 투더 빌리프 댓 유해브투 스터디 그램마 투 스픽 잉글리쉬/
영어로 말하기 위해 문법을 공부해야 한다는 견해를 난 따르지 않아.

　　　subscribe to 무엇　=　무엇(의견, 증거없는 믿음, 이론)에 동의하다, 지지하다
　　　Don't trust an English teacher who can't write English (by) themselves.
　　　직접 영어를 쓸 수 없는 영어선생을 믿지마.

Didn't he tell you that?   /디든히 텔유댓?/   그가 말해주지 않았어?

Don't get too attached to someone, because attachments lead to expectations, and expectations lead to disappointments.   /돈ㅌ 겟 투-어 태췯투 썸원 비코-즈 어태취먼츠 리-투 익스펙테이션쓰 앤 익스펙테이션쓰 리-투 디썹포인먼츠/   누구에게 너무 집착하지마, 왜냐면 집착은 기대로 이어지고, 기대하면 실망하니까.

My life didn't please me, so I created my life.   /마이 라이프 디든ㅌ 플리즈미 쏘아 크리에이틷 마이라이프/   내 인생이 재미없었어서, 새 인생을 만들었어. [Coco Chanel]

I don't think you and the guy make a cute couple.   /아 돈ㅌ띵크 유 앤더가이 메잌어 큣 커플/   너랑 그 사람 안 어울려.

We're in very bad trouble if we don't understand the planet we're trying to save.   /위알 인 붸리 배드 트러블 이퓌 돈ㅌ 언덜스탠드 더 플래닛 위알 트롸잉투 쎄이브/   우리가 구하려는 행성을 제대로 이해하지 못하면 우린 끝장이다. [Carl Sagan]

Worrying is paying debts you don't owe.   /워링 이즈 페잉 데-츠 유 돈ㅌ 오우/   걱정은 네가 빌리지도 않은 돈을 갚는 짓이야. [Mark Twain]

Hatred doesn't last; gratefulness does.   /헤이트뤼드 더즌 라-스트 그뢰잇풀니쓰 더-즈/   미움은 한순간, 감사함은 영원히. [Mina Park]

앞서 말한 동사를 다시 말함

I can tell what you feel. I do.   /아캔텔 왓츄필. 아이 두-/   네가 어떤 감정을 느끼는지 알겠어. 정말이야.

She seems to have inferiority complex. Don't you think she does?   /쉬 씸즈투 해브 인피리어라러티 캄플렉스. 돈츄 띵크 쉬더즈?/   쟤 열등감 느끼는 것 같아. 안 그래?

You don't want to go like that, do you?   /유돈ㅌ워너 고라잌댓 두유?/   너 그러고 갈 건 아니지, 그치?

We want to make good impressions, don't we?   /위 원투 메잌 굳 임프레쎤스 돈ㅌ위?/   좋은 인상을 줘야지, 그치?

<h1>동사의 의미를 강조</h1>

I do see what you mean.   /아 두 씨 왓츄 민-/   네가 무슨 말 하는지 잘 알겠어.

You do know what we're doing, right?   /유 두 노우 왓 위알 두잉 롸잇?/
너 진짜 우리가 뭘 하고 있는지 아는거지, 그치?

I do wish people speak some level of English.   /아 두 위쉬 피플 스픽 썸 레벨
오브 잉글리쉬/   난 진심으로 사람들이 어느 정도의 영어를 할 줄 알았으면 좋겠어.

**I do believe that you get paid in proportion to the difficulty of problems
you solve. So forget about high-paying jobs. Rather, do something
people need. And money will follow.**   /아 두- 빌리브댓 유겟페이드 인 프로폴션
투더 디피컬티오브 프롸블럼쓰 유 쏠브. 쏘 폴겟어바웃 하이페잉 좝스. 롸더 두 썸띵 피플 니-
드. 앤 머니 윌 팔로우/   난 정말 우리가 해결하는 문제의 어려움 정도에 비례하게 돈을 번다
고 믿어. 그러니 월급 많이 주는 직업 따윈 잊어버려. 그보다는 사람들이 필요한 일을 해. 그러면
돈은 따라올 거야.

<h1>부사절의 의미를 강조하기 위해 주어 동사와 어순 전도</h1>

**Little did I know the plastics we throw away will come back at us, by
oceans, rivers, rain, and to our food and water.**   /리틀디다이 노우 더플라스틱
스 위쓰로우어웨이 윌컴백 앳어쓰 바이 오션스 뤼벌스 레인 앤 투아월 푸-드앤 워터/   우리가
버리는 플라스틱이 바다, 강, 비, 그리고 음식과 물을 통해 우리에게 돌아올 거라 생각지 못했어.

**Never did I know single-use plastics will become micro-plastics, eaten
by fish, and eaten by us.**   /네벌디다이 노우 씽글유즈 플라스틱스 윌비컴 마이크로
플라스틱스 이튼 바이 피쉬 앤 이튼바이 어스/   일회용 플라스틱이 미세플라스틱이 되어 물
고기들이 이를 먹고, 이를 먹은 물고기를 우리가 먹을거라고는 생각지 못했어.

**Never before in history have there been so many people on earth as
right now.**   /네버 비포얼 인 히스토리 해브데얼빈 쏘 매니 피플 온 어-쓰 애즈 롸잇 나우/
지구 역사상 지금처럼 인구가 많았던 적이 없어. **[Kurzgesagt]**

> Imbalance of biodiversity causes natural disasters to bring the balance back.
> 개체다양성의 불균형이 균형을 바로 잡으려는 자연의 재앙으로 돌아온다.

**Never in my wildest dreams do I ever think that The Book of English
would turn in what it is today.**   /네벌인마이 와일디스트 드림스 두아에벌 띵크댓 더
북오브 잉글리쉬 운턴인 왓잇이즈 트데이/ 오늘날 『영어책』이 이렇게 될 줄은 꿈에도 몰랐어.

Benjamin Franklin's 13 Virtues :

1. **Temperance.** Eat not to dullness; drink to elevation.

2. **Silence.** Speak not but what may benefit others or yourself; avoid trifling conversation.

3. **Order.** Let all your things have their places; let each part of your business have its time.

4. **Resolution.** Resolve to perform what you ought; perform without fail what you resolve.

5. **Frugality.** Make no expense but to do good to others or yourself; waste nothing.

6. **Industry.** Lose no time; be always employed in something useful; cut off all unnecessary actions.

7. **Sincerity.** Use no hurtful deceit; think innocently and justly, and, if you speak, speak accordingly.

8. **Justice.** Wrong none by doing injuries, or omitting the benefits that are your duty.

9. **Moderation.** Avoid extremes; forbear resenting injuries so much as you think they deserve.

10. **Cleanliness.** Tolerate no uncleanliness in body, clothes, or habitation.

11. **Tranquility.** Be not disturbed at trifles, or at accidents unavoidable.

12. **Chastity.** Rarely use venery but for health or offspring, never to dullness, weakness, or the injury of your own or another's peace or reputation.

13. **Humility.** Imitate Jesus and Socrates.

Steven Spielberg made a wonderful film, but I've done nothing greater, nothing more rewarding, nothing more worth while, nothing that's actually brought me more peace, more joy, more happiness, more content in my life than simply being a good husband, a good father, and what I strive to be everyday in my life — a great daddy.

스티븐 스필버그는 멋진 영화를 만들었지만, 나는 이보다도 위대하고, 보람차고, 가치있고, 내게 평온을 주고, 기쁨을 주고, 행복을 주고, 내 인생에 만족을 주는 것이 없었는데, 그건 바로 그저 좋은 남편이 되는 것, 좋은 아버지가 되는 것, 그리고 내가 진정 노력하는 바로 그것— 멋진 아빠가 되는 것이다.

[Frank Abagnale]

What we do in life ripples in eternity.

현생에 우리가 하는 일은
영원 속에 울려퍼진다.

[Marcus Aurelius]

CAN

can - could

할 수 있다

be able to

have the opportunity to

have the possibility to

해도 된다

be allowed to

be permitted to

독일어 kanne과 네덜란드어 kan에서 유래하여, 고대영어 canne이 시초인 이 말은
'know how to 어떻게 하는지(노하우)를 알다'라는 의미다.
Can은 동사를 돕는 동사, 보조동사이기 때문에 동사와 함께 말한다.

할 수 있다

That could happen. /댓 쿨 해픈/ 그럴 수 있지.

I can do this. /아캔 두 디쓰/ 난 이걸 해낼 수 있어.

A goal is a dream with a deadline. 목표란 마감기한이 있는 꿈이다. [Napoleon Hill]

A: How many are coming to the party tonight? /하우 매니 알 커밍투더 파티
트나잇?/ 오늘 밤에 몇 명이나 파티에 와?

B: (I) can't say for sure. /캔ㅌ 쎄이 포 슈어/ 정확히는 몰라.

I can't wait to see you all! /아캔ㅌ 웨잇 투 씨유올!/ 너희들 다 만나는 거 기대돼!

(I) can't thank you enough. /캔ㅌ 땡 큐 이너-프/ 정말 고맙다.

498

Only I can change my life. No one can do it for me.
/온리 아이 캔 췌인지 마이 라이프. 노원 캔 두잇 폴미/
오직 나만이 내 인생을 바꿀 수 있다. 그 누구도 내 인생을 대신 살아줄 수 없다.

I couldn't agree more.   /아쿠든ㅌ 어그뤼- 모어/   완전 동의해. (= strongly agree)

Thousands of up-to-date sentences for $20? Can't beat that.   /따우전즈오브
업투데잇 쎈텐쓰스포 트워니벅쓰? 캔ㅌ빗-댓/ 수천 개의 동시대 문장을 2만원에? 끝판왕이구만.

**When you consider what you can do with all those words and wisdom,
you could do worse than just reading them up until they are yours to
play with.**   /웬유 컨씨더 왓츄캔 두위드 올도즈 월즈 앤 위즈덤 유쿤 두 월쓰 댄져스트 뤼
딩뎀업 언틸데얄 유얼쓰 투 플레이위드/   이 말들과 지혜로 뭘 할 수 있는지 생각해보면, 그냥
이 말들이 네 것이 될 때 까지 다 읽어서 갖고 노는 것보다 나은건 없어.

      could do worse   =   정말 좋다는 말의 반어적ironical 표현

Why don't you stick to what you know best? You can't please everyone.
/와이돈츄 스틱투 왓츄 노우 베스트? 유캔ㅌ 플리즈 에브리원/
네가 가장 잘 아는 것만 하는게 어때? 모두를 만족시킬 순 없어.

If you can't explain it simply, you don't understand it well enough.
/이퓨 캔ㅌ 익쓰플레인 잇 씸플리 유 돈ㅌ 언덜스탠딧 웰 이너프/
단순명료하게 설명할 수 없으면, 제대로 이해하지 못한 것이다. [Albert Einstein]

Happiness can exist only in acceptance.   /해피니쓰 캔 이그지스트 온리 인 익
쎕턴쓰/   행복은 인정 속에서만 이루어질 수 있다. [George Orwell]

**Optimism is the faith that leads to achievement. Nothing can be done
without hope and confidence.**   /옵티미즘이즈더 페이쓰 댓 리즈투 어취-브먼트.
낫띵캔비단 위다웃 호프 앤 칸피던쓰/   일이 잘 될거라는 믿음은 성취로 이어진다. 희망과 자
신감 없이는 그 무엇도 이루어낼 수 없다. [Helen Keller]

**Not to assume it's impossible because you find it hard. But to recognise
that if it's humanly possible, you can do it too.**   /낫투 어쑴 잇츠 임파써블 비
코즈 유파인딧 할드. 벋투 레컥나이즈댓 이프 잇츠 휴먼리 파써블 유캔두잇 투-/   어려워 보
인다고 해서 불가능하다고 단정짓지 말 것. 그러나 인간으로서 가능하다면, 나도 할 수 있다는
걸 알 것. [Marcus Aurelius]

    No trees can grow to heaven unless its roots reach down to hell.
    그 어떤 나무도 지옥까지 뿌리를 내리지 않고는 천상에 다다를 수 없다. [Carl Jung]

(I) can't be bothered.   /캔ㅌ비 바덜드/   별로 하고 싶은 맘 없어. (귀찮아.)

I can't boil an egg.   /아 캔ㅌ 보일언 엑/   나 요리 못해.

Mum can't help meddling in my love life, even though I'm 30.
/맘 캔ㅌ헬프 메들링 인마이 러브라이프 이븐도-암써티/
나 서른 살인데 엄마는 아직도 내 연애에 간섭하지 않을 수 없나봐.

> can't help doing 무엇   =   무엇을 하지 않을 수 없다, 어쩔 수 없다 (다르게 행동 못해)
> I can't help feeling that she's a wife material.   그녀가 결혼감이라고 느끼지 않을 수 없어.
> There's no one else I'd give my heart to. I can't help it.   너 말곤 내 맘을 줄 사람이 없어.

A hungry stomach, an empty wallet and a broken heart can teach you the best lessons of life. /어 헝그뤼 스토막크 언 엠티 월렛 앤어 브로큰할트 캔 티-취유 더 베슷트 레쓴쓰 오브 라이프/   고픈 배와 텅빈 지갑, 그리고 슬픈 마음은 인생에서 가장 훌륭한 선생이다. **[Robin Williams]**

As far as I can see/tell, necessity is the mother of invention.   /애즈팔애즈 아캔씨/텔 네쩨씨티 이즈더 마덜오브 인벤션/   내가 보기엔, 필요는 발명의 어머니임이 분명해.

I think stars are beautiful because they are unreachable. It's a love affair that can never be fulfilled. Such existence can be a life's encourager. Star-like beings are worth it weight in gold.   /아띵크 스탈쓰 알 뷰-티풀 비코즈데알 언뤼-쳐블. 잇쳐 럽어페어 댓캔네버비펄필드. 써취 이그지스턴쓰 캔비어 라잎쓰 인커뤼져. 스탈라일빙-스 알 월쓰잇츠웨잇인골-드/   난 별이 닿을 수 없어서 좋아요. 평생 애틋한 마음으로 바라볼 수 있어서…. 살면서 그런 게 삶의 원동력이 되더군요. 애틋한 건 소중해.

> worth 누구/무엇의 weight in gold   =   누구/무엇이 없어선 안 될 만큼 소중하다

We all can achieve our ideals if we devote ourselves to it.
/위올 캔 어취-브 아월 아이디얼스 이퓌 디보-트 아월셀브즈 투 잇/
우리 모두는 우리의 이상을 실현할 수 있어, 우리가 그를 위해 혼신을 다한다면.

Appearances can be deceiving. /어피어런쓰스 캔비 디씨-빙/ 겉만 보곤 판단 못해.

The gem cannot be polished without friction, nor man perfected without trials.   /더젬 캔낫비 폴리쉬드 위다웃 프릭션 놀 맨 펄펙티드 위다웃 트롸이얼쓰/
마찰없이 보석을 연마할 순 없어. 사람도 마찬가지야. **[Confucius]**

해도 된다

Can I give you a lift? /캔아이 기뷰어 리프트?/ (차) 태워줄까?

Can I get by, please? /캔아이 겟바이 플리즈?/ 실례합니다, 좀 지나가도 될까요?

Can I use your powder room? /캔아이 유즈유얼 파우더룸?/ 너희집 화장실 써도 돼?

I'd love to catch up. Can I buy you a drink? /아이드 러브투 캣취업. 캔아이 바이유어 드링크?/ 오래간만에 한번 보자. 내가 한잔 살게.

You can be a little nicer with me. /유캔비어리를 나이써윗미/ 나 좀 잘 대해줘.

Can I help you with carrying the luggage? /캔아이 헬퓨 위드 캐링 더 러귀지?/ 짐 옮기는 걸 도와드려도 될까요?

help 누구 with 무엇 = 누가 무엇을 하는 걸 돕다

Could I borrow your pen? = Could you lend me your pen? /쿠드아이 바로우 유얼펜?/ /쿠쥬 렌미 유얼펜?/ 네 펜 좀 빌려도 될까?

borrow = 빌리다 (borrow 무엇)
lend = 빌려주다 (lend 누구 무엇)

Nobody can hurt me without my permission. /노바디 캔 헐트 미 위다웃 마이 펄미션/ 누구도 내 허락없인 나를 다치게 할 수 없다. [Mahatma Gandhi]

Depending on circumstances, you can make use of it. /디펜딩온 썰컴스탠쓰스 유캔메일 유즈오빗/ 상황에 따라 사용해도 돼.

depend on 무엇 = 무엇에 따라 달라진다, 달려있다, 의지하다

It depends. Everything depends on how you perceive it.
그건 상황에 따라 달라. 모든 것은 네가 어떻게 인식하느냐에 달려있어.

Kindness is the language which the deaf can hear and the blind can see.
/카인드니쓰 이즈더 랭귀지 윗치 더대프캔히어 앤더 블라인드 캔 씨-/
친절이란 귀가 먼 사람도 들을 수 있고 앞이 보이지 않는 사람도 볼 수 있는 언어다.
[Mark Twain]

501

**A successful man is one who
can lay a firm foundation with
the bricks others have thrown at him.**

성공적인 사람은 다른 사람들이
그에게 던진 모욕과 시련이라는 벽돌을
성공의 기반으로 쓸 수 있는 사람이다.

I love those who can smile in trouble,
gather strength from distress,
and grow brave by reflection.

역경 속에서도 웃을 수 있는 사람을,

고통에서 강인을 얻을 수 있는 사람을,

사색으로 더 용기있는 사람이 될 수 있는 사람을,

그런 사람을 난 사랑한다.

[Leonardo da Vinci]

It is by testing that we discern fine gold.
시험을 통해 우린 순금을 알아본다. [Leonardo da Vinci]

may - might

가능성	허락	소망
possibility	permission	wish / hope

가능성

They may be right.　　/데이 메이비 롸잇/　　걔네가 맞는 것 같아.

가능성을 뜻하는 조동사; may, might, will, would, can, could, 그리고 must. Must가 '반드시'란 의미로 'never'와 비슷한 정도의 말이라면 가장 약한 가능성 또는 가장 부드러운 말은 might이다. 중고교영어에서 이를 %로 분류해 가르치던 선생님이 있었는데, 후에 영문화 현지인이 되어 살아보니 그렇게 수학처럼 수치화되는 말이 아니다. 표현에 따른 작은 차이nuances와 사용 상황/문맥에 따라 다른 단어를 쓸 뿐이다. 말을 알면 된다.

I may survive.　　/아이 메이 썰바이브/　　난 아마 살아 남을거야. 이겨낼거야.

　　I may survive　　=　　I may win (after all)
　　Succeed(성공하다)는 사실 survive(생존하다)다. 버티면 성공한다.

I might be able to come (to the wedding).　　/아이마잇비 에이블투 컴 투더웨딩/
나 아마 (그 결혼식에) 갈 수 있을거야.

　　주어 may/might be able to 동사　　=　　주어가 아마 동사할 것 같아
　　He might be able to help you out.　　아마 그가 널 도와줄 수 있을거야.

504

She may be able to assist you on that. 아마 그녀가 도와줄 수 있을거에요.

You might be able to catch the last subway. 아마 지하철 막차를 탈 수 있을거야.

You might want to wear sunscreen. 썬크림 바르는게 좋을걸.

The parcel may get there in a couple of days. /더 팔쓸 메이겟데얼 인어 커플오브 데이스/ 아마 이틀 안에 소포가 도착할겁니다.

> '두 개'를 'two'라고 하기보다는 'a couple of'라고 말하는게 더 영어답다:
> I brought a couple of things with me. 두 가지 물건을 가져왔어.
> I took a couple of stuff from my parent's house. 친정에서 두 가지를 가져왔어.
> It took a couple of days sorting things out. 정리하는데 이틀 걸렸어.

I might save that notebook for life drawing, which I fortunately have a model for. /아이 마잇 쎄이브댓 놋북 폴 라이프 드로윙 위치 아이 폴츄너틀리 해버 마들 포/ 저 공책은 누드 크로키를 위해 남겨놔야겠어, 운 좋게도 모델을 해줄 사람이 있으니.

You may not realise how dirty the water is, but it's serious. It's all due to our wastes; plastic bottles, plastic bags, polyester fibres from our clothes, etc. It's observed in the states that 1,000 tons of microplastics rain down annually on the west coast alone. /유 메이낫 뤼얼라이즈 하우 덜티 더 워털이즈 벋 잇츠 씨리어쓰. 잇츠 올 듀-투아월 웨이스츠 플라스틱 바틀쓰 플라스틱 백스 폴리예스터 파이벌스 프롬 아월 클로즈 엣쩨터라. 잇츠 옵졀브드 인더 스테이츠 댓 원 파우전 톤즈 오브 마이크로플라스틱쓰 레인다운 애뉴얼리 온더 웨스트 코스트 얼론/ 얼마나 물이 더러운지 우린 잘 못 느끼겠지만, 장난아니야. 이게 다 우리가 버린 쓰레기 때문이야. 플라스틱통, 비닐가방, 우리 옷의 폴리에스터 섬유, 등. 미국에서는 서쪽 해안가 지역에만 연간 1,000톤의 미세플라스틱 비가 내린다고 관측되고 있어. [CNN]

Whatever it may be, one thing is clear that our bodies hold onto microplastics. /왓에버 잇 메이비 원띵이즈 클리어 댓 아월 바디즈 홀드 온투 마이크로플라스틱쓰/ 이게 뭐든지 간에, 하나 확실한 건 미세플라스틱이 우리 몸 안에서 배출되지 않고 쌓인다는 것이다.

However difficult life may seem, there is always something you can do and succeed at. /하우에버 디피컬트 라이프 메이 씸- 데얼즈 올웨이즈 썸딩 유캔두 앤 씩씨드 앳/ 인생이 힘들어 보일지라도, 네가 할 수 있고 성공할 수 있는 일은 얼마든지 있다.

[Stephen Hawking]

You may delay, but time will not.   /유메이 딜레이 벋 타임 윌낫/
넌 늦출 수 있어. 그런데 시간은 그러지 않을거야. [Benjamin Franklin]

**Singleness of purpose is one of the chief essentials for success in life,
no matter what may be one's aim.**   /씽글니쓰 오브 펄포즈 이즈 원오브더 쉬-프
잇쎈셜스 포 썩쩨쓰인라이프 노매럴 왓메이비 원즈 에임/   단 하나로 집중된 목표는 인생의
성공에 있어 필수 중의 필수다, 그 목표가 무엇이던간에. [John D. Rockefeller]

**No one saves us but ourselves. No one can and no one may. We ourselves
must walk the path.**   /노원 쎄이브즈어쓰 벋아월쎌브즈. 노원 캔 앤 노원 메이. 위 아
월쎌브즈 머스트 월더 파-쓰/   우리 자신 외엔 그 누구도 우릴 구하지 않는다. 누구도 그럴 수
없고, 그러지 않을 것이다. 우리 자신이 우리의 길을 걸어가야 한다. [Buddha]

Come what may, all bad fortune is to be conquered by endurance.
/컴 왓 메이 올 배드 폴춘 이즈투비 컹퀄드 바이 인듀어런쓰/
올테면 와봐라, 모든 불행은 인내로 이겨낼지니. [Virgil]

허락

May I?   /메아이?/   (앞으로 할 행동을 제스쳐취하며) 해도 될까요?

May I hug you from behind?   /메아이 헉 유 프롬 비하인드?/   백허그 해도 돼?

May I visit you in May?   /메아이 비짓유 인 메이?/   5월에 너에게 가도 될까?

You may go.   /유 메이 고/   너 이제 가도 좋다. (학교선생님이 학생에게 하는 말)

You may come in.   /유 메이 컴인/   들어오세요. (사무실/병원에서 손님에게)

You may take this.   /유 메이 테익 디쓰/   이거 가져가렴.

You may check with your consultant.   /유 메이 췍 위드유얼 컨썰턴트/
당신의 조언자와 상의하셔도 좋습니다. (전문가, 남편, 부인, 등)

May I borrow your car for the weekend?   /메아이 바로우 유얼칼 폴더 위켄드?/
주말동안 네 차좀 써도 돼?

You may.   /유 메이/   그렇게 해.
          상대가 물어본 조동사로 대답.

소망

May your New Year be filled with love and happiness.　　/메이 유얼 뉴 이
어 비 필드워드 러브 앤 해피니즈/　　당신의 새 해가 사랑과 행복으로 가득차길 기원합니다.

격조있는(formal) 인사말로, 특별한 날 덕담할 때 한다. 특히 편지에. May를 가장 먼저
말하고 뒤엔 상황에 맞게 글을 지으면 된다: May (누구/무엇) (동사) (형용사/부사).
May your Birthday be happy as ever. 당신의 생일날이 그 어느 때보다도 행복하길.
May you have blast on your Birthday. (have blast = 즐겨!—친구에게 하는 말)
May your new job be satisfying and rewarding. 새 일이 만족과 보람을 주길.

May you enjoy your new life in Britain.　　/메이유 인조이 유얼 뉴 라이프 인 브리튼/
영국에서의 새로운 삶이 행복하길 기원합니다.

영국은 영어로 the U.K. 즉, the United Kingdom 혹은 the United Kingdom of
Great Britain and Northern Ireland라고 부르는게 공식적이다. 다른 말로 Britain 또
는 Great Britain(GB)이라고도 한다. Britain은 사실 Ireland를 제외한 세 국가
England, Wales, Scotland가 속한 땅을 칭하는 이름이다. 미국은 the U.S.로 the
United States of America, 50개 주의 연방국가다. 호주는 Australia 혹은 the
Commonwealth of Australia라고 하고, 1800년대까지 원주민 애보리진Aborigine이
살던 땅에 금광이 발견되며 영국인 절반, 중국인 절반이 모여들어 세워진 국가로, 영국문
화와 영국 사회시스템이 녹아있으며 영국여왕이 군주인 입헌군주제다. 여왕의 생일은 공
휴일이고 Queen Victoria의 이름이 붙은 곳들은 지금도 꼭 가볼 만한 곳들이다. 이웃나
라 뉴질랜드도 호주와 비슷한 사회체계와 문화를 품었다. 호주를 'the last paradise on
Earth'라고 부르기도 한다. 캐나다도 '이민자의 국가'로 여겨지는 다문화 국가로 삶의 질,
경제활동의 자유, 정치의 투명함으로 세계에서 가장 살기 좋은 나라들 중 하나다.

영어를 하면 세계인과 대화를 하고 교류를 할 수 있는데, 그 사람들의 역사를 모른 채로
대화하면 상대 입장에서 막말을 할 수도 있고 따라서 나쁜 인상을 줄 수 있다. 다른 나라
의 역사나 문화를 상식적으로 알고 대화를 하는 게 좋다. 영문화는 이성의 문화로, 똑똑함
smart과 앎knowledge이 일반적으로 모두에게 요구되는 문화다. 멍청한 언행을 하면 그
에 대해 비판적 말을 하기보다는 정색한 표정으로 말없이 쳐다본다. 그러고는 그 사람을
다시는 볼 일이 없게 되니 주의하자. 우리나라와는 반대로 위 세대의 사람들이 매우 지혜
로워서 사회가 이들로 인해 균형을 잡는다.

May she/he rest in peace.　　/메이 쉬/히 레숫트인 피-쓰/　　고인의 명복을 빕니다.
(R.I.P = rest in peace)

shall - should

할거야 (미래)	할테야 (의지)	해야 해 (지시)	할래요? (제안)
will	be going to	must	Would you like to?

Shall과 will은 비슷하지만 다르다. 문법적으로 다른 점은 shall은 <u>I 또는 we가 주어</u>일 때, will은 you, she, he, they, it이 주어일 때 쓰는 점이다. 강하게 "할거야!"하는 의미를 말할 때엔 둘을 바꿔 말한다: I/We will 그리고 You/She/He/They/It shall. 그렇지만 말을 하는 모든 사람이 언어학자가 아니기 때문에 shall은 부드러운 어감, will은 강한 의지의 표명이라는 어감의 차이 정도만 알고 말하면 된다. Shall의 과거형 should는 어느 주어든 상관없이 다 쓴다.

할거야 (미래)

I now shall retire.   /아이 나우 쉘 뤼타이어/   전 이제 물러나보겠습니다. (여왕 왈)

retire   =   1. 은퇴하다   2. (개인적인/안전한 곳으로) 되돌아가다

Shall은 공손한 말. 공손한 말은 우아한 말. 우아한 말은 듣기 좋은 말.

Rivers know this: there is no hurry. We shall get there some day.
/뤼벌스 노우디쓰 데얼즈 노 허뤼. 위 쉘 겟데얼 썸데이/
강은 알지. 서두를거 없어. 우린 언젠간 다다를거야. **[A.A. Milne]**

Our posterity shall have a liveable planet.   /아월 포스테리티 쉘 해버 리버블 플래닛/   우리의 후대인들에겐 살 수 있는 행성이 있을거야.

할테야 (의지)

We shall not fail this time.   /위 쉘 낫 페일 디쓰타임/   우리 이번엔 실패하지 말자.

I shall win in the end.   /아쉘 윈 인디엔드/   난 결국 이기겠어.

We shall get the life we wanted and lead a happy one.   /위 쉘 겟더 라이프 위 워니드 앤 리-드어 해피원/   우린 원했던 삶을 쟁취할 거고 행복한 생활을 영위할 거야.

> Have a good one! 좋은 하루 보내! 좋은 시간 돼! ('One'은 무엇이든 될 수 있는 ○이다. 그때그때 정확한 단어를 쓰기 귀찮다면 one 하나면 다 된다.)
> This is a good one(= thing, opportunity, dish, coffee, product, …).

해야 해 (지시)

You should finish reading this book before you go on a journey overseas.   /유 슈드 피니쉬 리딩디스북 비포얼 유 고온어 졀니 오벌씨-즈/
해외로 나가기 전에 이 책을 다 읽으세요.

> Should는 필요성을 느껴 해야 한다고 제안하는 말이다: "너 이거 하는게 좋겠어."

In fast cars, touch screens shouldn't be allowed.   /인 파스트 칼쓰 터취스크린스 슈든비 얼라우드/   빠른 차에는 터치스크린이 쓰여선 안 돼. **[Gordon Murray]**

The safety of the people shall be the highest law.   /더 쎄이프티 오브더피플 쉘 비 더 하이스트 로-/   시민들의 안전이 가장 중요한 법이 될지어다. **[Cicero]**

> Justice consists in doing no injury to men; decency in giving them no offence. 정의는 사람들에게 피해를 주지 않는 것이고, '개념'은 남의 기분을 상하게 하지 않는 것이다. [Cicero]

할래요? (제안)

Shall we eat out tonight?   /쉘 위 잍 아웃 트나잇?/   오늘 저녁 외식할까?

Shall I call up the company and ask for details?   /쉘 아이 콜업더 컴퍼니 앤 아슥 폴 디테일스?/   그 회사에 전화 걸어 자세한 사항을 물어볼까요? (상사에게 하는 말)

509

A consummate author should design his own book, page by page. Each and every page is my drawing. Beauty is a presence which inspires greatness, a willingness to do better, be better.

진정한 작가는 자신의 책을 페이지 하나하나 직접 디자인해야 한다. 모든 페이지는 내 그림이다. 아름다움이란 위대한 결과를 낳도록 영감을 주는 뮤즈다—더 잘하고 싶고, 더 나은 사람이 되도록 하는.

This too shall pass.

이 또한 지나가리라.

WILL

will - would

할거야	일어날거야	해주겠어?	할 수 있어	해	그럴거야
(미래)	(피치 못할 일)	(부탁)	(능력)	(습관)	(가능성)

할거야 (미래)

I will read it up and master English for the first time in my life.
/아윌 뤼드잇업 앤 마-스터 잉글리쉬 포더 펄스트 타임 인마이 라이프/
난 이 책을 끝까지 읽고 생에 처음으로 영어를 득도할 거야.

Would you like to watch Netflix at my place? Strictly for learning English of course! /우쥬라잌투 왓춰 넷플릭쓰 앳 마이 플레이스? 스트릭틀리 포 러닝 잉글리쉬 오브콜쓰/ 우리집에서 넷플릭스 볼래? 물론 영어를 배우기만을 위해서야!

> Would you like to 동사? = Do you want to 동사? = 동사 하고 싶니?
> (라고 물어볼 수 있는 가장 좋은 말. 조동사를 과거형으로 말하면 부드러운 말이 된다.)

Would you like to come over? /우쥬라잌투 컴 오버?/ 넘어올래?

Would you like fruits or anything? /우쥬라익 프룻츠 올 애니띵?/ 과일이나 뭐 줄까?

> Would you like 무엇? = 무엇을 원해?
> Would you like a treat? 상 줄까? 보상을 원해?

It wouldn't do you any harm to read books before sleep, instead of getting blue light from your mobile devices. /잇 우든ㅌ 두유 애니 핢 투 뤼-드 북쓰 비포얼 쓸립 인스테도브 게링 블루라잇 프롬유얼 모발 디바이쓰스/ 자기 전에 모바일 기기에서 나오는 블루라이트를 쬐는 것보다는 책을 읽는 게 좋아.

It wouldn't do 누구 any harm = 누구 should do = 누가 뭘 하는 게 좋을거야

This book will change the world for the better. /디쓰북 윌 췌인쥐더 월-드 포더 베터/   이 책은 세상을 바꿀 거야, 더 나은 곳으로.

I would give anything for my own house. /아우드 기-브 애니띵 폴 마이 오운 하우스/   내 소유의 집을 위해서라면 난 무엇이라도 할거야.

I would give anything = I would give my right arm = 아주 얻고 싶다

He would give his right arm for her to get back on her feet again.
/히 우드 기-브 히즈 롸잇앎 폴 허 투 겟 백 온힐 핏- 어게인/
그녀가 다시 걸을 수 있기 위해서라면 그는 무엇이라도 할거야.

Will you drink and drive, and risk killing innocent people?
/윌 유 드링크 앤 드롸이브 앤 리스크 킬링 이노썬트 피플?/
음주 운전을 해서 무고한 사람을 죽일 위험을 무릅쓸 건가요?

I'd prefer not to give my number to a complete stranger. /아드 프리퍼 낫 투 기브마이 넘버 투어 컴플릿 스트뤠인져/   생판 모르는 사람에게 내 번호를 주고 싶지 않아.

If I earn lots of money, I will not spend on stupid loud cars. I will rather buy lands and build a forest, which will make the air and health better for my neighbours. /이프아 언- 랏츠오브 머니 아윌 낫 스펜드온 스튜핏 라우드 칼스. 아윌 라더 바이 랜즈 앤 빌드어 포레스트 위치 윌 메일디 에어 앤 헬쓰 베러 포마이 네이볼쓰/   내가 많은 돈을 벌면, 난 그 돈을 쓸데없이 시끄러운 차에 쓰지 않을 거야. 차라리 땅을 사서 숲을 만들겠어. 그러면 우리의 공기와 내 이웃들의 건강이 좋아지겠지?

I would love to be the first to walk that forest. /아운 러-브투 비더 펄스트 투월댓 포레스트/   그 숲을 걷는 첫 사람이 나였으면 좋겠다.

You will hate to see your phone drained of battery. Charge it up before you go. /유윌 헤잇투 씨유얼 폰 드뤠인드오브 배터리. 챨쥐잇업 비포얼 유 고/
폰 배터리 없는 걸 원치 않을걸? 가기 전에 완전히 충전해.

If you stick to a healthy distance between people, your relationships will last. /이퓨 스틱투어 헬씨 디스턴쓰 빗트윈 피-플 유얼 릴레이션쉽쓰 윌 라-스트/
사람들과 건강한 거리를 유지하면, 인간관계는 오래토록 유지될거야.

stick to = 고집하다, 유지하다

513

일어날거야 (피치 못할 일)

Things will happen. Things will go wrong. We are to not complain about it when it happens, but we are to prepare for when it does go wrong. /띵스 윌 해픈. 띵스 윌 고 륑. 위알투 낫 컴플레인 어바우릿 웬잇해픈즈 벋 위알투 프리페얼 폴 웬잇 더-즈 고 륑/ 예상치 못한 일들은 일어날 거야. 일은 잘못될 수 있어. 우린 문제가 생겼을 때 불평하기보다는, 그럴 때를 대비해야 해.

> 'Be to'는 'have to'와 비슷한 말이다. Be to는 강요하지 않는 말:
> be to 동사 = 동사하는게 맞다 (계획, 지시, 설명)
> have to 동사 = 꼭 동사해야만 한다 (의무)
> We are to not complain about it. 우리 불평하지 말자.
> We have to not complain about it. 우리 불평하면 안돼.

There will be sour losers who will pick on things.
/데얼윌비 싸워루졀스 후윌 픽온 띵스/ 자기 인생에 불만이 가득 차서 남을 헐뜯는 녀석은 꼭 있어. (쓸데없이 꼬투리 잡아 사람 언짢게 하는)

해주겠어? (부탁)

Would you grab a long black for me? /우쥬 그렙 어 롱-블랙 폴미?/
나 롱블랙 한 잔 사다줄 수 있어?

Will you drop by a supermarket on your way home? We ran out of soy milk. /윌유 드랍바이어 수펄말켓 온유얼 웨이홈? 위 랜 아웃오브 쏘이밀크/
집에 오는 길에 슈퍼 좀 들러줄래? 우리 두유 떨어졌어.

> 과거형이 아닌 will로 하는 부탁은 쎈 말이라 가까운 사이 간에 가볍게casual 하는 작은 부탁이다. 윗사람에게 Will you? 하진 않는다. Would you? 는 누구에게나 괜찮다.
>
> drop by 어디 = 어디에 들르다
> run out of 무엇 = 무엇이 동나다

Take a moment to think about the consequences of your words before you speak, will you? /테잌어 모먼트 투띵커바웃 디 칸씨퀀쓰스 오브유얼 월즈 비포얼유 스픽 윌 유?/ 말을 하기 전에 네 말이 줄 영향을 생각해보고 말을 해주겠니, 웅?

Do it, will you? /두잇 윌 유?/ 해라, 웅?

할 수 있어 (능력)

It will take me an hour to finish this job. /잇윌 테익미 언아-월 투 피니쉬 디스 잡/
난 한 시간이면 이 일을 끝낼 수 있어.

job = task = a piece of work
Job의 첫 번째 의미는 '직업'이지만, 두 번째 의미는 '(돈을 받고 해주는) 일'이다. Job은 동사의미도 있는데, jobbing이라 하면 형용사가 되어 '드문드문 일하는', 즉 프리랜서를 말한다: A jobbing designer.

This car will take in 7 persons. /디스 칼 윌 테익인 쎄븐 펄쓴스/
이 차는 일곱명을 태울 수 있어요.

Will은 할 수 있는 능력에 대한 사실fact을 말할 때 쓴다.

자동차, 기차, 비행기, 배 등에 '타다'고 할 때 어떻게 타느냐에 따라 전치사(in/on)가 다르다. 서있을 수 있는 탈것에는 바닥 위에 서 있다는 의미로 on을, 타서 설 수는 없고 앉을 수만 있는 탈것에는 안에 들어가 있다는 의미로 in으로 말한다.
Get in the car. Hop in a taxi.
Get on the bus. Get on board. (보드는 넓은 의미의 '판자'로, 비행기/배/버스/기차에 쓴다: Get on an aircraft. Get on a boat—작은 배. Get on a ship—큰 배. Get on a train. Get on a subway. Get on a tram.)
Ride a scooter. Ride a bicycle. (자전거는 우리 몸의 연장이므로 전치사 없이 ride)

This lift will take on 1000kg or 15 persons. /디쓰 리프트 윌 테익온어 따우전ㄷ 킬로그램스 오얼 피프틴- 펄쓴스/ 이 승강기는 1,000kg 또는 15명까지 태울 수 있습니다.

elevator = 미국말
lift = 영국/호주/뉴질랜드말
People을 격식있게 말하면 persons.

It is fatal to enter any war without the will to win it. /잇츠 페이탈 투 엔터 애니 월 위다웃 더 윌 투 윈 잇/ 어떤 전쟁이든 이기려는 의지가 승리의 관건이다.
[Douglas MacArthur]

There is nothing impossible to him who will try. /데얼즈 낫띵 임파써블 투 힘 후 윌 트롸이/ 시도하는 자에게 불가능한 건 없다. **[Alexander the Great]**

해 (습관)

Yeah, he will cut in. /예아- 히 윌 컷인/ 그럼 그렇지, 쟤 항상 끼어들어.

Will의 '해 (습관)'의미는 일반적인 의미가 아니다. 누가 상습적으로 뭘 하는데 그게 짜증 난다는 의미로 말할 때 쓴다. Will을 강조해 말하면서 성가심을 강조하는게 포인트다.

cut in = (말하는 중에 혹은 차례를 기다리는 줄에) 끼어들다

My upstairs neighbours will make noise late in the evening.
/마이 업스테얼스 네이벌스 윌 메익 노이즈 레잇 인디 이-브닝/
우리 윗집 이웃은 저녁 늦은 시간만 되면 시끄러워.

Whenever we go to supermarkets, he will get stuck at the toy section.
/웬에벌 위고루 수펄말켓츠 히윌 겟 스틱 앳더 토이 쎅션/
언제든 우리가 마트에 갈 때면 이 녀석은 장난감 코너에 쳐박혀있어.

사실 영문화에서도 마트 이름을 그대로 말한다; Woolworths, Costco /코슷코-/, ….

그럴거야 (가능성)

It will be an hour away from here. /잇윌비 언아-월 어웨이 프롬 히얼/
여기서부터 한 시간 거리야.

I will be fine. /아윌비 파인/ 나 괜찮을거야.

They will be ready for you when you get there. /데이 윌비 뤠디 폴유 웬유
겟 데얼/ 네가 거기 도착할 때쯤엔 그 사람들도 준비되어 있을거야.

It'll do. /잇일 두-/ 이거면 될거야.

Will do. /윌 두/ 그렇게 하지.

will do = 누가 부탁을 했을 때 '그래, 그렇게 할게'라는 말
I would = '응 아마 할거야'

Some day you will be old enough to start reading fairy tales again.
/썸 데이 유윌비 올드이너-프 투스탈트 뤼-딩 페어리 테일쓰 어게인/
언젠가 우리는 동화를 다시 읽을 만한 나이가 될 것이다. [C. S. Lewis]

A will finds a way.

뜻이 있는 곳에 길이 있다.

The lower the lows, the higher the highs.
더 아래까지 내려가본 사람이 더 높이 오를 수 있다.

MUST

<table>
<tr><td align="center">해야만 해</td><td align="center">분명 ~일거야</td></tr>
<tr><td align="center">should</td><td align="center">be likely</td></tr>
<tr><td align="center">have to</td><td align="center">probably</td></tr>
<tr><td align="center">be obliged to</td><td align="center">possibly</td></tr>
</table>

해야만 해

I must have you. /아머숫트 해뷰/ 널 가져야겠다 내가. 네가 꼭 필요해.

I must tell the truth, because I don't want to get screwed up. /아이머숫 텔더 트루쓰 비코즈 아돈워너 겟 스쿠르드 업/ 사실대로 말해야겠어, 난 큰일 피하려면.

> screw up = (일/상황/감정을) 망치다 (속어)
> Must와 비슷한 말은 should, have to, be obliged to. 각각 쓰이는 상황이 다르다.

You must tell me when you come! /유 머숫트 텔미 웬유 컴!/
올 때 꼭 내게 말해줘야 해!

I must say I am delighted to see you again. /아 머숫쎄이 아엠 딜라이티드 투 씨유 어게인/ 널 다시 봐서 기쁘다고 말해야겠군. (썩소 sarcastically)

> I must say = 말해야만 하겠다 (주로 내 의견을 강조할 때)

Reading a book everyday is a must for a peaceful life. /뤼딩어북 에브리데 이 이즈어 머스트 폴어 피-쓰풀 라이프/ 매일 책을 읽는 건 평온한 삶을 위한 필수야.
(must = 놓쳐선 안될 것—명사)

Traveling around the shore of Australia is in many Europeans' bucket lists. But I must say it's not like having fine dining one night and sleeping in a five-star hotel the next. The majority of Australia is wild. /트래블링 어롸운드 더 쇼얼오브 오스트레일리아 이즈 인매니 유로피언스 벅킷리숫츠. 벋아이 머숫쎄이 잇츠 낫 롸잌 해빙 파인 다이닝 원어나잇 앤 슬립핑 인어 파이브 스탈 호-텔 더 넥스트. 더 머조리티 오브 오스트레일리아 이즈 와일드/　해안가를 따라 호주대륙을 한 바퀴 여행하는 건 많은 유럽인들의 버킷리스트야. 그치만 이건 꼭 말해야겠군—이건 하루는 파인다이닝을 하고 다른 날은 최고급호텔에 묵는 여행과는 아주 달라. 호주의 대부분은 야생이지.

You must live in the present, launch yourself on every wave, find your eternity in each moment.　/유머숫트 리브인더 프레젠트 론취 유얼쎌프 온에브리 웨이브 파인쥬얼 이터니티 인 이취 모먼트/　지금 이 순간을 살고, 들어오는 모든 파도에 나를 던지며, 매 순간에서 나만의 영원을 찾아야 한다. [Henry David Thoreau]

If there's a book that you want to read, but it hasn't been written yet, then you must write it.　/이프 데얼즈어 북 댓 유워너 뤼-드 벋잇 해즌트빈 뤼튼옛 덴 유 머스트 롸잇잇/　네가 읽고 싶은 책이 있는데, 그 책이 아직 쓰여지지 않았다면, 네가 그 책을 써야지. [Toni Morrison]

In order to attain the impossible, one must attempt the absurd. /인오더투 어테인디 임파써블 원머스트 어템트 디 업썰드/ 불가능한 것을 얻기 위해 말도 안 되는 일을 시도해야 한다. [Miguel de Cervantes]

One must be a sea, to receive a polluted stream without becoming impure.　/원 머숫 비 어 씨- 투뤼씨브어 폴루-티드 스트림 위다웃 비커밍 임퓨어/ 바다가 되어야 한다, 오염된 개울물을 받아주고도 더럽혀지지 않기 위해서. [Friedrich Nietzsche]

There must be more to our existence than meets the eye. /데얼머숫비 모얼 투아월 이그지스턴쓰 댄 밋츠디아이/ 우리의 존재에 눈에 보이는 것보다 깊은 무엇이 있을 거야. [Steve Jobs]

　　　more to 무엇 than meets the eye　　=　　무엇이 겉으로 보이는 것보다 더 깊다

분명 ~일거야

You must be mad to do this.　/유 머숫비 매-드 투 두 디쓰/ 이걸 하다니 너 미쳤구나? 미치지 않고서야 이걸 할 수가 없어.

Go get some sleep. You must be exhausted.　/고 겟 썸 쓸립. 유 머숫비 이그죠스티드/　가서 좀 자. 너 피곤하겠다.

We must take
the midway.

우리는 반드시
중도를 지켜야 한다.

Nature,
to be commanded,
must be obeyed.

자연을 지휘하기 위해선
자연에 지배받아야 한다.

[Francis Bacon]

기본명사

낮 / 날 / 하루   밤

G'day!   /그다이!/   좋은 날이야! (Good day를 줄여 말하는 게으른 호주식 영어)

How's your day been?   /하우즈 유얼 데이 빈?/   오늘 하루 어땠어요?

Talking with you made my day!   /턱킹윗유 메잌 마이 데이!/
너랑 이야기를 나눈게 내 하루를 밝혀 주네!

    make 누구의 day   =   누구를 행복하게 하다

**It rained all day. And I had water leaking in my room, spent all day
doing nothing but cleaning. This really isn't my day.**   /잇퉤인드 올 데이.
앤아해드 워터릭킹인마이룸 스펜트 올-데이 두잉낫띵 벗 클리-닝. 디쓰륄리 이즌ㅌ마이데이/
하루종일 비가 왔어. 내 방에 물이 세서 종일 치우기만 했지 뭐야. 오늘은 글러 먹은 것 같아.

    not be 누구의 day   =   별로 좋지 않은 하루를 보내다

It's just been one of those days that things happen.   /잇츠져스트빈 원오브
도즈데이즈 댓 띵스 해픈/   나쁜 일의 연속인 날, 그런 날들 있잖아 살다보면, 오늘이 그래.

    one of those days   =   안 좋은 일들이 연이어 일어나는 그런 날들

But we know good things will happen one of these days, don't we?   /벗
위노우 굳띵스 윌 해픈 원오브디즈데이즈 돈위?/   그치만 머잖아 좋은 일도 올거란거 알잖아?

    one of these days   =   머지않아, 조만간

522

Yes, some day. /예쓰 썸데이/ 그럼, 언젠간.

one day / some day = 조만간, 머지않은 미래에

Do you fancy going on a day trip to Gangreung? The great coffee and nature will bring your own sunshine back. /두유팬씨 고잉온어 데이 트륍 투 강릉? 더그뤠잇커퓌 앤네이처 윌브링유얼 오운 썬샤인 백/ 당일치기로 강릉 다녀올래? 맛있는 커피와 자연은 너의 긍정마인드를 되돌려줄거야.

day trip = 당일치기 여행

bring your own sunshine = 네 안의 긍정마인드를 끌어내다

One day, I will give birth to a child and tell her, 'You don't need to wear a mask like we did.' /원 데이 아윌기브 벌쓰투어 촤일드 앤 텔 허 유돈ㅌ니-투 웨얼 어 마스크 라일 위딛/ 언젠가는 아이를 낳아 그 아이에게 말하고 싶어, '너는 우리가 그랬던 것처럼 마스크를 쓸 필요가 없단다'라고.

one day / one of these days = 언젠가는

Life is full of events. Some of them we can control; some we cannot. So learn to take each day as it comes. /라이프이즈 풀오브 이벤츠. 썸오브뎀 위캔 컨트롤 썸위캔낫. 쏘 런-투 테잌이춰데이 애즈잇컴즈/ 인생은 사건의 연속이지. 어떤 일들은 우리가 제어할 수 있고, 어떤 일들은 우리가 아무것도 할 수 없어. 그러니 너무 걱정도 말고 불평도 말고, 매일 주어지는대로 살아가는 방법을 배워봐.

take each day as it comes / take it one day at a time = 걱정하거나 미리 계획을 세우기 보다는, 무슨 일들이 일어날 때마다 그 일을 처리하다

You place an order now and have it delivered in days. /유 플레이쓰언 오 더나우 앤해빗 딜리벌드 인 데이즈/ 지금 주문하면 며칠 내로 배송받으실 수 있을거에요.

within/in days = 며칠 안으로

It's arriving any day now. /잇츠어롸이빙 애니데이나우/ 이제 하루이틀 내로 도착할거야.

I haven't been drinking for days. /아해븐ㅌ빈드링킹포 데이즈/ 술 안 마신지 오래됐어.

for days = 며칠 동안, 오랫동안

A: I'm going to go to bed early and get up early from now on!   /암고나 고투 베드얼리 앤 겟 업 얼리 프롬 나우온!/   지금부터 일찍 자고 일찍 일어날거야!

B: That'll be the day.   /댓일비더데이/   잘도 그러겠다.

> That'll be the day   =   그런 일이 일어날 것 같지 않다고 생각할 때 하는 말

By day, I work. By night, I study.   /바이데이 아이월크. 바이나잇 아이스터디/
낮에는 일하고, 밤에는 공부해.

One drawback of living here is that you can hear the traffic from your room day and night.   /원 드로-백 오브 리빙히얼이즈댓 유캔히얼 더트뤠픽 프롬 유얼 룸 데이 앤 나잇/   여기 사는 단점이라면 항상 차들 지나가는 소리가 들리는거에요.

> day and night   =   밤낮으로, 항상

James showed up in his backyard shed day after day.   /제임쓰 쑈드업 인 히즈 백얄드 쉘 데이 아프터 데이/   제임스는 뒷마당 작업실로 매일같이 출근했어.

> day after day   =   매일 반복적으로

He got better at it day by day.   /히 갓 베럴 앳잇 데이 바이 데이/
그는 그 일에 나날이 더 좋아졌어.

> day by day   =   날마다 더

My days at work differ from day to day.   /마이데이즈 앳 월크 디펄 프롬 데이 루 데이/   내 업무는 날마다 달라.

> (from) day to day   =   날마다 자주 바뀌는

It's not like doing the same boring jobs day in day out.   /잇츠낫라일 두잉 더쩨임보링좝스 데이 인 데이 아웃/   지루하게 매일 똑같은 일을 하는거랑은 다르지.

> day in day out   =   매일 일어나는 (특히 지루한 일)

I've no idea what I'll be doing from one day to the next.   /아이브 노아이디아 왓아일비두잉 프롬 원데이 투더 넥스트/   내일 뭘하게 될지 알 수가 없어.

> from one day to the next   =   그 전 날에, 하루가 시작되기 전에

We work a nine-hour day, and a six-day week these days.

/위월크어 나인아워데이 앤어 씩스데이윅- 디즈데이즈/

우린 요즘 하루에 아홉 시간을 근무하고, 일주일에 6일을 출근해.

Then I realised my schooldays were the happiest days of my life.

/덴아 뤼얼라이즈드 마이 스쿨데이즈월더 해피스트 데이즈 오브 마이 라이프/

그러다 깨달았지 내 학창시절이 진짜 행복한 시간들이었다는 것을.

We tend to pass by days without much thoughts, but remembering that our days are numbered is a catalyst for making our life meaningful.

/위텐-투 파쓰바이데이즈 위다웃 머취 쏱츠 벋 뤼멤버링댇 아월데이즈알 넘벌드 이즈어 캐탈리스트포 메이킹아월 라이프 미-닝풀/   우린 하루하루를 별 생각 없이 보내곤 하는데, 우리가 살아있을 날이 정해져있다는 걸 기억하는 게 우리의 삶을 더 의미있게 하는 원동력이 될 수 있어.

> 누구의 days are numbered   =   누가 그리 오랫동안 존재하지 않을 것이다

In those days people used pen and paper to keep a record. These days we can go paperless. /인도즈데이즈 피플 유즈드 펜앤페이퍼 투킵어 레콜드. 디즈데이즈 위캔고 페이퍼리쓰/   옛날에는 종이와 펜으로 기록을 했었던 때가 있었지. 요즘은 종이를 전혀 사용하지 않을 수 있어.

> in those days   =   in the past, the old days   =   과거에는, 예전에는

The printer has had its day.   /더프린터 해즈해드 잇츠데이/   프린터기의 시대는 지났어.

> have had 누구의/무엇의 day   =   누구/무엇이 예전만큼 잘나가지 않다

To listen to music, we had to go to a record shop and buy a cassette and put it in a Walkman in my day. Being able to listen to new music over the wire has really reduced the world's carbon emissions.   /투리쓴투뮤직 웨 햏투 고투어 렉콜드샵 앤 바이어 캇쎌 앤풋잇인어 워크맨 인마이데이. 빙 에이블투 리쓴투 뉴-뮤직 오벌더와이어 해즈뤼리 뤼듀쓰드 더월즈 칼본 에밋쎤스/   내가 어릴 땐 음악을 듣기 위해선 음반가게에 가 카세트 테이프를 산 다음 워크맨에 넣어야 했어. 새 음악을 인터넷으로 들을 수 있게 된 건 전 세계의 탄소배출을 줄이는데 한몫 했지.

> in my day   =   when I was young   =   내가 어릴 때는

It's hard to imagine in the days before mobile phones. /잇츠할투이매쥔
인더데이즈 비포어 모발폰즈/　　휴대전화가 나오기 전의 세상을 상상하기도 어렵다.

We really should dematerialise in this day and age. /위륄리 슈드 디-머
테리얼라이즈 인디쓰 데이 앤 에이쥐/　　지금 시대에는 비물질화 해야해.

　　　　in this day and age　　=　　지금 시대에는

We are nearing the day of reckoning. /위알 니어링더 데이오브 렉커닝/
최후의 심판이 다가오고 있어.

　　　　day of reckoning　　=　　지난 날의 실수나 죄가 벌받는 때

When we didn't lose touch with nature and built houses in harmony with the surroundings, without selfishly tall and ugly buildings, we could see panoramic view of the town. Ah, those were the days! Did you know seeing beautiful nature makes you healthier? /웬위디든트
루-즈 터-취 윈네이쳐 앤빌트 하우즈스 인할모니윋더 써롸운딩스 위다웃 쎌피쉴리 톨 앤 어글
리 빌딩스 위쿤씨 파노라믹 뷰오브더 타운. 아 도즈윌더 데이즈! 디쥬노-씽뷰티풀네이쳐 메잌
쓔 헬씨어?/　　이기적이게 높고 못 생긴 빌딩들이 없던, 주변과 조화롭게 집을 짓고 살아 자
연과의 교감을 잃지 않았던 때에 우린 넓게 펼쳐진 우리 동네 모습을 볼 수 있었어. 아, 참 좋을
때였지. 아름다운 자연을 보는게 우릴 더 건강하게 한다는거 아니?

　　　　those were the days　　=　　옛날이 좋았다

She has three days off work due to her medical examination. /쉬해즈쓰
리데이즈오프월크 듀투헐 메티컬 이그재미네이션/　　그녀는 건강검진으로 3일간 휴무에요.

I've got a big day tomorrow—it's my day off! /아이브갓어 빅 데이 투모로우
잇츠마이 데이오프!/　　나 내일 중요한 날이야—바로 내 휴무일!

　　　　big day　　=　　important day　　=　　중요한 날 (시험, 면접, 발표, 등)

I ate pizza the day before yesterday. /아 에잇 핏짜 더데이비포 예스터데이/
그저께 피자먹었어.

I go to London the day after tomorrow. /아이 고투 런든 더데이 아프터 투모로/
내일 모레 나 런던가.

I went to a bookstore the other day, and found an amazing book.
/아웬투어 북쓰토어 디아더데이 앤 파운던 어메이징 북/
며칠 전에 서점 다녀왔는데, 굉장한 책을 발견했어.

the other day	=	a few days ago	=	며칠 전에
the other night	=			며칠 전 밤에

We had no problems with it to this day, but suddenly it stopped working.
/위핸 노 프라블럼쓰 윝잇 투디쓰데이 번 써든리 잇 스탑드 월킹/
이거랑 지금까지 아무 문제도 없었는데 갑자기 고장이 났어요.

to this day	=	지금까지

If you work at a cafe or restaurant, dealing with unkind people is all in a day's work. /이 퓨월크앳어 카페이오얼레스토랑 딜링위드 언카인드피플 이즈 올 인어 데이즈월크/ 카페나 레스토랑에서 일하면 진상을 대하는 것 쯤은 그냥 일상이야.

all in a day's work	=	힘들고 이상해 보이는 일이 그 직업의 일상

Art is the best or nothing. It's wise not to quit your day job until you make a hit. /알트이즈 더베스트 오얼 낫띵. 잇츠와이즈 낫 투 큇 유얼 데이좝 언틸 유메 잌어 힛/ 예술은 최고이거나 아무것도 아니거나야. 성공하기 전까진 돈버는 일을 그만두지 않는게 현명해.

day job	=	진짜 하고 싶은 일을 하려고 돈을 벌기 위해 하는 일

Don't give up the day job! 글쎄 별로 재능이 있는 것 같지는 않은데?

On October 5th, Steve died ten years ago to the day. His pal, Bill is working effectively on philanthropy. It's sad Steve didn't get a chance to.
/온 악토버피프쓰 스티브 다이드 텐 이얼스 어고 투더 데이. 히즈팔 빌 이즈월킹 이펙티블리온 필란쓰로피. 잇츠쌔-드 스티브 디든트 겟어 췐쓰투/ 10월 5일, 정확히 10년 전 오늘 스티브가 별세했어. 그의 동갑친구 빌은 성공적으로 자선사업을 하고 있지. 스티브는 그럴 기회도 갖지 못하고 먼저 떠난게 참 슬퍼.

to the day	=	exactly	=	정확히

Good night. /귿 나잇/ 잘자.

Someone told me the other day that he felt bad for single people because they are lonely all the time. I told him that's not true; I'm single and I don't feel lonely. I take myself out to eat, I buy myself clothes. I have great time by myself. Once you know how to take care of yourself, company becomes an option and not a necessity.

며칠 전에 누가 그러던데 싱글인 사람들은 항상 외로워서 안됐다고. 내가 그렇지 않다고, 난 싱글인데 하나도 외롭지 않다고 그랬지. 난 내 자신을 데리고 나가 식사를 하고, 내 자신에게 옷을 사줘. 난 나랑 정말 행복해. 내 자신을 어떻게 돌볼지 알면 함께 할 다른 사람은 필수가 아니라 선택사항이 돼.

[Keanu Reeves]

A single day among the learned lasts longer than the longest life of the ignorant.

무지한 사람의 인생에서 가장 긴 시간 보다,
배운 사람들과의 단 하루가 더 오래 남는다.

[Posidonius]

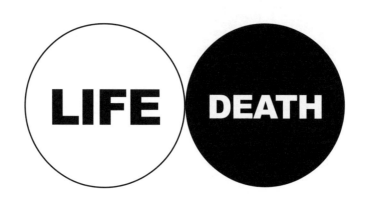

살아있는 시간	죽음
작동하는 시간	살아있는 시간의 끝
경험	
에너지	

It's a matter of life or death.   /잇쳐 매럴오브 라이프오얼데쓰/
이건 사느냐 죽느냐의 문제야.

I would love to spend the rest of my life with you.   /아울 러-브투 스펜더
레슷트 오브마이 라이프 위듀/   내 여생을 너와 함께 보내고 싶어.

I am ready to give my life for you.   /암 뤠디투 기브마이 라이프 폴유/
난 널 위해 내 인생을 바칠 수 있어.

give 누구의 life to 무엇   =   무엇에 누구의 일생을 바치다

Angeline and I met in college. And we've remained friends for life.
/엔젤린 앤다이 멧인 칼리쥐. 앤 위브 뤼메인드 프렌즈 포 라이프/
엔젤린과 난 대학에서 만나 평생 친구로 남았어.

for life   =   for the whole of one's life   =   한 사람의 일생을 위한
There's no such thing as job for life. 이 세상에 평생직장 같은 건 없어.
He was sentenced to prison for life.   그는 무기징역을 선고받았어.

How's life treating you?   /하우즈 라이프 트뤼팅유?/   어떻게 살아?

How's your sex life?   /하우즈유얼 쎅스라잎?/   네 성생활 어때? (별걸 다 물어보네.)

= Don't ask about private life. Don't ask personal questions.
물어보지 말걸 묻지 말라는 말이기도 하다. 무례함과 괴롭힘은 상대적이다.

Get a life!   /겟어 라이프!/   재밌는 걸 좀 해봐! (지루하게 사는 사람에게 하는 말)

The shelf life of soy milk is rather long. And it doesn't need to be refrigerated. And it's not breast milk for calves. It's for human.
/더쉘프라이프오브 쏘이밀크이즈 라더롱-. 앤잇더즌트 니-투비 뤼프리져뤠이티드. 앤잇츠낫 브뤠스트밀크포 칼브즈. 잇츠포휴먼/   두유의 유통기한은 굉장히 길어. 냉장보관할 필요도 없지. 게다가 송아지가 먹는 소젖이 아니야. 사람을 위한거지.

It's silly to begin a public life at such young ages. We learn that education is critical for celebrities.   /잇츠씰리투 비긴어 퍼블릭라이프 앳써취영 에이쥐스. 위런-댓 에듀케이션이즈 크리티컬포 쎌러브리티즈/   어린 나이에 공인이 되는 건 참 어리석은 짓이야. 연예인에게도 교육이 아주 중요하다는 걸 우린 깨닫고 있어.

Antoine became an aviator to see life.   /앙투앙비케임언 에이비에이터 투씨-라이프/   앙투앙은 인생의 다양한 경험을 해보고 싶어서 비행사가 되었어.

Helping the helpless has been Margaret's life.   /헬핑 더헬프리쓰 해즈빈 말가렛츠 라이프/   도움의 손길이 절실한 사람들을 돕는게 마가렛의 인생 행복이야.

Many refugees wish to start a new life in Australia or Canada.
/매니 레퓨쥐-스 위쉬투 스탈터 뉴 라잎 인 오스트뤠일리아 오얼 캐나다/
많은 난민들이 호주나 캐나다에서 새 삶을 시작하고 싶어해.

Ageing is part of life. You buy a brand-new car, and in several years your car starts to have problems, deteriorate. Such is life. To stay alive, you take constant care of it.   /에이징이즈 팔토브라이프. 유바이어 브랜뉴-칼 앤 인쎄브럴이얼스 유얼카 스탈츠투해브 프라블럼쓰 디티어리에잇. 써취이즈 라이프. 투스테이얼 라이브 유테익 칸스턴트 케얼오빗/
늙어가는 건 인생의 한 부분이야. 새 차를 사면 몇 년 내에 차에 문제가 생기기 시작하지. 낡아져. 그런 게 인생이야. 계속 살아 있으려면, 계속 관리를 멈추지 않아야 해.

People worry about the battery life of an electric car. But really, aren't you all managing your phone batteries? /피플워리어바웃더 배터리라이프 오브언 일렉트릭 카. 벋륄리 안츄올 매니징유얼 폰 배터리즈?/ 사람들은 전기차의 배터리 수명을 걱정하는데, 아 정말, 너네는 휴대전화 배터리 관리할 수 있잖아?

Angeline is the life and soul of the party. /엔젤린 이즈더 라이프 앤 쏘울 오브더 파티/ 엔젤린은 분위기 메이커야.

Jae-suk kindly bought some ice cream and soft drinks for a depressed soldier on a hot summer night. Reportedly by the person himself, this trivial act of kindness saved the life of the person, who was determined to take his life that night. /재석 카인들리 봍썸 아이쓰크림앤 쏘프트드링쓰 폴어 딥프레쓰드 쏠져 온어 핫 써멀 나잇. 리폴티들리 바이더 펄쓴힘쎌프 디쓰 트리비얼 액트오브 카인드니쓰 쎄이브드 더라이프오브더 펄쓴 후워즈 디털민투 테익 히즈 라이프 댓 나잇/ 어느 더운 여름날, 우울감에 빠진 군인에게 재석은 아이스크림과 음료수를 몇 개 사다 줬어. 그 당사자가 말하기를, 그날 밤 자살을 하려고 작정을 했었는데 이 작은 친절이 자신의 생명을 살렸대. (reportedly = 누군가의 말에 따르면)

Kids are full of life, until they hit life. /킨즈알 풀오브 라이프 언틸데이 힛 라이프/
애들은 에너지가 넘치지, 인생의 쓴 맛을 보기 전까진.

You can get rejected even if you work for it for the life of you. /유 캔 겟 뤼젝티드 이븐이프 유월크폴잇 포더 라이프 오브유/ 아무리 노력해도 안 될 수 있어.

for the life of 누구   =   굉장히 열심히 노력해봐도

But rejection is not always a bad thing. The thing or the person is doing you a favour not to waste your life. /벋뤼젝썬이즈 낫올웨이즈 어 배드 띵. 더 띵 오얼더 펄쓴이즈 두잉유어 페이버 낫투웨이스트 유얼 라이프/ 그치만 거절당한다고 해서 나쁜 것만은 아니야. 거절한 사람이 너의 인생을 낭비하지 않도록 좋은 일을 해주는거야.

Sometimes you have to put in your life savings for a right cause.
/썸타임즈 유해브투풋인유얼 라이프 쎄이빙스 폴어 롸잇 코-즈/
때론 옳은 대의를 위해 평생 모은 돈을 바쳐야 하지.

I like to walk in the middle of the night when there's no sign of life.
/아이라익투 월 인더미들오브더나잇 웬데얼즈 노 싸인오브 라이프/
인적이 전혀 없는 야심한 밤에 걷는 걸 난 좋아해.

It's the shading that brings a drawing to life. /잇츠더 쉐이딩 댓 브링즈어 드로윙 투 라이프/ 그림에 생명을 불어 넣는 건 그림자야.

bring 무엇 to life / come to life = 무엇을 더 진짜 같게 하다

The best part of my school would be the life drawing classes. I remember bumping into the artist's model in the street and feeling awkward to see her clothed. /더베스트팔토브마이스쿨 운비더 라이프 드로윙 클라쓰스. 아뤼멤버 범핑인투디 알티스츠마들 인더스트릿 앤필링 오-퀴드 투씨-헐 클로쓰드/ 학창시절 최고의 순간을 꼽으라면 누드 크로키 시간이야. 길거리에서 옷을 입고 있는 누드 모델을 마주치고 어색한 기분이 들었던 게 생각나.

life drawing = 실제로 사물/사람을 보고 그리기

Losing you will be the death of my heart. /루-징유 윌 비 더 데쓰오브 마이 할트/ 널 잃는 건 내 심장의 죽음이야. (넌 내 삶의 전부야.)

the death of 누구/무엇 = 누구/무엇의 죽음/끝장이다

I was bored to death in my school English classes. /아워즈 보얼투 데-쓰 인마이 스쿨 잉글리쉬 클라쓰스/ 학교 영어시간은 지루해 죽는 줄.

to death = 죽을 때까지, 죽도록

I'm bored to death. /암보얼투 데-쓰/ 지루해 죽겠네.

to death = a lot = 아주

Steve was at death's door when he first found out about pancreatic cancer. /스티브 워즈앳 데쓰 도얼 웬 히 펄스트 파운다웃 어바웃 팬크리아틱 캔써/ 스티브는 췌장암을 처음 발견했을 때 사경을 헤맸어.

The life expectancy of such disease is dismal. /더라이프익스펙턴씨 오브 써취 디지-즈이즈 디즈멀/ 그런 질병의 수명은 참담해.

Luckily his family was in at the death. /럭킬리 히즈패밀리 워즈 인 앳더 데쓰/ 다행히 그의 가족이 임종을 함께 했어.

Death is but the next great adventure. /데쓰 이즈 벗 더 넥스트 그뤠잇 어드벤쳐/ 죽음은 단지 이 다음의 대단한 모험일 뿐이다. [J. K. Rowling]

Sometimes life hits you in the head with a brick. Don't lose faith. /썸타임즈 라이프 힛츄인더헤드 윋어브릭. 돈ㅌ 루-즈 페이쓰/ 인생은 때때로 벽돌로 머리를 내려쳐. 신념을 잃지마. [Steve Jobs]

Wear warm, or you might catch your death of cold. /웨얼 웖 오얼유마잇 캣취 유얼 데쓰오브 콜드/ 따뜻하게 입어, 안 그럼 독감에 걸릴지도 몰라.

Love is one of life's great mysteries; you fall for it when it's least expected. /러-브이즈 원오브 라잎쓰 그뤠잇 미스터뤼즈 유 폴 폴잇 웬잇츠 리-스트 익 스펙티드/ 사랑은 인생의 불가사의 중 하나야. 전혀 예상치 못한 때에 사랑에 빠져버리지.

A: So you're going out with Sihyeon, aren't you? /쏘 유알 고잉 아웃 윌 시 현 안츄?/ 그럼 너 시현이랑 사귈거지?

B: Not on your life! /낫 온유얼 라이프!/ 절대 그럴 일 없어!

A: But I've seen glimpses of you being nuts about him!
/벋 아이브쎈- 글림쓰스 오브유 빙 넛츠 어바웃힘!/
그런데 난 네가 시현이 엄청 좋아하는 티를 내는 걸 여러 번 봤는걸!

> be nuts about 누구/무엇 = 누구/무엇에 굉장히 열정적이다, 사랑에 빠지다

You scared the life out of me! /유스케얼더 라이프 아웃오브미!/ 간 떨어질 뻔!

> scare/frighten the life out of 누구 = 누구를 아주 놀래키다

Well, I didn't go to university, that's a waste of resources. I learned my craft and insight at the school of life. /웰 아디든트 고투 유니벌씨티 댓츠어 웨 이스트오브 뤼쿌쓰쓰. 아런드마이 크라프트앤인싸이트 앳더 스쿨오브 라이프/ 음, 난 대학교에 진학하지 않았어. 그건 시간과 돈낭비야. 대신 내 일과 통찰력을 인생이라는 학교에서 배웠어.

> the school/university of life = 가방끈은 짧아도 훌륭하고 지혜로운 사람에게 하는 말

I thought allocating that amount of money into starting a business would be a smart thing to do, although I failed a few ventures. But that's life, isn't it? I learned a great deal from my failures. And that is why I am so successful now. /아쏟 앨로케이팅 댓어마운트오브 머니 인투 스탈팅 어 비즈니쓰 운비어 스말트띵 투 두- 올도- 아페일드 어퓨 벤쳘쓰. 벋댓츠라이프 이즌잇? 아이 런드어그뤠잇딜 프롬마이 페일류얼쓰. 앤 댓이즈 와이 아이엠 쏘 썩쎄스풀 나우/ 그런 큰 돈 을 사업 자금으로 쓰는 게 더 똑똑한 일이라고 생각했지. 몇 가지 사업을 실패하긴 했지만 말야. 그치만 그게 인생이잖아? 난 내 실패에서 굉장히 많은 걸 배웠어. 그리고 그게 바로 내가 지금 성공한 이유야.

This is the life! /디쓰 이즈더 라이프!/ 이런 게 인생이지! (완전 좋다!)

It is not death that a person should fear, but one should fear never beginning to live.

사람이 두려워해야 할 건 죽음이 아니라,
제대로 인생을 살려고 하지 않는 것이다.

[Marcus Aurelius]

편지 / 이메일 영어

편지의 기본은 중요한 내용부터 시작해서 가장 덜 중요한 말로 써 내려가는 것이다.
예의가 중요한 영문화에서 편지 형식 또한 이만의 관례가 있다. 시작과 끝의 형식,
그리고 내용의 역삼각형이다. 가장 먼저 받는 사람 이름을 'Dear'와 함께 쓴다.
글에 서론—본론—결론이 있듯이, 편지에도 3단계가 있다: the body—a
good note—complimentary close. The body(본문)는 이 편지의
목적이 되는 내용부터 시작해, 중요도 순서로 내용이 바뀜과
함께 문단을 바꾸어 주며 써 내려간다. A good note
는 덧붙이는 말. 그리고 마지막으로 편지를 끝
내며 형식적인 인사말인 complimentary
close를 쓴 뒤 한 칸 띄우고 나서
보내는 사람의 이름,
즉 내 이름을
쓴다.

이메일이라면 제목은 그 이메일의 **목적**이나 **내용의 요약**으로 간결하고 명확하게 쓴다. 제목은 첫 단어와 마지막 단어를 대문자로 시작해 쓰는게 규칙이고, 관사(a, an, the), 등위접속사(and, or, but 등), 짧은 전치사(of, in, on, at 등)을 제외한 모든 단어를 대문자(capitalise)로 시작하여 쓴다. 공식적인 편지라면 내용에 축약형(I'm)을 쓰지 말고 풀어서(I am) 쓰고, 내용은 간결하고 분명할 수록 좋다. 하얀색 종이에 기본 영문 폰트로 왼쪽 정렬로 써야 하고, 문단 별로 줄은 한 칸 씩 띄운다. 친구끼린 대화처럼 써도 당연히 괜찮다. 그렇지만 **"받는 사람 이름,"**으로 시작해 **"인사말, 내 이름"**으로 끝나는 형식을 변함없이 지킨다.(Salutation) 이는 사람을 만나면 "Hi"로 인사말을 하고, 헤어지거나 전화를 끊을 땐 "Bye"로 인사말을 하는 예의와 같다. 받는 사람의 이름을 모르나 정중해야 할 편지(회사나 관공서)에는 "Dear Sir/Madam," 첫 이메일 이후 답장에는 "Dear" 생략 가능, 격식을 갖추지 않아도 되는 잘 모르는 사람(인터넷 판매자라던가)에게 메세지를 보낼 땐 이름을 생략하고 "Hi,"로 시작하면 분별있는 인상을 줄 수 있다. 끝내는 인사말(Complimentary Close)은 주로 Yours sincerely, Warm/Best/Kind regards, Regards, Best wishes, Best, 가족/연인은 Love 등을 쓴다. 상황과 취향에 맞게 골라 쓰면 된다.
요약: 편지도 대화처럼 인사로 시작해서 인사로 끝나고, 중요도 순서로 역삼각형을 이루게 쓴다.

Mr. Aureo Bae
48/121 Rathdowne Street,
Carlton, Victoria 3053
Australia
29 Sept 2029

종이로 보내는 편지일 겨우,
공식적인 편지일 때 편지 머리
에 보내는 사람의 이름, 주소,
보내는 날짜를 쓴다.

Ms. Kiley Moon
35 Seobingo-ro,
Yongsan-gu, Seoul 04385
South Korea

아래엔 받는 사람의 이름과
주소.

이메일은 위를 생략.

Dear Kiley Moon,   Salutation   시작은 받는 사람의 이름.

I am writing to show my appreciation and gratitude to your selection of The Book of English for your education. It is an honour to be chosen by a person of great taste and high standards.

                                    The Body   편지를 쓰는 목적, 가장 중요
                                                         한 내용을 첫 문단에 쓴다.

My publisher and I are hosting a party to celebrate the one millionth copy of the book, from 29th to 31st December, 2029, at the Atrium Bar on 35th floor, Sofitel Melbourne. We are providing the invitees and family with round-trip air tickets and a stay at the aforementioned hotel for your entire trip. There will also be tours around Victoria with the personal guide by the author during your stay.

                                                         이어지는 내용을 중요 순서대
                                                         로 써 내려간다.

It will be truly wonderful to have you with us for this meaningful day, as the success of the book has been greatly indebted to the discerning eye and lovely passion of the initial readers of the book.

                                    A Good Note   가장 덜 중요한 내용, 덧붙이
                                                         는 말을 마지막에 쓴다.

Please let us know of your acceptance to this invitation by simply replying to this letter. Your RSVP answer is expected before 30th October 2029.

Kind regards,   Complimentary Close   형식적인 인사말을 붙인다.
                                    (Salutation)

Aureo Bae   끝은 보내는 사람의 이름.

EPILOGUE : 소년의 꿈

어린 소년에겐 꿈이 있었다. 외국인과 유창하게 영어로 대화하는 내가 되기. 그러는 모습을 상상하고, 간절하게 상상한 나머지 꿈으로 꾸고, 그렇게 부모님을 설득하고 준비하여 이민가방에 꿈을 가득 싣고 공항으로 나섰다. 다시 돌아올 생각이 없었기에 가방은 너무나 무거웠고, 소년의 눈은 비장함으로 빛났다. 그를 알아챘는지 항공사 직원누나는 한참을 초과하는 무게의 가방을 그냥 들여보내 주었다. 이윽고 땅을 박차고 날아오르는 비행기의 창밖으로 멀어지는 모국을 내다보며, 소년은 굵은 눈물을 흘린다. '성공하기 전까진 돌아오지 말아야지… 안녕.'

이윽고 도착한 새로운 도전의 땅. 그림처럼 새파란 하늘에 하얀 양떼구름 아래로 푸르른 잔디에 신이 난 것도 잠시, 소년의 부모님은 그리 넉넉한 형편이 아니었다. 안 그래도 높은 물가에 환율까지 높아서, 학비와 홈스테이비를 내고 나니 햄버거도 사 먹기 어려웠다. 홈스테이 주인은 필리핀 이민자로, 자신들의 유일한 수입원이 홈스테이여서 밥도 넉넉하게 주지 않았다. 그러면서 왜 자신들의 홈스테이에서 나간 학생들이 다시는 연락도 하지 않는지를 의아해했다.

그래도 소년은 저렴한 한국인 쉐어하우스를 결코 찾지 않았다. 현실에 타협하지 않았다. 첫 1년은 한국말을 한 마디도 하지 않았다. 휴대전화 언어도 영어로, 생각도 영어로 했다. 부모님과의 통화도 영어로 단답했다. 현지인만 사는 곳을 찾은 끝에, 근사한 아파트의 창문없는 창고방에 높은 경쟁률을 뚫고 입주한다. 대신 $1짜리 식빵과 $1.20짜리 딸기잼, $1짜리 파스타와 가장 저렴한 파스타 소스로 연명해야 했다. 학교에선 친구들을 어마어마하게 많이 사귀며 목요일부터 주말까지 파티를 다니고 파티를 열었다. 겁없이 그냥 말을 흉내내며 해버렸기에 좀 틀리더라도 빠르게 영어가 늘었다. 어머니는 모르는 건 부끄러운 게 아니라고 하셨다. 배우려고 하지 않는 게 부끄러운거지. 그런 태도로 참석한 아파트 주민 바베큐 파티에서 한 이웃의 눈에 들었고, 그 이웃은 소년을 가족처럼 품어주었다. 전부 백인이었던 파티에서 소년은 유일한 동양인이었다. 빠른 현지인 영어를 잘 알아듣지 못하는 외국인 소년을 초대해 많은 저녁식사를 함께 하며 현지에 심리적 언어적 문화적 정착을 도와주셨다. 그 사랑과 보살핌으로 곧 소년은 학교에서 성적으로 가장 뛰어난 학생이 되었고, 일생에 한 번 뿐인 무도회에서 King의 영예를 수여받게 된다.

어느 대학교 어느 학과든 갈 수 있는 자유에, 그리고 많은 친구들의 도움으로 사업을 이미 경영하고 있기에, 전공하고 싶은 분야에 진학하기보다는 가장 모르는, 가장 궁금한 학과들에 진학한다. 외국인에게 학비는 천문학적인 금액인데다 대학교 학과 과정만으로는 성에 차지 않아, 대학교 도서관의 책들을 무제한 읽을 수 있는 자유를 한번 누려보기로 한다. 분야를 가리지 않고 알고 싶은 열정이 이끄는 대로 일주일에 적어도 스무 권의 책을 읽으며 대학생 신분 동안 책 속에 파묻혀 산다. 한국 학생들이 학원 다니기 바쁠 때, 이미 많은 책을 읽고 스스로 생각할 줄 아는 능력을 갖추고서 대학교에 온 현지의 대학생들에게 소년은 지고 싶지 않았다.

그러다 자연히 인류 지식의 최첨단, 물리학을 접한다. 자연과 우주와 별의 학문. 물리학에 대해 읽어가며 우리가 살고 있는 이 자연에 대해 인간이 얼마나 무지한 지를 깨닫는다. 이 우주 속 생명체의 문명 중에 인간 문명이 얼마나 미개하고 원시적인지 깨닫는다. 더불어, 의학에 대해 읽어가며 인간은 자신이 어떻게 살아있는지, 생명의 근원조차 모른다는 걸 깨닫는다. 과연 인간이 '아는' 게 무엇일까? 〈미안하다, 사랑한다〉의 첫 장면에 나온 알버트 파크 호숫가에서 흑조만이 친구이던 고요한 새벽하늘의 별들을 올려보며, 인생의 의미를 생각하기 시작한다. 인생의 의미가 무엇일까. 대단히 똑똑한 친구들과 얘기를 나눠봐도, 그 질문은 수년이 흐르도록 도대체 답이 내려지지 않았다. 알베르 카뮈의 글을 접하기 전까지.

You will never be happy if you continue to search for what happiness consists of. You will never live if you are looking for the meaning of life.
[Albert Camus]

글의 힘은 대단하다. 생각의 힘은 위대하다. 어머니께서 습관처럼 하시던 말씀, 모르는 걸 부끄러워 말라는 말씀은 소년의 겁 없는 도전들을 가능하게 했다. 항상 무언가 한국에서의 생활에 불만족스러웠던 소년은, 이코노미스트지에 의해 세계에서 가장 살기 좋은 도시 1위로 꼽히는 도시에서 현지인 가족과 함께 살아보니 깨달았다. 사람은 하나라는 것을. 한글과 영어도 표현방식이 다를 뿐 그 안의 의미와 의도는 똑같다는 것을. 사람 사는 곳도 위험한 곳이 아니라면 비슷함을. 가치체계와 장단점이 다를 뿐이다. 서양은 이성에 치우친 문화고, 동양은 직관에 치우친 문화다. 그래서 한국인은 종교를 믿고, 서양인은 책을 읽는다. 이 둘을 하나의 영혼에 융합하면 영원한 무엇을 창조해 낼 수 있다. 소년의 가슴에 새긴 문양, 양두독수리는 이 인생의 과업을 상징한다.

국적 선택의 갈래에서 소년은 모국으로 귀국하여 입대를 결심한다. 훈련소로 떠나는 버스에 오르며 한 번 더 어머니와 비장한 눈빛을 교환한다. 거의 불가능한 확률에 당첨되어, 3사단 "백골부대" 38선 최선봉 돌파 대대 / 국군의 날 제정 기원 대대에 고속유탄기관총 특기 최전방 수호병이 된다. 숨 쉬는 공기처럼 잊고 사는 평화를 무사히 지키고 전역하여, 소년은 우리 부모님이 그러하셨듯 우리 사회를 살만한 곳으로 만들어가는 시민이 된다. 영어를 능숙하게 하는 나머지 어색해진 모국어를 다시 다듬으며, 한국인이 영어로 소통할 수 있게 만드는 대의를 위해 일하며.

우리 우주는 신기하다. 지긋이 마음에 담아두면 어느날 그 꿈이 현실이 되어 있다. 소년은 지금 또다른 꿈을 꾼다.

Who seeks shall find. [Sophocles]

AUREO BAE
AURIELBAE@GMAIL.COM

ACKNOWLEDGEMENT

A book like this would not have been possible without the great love and education from Margaret and Martin Griffith. I feel privileged to pass down your wisdom and tolerance to make the world a better place. Love you, Margaret and Martin, and the family of.

I would also like to thank my Law Professor, Jason Vladusic, whose gentle demeanour and inspiring dedication have affected me to form who I am in the Australian culture.

성산 배씨 아버지와 전주 이씨 어머니께 고맙습니다. 저는 두 분의 피조물일 뿐입니다. 제게 주신 생명의 시간과 물려주신 글과 철학에 대한 사랑을 감사하며 살겠습니다. 시현이라는 이름을 지어 주시고 이 긴 시간동안 우리 가족을 지켜주시며 당신의 건강까지 지켜내신 아버지를 존경합니다.

이 책의 영감이자 제 이론이 개발되는데 중대한 역할이 되어준 OREX 멤버들께 감사를 전합니다. 특히 가장 첫 멤버인 손민아, 안혜림, 이우승, 홍단비, 최근 멤버이자 이 책의 완성도에 영향을 준 여선애, 조경명, 김근욱, 손혜원, 허 철, 이성은, 남희연, 안가영, 나경인, 김경희, 김진휘, 권민정, 박재이, 송지선 님께 특별한 감사의 마음을 남깁니다. 여러분을 도울 수 있는 기회는 제게 생의 가장 행복한 순간들을 품게 해주었습니다. 이제 약속한 이 책과 함께 영원한 발전의 궤도를 향해 하시길 바랍니다.

이 책을 우연히 도서관에서 발견하셨다 구입하시어 2년간 단 하루도 빠지지 않고 낭독하시며 무려 10독을 하시고, 이 책의 완벽한 교정을 도와주신 김지홍 선생님께 감사의 마음을 전합니다. 당신의 한없는 사랑 없이는 불가능했을 배경숙, 강효경, 이주영님께 사랑의 마음을 전합니다. 이 책의 표지 디자인을 함께 한 최보람 큐레이터, 건축가 도효성, 이다희 작가님 고맙습니다. 영원한 사랑의 호수, 저 별빛 하늘에 계신 할머니와 할아버지께 제 깊은 사랑을 올립니다.

이 책이 세상의 빛을 보게 해주신 동반자 바른북스와 김병호 편집장님께 감사드립니다.

I'd also like to extend my thanks to Munjun Lee (Ardist), Angeline Ng, Jamie & Martin Simpson, and Michelle Kim for being friends for life. Friendships are my reason for being.

Last but not least, I send my thanks and friendly cheers to Francesco Veri, a post-doc at the University of Canberra, otherwise known as my best beer mate.

SELECTED BIBLIOGRAPHY

Abagnale, Frank. Catch Me If You Can. Talks at Google, 2017

Allwood, Julian et al. Sustainable Materials Without the Hot Air: Making Buildings, Vehicles and Products Efficiently and With Less New Material. UIT Cambridge Ltd, 2015

Aurelius, Marcus. Meditations. Everyman's Library, 1992

Cambridge Dictionary. Cambridge University Press, 2020

Camus, Albert. Youthful Writings. Random House, 1976

Carleton, Tamma et al. Valuing the Global Mortality Consequences of Climate Change Accounting for Adaptation Costs and Benefits. National Bureau of Economics Working Paper No. 27599, 2020

da Vinci, Leonardo. The Codex Atlanticus. 1478-1519

Dettmer, Philipp. Overpopulation - the Human Explosion Explained. Kurzgesagt, 2016

Ellis, Rod. The Study of Second Language Acquisition. Oxford University Press, 2008

Ellis, Rod. Understanding Second Language Acquisition, 2nd Edition. Oxford University Press, 2015

Emerson, Ralph Waldo. Essays and English Traits. The Harvard Classics, P. F. Collier & Son Corporation, 1937

Franklin, Benjamin. The Autobiography of Benjamin Franklin. Dover Publications, 1996

Gates, Bill. COVID-19 Is Awful. Climate Change Could Be Worse. GatesNotes, August 4, 2020

Green, Sarah Urist. The $150,000 Banana. The Art Assignment, 2020

Greene, Robert. The Laws of Human Nature. Profile Books, 2018

Hirsh, Sophie. Microplastics Detected in 100 Percent of Human Organs Sampled. Green Matters, August 2020

Isaacson, Walter. Steve Jobs. Little Brown, 2011

Kim, Allen. 1,000 Tons of Microplastic Rains Down on National Parks and the Wilderness in the Western US Every Year, Study Says. CNN, 12 June, 2020

MacCurdy, Edward. The Notebooks of Leonardo da Vinci, Volume I & II. The Reprint Society London, 1954

Oxford Dictionary of English. Oxford University Press, 2016

Sakai, Kuniyoshi L. Language Acquisition and Brain Development. Science, Vol. 310, 2005

Skiba, U. M. and Rees, R. M. Nitrous Oxide, Climate Change and Agriculture. CAB International, 2014

Swan, Michael. Practical English Usage. Oxford University Press, 2009

Thunberg, Greta. No 'Green Deal' Will Be Ambitious Enough to Save the Planet. Time Magazine, July 20, 2020

Tomasello, Michael and Bates, Elizabeth et al. Language Development: The Essential Readings. Blackwell Publishing, 2001

Tomasello, Michael. Constructing a Language: A Usage-Based Theory of Language Acquisition. Harvard University Press, 2005

Tomasello, Michael. Origins of Human Communication. Bradford Books, 2010

Worland, Justin. One Last Chance: The Defining Year for the Planet. Time Magazine, July 20, 2020

Yu, Eugene. An Outline of English Syntax. Paik Man Sa, 1990

영어책
THE BOOK OF ENGLISH

개정2판 1쇄 발행   2024. 1. 1.

지은이   아우레오 배
펴낸이   김병호
펴낸곳   주식회사 바른북스

디자인   아우레오 배, 최보람, 이다희, 도효성

등록   2019년 4월 3일 제2019-000040호
주소   서울시 성동구 연무장5길 9-16, 301호 (성수동2가, 블루스톤타워)
대표전화   070-7857-9719 | **경영지원**   02-3409-9719 | **팩스**   070-7610-9820

•바른북스는 여러분의 다양한 아이디어와 원고 투고를 설레는 마음으로 기다리고 있습니다.

이메일   barunbooks21@naver.com | **원고투고**   barunbooks21@naver.com
홈페이지   www.barunbooks.com | **공식 블로그**   blog.naver.com/barunbooks7
공식 포스트   post.naver.com/barunbooks7 | **페이스북**   facebook.com/barunbooks7

ⓒ 아우레오 배, 2024
ISBN 979-11-93647-17-2 13740